唐五代敦煌佛寺教育研究

张永萍 —— 著

社会科学文献出版社
SOCIAL SCIENCES ACADEMIC PRESS (CHINA)

目 录

表格目录

插图目录

绪　论

中国佛教寺院教育依傍佛教，从佛教初传到佛教本土化，逐渐形成佛寺教育体系，个中发展是一个漫长的过程。其在官学教育之外占有一席之地，并对宋代之后的书院教育发展起到了一定的积极作用。如果以现代教育的定义来界定，在这个过程中应该有相当长的一部分时间，佛教寺院教育是不合乎定义之要求的。但从历史发展的角度看，这段发展过程非但不该被忽略，反而应该受到重视。翻阅史籍，关于佛教寺院教育的资料存世较少，且大多存在于佛教人物传记、碑铭中，从中摘录出资料，且将佛教寺院教育从无到有、从小到大的发展过程展现出来，实属不易。但研究佛教寺院教育，不仅可以将官学之外的教育线索进行梳理，还可以了解佛寺教育之于中国古代社会产生的深远影响。且有敦煌佛教寺院教育作为个案，可以更清晰地明了佛教寺院教育的特点。因此，研究唐五代的佛教寺院教育具有重要意义。

首先，敦煌遗书中保存着一批关于佛教寺院教育的材料，它们提供了佛寺教育关于教育内容、教学方式、教材体系、社会功能、历史影响等诸多方面的素材，反映了唐五代佛教寺院教育的真情实况，使敦煌佛教寺院教育研究成为剖析唐五代佛教寺院教育的典型例证，对于中国古代教育史的研究具有重要意义。按照唐代教育制度的规定，敦煌地方官学设置州（郡）学、州医学、县学。吐蕃占领敦煌后，官学被废止。作为统治者，想尽快镇压当地人民的反抗并有成效地对被占领区进行统治，一是靠强制力，二是靠笼络敦煌原有的士人。而对于敦煌的汉族人，他们的最后一块阵地就是佛教界了。许多士人不愿入仕吐蕃，就退出政治生涯，归入释门。而吐蕃统治者也信奉佛教，对敦煌本地佛教并未禁止。因此，一方面，敦煌归入释门的士人和敦煌佛教界的高僧大德以寺院为阵地，开始讲授佛教经典，也传授儒学典籍，并进行实科教育。另一方面，吐蕃统治者也任佛教寺院承担起教育的责任，传播知识、文化和信仰。归义军时期，虽重建官学体系，但寺院教育依旧并行，许多学生仍选择就读于佛寺，佛寺教育仍然起着不可或缺的作用。关于吐蕃统治时期和归义军时期的敦煌佛寺教育，在敦煌遗书中有迹可循。包括在儒家典籍、史学古地志、医药文献、古典文学、佛教典籍和其他宗教典籍等的文献中，不乏带有明确纪年、寺院名称、人名题记的写本。它们是敦煌佛寺教育存在的证据，是研究敦煌佛寺教育的重要资料。

其次，对以敦煌为中心的唐五代时期佛寺教育的研究，不但是敦煌学的重要课题，而且可以为中国古代佛教史、教育史、西北地方史等的研究提供新的例证，为相关学科的发展做出相应贡献。敦煌佛教寺院教育内容包括佛教经典教育、儒学教育和各类实科教育，其中实科教育中包括医学教育、算学教育等。其涉及的教材种类也很丰富。从敦煌写本中学生们抄写的文卷中可以看到，有《论语》、《孝经》和"五经"，这是唐代规定的学校必修课教材和作为专修课的大经、中经和小经。其中学郎题记中多见的是《论语》和《孝经》。这不仅因为两者既是唐代科举中明经的要求，也是汉代以来就已确定的童蒙读本。唐代规定的医学教材大致有《本草》《明堂》《脉诀》《素问》《黄帝针经》《甲乙脉经》，这些在敦煌写经中均有发现。敦煌写经中关于"算经"的写本，经过李俨先生[①]、李并成先生[②]和张小虎[③]的整理，发现二十一部，其中内容涉及唐代规定的算学课本

① 李俨：《敦煌石室立成算经》，《北平图书馆图书季刊》1卷4期，1939，第386~396页。后被收入孙彦等主编《敦煌学研究》第四册，国家图书馆出版社，2009，第2594~2604页。对应编号分别为 P. 2667（甲）、P. 2490（乙）、P. 3349（丙）、S. 19（丁）、S. 5779（戊）、S. 930（己）（误写为 S. 390）。
② 李并成：《从敦煌算经看我国唐宋时代的初级数学教育》，《数学教学研究》1991年第1期，第39~42页。李并成先生整理的编号依次为 S. 0663、S. 4760、S. 4569、S. 5859、S. 6167、S. 4661。
③ 张小虎：《敦煌算经研究》，西北师范大学硕士学位论文，2011，第4页。张小虎整理的算学文献依次为 S. 8336v、P. 3102v、P. 2502v、P. T. 1256、北敦 8041v、Дx. 03903、Дx. 02145v、Дx. 02904、羽 037R。

《孙子算经》《周髀算经》《夏侯阳算经》《九章》《五曹算经》《张丘建算经》。还有许多写经都是童蒙教育教材，根据功能大致可分为识字类蒙书、知识类蒙书、教化类蒙书和应用类蒙书等。此外，还有为了向民众阐述佛教义理进行俗讲的文本——变文，如《破魔变文》《降魔变文》《大目乾连冥间救母变文并图一卷并序》《八相变》《频婆娑罗王后宫彩女功德意供养塔生天因缘变》《汉将王陵变》《舜子变》等。可见，敦煌佛教寺院教育内容较为全面、教材丰富，对敦煌社会的知识普及、文化传播、人才培养、济世医人等各方面都起了不可磨灭的作用，同时也为中古佛教史、教育史、西北地方史的研究提供了例证。

再次，佛寺教育的发展过程，是佛教入华后不断吸收儒家等中国传统文化精髓、完成本土化的过程，由此可以反映出丝绸之路上中外文化、宗教交往交流交融的生动情景。因而本书的研究对于古代丝绸之路的研究亦可提供鲜活的、重要的例证。敦煌遗书中佛教典籍数量占总数的九成以上，佛教各宗派的典籍都有。此外，还有许多藏外古逸佛经。这些佛经中，有相当数量的汉译佛经，其后附有梵文原经，如《大般若波罗蜜多经》（P. 2025、P. 2782、P. 2798，下文简称《大般若经》）、《金光明最胜王经》（P. 2026，下文简称《金光明经》）、《妙法莲华经》（P. 2783，下文简称《法华经》）等。梵文原经在印度早已散佚。敦煌写本中保留的梵文原经，为修正古译本的缺漏或错误提供了原始资料，为了解梵文佛教教义与本土化佛教教义的异同提供了参考。重要的佛经除了原本，还有对其详细的研究。如《大般若经》，敦煌佛经中留存较多，应该是转读、抄写比较频繁，说明该经的地位较为重要。如 P. 3302《大般若波罗蜜多经会品卷开合录》就是对《大般若经》的解读和研究。第一部分对《大般若经》前五会诸品按内容做了详细的对照；第二部分对其初会的纲目结构进行梳理，对经文重点做了提示，还标示了它们在其余各会中的相应品名及在《大品》（又称《大品般若经》，全称《摩诃般若波罗蜜经》）、《放光》（全称《放光般若经》）、《光赞》（全称《光赞般若波罗蜜经》）、《小品》（又称《小品般若经》，全称《小品般若波罗蜜经》）、《道行》（全称《道行般若波罗蜜经》）、《大明度》（全称《大明无极经》）诸经中的相应品名。这不仅是"对《大般若经》初会的题解，也是对整个般若部经典的解说，具有很高的学术价值"①。敦煌佛经中，还有对同一部佛经不同的译本，又称"异译本"。另外还有其他各种宗教的典籍，如景教、摩尼教等的经典。凡此种种，既反映了敦煌佛寺教育中佛学内典教育的状况，又表现出丝绸之路上中西文化、宗教交流的实情，为研究丝绸之路宗教、文化交流提供了例证。

本书阐述的"佛教寺院教育"，主要是指中古时期以佛教寺院为主要活动场所、以僧人作为主要师资和教育对象进行的教育活动，包括佛教内典教育（含僧伽文化教育）和儒学教育。有学者根据敦煌文献题记中"某寺学郎"的记录，将唐五代敦煌佛教寺院中的儒学（包括蒙学）教育统称为"寺学"。笔者认为，此"寺学"不能泛指不同时段及敦煌以外地区的佛教寺院教育，也不涉及佛教寺院中的内典教育，以"佛教寺院教育"称呼更为全面，也更能概括所探讨的教育内容。在"寺院教育"前冠以佛教，是因为伊斯兰的经堂教育、基督教的教会教育也都被包含在"寺院教育"之中，故而加"佛教"以示区别。为了叙述方便，行文中或将"佛教寺院教育"简称为"佛寺教育"。

本书所述佛寺教育，主要是以唐五代为主，追溯汉魏两晋南北朝佛教寺院教育的历史，并以敦煌地区佛教寺院教育为个案，通过对唐五代时期佛教寺院教育的教育目的、教学内容、师生的来源及去处等方面的分析，最终了解佛教寺院教育对隋唐五代宋初社会的影响和作用。另外，有关宗教"世俗化"的概念，是西方在欧洲的近代启蒙运动中形成的，其内涵包括政教分离、社会非政治化、教派多元化、信仰私人化等。它强调宗教作为社会和文化的重要组成部分，已经不再接受宗教制度和宗教信仰的控制。② 这是在西方宗教与社会处于神圣与世俗的二元对立的关系下提出的。正如西方宗教社会学家涂尔干所说："宗教是一种既与众不同、又不可冒犯的神圣事物有关的信仰与仪轨所组成的统一体系，这些信仰与仪轨将所有

---

① 方广锠辑校《敦煌佛教经录辑校》，江苏古籍出版社，1997，前言第 12 页。

② 李向平：《社会化还是世俗化？——中国当代佛教发展的社会学审视》，《学术月刊》2007 年第 7 期，第 59 页。

信奉它们的人结合在一个被称之为'教会'的道德共同体之内。"① 那么，什么是宗教的世俗化呢？美国宗教社会学家彼得·贝格尔（Peter L. Berger）在其《神圣的帷幕：宗教社会学理论之要素》中定义："我们所谓世俗化意指这样一种过程，通过这种过程，社会和文化的一些部分摆脱了宗教制度和宗教象征的控制。"② 其他学者也有类似的定义，如米尔顿·英格、布莱恩·威尔逊等。表现在西方宗教的发展史上，世俗化意味着基督教会撤出了其所控制与影响的领域，如政教分离、教育摆脱教会权威等事件。

中国佛教的世俗化概念却并不符合西方社会学家关于宗教世俗化的定义，它从一开始，就与中国社会有着特殊的、相互嵌入的关系。③ 佛教基本教义中真俗二谛，代表世间本体和现象，真谛指真实平等之理，俗谛即世俗谛，指世俗差别之理。因缘所生之事理即为俗，诸法皆由缘起，世间事物和现象的变化，都有相对的互存关系，没有独立不变的自性。真、俗二谛对应空、有二谛，俗谛的有，是世间万物的现象，真谛的空，是世间万物的本性。因此，佛教的教义和佛教实践的关系，就是出世和入世的关系，也是神圣和世俗的关系。可见，佛教的"世俗"说，是神圣的佛教教义在世间的实践。它们非但不存在对立，反而在佛教发展的过程中相互促进，而且在教义和实践互嵌式的合作中，佛教信众不断增加，佛教的社会功能不断强化，与西方宗教的逐渐削弱过程恰好相反。"在中国佛教体系中，'世俗'常常仅是与精神修持、知识教养相比较的一个词汇，并不具备结构象征意义"④，因此"佛教世俗化"指佛教入世，在民众信仰、生活习俗等方面带来的变化。而"佛教世俗化"的社会构建，则可称为"佛教社会化"，即佛教的理念、规范、行为等与社会主流价值融合后，在社会文化生活的方方面面形成的架构。

---

① 〔法〕爱弥尔·涂尔干：《宗教生活的基本形式》，渠东、汲喆译，上海人民出版社，1999，第 54 页。
② 〔美〕彼得·贝格尔：《神圣的帷幕：宗教社会学理论之要素》，高师宁译，何光沪校，上海人民出版社，1991，第 128 页。
③ 李向平：《社会化，还是世俗化？——中国当代佛教发展的社会学审视》，《学术月刊》2007 年第 7 期，第 56 页。
④ 李向平：《社会化，还是世俗化？——中国当代佛教发展的社会学审视》，《学术月刊》2007 年第 7 期，第 57 页。

　　关于唐五代时期佛教寺院教育的研究，学者关注较少，大多学者在论及唐宋佛教与当时社会的关系时，会涉及佛教寺院教育的点滴，而其中多涉及敦煌的佛寺教育。如郭绍林的《唐代士大夫与佛教》中有一节"士大夫的应举、出世与佛教"，指出寺院之所以成为士大夫理想的读书场所，是因为环境清幽。且寺院并不是无偿提供处所。① 宋大川在《唐代教育体制研究》一书中将佛寺教育归入私学，在第四章"私学教育的类型及特点"中专门对佛寺中的儒学教育进行梳理，认为佛寺教育是佛教在教育领域的渗透和错迁，并以敦煌文献为例，探讨了佛寺教育的教材、师生及社会影响等问题。② 张国刚在《佛学与隋唐社会》一书中专辟"寺院的世俗文化教育功能"一节，阐述佛教为了更好地在中国传播其义理，高僧通常儒佛道兼修，并以敦煌佛寺教育为例，分析了佛寺教育出现的原因、教学内容及师生关系等问题。③ 张弓的《汉唐佛寺文化史》分九篇讲述佛寺文化的变迁，其中在"辅世篇"中专设"寺学"，对纵贯南北的名寺进行了梳理，尤其对敦煌的寺学专设一节进行介绍。④

　　关于中晚唐五代宋初敦煌地区的佛寺教育，国内外学者给予了一定程度的关注，他们对佛寺教育的研究零散地出现在对唐代儒学教育、童蒙教育和其他类别教育的研究中。专门论述的文章不多，且大多研究主要限于佛寺教育的教学内容、教育者和受教育者等方面。在研读这些著作的时候，前辈学者的研究提供了研究基础，给予了研究方向的指导。于是，以敦煌佛寺教育资料为中心，广泛阅读正史、僧传、佛经目录，对唐五代佛教寺院的教育状况进行探究成为本人论著意欲完成的目标。现对前贤的研究做一梳理，以期突出所研究的内容焦点和不足。

（一）关于佛寺教育性质的讨论

　　李正宇先生的《唐宋时代的敦煌学校》中根据两则学郎题记推断吐蕃统治时期佛寺教育已经存在，并将佛寺教育称为"寺学"，后来学者或有沿用李正宇先生的用法，称"敦煌佛教寺院教育"为"寺学"。他从学郎

---

① 郭绍林：《唐代士大夫与佛教》，河南大学出版社，1987，第 119 页。
② 宋大川：《唐代教育体制研究》，山西教育出版社，1998，第 197~204 页。
③ 张国刚：《佛学与隋唐社会》，河北人民出版社，2002，第 120~126 页。
④ 张弓：《汉唐佛寺文化史》（下），中国社会科学出版社，1997，第 967~984 页。

题记中总结了归义军时期的十所寺学，指出"归义军时期寺学发展引人注目"。文章中，敦煌学校被分为州学、州医学、道学、县学、义学五类，其中前四类是为官学。佛寺教育既没有归入官学体系，也未被划为义学，而是单列出来。① 高明士先生在其《唐代敦煌的教育》一文中，介绍了敦煌八所僧寺的寺学情况，并将寺学归于私学。② 许多学者也沿用了高明士先生的观点，将佛寺教育归入私学。如黄金东的《唐五代敦煌地区童蒙教育体制刍议》中，直接将家学、义学和寺学统归入私学中。③

笔者在《唐五代宋初敦煌教育初探》中，就敦煌一地佛寺教育的性质归属分阶段进行了讨论。吐蕃统治时期，佛寺教育承担了官学教育的任务；归义军时期，官学体系恢复，官学与佛寺教育并行，佛寺教育成为官学教育的有益补充。④

（二）关于佛寺教育教习内容的研究

敦煌佛寺教育经过吐蕃统治时期和归义军时期，已有了长足的发展，其教学内容也不断地完善。张弓先生在《汉唐佛寺文化史》中，对佛寺教育专章写作。他特意解释了所写寺学"特指佛寺参与的中古民间教育活动，不包括释门的内典传授及僧伽五众的文化教育"⑤。之后列举了唐代广布名山宝刹的士人寓居的民间寺学，而将"敦煌寺学"独辟一节，对敦煌文书题记中出现的寺学进行整理，并通过敦煌寺学的学郎读本总结寺学的习业内容——"大体依循官学……又具有社会普通教育和释门办学的特点"⑥。在他的另一篇文章《公元九、十世纪敦煌的寺学教育及儒经读本》中，探讨了敦煌寺学教育与儒经读本的情况，得出了"敦煌地区儒释融合、儒学基础知识为学习佛教经典打下坚实基础"的结论。⑦ 崔峰的《从

---

① 李正宇：《唐宋时代的敦煌学校》，《敦煌研究》1986 年第 1 期，第 39~47 页。
② 高明士：《唐代敦煌的教育》，《中国敦煌学百年文库·历史卷》（二），甘肃文化出版社，1999，第 99~135 页。
③ 黄金东：《唐五代敦煌地区童蒙教育体制刍议》，《吉林师范大学学报》（人文社会科学版）2010 年第 5 期，第 26~27 页。
④ 张永萍：《唐五代宋初敦煌教育初探》，西北师范大学硕士学位论文，2006，第 22~23 页。
⑤ 张弓：《汉唐佛寺文化史》（下），第 967 页。
⑥ 张弓：《汉唐佛寺文化史》（下），第 981 页。
⑦ 参见张弓《公元九、十世纪敦煌的寺学教育及儒经读本》，《第 12 届国际佛教教育文化研讨会论文集》，台北华梵大学，2002，第 14~25 页。

敦煌文书看唐至宋初敦煌地区的儒学发展》则辑录了四十五条唐至宋初有纪年题记的儒家经典文书，其中八条明确标注为寺学郎所抄写，且从敦煌古藏文译本《尚书》《春秋后语》《孔子项托相问书》中，反映出吐蕃统治时期儒经读本在佛寺教育中的使用和影响。① 李冬梅《唐五代敦煌学校部分教学档案简介》通过对碑传文体夹注和碑文、邈真赞抄本的分析，确定这些内容是归义军时期教师备课教案和讲授笔记，还有书仪亦是晚唐五代敦煌学校的自编教材。② 孙宁的《试析敦煌文献里的唐代地方教科书》，也从敦煌遗书的学生题记写本上，把唐五代敦煌学校的教科书分为儒经、蒙书和涉及州县阴阳学、医学人才培养的专门教科书。虽未单独指出佛寺教育所用教科书，但题记中标明寺学学郎的占一半左右，这种归纳也包括了佛寺教育。③

郑炳林先生和高伟的《从敦煌文书看唐五代敦煌地区的医事状况》，通过敦煌遗书中医史资料的研究，介绍了唐代佛寺中行医治病并以医学教授生徒的高僧，且由部分医学文书印证了寺学承担了医学教育的任务。④ 陈明先生在《敦煌的医疗与社会》中，通过梳理敦煌遗书中发病书、愿文、解梦书、术数文献、佛道写经的文本与题记等写卷，重构了晋唐五代宋初时期敦煌的医疗史实，尤其是对敦煌寺院的医学教育专章分析。⑤ 祁晓庆《敦煌归义军社会教育研究》，把眼光投向社会教育，认为归义军政府积极利用社会各阶层参与地方社会教育活动，其中就包括允许和鼓励寺院办学。不仅以日常读物和民间通俗文学为载体推行教化，而且因为设乐的需要，寺院培养了一些音乐从业人员，和地方政府的乐营机构一起为民众提供乐舞娱乐、熏陶的机会。客观上为地方政府起到辅助教化民众的作用，也为寺学的实科教育提供了有力的佐证。⑥

① 崔峰：《从敦煌文书看唐至宋初敦煌地区的儒学发展》，《河西学院学报》2017 年第 6 期，第 22~27 页。
② 李冬梅：《唐五代敦煌学校部分教学档案简介》，《敦煌学辑刊》1995 年第 2 期，第 63~68 页。
③ 孙宁：《试析敦煌文献里的唐代地方教科书》，《扬州教育学院学报》2017 年第 1 期，第 7~11 页。
④ 郑炳林、高伟：《从敦煌文书看五代敦煌地区的医事状况》，《西北民族学院学报》（哲学社会科学版）1997 年第 1 期，第 68~73 页。
⑤ 陈明：《敦煌的医疗与社会》，中国大百科全书出版社，2018，第 26~33 页。
⑥ 祁晓庆：《敦煌归义军社会教育研究》，兰州大学博士学位论文，2011，第 107~122 页。

在佛寺教育教学内容的研究中,童蒙教育是不可或缺的一部分。对童蒙教育的研究,一般是对承担童蒙教育的机构进行介绍,进而对童蒙教育涉及的教授内容进行分类、解读。如周谷平的《敦煌出土文书与唐代教育的研究》。[①] 郭丽《比较学视域下的唐代教育研究——以唐中原与敦煌地区童蒙教育为考察对象》,对中原和敦煌两地童蒙教育的目的、途径进行对比,并指出敦煌地区寺学作为教育场所,受众和普及面非常广泛。[②] 金滢坤的《唐五代科举制度对童蒙教育的影响》另辟角度,谈了唐五代的科举制度对童蒙教育的影响,它不仅影响了官学教育机构和课程的设置,而且促进了私学多样化快速地发展,其中包括寺学的发展。他从敦煌文书中的学郎读物和作业中,辑出了唐五代时期敦煌九所寺学的题记,指出敦煌地区的寺学是衰落士族子弟和贫寒子弟接受童蒙教育的重要场所。[③] 王金娥《敦煌训蒙文献研究述论》,对敦煌官学、私学和寺学中涉及的训蒙文献进行了阶段性梳理,并归纳了各阶段敦煌训蒙文献研究的特点。[④] 薛艳霞的《敦煌算学文献研究》列举了敦煌寺学教育蒙学阶段教授的算学文献《九九歌》的不同版本,并从涉及寺院的法会、修缮和借贷实践等活动中保存下来的文书中,推断寺学教育对算学的重视。[⑤]

(三) 关于对佛寺教育中师生的研究

对于佛寺教育,日本学者关注得比较早,且集中在对佛寺教育的学生,即学郎的研究上。1942 年,那波利贞先生《唐钞本杂抄考——唐代庶民教育史研究》一文中,用庶民教育的观点分析了"杂抄"的价值,对从事抄写工作的学生、学郎、学仕郎做了初步研究。[⑥] 1973 年,小川贯弌先生发表了《敦煌佛寺的学士郎》,对敦煌寺院的学士郎进行了专门研究,

---

① 周谷平:《敦煌出土文书与唐代教育的研究》,《华东师范大学学报》(教育科学版) 1995 年第 3 期,第 59~62 页。

② 郭丽:《比较学视域下的唐代教育研究——以唐中原与敦煌地区童蒙教育为考察对象》,《求索》2011 年第 3 期,第 148~150 页。

③ 金滢坤:《唐五代科举制度对童蒙教育的影响》,《浙江师范大学学报》(社会科学版) 2012 年第 1 期,第 16~28 页。

④ 王金娥:《敦煌训蒙文献研究述论》,《敦煌学辑刊》2012 年第 2 期,第 153~164 页。

⑤ 薛艳霞:《敦煌算学文献研究》,西北师范大学硕士学位论文,2016,第 17~19 页。

⑥ 那波利贞撰,林海生译注《唐抄本〈杂抄〉考:唐代庶民教育史研究的一手资料(上)》,《宏德学刊》第 9 辑,第 200~228 页。

对童子和学生的区别及学士郎的性质做了分析。① 国内学者中，李正宇先生《敦煌学郎题记辑注》对敦煌文献、敦煌遗画和莫高窟题记进行搜集，整理了一百四十四条学郎题记，为后继学者的研究提供了研究材料。② 此后的学者以敦煌学郎诗和学郎题记为中心，对唐宋时期敦煌地区学生的价值观、理想、兴趣等做了研究。主要有杨秀清的《浅谈唐、宋时期敦煌地区的学生生活——以学郎诗和学郎题记为中心》，通过对学郎诗的内容分析，窥探当时学郎对上学、入仕、生活的心态。③ 巨虹《敦煌学郎诗内容考略》亦如是。④ 赵楠《从敦煌遗书看唐代庶民教育》，根据教育目的把唐代教育分为文人教育和庶民教育，然后就敦煌与中原寺学的教育内容进行了对比研究。⑤ 田卫卫《〈秦妇吟〉之敦煌传播新探——学仕郎、学校与诗学教育》，则在李正宇先生和林聪明先生的研究基础之上，另辟蹊径。从学仕郎书写的《秦妇吟》文本切入，分析了处于寺学、私学不同教育背景下的学仕、学士郎、学仕郎、学士童儿等称呼的使用情况，探讨了他们的身份，并由此探索了诗学教育在敦煌流传的范围、深度和原因。⑥

关于对佛教寺院师资的研究，学者们也做了工作。汪泛舟先生《敦煌儒学及其特点》，在总结敦煌儒学特点时，指出敦煌释门典籍贯穿着尊孔崇儒的基本思想，并且寺院中由于僧尼儒释兼习，因此寺学教师大多是学问僧。⑦ 杜斗城、李艳的《试论唐代高僧的史学修养》，通过研究寺庙中的高僧，论述了他们通过官学、私学或寺学等多种途径接受儒家传统的经史教育，并将这种学术背景表现在其著述中。⑧ 陈明则列举了晋唐五代时期

---

① 〔日〕小川贯弌:《敦煌佛寺的学士郎》,《龙骨大学论集》400、401 合并号，1973，第488~506 页。

② 李正宇:《敦煌学郎题记辑注》,《敦煌学辑刊》1987 年第 1 期，第 26~40 页。

③ 杨秀清:《浅谈唐、宋时期敦煌地区的学生生活——以学郎诗和学郎题记为中心》,《敦煌研究》1999 年第 4 期，第 137~146 页。

④ 巨虹:《敦煌学郎诗内容考略》,《晋中学院学报》2013 年第 1 期，第 105~108 页。

⑤ 赵楠:《从敦煌遗书看唐代庶民教育》,《社会科学评论》2008 年第 4 期，第 93~100 页。

⑥ 田卫卫:《〈秦妇吟〉之敦煌传播新探——学仕郎、学校与诗学教育》,《文献》2015 年第 5 期，第 90~100 页。

⑦ 汪泛舟:《敦煌儒学及其特点》,《孔子研究》1989 年第 4 期，第 99~105 页。

⑧ 杜斗城、李艳:《试论唐代高僧的史学修养》,《甘肃社会科学》2011 年第 3 期，第 51~54 页。

敦煌佛寺中的名医，诸如单道开、释道法、索崇恩、翟法荣等，他们不仅精通佛教经典，而且医术精湛。① 孔令梅的《敦煌大族与佛教》，从敦煌大族与佛教的关系演变中，得出"世俗大族参与寺院教育，寺院高僧主要来自于敦煌大族"② 的结论。

（四）关于佛寺教育社会影响的研究

吐蕃占领敦煌后，官学体系遭到破坏，佛寺教育承担了官学教育的任务。归义军时期，官学恢复，但是佛寺教育依旧存在，并且和官学平分秋色，在敦煌教育中起了积极的作用。贾发义《唐代寺学析论》没有局限于敦煌地区，对唐代的寺学从寺院内部及周边地区的环境、寺学的受教者和教育者、教学内容、教学手段、教育目的和社会影响六个方面进行论述，得出了正是通过寺学，佛教才得以在传播过程中和中国传统思想文化沟通，实现了佛教的中国化的结论。③ 师承贾发义的张慧在其硕士学位论文《唐代举子寺读之风和科考的关系探析》中，对寺院读书风气的背景进行了探讨，并对寺学教育与唐代的选举制度——科举考试进行了关联性的分析。借用社会学的知识，对寺院僧人和寓居寺院的举子的关系细致剖析，从而总结出了唐代寺学的作用：不仅促进了唐文化的繁荣，而且为宋代书院制度的出现奠定了基础，同时对佛教自身的发展也起了推动作用。④ 楼劲的《魏晋至隋唐的寺院之学及其教学活动》着眼于魏晋至隋唐的寺学教学活动，通过寺院的启蒙教育、讲经、高僧聚徒授学等活动，总结了佛寺教育的教学功能和宗教功能。⑤ 王艳玲的《敦煌史籍抄本与僧人的社会生活》，在"史籍抄本与唐五代宋初敦煌的教育"一节中认为"寺学教育的发展，直接影响到了敦煌世俗写卷的传抄"⑥。王于飞《舍经入寺与敦煌变文的文学性》中，

① 陈明：《敦煌的医疗与社会》，第60~73页
② 孔令梅：《敦煌大族与佛教》，兰州大学博士学位论文，2011，第216页。
③ 贾发义：《唐代寺学析论》，《教育学报》2015年第4期，第110~120页。
④ 张慧：《唐代举子寺读之风和科考的关系探析》，山西大学硕士学位论文，2014，第39~41页。
⑤ 楼劲：《魏晋至隋唐的寺院之学及其教学活动》，《许昌学院学报》2017年第4期，第1~8页。
⑥ 王艳玲：《敦煌史籍抄本与僧人的社会生活》，西北师范大学硕士学位论文，2013，第26页。

则认为寺学的学郎或僧侣写成经卷文书向施舍人出售，从而形成一种宗教消费。①

（五）对单个佛寺教育的研究

吐蕃统治末期，敦煌有十七所寺庙，从敦煌遗书中的题记中看，几乎每座寺庙都有教学活动。有些学者专注于对某一座寺庙进行研究。综合近年来的研究成果，可以看出，对三界寺的研究略多些。郑阿财《敦煌石窟寺院教育功能探究——论敦煌三界寺的寺学》一文，重点讨论了敦煌三界寺寺学招收的学生及寺学设置的条件，并对曹元深就读三界寺的原因提出了自己的看法。② 祁晓庆《晚唐五代敦煌三界寺寺学教育与佛教传播》，在前人研究的基础上，确定了三界寺寺学的存在，然后对三界寺寺学学生的称呼、教学内容、寺学教师的身份和世俗社会对三界寺的支持等方面进行了探究。③ 王秀波《唐后期五代宋初敦煌三界寺研究》一文在"寺学教育活动"一节中，通过对三界寺学郎题记的分析，研究了就读于三界寺世俗子弟的身份，并与当时存在的其他各寺的学郎题记进行了对比，由此推断三界寺的寺学规模。④ 陈大为《晚唐五代宋初敦煌净土寺研究》一文中，专列"儒家教育"一节，搜集了敦煌学郎题记中净土寺学生的题记，对其教学内容做了归纳，还根据净土寺入破历得出寺学生参加寺内修造活动的结论，⑤ 并在其《论敦煌净土寺对归义军政权承担的世俗义务（二）》一文中，从净土寺对归义军政权承担的世俗服务的角度谈到寺学。⑥ 陈卿《唐后期五代宋初敦煌金光明寺研究》一文的"世俗活动"一节中，对金光明寺寺学教育的受众、学习内容进行了分析，认为金光明寺的寺学学生

---

① 王于飞：《舍经入寺与敦煌变文的文学性》，《文学评论》2008年第2期，第145~148页。
② 郑阿财：《敦煌石窟寺院教育功能探究——论敦煌三界寺的寺学》，《敦煌佛教文献与文学研究》，上海古籍出版社，2011，第115~133页。
③ 祁晓庆：《晚唐五代敦煌三界寺寺学教育与佛教传播》，《青海社会科学》2009年第2期，第154~157页。
④ 王秀波：《唐后期五代宋初敦煌三界寺研究》，上海师范大学硕士学位论文，2014，第45~47页。
⑤ 陈大为：《晚唐五代宋初敦煌净土寺研究》，首都师范大学硕士学位论文，2005，第31~33页。
⑥ 陈大为：《论敦煌净土寺对归义军政权承担的世俗义务（二）》，《敦煌研究》2006年第5期，第94~98页。

不仅有世家子弟，而且有平民子弟，学习的内容除了儒家典籍，还有医学教育。①

还有一部分学者对敦煌寺学进行了研究。如杨发鹏《敦煌寺学与敦煌佛教入门读物之关系探析》②、戴军《唐代寺院教育与文学》③、颜廷亮《关于敦煌文化中的教育》④、周亮涛《唐代寺院教育初探》⑤、黄雷《唐代敦煌的教育研究》⑥ 等。综上，关于敦煌佛寺教育，学者们给予了关注。在对唐代教育体制、童蒙教育、唐代佛教的相关问题进行研究时，总会涉及唐后期五代宋初的敦煌佛寺教育。应该说，从敦煌佛寺教育的发展、兴盛，到佛寺教育的目的、内容及其形式，再到佛寺教育中的师生状况、佛寺教育的社会影响，都有学者涉猎并进行研究。但是由于角度不同，缺乏综合考虑，对敦煌佛寺教育的研究缺少体系化的论断；对唐五代中原的佛教寺院的教育，研究较少，且关于佛寺教育的材料都是零星地散见于正史、僧传、佛教著作、题记、碑铭、文书中，更给研究带来了困难。

本书主要依靠敦煌遗书、传世文献、佛教史籍等进行研究。敦煌遗书丰富的资料不仅为研究提供了具体实证，还与正史、佛教史籍相互印证。因此以敦煌遗书为中心，对唐五代佛教寺院教育和敦煌佛教寺院教育做细致的研究和深入的分析，以期弥补唐五代时期佛教寺院教育研究的空白。

---

① 陈卿：《唐后期五代宋初敦煌金光明寺研究》，上海师范大学硕士学位论文，2014，第49~53页。
② 杨发鹏：《敦煌寺学与敦煌佛教入门读物之关系探析》，《宗教学研究》2010年第1期，第175~180页。
③ 戴军：《唐代寺院教育与文学》，中国社会科学院博士学位论文，2003，第62~100页。
④ 颜廷亮：《关于敦煌文化中的教育》，《兰州教育学院学报》1999年第1期，第16~28页。
⑤ 周亮涛：《唐代寺院教育初探》，山东师范大学硕士学位论文，2015，第23~29页。
⑥ 黄雷：《唐代敦煌的教育研究》，兰州大学博士学位论文，2016，第79~98页。

第一章　唐五代佛寺教育的
历史基础与背景

　　唐初，随着"崇圣尊儒"文教政策的确立，学校教育迅速发展。贞观元年（627）五月，国子学脱离太常寺，改称国子监，成为唐中央政府的教育行政部门，专门管理学校教育。唐代重视学校教育，从中央到地方皆设置学校，中央有"六学二馆"，地方有郡（州）县学，各类学校的学习内容、教材和考课制度不同，学生入学的年龄、资格也各不相同。"中央官学与地方官学、官学和私学，不同层次的学校相互衔接，多种类型附设学校，培养各类专门人才，形成较完整的学校体系。"①兴起于春秋时期的私学和汉魏以来逐渐发展起来的佛教寺院教育作为民间教育力量，在官学遭到破坏或者停滞的时候，及时承担了官学教育的部分任务，使中国古代教育不中断，是中国古代教育体系的有益补充。其中，佛教寺院教育相较于私学，起步较晚，但其发展速度之快、规模之大却是私学相形见绌的，其对中古时期的教育方法、社会思想等方面均产生了一定的影响。

第一节　唐五代全国佛寺教育发展的
历史基础与背景

　　佛教作为一种宗教，是观念系统（教义和神谱）和行为系统（戒律、仪轨）的有机结合。它需要寺庙、佛像等物质实体做基础；又需要戒律、制度等规范保证其管理。因此，佛教的核心和灵魂——教义，其传播需通

---

　　①　孙培青：《中国教育史》，华东师范大学出版社，2009，第160页。

过教育实现。佛教寺院教育就是以物质实体（即寺院）为基本场所，以戒律、仪轨为保障传播教义的过程。因此，要研究佛教寺院教育，就要从其构成要素的发展入手。唐五代佛寺教育在汉魏至隋佛寺教育的基础上有了进一步的发展，从教育学视角看，其施教者、被教育者、教育教学活动等要素齐备，且具有一定的规模，已形成成熟的教育体系。

佛教初入中土，传播依靠佛典的传译和讲习逐渐扩散，其传播的广度和速度，与上层统治阶层的态度密切相关。前秦时期的释道安曾告诫徒众"不依国主，则法事难立"[①]，这成为佛教在中国传播的一大原则，也为佛教在之后的传播之路指明了方向。汉魏至隋，佛教寺院教育依托佛教的发展而发展，从无到有，从式微到繁盛，从萌芽到不断发展，不同的时期表现不同。

一　佛寺教育的萌芽——汉魏两晋

佛教传入中国，《三国志·魏志·东夷传》注引三国时期魏国鱼豢的《魏略·西域传》的一段记载："昔汉哀帝元寿元年（公元前 2 年），博士弟子景庐受大月氏王使伊存口授《浮屠经》。"[②] 元寿元年即为佛教传入中土的时间，之后汉明帝的异母兄弟楚王英"晚节更喜黄老，学为浮屠斋戒祭祀"[③]，汉桓帝时依旧在"宫中立黄老、浮屠之祠"[④]。王室崇奉佛教，但是总与黄老之学并行，可以看出此时的佛教是依托于谶纬神学、道家方术进行传播。东汉末年的党锢之祸和黄巾起义，使国家动荡、朝政不稳，社会自上而下酝酿着不同的思想和信仰，不少恰与佛教基本教义产生共鸣；同时，民间与图谶方术一样盛行的精灵鬼神等迷信思想潮涌般泛滥，为佛教在民众中的传播提供了条件。故而东汉末年，佛教自上而下，传布甚广，"以洛阳、彭城、广陵为中心，旁及颍川、南阳、临淮、豫章、会

---

① （梁）释慧皎撰，汤用彤校注《高僧传》卷 5《晋长安五级寺释道安传》，中华书局，1992，第 178 页。

② （晋）陈寿撰，（宋）裴松之注《三国志》卷 30《乌桓鲜卑东夷传》，中华书局，1959，第 859 页。

③ （宋）范晔：《后汉书》卷 42《光武十王列传》，中华书局，1965，第 1428 页。

④ （宋）范晔：《后汉书》卷 30《郎颐襄楷列传》，第 1082 页。

稽，直到广州、交州，呈自北向南发展的形势"①。

三国时期佛教以北方洛阳、南方建业作为传播中心，魏文帝黄初三年（222），鄯善、龟兹、于阗均遣使来华。随着和西域的文化交流展开，佛教继续向中土传播，当时留驻魏境内译经僧人有昙柯迦罗、康僧铠、昙无谛、安法贤等；通过海路入吴的僧人有康僧会、支（疆）梁接、支谦、维祇难、竺律炎等。

曹魏对佛教的态度很明确，"华人不得为僧，朝廷不礼胡神"，但并未施行惩罚性的措施，因而随着佛典的传译，佛教在魏境内继续发展。《高僧传》记载："于时魏境虽有佛法，而道风讹替，亦有众僧未禀归戒，正以剪落殊俗尔。设复斋忏，事法祠祀。迦罗既至，大行佛法。时有诸僧共请迦罗译出戒律，迦罗以律部曲制，文言繁广，佛教未昌，必不承用。乃译出《僧祇戒心》，止备朝夕。更请梵僧立羯磨法受戒。中夏戒律，始自于此。"② 昙柯迦罗立羯磨法授戒，为中土有佛教戒律受戒之始。朱士行成为第一位登坛受戒的汉地沙门，并西去求经，弘传佛教。另一位安息国沙门昙谛，"亦善律学，魏正元（254~255）之中，来游洛阳，出《昙无德羯磨》"③。魏境佛教重律学，可反映出当时出家僧侣人数应该有一定的规模，需要规范约束，这不仅是佛教僧团内部的要求，也与魏国上层对佛教的管理不无关系。一个有着戒律的团体，在国家的行政管理中更易被管理者接受。

避难于东吴的胡僧支谦，因孙权倾慕其才学，被拜为博士，教导太子。支谦专注译经，成果颇丰，有《大般泥洹经》、《法句经》、《瑞应本起经》（全称《佛说太子瑞应本起经》）等。后来自交州的康僧会继支谦后在吴境内弘法。康僧会至吴地时，"吴地初染大法，风化未全"，"僧会欲使道振江左，兴立图寺，乃杖锡东游，以吴赤乌十年（247），初达建邺，营立茅茨，设像行道"。孙权初对佛法弘传采取中立的态度，当康僧会求佛之舍利应验后，孙权方信服佛法，在东吴境内建寺筑塔，始有建初寺。康僧会在东吴翻译佛经，有《阿难念弥经》《镜面王经》《察微王经》《梵摩皇经》《六

---

① 杜继文主编《佛教史》，江苏人民出版社，2006，第88~89页。
② （梁）释慧皎撰，汤用彤校注《高僧传》卷1《魏洛阳昙柯迦罗传》，第13页。
③ （梁）释慧皎撰，汤用彤校注《高僧传》卷1《魏洛阳昙柯迦罗传》，第13页。

度集经》等，译文"妙得经体，文义允正"；为《安般守意》（全称《佛说大安般守意经》）、《法镜经》、《道树经》等三经作注，"并制经序，辞趣雅便，义旨微密，并见于世"；还传授《泥洹经》的梵呗之声，"清靡哀亮，一代模式"。① 其中《六度集经》从佛教的"悲愍众生"出发，力图把孟子的"仁道"作为"三界上宝"，要求"王治以仁，化民以恕"。这是把佛家思想和儒家思想有机地统一起来，为佛教思想披上儒家治世安民的外衣，是佛教本土化的开始，充分体现了他所谓"儒典之格言即佛教之明训"的观点。

经历了东汉末年的战乱和三国纷争的局势，儒学一统的地位被击溃，以老庄思想为体系，企图调和"自然"与"名教"的思潮兴起，这就是玄学。玄学"贵无"和"崇有"两派的论战，恰与佛教大乘般若学讨论关于世俗世界的"有"和"空"相呼应，因此得到了西晋皇室贵族的支持，名僧与士族官僚清谈，将般若思想普及。此间出现了一批著名的译经家，对佛法教义进行阐释，他们为西晋佛教的发展做出了贡献。与之相适应，佛寺教育亦应得到初步发展。

西晋灭亡后，皇族司马睿在一批士族的支持下，南下建康，建立东晋王朝。东晋王朝在政治结构和思想意识方面均沿袭了西晋。兴起于三国时期魏、吴的般若学，经过西晋的弘传，在东晋占据了主流思潮，深受上层士大夫的推崇，名僧与士大夫探讨佛教义理成为常态。可以说，东晋诸帝在政策上虽没有明确支持佛教的发展，却以实际行动表明了对佛教的态度。他们不仅斥资修建寺院，还与名僧交往，听经论法。晋元帝建瓦官寺和龙宫寺，并诏令沙门竺道潜入内殿讲经；晋明帝修皇兴寺和道场寺，并在皇兴寺召集义学沙门百余人讲论佛法；简文帝建波提寺和新林寺，还亲临瓦官寺听竺法汰讲《放光般若经》。支持东晋政权的世家大族，诸如王导、王敦、谢安、谢石等与名僧都有交往。当时东晋名士王羲之、谢灵运、孙绰等，或向高僧问学，或执弟子礼。在皇室和世家大族的支持下，东晋佛教发展迅速。据法琳《辩证论》记载，东晋一朝共有佛寺1768所，僧尼24000人。②

---

① （梁）释慧皎撰，汤用彤校注《高僧传》卷1《魏吴建业建初寺康僧会传》，第15~18页。
② （唐）法琳：《辩证论》，《大正藏》第52册，第503页。

二 佛寺教育的发展——十六国时期

西晋灭亡后，北方进入十六国混战时期。后赵、前秦、后秦、北凉等相继迭起的政权对佛教采取支持的态度。这一时期，由于偏于西北的河西地区远离各政权斗争的中心，相对中原地区较为安定，加之此前敦煌就有良好的佛教基础，因此这一时期包括敦煌在内的河西地区成为佛教发展的中心地区之一。

十六国时期，河西地区相继被前凉张氏、前秦苻氏、后凉吕氏、西凉李氏、北凉沮渠氏五个政权统辖，直至北魏灭北凉，重归北方统一政权之下。敦煌作为河西的门户，在十六国时期与河西地区命运休戚相关，佛教发展也是同步的。佛寺教育此一阶段是以译经、讲经和传播教义为主。

西晋在"八王之乱"后，统治根基受到重创，而境内的少数民族在长期的民族压迫下，对摇摇欲坠的西晋王朝充满了仇恨。以氐族人李特为首的流民起义揭开了反抗西晋统治的序幕。匈奴贵族刘渊、刘聪父子趁机率兵攻占洛阳、长安，西晋灭亡。西晋末年的社会动乱使中原文人儒士纷纷避难河西，此时的河西处于前凉张氏的统治下。张氏东奉晋室，西抚诸羌，内联大族，劝课农桑，河西地区呈现出安定繁荣的局面。因此前凉政权人才济济，不仅儒学兴盛，佛教也得到发展。其境内有来自西域各国诸如月氏人、龟兹人等驻锡译经，且译经活动受到前凉政权的支持。

优婆塞支施崙，月支人也，博综众经，特善方等，意存开化，传于未闻。奉经来游，达于凉土，张公见而重之，请令翻译。以咸安三年癸酉，于凉州州内正厅堂后湛露轩下，出《须赖》等经四部，龟兹王世子帛延传语，常侍西海赵潚、会水令马亦、内侍来恭政三人笔受，沙门释慧常、释进行同在会证，凉州自属辞，不加文饰也。出《须赖经》后记及《首楞严经》后记。[1]

---

① （唐）智昇撰，富世平点校《开元释教录》卷 4《总括群经录上之四》，中华书局，2018，第 263 页。东晋"咸安"只有两年，咸安三年应为宁康元年。

· 18 ·

从记载中可以看出，受前凉张天锡的邀请，月氏人支施嵛携带经卷至凉州进行《方等》经的传播。以支施嵛为主译设立的译场，分工细致，有传语、笔受、会证，人员来自西域各国和前凉政权，译著主要是《须赖经》、《首楞严经》（全称《大佛顶如来密因修证了义诸菩萨万行首楞严经》）等。类似的记载还存于僧祐《出三藏记集》中。译经的时间、地点、参译人员、所译经文名称均相同。可见前凉政权治下，佛教及其教育的发展不逊于西晋。

376 年，前秦灭前凉，苻坚任命梁熙为凉州刺史，领护西羌校尉，统辖河西及西域。前秦治下的河西仅历十余岁，其间佛教的发展并不因政权的更迭受阻。凉州籍僧竺佛念因"洞晓方语，华戎音义，莫不兼解"，受到众人举荐，前往都城长安担任传译，与当时西域胡僧僧伽跋澄、昙摩难提共同译经。他们之间分工明确，"澄执梵文，念译为晋"，译经"质断疑义，音字方正"。建元二十年（384）五月，"复请昙摩难提出《增一阿含》及《中阿含》，于长安城内，集义学沙门，请念为译，敷析研核，二载乃竟。二含之显，念宣译之功也"。因此时评竺佛念"自世高、支谦以后，莫逾于念，在苻姚二代为译人之宗，故关中僧众，咸共嘉焉"，竺佛念译经除了前两部《阿含》，"后续出《菩萨璎珞》《十住断结》及《出曜》《胎经》《中阴经》等"。① 竺佛念的译经为大乘佛经，竺佛念以凉州籍僧人的身份前往长安译经、讲学，这不仅因为凉州僧人兼通华戎的功力，更是河西佛教与中原佛教交流的表现。与竺佛念同时代的僧人还有慧常，前凉支施嵛译场中就有慧常，前秦时期慧常同样参与译经。在竺佛念传译的佛经中，慧常担任笔受。道安对此二人译经亲见。"余昔在邺，少习其事，未及检戒，遂遇世乱，每以怏怏不尽于此。至岁在鹑火，自襄阳至关右，见外国道人昙摩侍讽《阿毗昙》，于律特善。遂令凉州沙门竺佛念写其梵文，道贤为译，慧常笔受。经夏渐冬，其文乃讫。"② 对于译经，慧常坚持自己的观点："大不宜尔。戒犹礼也，礼执而不诵，重先制也，

---

① （梁）释慧皎撰，汤用彤校注《高僧传》卷 1《晋长安竺佛念传》，第 40 页。
② （梁）释僧祐撰，苏晋仁、萧炼子点校《出三藏记集》卷 11《比丘大戒序》，中华书局，1995，第 412 页。

慎举止也。戒乃逮广长舌相三达心制，八辈圣士珍之宝之，师师相付，一言乖本，有逐无赦。外国持律，其事实尔。此土《尚书》及与《河洛》，其文朴质，无敢措手，明祇先王之法言而慎神命也。何至佛戒，圣贤所贵，而可改之以从方言乎？恐失四依不严之教也。与其巧便，宁守雅正。译胡为秦，东教之士犹或非之，愿不刊削以从饰也。"① 译经既要符合中土的习惯，又不能将圣贤之言修改为方言，在翻译中灵活运用直译和意译，并将之结合。这种观点影响了后世佛经的翻译及其传播和教育。

时为前秦将领的吕光奉苻坚之命于建元十九年（383）西去攻打龟兹，请鸠摩罗什东行。吕光返凉时苻坚历淝水之战，前秦灭亡，吕光遂据凉州称刺史，年号太安（386~389），实为后凉。鸠摩罗什一直客居凉州而无建树，后秦国主姚兴几次索要鸠摩罗什，吕光均予以拒绝。最终后秦出兵灭后凉，鸠摩罗什被请到长安，开始译经、讲经。

后凉失政，段业、沮渠蒙逊等起兵反对吕光。龙飞二年（397），段业自称凉州牧及建康公后，以孟敏为沙州刺史，李暠为效古县令。不足一年，孟敏卒。398年，李暠晋号冠军将军，被段业任命为安西将军、敦煌太守，领护西胡校尉。400年，李暠于敦煌建西凉。西凉依靠敦煌大族巩固政权，重视文化，设立学校，对于佛教文化也不排斥。法显西行至敦煌时是400年7月之后，在敦煌停留月余，受到李暠的供养。后与途中（张掖）遇到的智严、宝云等一同西行。智严和宝云均为凉州人。智严在西域求经学禅三年，后与佛驮跋陀罗东归，至长安大寺。东晋义熙十三年（417）前往建康始兴寺，后住枳园寺，与宝云共同译梵本《普曜经》等。宝云在天竺学习音训，东归后在长安随佛驮跋陀罗修禅，后南下建康，与智严一同译经。其译经成就卓著，"江左译梵，莫逾于云"。

十六国时期，河西的最后一个政权北凉，亦尊崇佛教，掀起了佛经翻译的高潮。代表性人物有昙无谶、浮陀跋摩、道泰和沮渠京声。北凉于姑臧设"闲豫宫"译场，由昙无谶主持。翻译《大毗婆沙论》（全称《阿毗达摩大毗婆沙论》）时，译场有高僧智嵩、道朗等三百余人参与。译经规模之大，胜过前代。昙无谶译经现存十二部，其中体现"护法"思想的大

---

① （梁）释僧祐撰，苏晋仁、萧炼子点校《出三藏记集》卷11《比丘大戒序》，第413页。

乘佛经有《大般涅槃经》（简称《涅槃经》）、《金光明经》、《大方等大集经》（简称《大集经》）、《大方等无相大云经》（简称《大云经》）、《大悲莲华经》（简称《悲华经》），体现戒律的有《菩萨戒本》《优婆塞戒经》等；沮渠京声译经十五部，其中最有影响力的是《观弥勒菩萨兜率天经》（简称《弥勒上生经》）、《谏王经》和《治禅病秘要法》。

综上，十六国时期，先后统治河西的五个政权中，除后凉政权外，其他政权的统治者均崇尚佛教。这一时期，活动在河西地区的僧人一部分是西域胡僧，一部分是河西籍（包括敦煌籍）的僧人，他们西行学禅归来，通晓梵汉语音，在求取佛经、翻译佛经的过程中起了很大作用，留下了影响后世的经典之作。为了弘传佛教，在佛经的翻译中，他们突出"护法""护国"的思想，并迎合儒家思想，将"孝"融合于佛经中，在十六国相对安定的河西，受到上层统治者的尊崇。他们组织译场，请高僧翻译佛经；抄写佛经，求取功德；建寺立塔，供养佛之三宝。在纷乱的十六国时期，包括敦煌在内的河西佛教及其教育得到了稳定的发展，尤其在佛经传译方面取得了辉煌的成就。道安曾编撰《凉土异经录》，记录五十九部七十九卷佛经，这均是当时来自河西、译人缺失、无法考订的译本，虽然译人无法确定，但确是在凉州所译经典或凉州籍僧人所译。一些佛经影响了十六国时期乃至南朝中土佛教的思想，如北凉昙无谶的《大般涅槃经》主张"一切众生皆可成佛"，并宣扬佛教"护法""护国"思想，是统治者接受并利用佛教的主要动因之一。十六国时期的河西佛教发展迅速，河西籍僧人足迹遍及中土和南方，所译佛经影响不断扩大。毫无疑问，这一时期佛教教义的传播和教育亦得到相应发展。

三　佛寺教育的持续发展——南北朝及隋朝

（一）南北朝时的佛寺教育

北魏的统一暂时结束了北方十六国混战的局面，北魏迁徙大批凉土僧人至都城洛阳。这些僧人在北魏传教一段时间后，遭遇太武帝灭佛，转而南下；部分凉土僧人在北凉灭亡后直接南下。在相当长的一段时间内，南下的凉土僧人对南方佛教的影响是举足轻重的。北朝时期，河西地区历经北魏、西魏、北周的统治，由于远离政治中心，河西佛教失去了辐射中土的作用。北朝诸帝，除北魏太武帝和北周武帝禁断佛教，其他都大力扶植佛教。

与北朝同时并存的南朝诸政权对待佛教的政策相同。因此南北朝时期，佛教在北方和南方都获得了长足的发展。刘宋时期，宋文帝曾在当时京师开设"四学馆"，包括"儒学馆"、"史学馆"、"文学馆"和"玄学馆"，其中"玄学馆"即专研佛老之学。这四所学馆分类设科，具备专科学校的特点。而对于佛教教育而言，这是首次得到统治者的认可，成为官学系统的一部分。佛教教育从寺院走向了世俗学校，可见当时佛教教育已有相当的影响力。

在统治者的支持下，寺院教育正式建立。寺院仪轨常规化，译经数量惊人地增长，佛教宗派渐现雏形。

（二）隋朝的佛寺教育

隋文帝即位后，一改北周武帝对佛教的政策，大力扶植佛教，利用佛教作为统治国家的工具之一。他下诏恢复北周废毁的寺庙，听许人民自由出家，并令每户出钱营造经像。都城长安及各大州郡如并州、相州、洛州，官写一切经，置于寺内，又别写一切经，藏于密阁。天下皆从之，致使佛经数量大增，远超儒家经典。

在佛教教育方面，隋文帝以长安为中心，建立了佛教义学的教学系统。经过魏晋南北朝时期的发展，佛教已初具宗派之形。文帝在各派间，选出著名的僧人，将他们齐聚于长安，分为五众，即五个集团：涅槃众、地论众、大论众、讲律众、禅门众。每众立一位众主，负责教习所擅长佛典。文献记载五众可考的众主如下：涅槃众主法聪、童真、善胄；地论众主慧迁、灵璨；大论众主法彦、宝袭、智隐；讲律众主洪遵；禅门众主法应、昙崇。此外，还建了二十五众。《续高僧传》记载："开皇伊始，广树仁祠，有僧行处，皆为立寺。召诸学徒，普会京辇。其中高等，自为等级，故二十五众，峙列帝城，随慕学方，任其披化。"① 一为五众，一为二十五众，都于开皇十二年（592）敕设。设立五众制度的目的，应该是传

---

① （唐）道宣撰，郭绍林点校《续高僧传》卷 15《义解篇后论》，中华书局，2014，第 549~550 页。

授佛教经论义理。因此，每一众的众主都有义务对自己的众"晓夜教习"。二十五众是一个由国家供给的高级传教组织。该组织由二十五名"三学业长"者组成，主要负责全国的传教工作。据载，三国论师大兴善寺住僧僧粲任二十五众第一摩诃衍匠，[①] 僧琨为二十五众教读经法主，[②] 慧影亦为二十五众主。[③] 隋文帝之所以支持佛教，以国家之力兴办佛教寺院教育，不仅是因为自己曾与佛教有不解之缘，而且更重要的是他看到佛教的复兴有益于其巩固政治地位。因此他大力扶持佛教，并敕令建立了佛教寺院教育体系。但他和刘宋不同，并未将佛教寺院教育纳入国家教育体系之内，作为国家教育体系核心的仍旧是儒学。五众和二十五众的建立，是佛寺教育课程设置和划分的标志，为唐代佛寺教育建立成熟体系打下了坚实的基础。

晚年的文帝开始压制儒学，"及高祖暮年，精华稍竭，不悦儒术，专尚刑名，执政之徒，咸非笃好。既仁寿间，遂废天下之学，唯存国子一所，弟子七十二人"[④]。仁寿元年（601），文帝以天下学校生徒多而不精为由，下令裁减，只留国子学生七十余人，太学、四门学和州县学都停办，又改国子学为太学。这给儒学带来了沉重打击。炀帝即位后，继续文帝的政策。

相较于官学教育，佛教寺院教育却方兴未艾，如前所述五众与二十五众的设置。文帝本人也热衷于佛教经义，"每日登殿坐列七僧，转读众经及开理义，帝日览万机而耳餐正法"；在皇帝的带动下，名士高儒相继仿效，"于时释门，重称高敞，虽灭梁、齐，亦后之寄"。[⑤] 如隋代名儒颜之推，对佛教推崇备至，以为佛教义理乃尧、舜、周、孔之非及，二教义理虽异，本源一致。

第二节　唐五代敦煌佛寺教育的历史基础与背景

敦煌作为连通西域与中原的交通枢纽，是佛教东传中国内地的第一

---

① （唐）道宣撰，郭绍林点校《续高僧传》卷 9《隋京师大兴善寺道场释僧粲传》，第 330 页。
② （唐）道宣撰，郭绍林点校《续高僧传》卷 7《周渭滨沙门释亡名传》，第 244 页。
③ （隋）费长房：《历代三宝纪》，《大正藏》第 49 册，第 106 页。
④ （唐）魏徵、令狐德棻撰《隋书》卷 75《儒林传序》，中华书局，1973，第 1706~1707 页。
⑤ （唐）道宣撰，郭绍林点校《续高僧传》卷 15，第 550 页。

站。汉晋以来，包括敦煌在内的河西地区由于远离中原战火纷扰，虽有政权更送，但相对较为安定。加之各个政权统治者或重视文化，如前凉、西凉政权；或倚重佛教，如后秦、西秦、北凉等政权。尤其是北凉政权，佛教兴盛，译经成果卓著，高僧辈出，对北魏及至南朝的佛教产生了巨大的影响。隋及唐前期，敦煌的佛寺教育，是中原佛教政策在州郡执行和落实的见证。随着吐蕃对敦煌的占领，这一局面被打破。敦煌与中原王朝沟通不畅，敦煌佛寺教育也走上了不同于中原佛寺教育的道路。归义军时期，恢复了与中原王朝的关系，佛寺之间的交流也逐渐加强。佛寺教育却难改吐蕃统治时期的惯性，既保持了中原佛寺教育的基本特点，又融入了吐蕃统治时期的特色，在边地文化的发展上起了积极的作用。

一　敦煌佛寺教育的初现——汉晋、十六国及北朝

（一）汉晋时期敦煌的佛寺教育

敦煌佛教的初传可见于敦煌悬泉汉简中一枚著名的浮屠简，"少酒薄乐，弟子谭堂再拜请，会月廿三日，小浮屠里七门西入"[①]，这枚汉简中出现了"浮屠"一词，后加"里"字，似所指地名。说明公元 1 世纪下半叶，佛教概念已初传敦煌，但佛教是否在当地传播，没有更多的资料佐证。有资料记载的敦煌第一佛僧当数西晋竺法护。竺法护，"其先月氏人，本姓支氏，世居敦煌郡"，自幼便"博览六经，游心七籍"，后"事外国沙门竺高座为师"。晋长安虽有寺庙图像，但法护却有感"方等深经，蕴在葱外"，于是"护乃慨然发愤，志弘大道。遂随师至西域，游历诸国，外国异言三十六种，书亦如之，护皆遍学，贯综诂训，音义字体，无不备识。遂大赍梵经，还归中夏。自敦煌至长安，沿路传译，写为晋文"。在长安传教译经时，竺法护"声盖四远，僧徒数千"。[②] 竺法护的译经场人员干练，常见史传记载的有聂承远聂道真父子、竺法首、陈士伦、孙伯虎、虞世雅等。他们在译场中分工合作，担任笔受、润色、手写、校对，相互

---

① 郝树声、张德芳：《悬泉汉简研究》，甘肃文化出版社，2009，第 186~188 页。据考证，该汉简具体年代应在 51~108 年及其前后。

② （梁）释慧皎撰，汤用彤校注《高僧传》卷 1《竺昙摩罗刹传》，第 23~24 页。

配合，译经百余部，范围涉及大乘经典。《出三藏记集》记载，其译经有一百五十四部，共三百零九卷；① 唐《开元释教录》记载，译经有一百七十五部，共三百五十四卷，刊定当时存九十一部二百零八卷。② 竺法护译经种类多且杂。凡当时西域之流行，诸如般若、华严、大集、涅槃、法华、宝髻、律部等大乘佛经，还包括本生经类、西方撰述类均在其列。为大乘佛教在中土的传播打开了一扇大门。其中《正法华经》十卷本为中土的观音信仰做了铺垫。竺法护译场各个分工的僧人及清信士是竺法护培养的一批译经人才，为西晋以后译经活动的蓬勃发展奠定了基础。而法护在敦煌的译经场即为敦煌地区佛寺教育肇始。

竺法护的高足竺法乘，幼年在长安随法护出家，后随师返回敦煌，在敦煌建立寺院，弘扬佛法。《高僧传》记载竺法乘在敦煌"立寺延学，忘身为道，诲而不倦。使夫豺狼革心，戎狄知礼，大化西行，乘之力也"③。这是敦煌建寺的最早记录，佛教于西晋在敦煌有了正规传习场所。

（二）十六国时期的敦煌佛寺教育

十六国时期，在河西这块佛教传播的沃土上，虽有多个政权的统辖，但敦煌的佛教没有停下脚步，开始了发展的进程。

敦煌籍僧人由于德高被收入《高僧传》者，有于道邃、单道开、竺昙猷等。于道邃为长安名僧于法兰的高徒，他"善方药，美书札，洞谙殊俗，尤巧谈论。护公常称邃高简雅素"④，与南方士人交往，享有盛誉。单道开也是敦煌人，重苦行习禅，兼有神异功能，能治眼病，"观国兴衰"。佛图澄对他也极为欣赏。竺昙猷也是敦煌人，以坐禅为业，王羲之都"闻而故往，仰峰高挹，致敬而返"。敦煌僧人在内地的活动折射出敦煌佛教及其教育的发展水平。

前凉张氏统治时期，历经张轨、张寔、张天锡等治下。《魏书·释老志》："凉州自张轨后，世信佛教。敦煌地接西域，道俗交得其旧式，村坞

---

① （梁）释僧祐撰，苏晋仁、萧炼子点校《出三藏记集》卷2，第43页。
② （唐）智昇撰，富世平点校《开元释教录》卷2《总括群经录上之二》，第117页。
③ （梁）释慧皎撰，汤用彤校注《高僧传》卷4《竺法乘传》，第155页。
④ （梁）释慧皎撰，汤用彤校注《高僧传》卷4《晋敦煌于道邃传》，第169~170页。

相属，多有塔寺。"① 前凉时敦煌就有寺院了。张天锡时期，前凉大兴佛教，并积极支持译经活动。前凉译经，大多亡佚，现存的只有这一时期翻译的《须赖经》。敦煌写本（前凉净明所诵）《法句经》的发现，是前凉时期敦煌佛教发展的又一证据。甘肃省博物馆藏前凉写本《法句经》卷轴装，尾题二则：升平十二年（368）沙弥净明。咸安三年（373）十月二十日沙弥净明诵习《法句经》。"升平、咸安均为东晋年号……从两题记使用的年数和写本流传的地域看，此写经当为前凉遗物无疑。前凉张天锡时，奉（东晋）升平年号。迄今已知的有前凉升平纪年的遗物，多有发现……而东晋在升平五年（361年）时，晋哀帝司马丕继位，改元'隆和'，升平年号从此结束。但远在河西的前凉政权，却一直沿用着升平年号，故出现了上述情况。"②《法句经》作为出土的敦煌文献，可看出前凉时期是敦煌发展的一个重要阶段。

北凉攻占敦煌之前，敦煌当地的主要宗教信仰是带有道教色彩的民间鬼神信仰。③ 北凉攻占敦煌（421）后，采取强硬手段统治敦煌，并强行推广佛教，敦煌地区出现了一大批佛教石塔。④ 从北凉佛教石塔的造像题材和供养人题记来看，大多数敦煌北凉石塔的供养人为当地汉人。说明当地汉人在北凉统治者的影响下，开始加入信仰佛法、供养营建佛塔的行列。

北魏平定北凉之前，敦煌已是"村坞相属，多有塔寺"。同时，中原地区流行的禅定也很快传到敦煌。敦煌人在此前就有使用禅定之法修行的，如前所提单道开、竺昙猷。除此，还有道法、法颖、慧远、慧览等。禅定的流行，表明前凉时期敦煌的佛教已与晋代竺法护师徒以译经、讲经为主的佛教有所不同。修习禅定需要安静的环境，因此禅僧常离开城市，选择人迹罕至的地方，开窟建寺作为修习场所。敦煌莫高窟的开凿就是在这样的背景下出现的。

（三）北朝的敦煌佛寺教育

北朝时期（386~581），敦煌先后经历了北魏、西魏和北周的统治。由

---

① （北齐）魏收撰《魏书》卷114《释老志》，中华书局，1974，第3032页。
② 杜斗城等：《河西佛教史》，中国社会科学出版社，2009，第29页。
③ 宁强：《敦煌石窟寺研究》，甘肃人民美术出版社，2012，第62页。
④ 殷光明：《北凉石塔研究》，财团法人觉风佛教文化基金会，2000，第12~14页。

于这些政权的统治中心在内地，敦煌的政治地位下降，佛教人物的目光大都投向内地，敦煌佛教变成了"地方性"佛教。北朝时期也出现了一些敦煌籍高僧，据《高僧传》卷十一《释法颖传》记载，释法颖是一位律学高僧，在南朝得到宋、齐、梁三朝君主的崇信，先后被敕为都邑僧政和僧主，成为替南朝统治者管理佛教的代表人物。还有释道法、释超辨。敦煌遗书中还保存了一批北朝晚期写经，主要为《大般涅槃经》、《妙法莲华经》（简称《法华经》）、《金光明最胜王经》（简称《金光明经》）、《胜鬘师子吼一乘大方便方广经》（简称《胜鬘经》）、《维摩诘所说经》（简称《维摩经》）、《佛说无量寿经》（简称《无量寿经》）、《药师琉璃光如来本愿功德经》（简称《药师经》）、《仁王护国般若波罗蜜多经》（简称《仁王经》）、《大通方广经》（简称《方广经》）等大乘经典。其中以写《大般涅槃经》者为最多。这些经后的题记，具体、生动地反映了许多当时社会各阶层人物的佛教信仰情况。

446 年，北魏太武帝大肆废佛。北魏境内塔庙几乎被扫荡一尽，佛教僧团受到沉重打击。452 年，太武帝去世，文成帝拓跋濬即位，下令恢复佛法。因此，北魏统治的前十年，佛教在敦煌的传播受到了影响。恢复佛法后，内地的佛教发展迅速，到魏孝文帝时再度兴盛。敦煌也是如此。之后管理敦煌的地方长官崇奉佛教，也为敦煌佛教的发展贡献了力量。孝文帝时大将穆亮崇信佛教；北魏末、西魏初任瓜州刺史的东阳王元荣，是北魏明帝第四代孙，529~544 年，任上利用佛教稳固政权，大兴佛事。除了修窟造像，元荣还出资大量写经。531 年，以银钱一千文、赎钱三千文施入寺院造经；532 年，出资造《无量寿经》一百部，《维摩疏》一百部，《内律》《贤愚经》《摩诃衍经》《观佛三昧》《大云经》等各一部；533 年，他又造《贤愚经》《法华经》等经一百卷。在 S.4528《般若波罗蜜经》题记中，元荣称自己"既居末劫"，实际上是当时佛教"末法思想"的反映。[①] P.2143 题记记录元荣在莫高窟开龛造像，还专为梵释天、帝释天、毗沙门天等造经的事实。继元荣之后的官员是其婿邓彦。敦煌写经中，有邓彦妻昌乐公主写《摩诃衍经》一百部之题记。其文曰："大魏大

---

① 杜斗城等：《河西佛教史》，第 235 页。

统八年（542）一月十五日，佛弟子瓜州刺史邓彦妻昌乐公主元敬写《摩诃衍经》一百部。"北周时期，担任瓜州刺史的李贤和建平公于义，皆崇信佛教，在莫高窟开窟造像。① 整个北周历时二十五年，除北周武帝晚年采取灭佛政策，其余各帝均信奉佛教。敦煌由于地理位置偏僻躲过了周武帝灭佛的劫难。现敦煌莫高窟及西千佛洞存在为数不少的北周石窟，说明北周一代敦煌佛教盛行。

二　敦煌佛寺教育的长足发展——隋及唐前期

隋朝国祚虽然短暂，但统一南北，制定一系列政治、经济、文化政策，在历史上具有承前启后的作用。敦煌作为隋与西域的交通要塞，隋朝在此悉心经营。唐朝历时近300年，一般划分为初唐、盛唐、中唐和晚唐四个时期，敦煌的唐代历史也可分为四个时期。只是由于敦煌特殊的历史发展，与中原的四个时期相比，具有滞后性。学者一般以唐武德元年（618）至武则天长安四年（704）为初唐，唐中宗神龙元年（705）至德宗贞元二年（786）为盛唐，吐蕃占领时期（786~848）为中唐，张氏归义军时期和金山国时期（848~914）为晚唐，曹氏归义军时期即为中原五代时期。此节中唐前期的敦煌指吐蕃统治前的敦煌。

由于敦煌位于中原向西域诸道的辐辏之地，隋及唐前期对敦煌及河西地区悉心经营，中原王朝的各项政策在敦煌均及时推行和实施。隋代两帝及唐前期诸帝在佛教发展的过程中，认识到佛教对民众的教化功能，合理利用佛教就成为制定佛教政策的依据。

隋朝两代君主均推崇佛教，他们制定的弘法活动对敦煌佛教产生了巨大的影响。开皇元年（581），文帝下诏，广度僧尼。僧传和佛典中有关于其数量的记载。法琳《辩证论》记载："自开皇之初，终于仁寿之末，所度僧尼二十三万人。"② 道宣《大唐内典录》则载："于斯时也（开皇、仁寿年间），四海静浪，九服无尘。大度僧尼将三十万。"③ 《续高僧传》中

---

① 关于建平公于义家族的事迹还可参看《于宽墓志》《于纬墓志》，详见胡戟、荣新江主编《大唐西市博物馆藏墓志》，北京大学出版社，2012，第586~587页。

② （唐）法琳撰《辩证论》，《大正藏》第52册，第509页。

③ （唐）道宣撰《大唐内典录》，《大正藏》第55册，第274页。

记录："开皇十年（590），敕僚庶等有乐出家者并听。时新度之僧乃有五十余万。"① 文帝期间，度僧人数无从确考，以较少的二十三万与当时几千万的人口比例看，这个数量亦是相当惊人的。仁寿元年（601）、二年、四年三次下诏，令天下各州建舍利塔，时有静法寺僧智嶷前往瓜州送舍利，② 僧传有载"仁寿置塔，敕召送舍利于瓜州崇教寺"③。文帝开皇十二年（592），在长安设大论、地论、讲律、涅槃、禅门五众，亲任各众主，负责教习本众所论佛典；同年建二十五众，负责向全国进行佛典教义的传播。因此，文帝时期大兴抄写、修治佛经，"凡写经论四十六藏，一十三万二千八十六卷，修治故经三千八百五十三部"。炀帝延续抄写、修治佛经之举。炀帝一世，写经"合六百一十二藏，二万九千一百七十三部，九十万三千五百八十卷"。④ 抄写、修治的佛经向各州寺院分送。敦煌写本中，有隋代纪年题记的佛经如《大般涅槃经》、《大方广佛华严经》（简称《华严经》）、《大方等大集经》、《大智度论》、《十地经论》、《金光明经》等，与五众众主教习的佛经内容一致。

唐代前期诸帝，对佛教有理性地加以利用：国家设置机构管理僧尼事务，制定相关法律对僧尼行为进行约束。为了控制僧尼和寺院的数量，设立试经度僧制度，对僧尼数量加以限制，制定了"按州置寺"的原则。如唐太宗、高宗、武则天、肃宗都曾就度僧尼人数下诏，⑤ 高祖、高宗、武则天、中宗、玄宗均诏令天下诸州建寺，同时还规定寺名。武则天命名为"大云寺"，中宗以"大唐中兴"命名，寺令名为"龙兴"；玄宗开元年间

---

① （唐）道宣撰，郭绍林点校《续高僧传》卷10《隋彭城崇圣道场释靖嵩传》，第338~339页。

② 隋代建国之初，实行州县两级制，开皇二年敦煌郡被改为县，隶属瓜州，此处瓜州所指包括敦煌。

③ （唐）道宣撰，郭绍林点校《续高僧传》卷28《隋京师静法寺释智嶷传》，第1129页。

④ （唐）法琳撰《辩证论》，《大正藏》第52册，第509页。

⑤ 唐太宗贞观九年（635）颁布《度僧于天下诏》，规定"天下诸州，有寺之处，宜令度人为僧尼，总数以三千为限"。（此诏见《全唐文》卷5）贞观二十二年（648）颁《诸州寺度僧诏》，规定"京城及天下诸州寺，宜各度五人，宏福寺宜度五十人"。（此诏见《全唐文》卷8）唐高宗修建大慈恩寺，度僧300人。武则天令天下修大云寺，并要求"总度僧千人"。（见《旧唐书》卷6《则天皇后本纪》）肃宗即位后规定"天下寺观，各度七人"。（此诏见《全唐文》卷44）

令各州立寺"开元"。据敦煌写本题记内容，这些寺院在敦煌都能找到。①

作为各宗派讲经立说的国家大寺多在唐都长安。在唐前期诸帝的支持下，高僧大德则驻锡此类寺院中，翻译佛经、注疏经义、讲论佛典。敦煌僧人不计路途遥远，前往长安参加译经、学习经义；长安高僧为传教义，前来敦煌，讲经说法。被誉为"开元三大士"之一的密宗法师不空曾在河西游历三年，为节度使及官员"灌顶"，传授"五部法"，使密宗在河西地区得到传播。敦煌写本 S.4000《佛说智慧海藏经》题记记载："大唐宝应元年（762）六月廿九日，中京延兴寺沙门常会，因受请往此敦煌城西塞亭供养。忽遇此经，无头，名目不全。遂将至宋渠东支白佛图，别得上卷，合成一部。恐后人不晓，故于尾末书记，示不思议之事合会，愿以此功德，普及于一切。我等与众生，皆共佛道。"② 中京即指长安。③ 长安延兴寺僧人常会受邀前来敦煌，整理佛经。S.2048《摄论章》题记："仁寿元年八月廿八日，瓜州崇教寺沙弥善藏，在京辩才寺写摄论疏，流通末代。摄论章卷第一，比字校竟。"④ 隋文帝时期，崇教寺应为瓜州与中原佛教往来密切的寺院。善藏前往京城辩才寺学习摄论疏，后置塔送舍利，智巘前往的亦为崇教寺。S.2551《药师本愿经疏》题记："慧观昔因问道，得履京华。备践讲筵，十有余载。遂逢永淳饥馁，仗锡旋归。凝痼膏肓，罔知析滞。每玩味兹典，常讽诵受持。然粗薄通，粗得文意。不量暗短，辄述所闻。"⑤ 慧观游学至京城，学习十余年，对《药师本愿经》略有心得，则写下该经疏。敦煌写本带有唐前期纪年题记的佛经有《大般若波罗蜜多经》、《金刚般若波罗蜜多心经》（简称《金刚般若经》或《金刚经》）、《维摩诘经》、《妙法莲华经》、《四分律疏》、《金光明经》、《瑜伽

---

① 据李正宇《敦煌地区古代祠庙寺观简志》，标明隋及唐前期题记的写本所涉及的敦煌地区的寺院有仙岩寺、龙泉寺、永晖寺、阿育王寺、崇教寺、大乘寺、大云寺、灵图寺、灵修寺、开元寺、龙兴寺等。

② 〔日〕池田温编《中国古代写本识语集录》，东京大学东洋文化研究所，1990，第306页。另见敦煌研究院编《敦煌遗书总目索引新编》，中华书局，2000，第122页。

③ 唐显庆二年（657）以洛阳为东都，因称长安为西都，亦称西京。天宝元年（742）改称西京，至德二年（757）改称中京。

④ 敦煌研究院编《敦煌遗书总目索引新编》，第61页。

⑤ 陈祚龙：《敦煌学要签》，台北：新文丰出版公司，1982，第72页。

师地论》等，与唐前期各宗派所奉经典相符。且《妙法莲华经》的末尾题记格式整齐划一，与长安大寺抄经的规则相同，充分体现出传抄经典的庄严性。

如 S. 1456《妙法莲华经卷第五》尾题曰：

> 上元三年（676，即仪凤元年）五月十三日秘书省楷书孙玄爽写。用纸廿五张。装潢手写善集，初校化度寺僧法界，再校化度寺僧法界，三校化度寺僧法界，详阅太原寺大德神符，详阅太原寺大德嘉尚，详阅太原寺主慧立，详阅太原寺上座道成，判官司农寺上林署令李德，使朝散大夫守尚舍奉御阎玄道监。①

尾题中写明抄经人、使用纸张数量、三次校对人员、审阅人员、监管人员等。敦煌写本中《妙法莲华经》数量较多，除个别仅作为供养而写的，只在题记中写明供养人，其余写本尾题均按此格式。可看出《妙法莲华经》作为大乘佛教的经典，同时作为天台宗崇奉的经典，在唐前期非常盛行。写经过程须按照抄写、校对、审阅、监督的流程。敦煌本《妙法莲华经》严格遵循其要求，或为中原抄经传往敦煌，或为敦煌抄经人按此要求所写。

隋及唐前期，中央政府对佛教进行管理，引导佛教在京城及各地有序发展。如：按州建寺、建塔；按唐政府允准的经藏目录整理、收藏、抄写佛经；长安高僧前往敦煌讲经说法、传播教义，敦煌僧人前往长安学习佛法。这些举措不仅促进了敦煌佛教的发展，而且促使敦煌佛寺教育的教育内容及相应教材规范化，为之后敦煌佛寺教育的持续发展奠定了基础。

---

① 敦煌研究院编《敦煌遗书总目索引新编》，第 44 页。

第二章　唐五代敦煌佛寺教育的
概况及教材

佛教作为一种宗教，是一个整体的存在。它既是观念系统（教义和神谱）的庞大存在，又是行为系统（戒律、仪轨）的配套设置。它需要物质实体做基础，如寺庙、佛像；又需要道德和法的规范，如戒律、制度。[①]佛教是在观念系统支配下的行为事实系统，教义是其核心和灵魂，而传播教义是这一行为事实系统最重要的环节，这个环节需通过教育实现。因而佛教寺院教育就是以物质实体（即寺院）为基本场所，以戒律、仪轨为保障传播教义的过程。

第一节　唐五代佛寺教育概况

唐五代佛教在政府制定相应的文教政策后，由国家设置专门机构统摄佛教，引导和规范全国佛教寺院有序发展。佛寺教育依托佛教寺院，呈现出新的特点。

一　唐代佛寺教育体系的形成

佛教经汉魏两晋，至于隋唐，已达鼎盛。佛教宗派形成，各派宗奉经典，为其阐述义理。唐政府推行"崇圣尊儒"的文教政策，且唐初诸帝将道教置于佛教之前，但佛教在民众中的影响力已让李唐统治者不得小觑，

---

① 顾伟康：《禅净合一流略》，台北：东大图书股份有限公司，1997，第4页。

因此在限佛政策下支持佛教的发展，管理佛寺教育，引导佛寺教育走向有利于政府统治的方向。唐初对佛教的各项管理，为唐代佛寺教育规定了发展方向。

（一）唐政府管理下佛寺教育的发展

唐政府为了更好地控制佛寺教育的导向，由国家设置机构管理僧尼事务。唐高祖武德二年（619），任命保恭、吉藏、明赡、智藏、法侃、慧因、海藏等十位高僧为"十大德"，统摄僧尼。各大寺设上座、寺主、维那三纲，并任命一名监寺，由俗人担任，直属鸿胪寺。被任命的"十大德"均是佛学素养极高的僧人，在僧侣中享有极高的声望。他们既是唐代佛寺教育的优秀师资，又是决定佛寺教育内容的核心人物，管理好"十大德"就管好了僧众。三纲负责佛寺的日常教学、生产和生活，由政府委派一名俗人担任寺监，且向鸿胪寺负责，意味着佛寺日常教育教学受到政府的监控，具体的措施由三纲落实。

为了有序控制佛寺的发展，唐政府颁布法令控制寺院的数量。对于佛寺的设置，高祖、太宗、高宗、武则天、中宗时针对佛寺营建都有诏令。高祖时，曾下诏："诸僧、尼、道士、女冠等，有精勤练行、守戒律者，并令大寺观居住，给衣食，勿令乏短。其不能精进、戒行有阙、不堪供养者，并令罢遣，各还桑梓。所司明为条式，务依法教，违制之事，悉宜停断。京城留寺三所，观二所。其余天下诸州，各留一所。余悉罢之。"[1] 可以看出，高祖是在僧、尼、道士、女冠遵守国家法律的条件下有序地清理寺观及寺观中人员。而京城和天下诸州之寺，是以国家之资营造，意即把全国的佛教活动控制在官寺中。官建寺院带有政治目的，有为皇家功德而立的，有为凭吊阵亡将士而建的，有为祈福而建的。经过高祖时期的整顿，在隋朝佛寺的基础上，贞观二十二年（648），"海内寺三千七百一十六所"[2]，高宗麟德三年（666）封禅泰山，[3] 下诏在兖州设道观佛寺各三所，天下诸州各设一寺一观，佛寺增至四千所以上。武则天载初元年

---

① （后晋）刘昫等撰《旧唐书》卷 1《高祖本纪》，中华书局，1975，第 17 页。

② （唐）慧立、彦悰著，孙毓棠、谢方点校《大慈恩寺三藏法师传》，中华书局，1983，第153 页。

③ 参见（后晋）刘昫等撰《旧唐书》卷 5《高宗本纪》，第 89 页。

（689）诏令两京、诸州各设寺一所，并命名为"大云寺"。中宗复位后，恢复了在天下诸州各设一寺一观的做法，且以"大唐中兴"命名，神龙三年（707）将寺观更名为"龙兴"。玄宗开元二十六年（738），在各州立寺观，命名为"开元"，并将原来在龙兴寺观的各种佛事和国事活动改在开元寺观举行。开元寺观有了国家寺观的性质。自此，唐代"按州置寺"的原则初步确立。①

关于僧尼的数量，按州规定度僧的人数，为僧尼造册并定期复核；为提高僧尼素质，还实行试经度僧制。贞观九年（635），唐太宗颁《度僧于天下诏》："其天下诸州，有寺之处，宜令度人为僧尼，总数以三千为限。其州有大小，地有华夷，当处所度多少，委有司量定。务须精诚德业，无问年之幼长。"② 对于度僧数量的限制，各州总数不超过三千，但因各州人口数量不一，度僧数量由有司定夺。贞观二十二年（648），再颁《天下诸州寺度僧诏》，规定"京城及天下诸州寺，宜各度五人，宏福寺宜度五十人"③。太宗执政末期，对于度僧人数限制极严。且为了严格管控僧尼数量，规定每三年州、县须造僧尼簿册并上报祠部。此外，唐政府为了控制僧人数量，还实行试经度僧制。即意欲出家者须通过考试，才可正式成为僧尼，简称试度。换言之，初入佛门之人，并不一定都可受戒为僧尼，须在勤学佛典、精修佛道后，经师父举荐，参加国家考试，合格者方被授戒剃度。中宗神龙元年（705）"八月，诏天下试童行经义，挑通无滞者度之为僧。试经度僧从此而始"④。这里的童行，是指儿童进入寺院到剃度为沙弥之间的阶段。释僧导十岁出家，释道安十二岁出家，至正式受戒剃度之前，都属于童行阶段。《佛祖统纪》中宗条关于神龙元年试经度僧制中记载童行一例："山阴灵隐僧童大义，年十二，诵《法华经》，试中第一。"⑤ 这位童僧的年龄是十二，考试内容为《法华经》，成绩优异。《宋高僧传》卷十五《唐越州称心寺大义传》中关于大义的记载更为详细：

---

① 张国刚：《佛学与隋唐社会》，第 97 页。
② （清）董诰：《全唐文》卷 5《度僧于天下诏》，中华书局，1983，第 66 页。
③ （清）董诰：《全唐文》卷 8《诸州寺度僧诏》，第 104 页。
④ （元）释觉岸撰《释氏稽古略》，《大正藏》第 49 册，第 822 页。
⑤ （宋）志磐撰，释道法校注《佛祖统纪校注》卷 41，上海古籍出版社，2012，第 936 页。

七岁，父训之以经典，日可诵数千言。年十二，请诣山阴灵隐寺求师，因习内法，开卷必通，人咸叹之。属中宗正位，恩制度人，都督胡元礼考试经义，格中第一。削染，配昭玄寺。[①]

可见，大义得度是试经与恩度并行所致。越州的度僧试经考试是由都督主持完成，选拔合格后由官方配寺。由此可见政府对度僧管理的严格程度。试经度僧制度不仅是政府限制度僧人数的有效管理制度，同时也将僧尼准入门槛提高，有助于佛寺教育水平的提高。

唐政府对僧尼的管理甚至上升到国家法律层面。佛教创建之初，佛陀本以戒律来规范僧尼的修行、生活及待人处世，是为了"防非止恶"。戒条也是"随机设教"，从少到多，逐渐完善的。这些戒条有的是取自当时世俗律法和道德禁止的内容，大部分是根据教义和修行及传教需要而定。自三国时期魏昙柯迦罗译出第一部戒律《僧祇戒心》，经过魏晋南北朝至隋，佛教戒律伴随佛教的发展逐步完善。至唐朝，道宣在广泛吸收各地学僧戒律研究成果的基础之上，建立了以《四分律》为中心的融合大小乘戒律的律学体系，并为佛教界接受和采用。但是随着佛教的迅速传播，僧尼人数激增，戒律不能对违背戒条的行为或现象进行有效约束。因此，唐政府参照佛教戒律，制定僧尼法规，以国家强制力对僧尼进行管理。这不仅符合唐朝推进法制建设的要求，而且为国家管理宗教事务提供了法律依据。《唐六典》卷六记载，"凡律以正刑定罪，令以设范立制，格以禁违正邪，式以轨物程事"，对律、令、格、式的适用范围和法律功能做了概括解释。现存的《唐律疏议》是唐代律、令、格、式等法律文件中仅存的法律文书。结合《唐律疏议》，从《唐六典》、《唐会要》及敦煌文献中搜寻唐代律、令、格、式的部分内容，其中关于僧、尼、道士、女冠而制定的《道僧格》基本可以恢复其原貌。从郑显文《唐代律令制研究》中复原的关于僧、尼、道士、女冠的条令中可看出，《道僧格》不仅对佛教僧尼和道教的男女道士的衣着、饮食有严格的规定，对其日常行为和传布义理亦

---

① （宋）赞宁撰，范祥雍点校《宋高僧传》卷15《明律篇》，上海古籍出版社，2017，第330页。

有严厉的管制。对违犯者按照法规量刑惩罚。法律要求下的戒律具有强制力，刺激了僧尼学习戒条的积极性。唐代研究戒律的僧人增多。学有所成、专善律条的僧人被称为"律师"。

《唐律》中还对师徒关系进行了法律意义上的确定，"若于其师，与伯叔父母同"，疏义解释"师谓于观寺之内，亲承经教，合为师主者。若有所犯，同伯叔父母之罪。依斗讼律：'詈伯叔父母者徒一年。'若詈师主，亦徒一年。余条犯师主，悉同伯叔父母"。既敬师主，但也不虐待弟子。《唐律》云："其于弟子，与兄弟之子同。"疏义释："谓上文所解师主，于其弟子有犯，同俗人兄弟之子法。依斗讼律：'殴杀兄弟之子，徒三年。'贼盗律云：'有所规求而故杀期以下卑幼者，绞。'兄弟之子是期亲卑幼，若师主因嗔竟殴杀弟子，徒三年；如有规求故杀者，合当绞坐。"①将师徒关系比同为叔侄关系，并用法律的形式确定伤害对方后的刑罚。从法律的角度确认非血缘的师生关系，这和儒家重师承的作风吻合。恰逢唐初佛教宗派形成，分门立宗的需求亦对其起了推动作用。因此，魏晋时期可拜多位老师，学习诸经义的风气彻底转变，佛寺教育也开始注重师承门派。这不利于学僧的学习和发展。

上述几种对佛教的管理，虽然使佛寺教育的发展有序化、正规化，但也对佛寺教育有所限制，使唐代佛寺教育不同于前代。

（二）唐代佛寺教育概况

唐代佛教的发展具有阶段性，根据其特点分为三个阶段。佛寺教育因之也有明显的不同，其中两个转折点为安史之乱和会昌法难。

唐初长安、洛阳等地的佛教寺院，尤其是官寺，有官方的资金支持，开设规模较大的译经场；佛学造诣高深的僧人成为译主，主持译场工作，翻译佛经，并现场讲经。不仅培养了一批翻译人才，还弘传了经义。译出的经典经过传抄，送往全国各地寺院，以供收藏和学习。各个寺院的藏经数量增加，也为佛教寺院教育提供了教材和学习内容。各个寺院在僧团的管理下，有序进行着僧伽教育和内典教育。此一时期，从长安、洛阳，到

---

① （唐）长孙无忌等撰，刘俊文点校《唐律疏义》卷6《名例律》，中华书局，1983，第144页。

各地佛寺，义学之风盛行。寺院教育偏重佛教义理的教学，佛教的学术气氛浓厚。佛教寺院浓厚的学术气氛吸引了一批士大夫。他们与高僧交游，研读佛典、探讨佛理。有些士大夫在佛学方面的造诣不输于佛门高僧。而与士大夫交游甚密的僧人，则或是佛教领袖，或是兼通内外学、具有各种技能的高僧，或是僻居山林、洁身自好的山僧。在士大夫崇佛风气的引领下，加之科举制度进士科的盛行，世家子弟、寒门学子纷纷寄居山寺读书备考。他们在佛寺中的学习，使佛教寺院的教育对象不再局限于僧尼，世俗子弟亦在受教育之列。因此，唐前期，佛教寺院教育以佛典的学术研讨为中心，译经、讲经、诵经是僧人受教育的主要方式。内典教育的内容也波及各宗派佛典，且在内典教育之外，还有面对世俗子弟的儒学教育。

　　安史之乱焚毁了长安和洛阳许多佛寺，动摇了唐帝国的政治基础。寺院失去了皇室和贵族的供养与布施，佛寺教育失去了坚实的物质基础。玄宗、肃宗、代宗、德宗、顺宗、宪宗、文宗等都推崇佛教，佛教一时得以恢复。受国家或贵族供养的大寺虽然还能继续得到供养，但战乱中部分僧人外逃，佛教经典也损毁殆尽。佛寺实力大不如前。遍布山野的小寺又不具备佛学研究的实力和背景。唐前期以国家大寺为译场进行的译经、讲经、造疏等佛寺教育活动虽然还在进行，但规模已不如前，士人对佛教理论研究的兴趣逐渐消退，由隋朝延续而来的义学研究风气渐渐消解。[①] 人们不愿意在经典的阅读与研习中得到佛教奥义，而是偏向于习禅和持律。而国家层面一改前期对佛教的管理，为了应对经济危机，唐中央政府从玄宗后期开始，不但卖官鬻爵，还贩卖度牒，以期增加政府的收入。购买度牒的百姓则期望以大僧侣或"寺户"的身份得到寺院的庇护。僧侣并非真心学佛，寺户为寺院耕作、服役。因此，此一时期经剃度有合法身份的僧尼大多是伪僧尼。混入僧尼队伍的伪僧尼没有僧人必需的佛学素养，使僧人的群体形象受损。唐初以来译经、辩经的教学模式无法继续推行，佛学的发展陷入瓶颈。隋代以来形成的佛教各宗派衰落，代之而起的是禅宗的兴起。禅宗重禅轻教化，使原本为士人专宠的佛教逐渐平民化。佛学的教

---

① 　葛兆光：《理论兴趣的衰退——八至十世纪中国佛教的转型之一》，《世界宗教研究》2001年第 1 期，第 35~47 页。

育由此从理论学习过渡到实践体验。

会昌灭佛使作为佛教教育重要载体的寺院被毁拆，大规模的译经、辩经、讲经和造疏都失去了依托；高素养僧尼的被迫还俗或逃亡，使寺院教育师资短缺；知识贵族阶层由于战乱的打击，对烦琐的佛教义理阐述失去了兴趣，继而去寻找更能寄托精神的实践修行方式；大批被迫还俗的僧尼返回乡野，重拾农耕生活，将佛教的基本信仰传播于民间。佛教具备了平民化、社会化的条件。重于实践修行的禅宗和净土宗，逐渐取代了以理论为支撑的形成于隋、唐之初的宗派佛学，成为唐中后期佛教及其教育发展的主要宗门。

（三） 五代时期佛寺教育的延续

五代时期（907~960），北方经历了后梁、后唐、后晋、后汉、后周五个朝代，各代佛教均因袭唐代旧规，政府设有专管佛教的机构。度僧不仅须经国家允准，且须参加比试经业的考试，合格者方能出家。如后梁龙德元年（921）"三月丁亥朔，祠部员外郎李枢上言：'请禁天下私度僧尼，及不许妄求师号紫衣。如愿出家受戒者，皆须赴阙比试艺业施行'"①。后唐、后晋也严格限制，禁止新建寺院。但五代各帝，既是立规限制建寺和度僧的人，又是破坏规制的人。如后晋高祖多次赐寺院度僧名额及僧尼紫衣、师号。由是寺院和僧人依旧泛滥，影响国家的赋税和兵役。后周世宗显德二年（955）对佛教进行了彻底的改革整顿，在建寺、度僧数量和条件上予以严格限制，还禁止了以残害肢体为信佛信条的行为。此次限佛措施效果显著，国内寺院废毁过半，大量僧尼还俗。延续自唐末的佛教寺院教育经此一击，更见衰落。

南方十国虽政权林立，但互不侵犯、大体相安，因此境内经济稳步发展。佛教以吴越、南唐、闽为中心得以发展，甚至一度繁荣。这不仅得益于经济发展提供的物质基础，更在于其统治者对佛教的支持。建寺、建塔、造像、写经等活动持续进行，度僧数量亦远超北方。佛教基础好，佛教寺院教育得以持续。唐末五代，南方的禅宗和天台宗有了更大的发展。禅宗，中唐后渐兴。后南宗禅成为禅宗主流，传衍出五家七宗。南岳怀让

① （宋）薛居正撰《旧五代史》卷10《梁末帝纪下》，中华书局，1976，第146页。

一系有临济宗、沩仰宗两家，青原行思一系分出了曹洞宗、云门宗和法眼宗三家，之后临济宗门下又衍生出黄龙派和杨岐派。五家七宗各有特色，在传承本派教义的教育上亦不逊色。

五代十国时，写经阅藏风气盛行，但南北经藏略有不同。北方多写《贞元录》入藏经，南方通常依据《开元录》写经。《贞元录》较《开元录》多三百余卷。保大三年（945），僧恒安从关右写到《贞元录》续入藏经，连同《千钵曼殊室利经》十卷、《一切经源品次录》三十卷，一起编成《续贞元释教录》，并请写录施行，南方即有《贞元录》入藏经写本了。后行瑫撰述《大藏经音疏》五百余卷，疏解大藏经音义，与《贞元录》入藏经写本一起流传。当时讲经僧人多遍览全藏。如贞诲（后唐）擅讲《法华》，"于寺讲贯三十余年，经讲计三十七座，览藏经二遍"[1]，从隐（后汉）"克通《百法》《中观》《弥陀》三经论焉。……至后唐清泰中，谭付讲座，日为众三登法席。夏中长晷，览藏经一帙，精进苦节，人无与比"[2]，智佺更超前者，"佺敏利之性天资，初终讲《百法论》，可百许遍。登法座，多不临文，悬述辩给。后三过览《大藏经》，以辅见知"[3]。可见《大藏经》是当时讲师的必备教材。遍览群经，方能自如讲授。

综上，五代十国时期，北方佛教由于各政权的限佛措施，佛教寺院虽有讲经、注疏等活动，但规模不大。在周世宗限佛的过程中，佛寺大规模废毁，僧人大批还俗，寺院教育甚至一度受阻；南方佛教由于各政权统治者的支持，不仅在物质上提供条件，建寺、造塔、抄经、举办法会和讲经，加之王氏、钱氏等国主自身也是佛教徒，因此佛教不衰反盛，佛教寺院教育亦在佛教弘传的过程中兴盛。

二　佛典的系统化及佛寺教育

东汉末年至西晋，译经多为西来僧人携带。译经大多不成体系，多是某一经义的一部分。东晋后，中土僧人兴起留学热，前往天竺、于阗等国

---

① （宋）赞宁撰，范祥雍点校《宋高僧传》卷7《后唐东京相国寺贞诲传》，第135页。
② （宋）赞宁撰，范祥雍点校《宋高僧传》卷7《汉洛阳天宫寺从隐传》，第140页。
③ （宋）赞宁撰，范祥雍点校《宋高僧传》卷7《周魏府观音院智佺传》，第142页。

求取佛经，佛经逐渐体系化。

第一部佛经由口授而成。但随着佛教教育的发展，口授显然不适合形势，且随着佛教的推广，佛寺和僧尼的增加，佛教教育需有必要的教材和读本。这表明了佛教教育渐成体系。而这些教材和读本须通过译经得来。任继愈先生对当时佛经的翻译内容进行了归纳：第一，关于佛教基本知识的入门书，如佛教名词、概念，无论大乘、小乘都需掌握的；第二，关于佛教戒律的书籍，这是维持僧众集体学习、生活的纪律，保证佛教教育的顺利进行；第三，关于佛传故事的书籍；第四，关于佛教宗派基本理论的书籍。① 这些译本是佛教寺院教育的教材，也是佛教借以传播其思想的中介。

关于佛教基本知识的入门书籍，类似于儒学中的童蒙教材。它介绍佛教中的基本概念，如四谛、八正道、十二因缘，它是佛教寺院教育的基础，也是佛教普及的必修课。佛教戒律的译本在前一问题中提及，作用也如前所述。佛传故事故事性强，对广大信众，尤其是下层人民了解佛教、巩固佛教信仰可起到至关重要的作用。关于佛教宗派基本理论的书籍，从汉末至魏晋，基本涉及隋唐各宗派基本理论的佛经都有译本，如《成实论》《俱舍论》《楞严经》《般若经》等。这些经书为深入研究佛教思想提供了读本，对士大夫阶层了解佛教、继而研究佛教哲学思想奠定了基础。以至于佛教在发展过程中，很多名僧或当朝名士都是儒佛兼通的。这些译本的原本起初是由西来僧人带入中国的，通过和汉僧或士人合作翻译，章节不全，或为集抄，并不完整。由于梵汉双语不同的特点，在译经的过程中翻译走样，且有向汉地儒道文化合流的现象，故而引起了汉地僧侣的不满。他们抱着寻求正见、追本溯源的态度，沿张骞凿空的路径去西域或印度访求佛经，掀开了中国僧人留学取经的大幕。这对佛教寺院教育的发展起了推动作用，也促进了中外文化交流。

三国时期曹魏的朱士行是西行取经求法第一人，也是昙柯迦罗译出《僧祇戒本》后汉僧受戒的第一人。"出家以后，专务经典。"当时竺佛朔已译出《道行经》，"士行尝于洛阳讲《道行经》，觉文意隐质，诸未尽善，每叹曰：'此经大乘之要，而译理不尽，誓志捐身，远求大本。'遂以

---

① 任继愈：《汉唐佛教思想论集》，人民出版社，1998，代序第 12~13 页。

魏甘露五年，发迹雍州，西渡流沙。既至于阗，果得梵书正本，凡九十章"①。朱士行立志求取梵书正本，是因为原译本文句旨意隐晦粗浅，而历经险阻求取正本成为唯一解决之法。朱士行差遣弟子弗如檀将经书送至陈留仓垣水南寺，后由于阗沙门无叉罗和西晋居士竺叔兰译为《放光般若经》二十卷。自己最终卒于于阗。般若学与玄学相契，迎合了魏晋风尚，曾风靡一时。

东晋时期，随着佛教文化的进一步发展，西行求学的热潮再起。这一时期最著名的当数法显。法显亦为汉僧，三岁出家，二十岁受具足戒。自幼谙习戒律，但他常慨叹"经律舛阙"，故而"誓志寻求"。于后秦弘始元年，即东晋隆安三年（399），同慧景、道整、慧应、慧嵬四人，从长安出发，去天竺寻求戒律。法显西行历经西域诸国及天竺，返回时走海路，途经南洋，历时十五年之久。所经之处，他一边讲解佛经，一边学习各地语言，尤其是天竺语。回国后，又致力于译经。且将游学之经历，成书《佛国记》。法显的留学活动不仅为中国佛教教育史画上了浓重的一笔，也为后世研究古代中亚和南亚诸国的历史提供了原始资料，具有深远的影响。此外，东晋的宝云、智猛等三十余人，刘宋的沮渠京声、道吾等十余人，北魏、北齐、北周的惠生、宋云等十九人，也纷纷西行求法。

唐代以玄奘、义净为代表的僧人为精研佛法中的疑难问题，再次掀起西行求法的热潮。玄奘徒步五万余里，在印度佛学最高学府那烂陀寺师从戒贤法师学习，在东印、南印、西印诸国游学后，返回那烂陀寺著述、讲学。成就蜚声印度，受到戒日王的礼遇。返回长安后，他将带回的经律论五百二十夹，六百五十七部，组织译场进行翻译。玄奘的译场规模大、分工细，译经过程亦是其教学过程。玄奘将其在西域百余国的见闻记录并撰写为《大唐西域记》。义净则是通过海路先后经室利佛逝国（今苏门答腊岛）到达印度，在那烂陀寺学习十年，后游历各国，"经二十五年，历三十余国，以天后证圣元年乙未仲夏，还至河洛，得梵本经律论近四百部……天后亲迎于上东门外。"② 设置译场翻译佛经，共六十八部，二百八十九卷。

---

① （梁）释慧皎撰，汤用彤校注《高僧传》卷4《晋洛阳朱士行传》，第145页。
② （宋）赞宁撰，范祥雍点校《宋高僧传》卷1《唐京兆大荐福寺义净传》，第1页。

义净亦将其在印度及南海诸国的见闻记录，撰成《南海寄归内法传》。

这些留学僧为求得佛法，不远千里，不辞艰辛。他们的行为有些属于个人行为，有些属于国家行为。如道普、惠生、宋云就是受到朝廷差遣。他们带回了梵书正本数卷并翻译，不仅使中国的佛教经典从碎片化走向完整化，而且为佛教寺院教育提供了系统的教材，为隋唐时期佛教宗派的形成奠定了基础。

除了求取原本做翻译，在译经的过程中，由于佛教义理深奥难解，需要高僧的讲解，因此在讲经的过程中，就会有记录佛教义理解释的讲义，也就是佛教义疏，它成为研习佛教义理的重要内容。综观当时的讲经义疏，分为两种：一种为先撰疏，后讲授，类似现代教育中教师备课的教案；一种为边讲边注疏，类似于现代教育中编撰教材。如僧导著有《成实义疏》《三论义疏》，道融著《大品义疏》，昙影著《中论注》，竺道生著《小品经义疏》《二谛论》，僧肇著《物不迁论》《不真空论》《般若无知论》。

总之，随着佛教的发展，佛教梵本从蕃僧东传到汉僧西去求取，佛经翻译从零星到系统，佛教典籍逐步完备起来，形成较为完备的体系，从而也大大促进了佛寺教育的发展。

三 唐初兴盛的佛教义学

"佛教义学"指对佛陀及其教法的信仰论证。随着佛教在中土的传播，各种对佛教经典翻译和义理的阐释逐渐盛行。不同时期流行的经论与佛典各不相同。不同的佛经译本引起佛学界的研究之风。支谦、竺法护时，所译多般若方等。道安时所译多有部经论，引起毗昙之研究。罗什时代，使大乘之学义理昌明。[①] 南北佛学流行不同。两晋盛行涅槃，南朝宋、齐流行涅槃、成实，梁、陈二朝兴三论，隋代唐初最流行《涅槃经》《摄大乘论》《华严经》《法华经》《唯识论》等佛教经论。高僧大德、名流硕学纷纷齐聚长安，从不同角度发表个人见解，阐发佛经要义，使佛教经义本土化。此时的义学林立，使佛教义学兴盛一时。在诠释佛教经义的同时，本土化的佛学思想体系逐步完善。

---

① 汤用彤：《汉魏两晋南北朝佛教史》，中华书局，1955，第374页。

《大涅槃经》是佛教大乘经典，最初为北凉昙无谶于 421 年翻译。译出后随即传入建康，后经慧严、慧观等改编为《南本涅槃经》，遂流行于南方各地。信奉"一切众生皆有佛性"等教理。道生于庐山讲《大涅槃经》，主张顿悟，听者甚众。道生即为中国最初的涅槃师。① 南朝以涅槃为名家的还有梁武帝、僧亮、法瑶、昙济、僧宗、宝亮、智秀等。北方涅槃学在北魏兴起。直至隋朝，研习《涅槃》者甚众，如慧光、圆通、道慎、僧妙、道安、昙延、慧远等人。涅槃学成为佛教义学的显学。文帝设义学五众。涅槃众主即研习《涅槃经》的大师慧远与童真、善胄、法聪，他们在长安讲演涅槃。唐初，涅槃学除了盛行于长安，还辐射至其他地区，南方除淮南道，北方除陇右道，都有讲授《涅槃经》的高僧。长安较著名的有灵璨、善胄、辩相、行等、明璨、道颜，他们均为慧远门下。慧远"祖习涅槃，寺众百余，领徒者三十，并大唐之称首也"②，长安之外，如泽州的玄鉴、智徽亦为慧远之弟子。在洛阳、郑州、魏州等地弘阐《涅槃经》的灵润是慧远弟子灵璨之弟子。此外，长安的法常、道洪、慧诞，河中府的道懃、道谦兄弟为昙延之弟子。因此可看出，隋代高僧慧远、昙延以长安为中心进行涅槃义学的研习，其弟子对唐代北方《涅槃经》的弘扬有直接的影响。

《摄大乘论》是佛教大乘瑜伽行派的基本论书。汉译本有三种：北魏佛陀扇多本、南朝陈真谛本及唐玄奘本。影响力以真谛本为最广，玄奘本次之；另外还有一种藏译本。隋代始，许多弘扬《摄论》的名僧向长安聚集。法侃、智凝、道尼、昙迁等前往长安，《摄论》亦从南方向北方传播。唐初，法侃、法常、灵范等人在长安弘讲《摄论》。除昙迁一系，靖嵩一系亦弘传《摄论》，靖嵩以徐州为中心弘阐《摄论》，致使僧侣"相继趋途，望气相奔，俱咨《摄论》"。靖嵩对《摄论》颇有研究，"撰《摄论疏》六卷、《杂心疏》五卷"，"自此领匠九州，垂章四海"。③ 靖嵩一系远传蜀地，使摄论在蜀地兴盛。在蜀地弘扬《摄论》者，还有道因、宝暹、

① 任继愈主编《中国佛教史》第三卷，中国社会科学出版社，1988，第 330~337 页。
② （唐）道宣撰，郭绍林点校《续高僧传》卷 8《隋京师净影寺释慧远传》，第 287 页。
③ （唐）道宣撰，郭绍林点校《续高僧传》卷 10《隋彭城崇圣寺道场释靖嵩传》，第 339 页。

慧景等人。道因在多宝寺讲《摄论》，宝暹前来辩论。由此可见研习《摄论》学风浓厚及自由。因此，隋末唐初，蜀地摄论派盛行一时。唐初，靖嵩一系参与玄奘译场，继续弘阐《摄论》学说。道因参与玄奘译场，担任"证义"，慧景则在学习玄奘所译《瑜伽论》后，对其进行注解。从地域上看，摄论义学北传后，形成三大中心，即徐州、四川和长安。摄论义学的传播，为唐代唯识宗创造了思想基础。玄奘西行前，曾向慧景、宝暹、法常、僧辩等摄论学者学习。归国后，玄奘道场由道因、灵润担任译场的"证义"。而摄论义学与华严宗的创立也密不可分。

　　"三论"为《中论》《百论》《十二门论》的简称。后秦姚兴时，鸠摩罗什在长安译"三论"，此应为中国三论学之肇始。后罗什弟子僧肇、僧睿、昙影、僧导等，均弘扬三论学，并颇有建树。僧睿在长安著《大智论》《十二门论》诸序，流传于世。僧肇撰写《物不迁论》《不真空论》《般若无知论》，"融会中印之义理，于体用问题有深切之证知，而以极优美极有力之文字表达其义，故为中华哲学文字最有价值之著作也"①。周隋唐初，三论学又以长安为中心兴盛一时。开皇初，辩寂"西入京室，复寻昔论，龙树之风，复由光远"②。仁寿三年（603），慧因于长安禅定寺，"遂奉为知事上座……频讲三论，并制文疏，要约标控，学者高奉"③。隋末唐初，弘扬"三论"者为嘉祥大师吉藏。于隋炀帝时置道场，驻锡日严寺。武则天时期，驻锡实际寺、定水寺和延兴寺，"讲三论一百余遍"，可谓弘讲最盛者。且听者甚众，上自皇室贵胄，下至学僧、清信之士，"俱慕其芳风"。④ 除此，唐前期弘扬三论的高僧还有慧棱、慧持、法敏、慧璇、慧震等。唐前期弘扬"三论"较盛的地区有长安、荆州、襄州、邓州、隋州、安州、润州、越州、成都府、梓州、绵州。⑤ 唐前期"三论"在隋代的基础上，在今四川地区、汉水地区有所延伸，北方趋于收缩的态

① 汤用彤：《汉魏两晋南北朝佛教史》，第333页。
② （唐）道宣撰，郭绍林点校《续高僧传》卷28《隋京师沙门释辩寂传》，第1122页。
③ （唐）道宣撰，郭绍林点校《续高僧传》卷13《唐京师大庄严寺释慧因传》，第432页。
④ （唐）道宣撰，郭绍林点校《续高僧传》卷11《唐京师延兴寺释吉藏传》，第393~395页。
⑤ 李映辉：《唐代佛教义学之风尚及其地理分布》，《益阳师专学报》1998年第3期，第40页。

势。"三论"加《大智度论》，合称"四论"。《大智度论》简称《智度论》《智论》《大论》《释论》。开皇年间，隋文帝敕令法彦为《大论》众主。释昙良以《大论》传名。释僧朗"寻绎《大论》及以《杂心》，谈唱相接，归学同市。入关住空观寺，复扬讲席，随方利安"①。唐前期弘扬《大智度论》的有六位，皆聚于长安。

　　律宗是在佛教戒律自汉至东晋逐渐完善的过程中逐渐形成的。初由弗若多罗等译《十诵律》，佛陀耶舍译《四分律》，佛陀跋罗译《僧祇律》。之后，南方盛行《十诵》，北方流行《僧祇律》。但两者相较，前者更甚于后者。《续高僧传》记载："自律藏久分，初通东夏，则萨婆多部《十诵》一本，最广弘持。"② 北魏孝文帝时，法聪在平城讲《四分律》，其弟子道覆作《四分律疏》，后慧光承之，在《四分律疏》基础上，删定羯磨，奠定律宗的基础。慧光弟子道云传道洪，道洪传智首。及至隋唐，智首弟子道宣专研律学，并于终南山创设戒坛，制定佛教受戒仪式，《四分》遂成律之正宗。唐前期弘扬的《四分律》成为律宗之主流，除了长安云集了律宗高僧，洛阳、兖州、河中府、太原府、辽州、代州、常州、苏州、杭州、越州等地都有传播。可见《四分律》作为律宗之正统，唐前期已在全国大部分地区传布。其作为僧人遵守的行为规范，对各地僧人都有约束作用。但将其作为义学研习并弘扬，则有一定的局限。以长安为律学中心，隋唐时期律学高僧以智首一系为主，其弟子道宣、慧瑈、慧满、道兴等均在律学研习方面有建树。尤其道宣"从登戒坛及当泥曰，其间受法传教，弟子可千百人……宣之持律，声振竺乾，宣之编修，美流天下"，故而无畏三藏至长安朝谒，向帝奏曰"在天竺时常闻西明寺宣律师，秉持第一，愿往依止焉"。③ 道宣传授律法，声名远播，教授弟子千人，因此被誉为我国佛教史上第一律学名匠，南山律宗的创立者。除道宣外，长安还有怀素，专攻律部，著述甚多。怀素创东塔宗，《四分律》即分三派，东塔、相部和南山。律宗自道宣设立戒坛起，以关中为核心，辐射而外；除北

① （唐）道宣撰，郭绍林点校《续高僧传》卷10《隋西京禅定道场释僧朗传》，第364~365页。

② （唐）道宣撰，郭绍林点校《续高僧传》卷23，第885页。

③ （宋）赞宁撰，范祥雍点校《宋高僧传》卷14《唐京兆西明寺道宣传》，第299~300页。

方，还传布至长江上下游的沣州、荆州、台州、衡州、润州、襄州等地。东都洛阳律学虽不及长安，但昙光作为一代律学名师，也在此弘扬律学。昙光"于砺、砾两师听受成教，逮至立年，盛明律藏，命宗章义，是所推崇。……会东都盛德须有住持，以光有素德，景行难拥，遂敕召住天宫寺。又以教受新成，众徒胥集，纲管之任，非人不传，因又召为寺之上座，绥抚清众，不肃而成。然而泛爱之诚，终古罕类，四方律学，莫不咨询。故其房宇，门人肩联踵接，成就所举，远近遵承"①。可见昙光师从相州砺、砾两位律学大师，深研律藏，因此敕住天宫寺，并教授徒众。在律学方面造诣深厚的还有齐安人释秀公、光州释道岸、蜀地福胜寺道兴等。其律法弘传范围之广，是其他各宗无法匹敌的。

《十地经论》是瑜伽行派早期的代表作，是印度世亲对《十地论》的解释。此经于北魏宣武帝时期由菩提流支和勒那摩提在洛阳译出，受到北魏统治者的重视。经北齐、北周至隋唐，研习《十地论》之风久盛不衰。开皇年间，文帝设十地众，僧粲于开皇十七年（597）被任命为"第一摩诃衍匠"，讲授大乘教理，著有《十种大乘论》，与此同时，设五众，"请迁（慧迁）为十地众主，处宝光寺，相续讲说，声绩攸陈。……迁后频开十地，京邑乃多无与比肩者"②。慧迁以讲授《十地论》为主，成绩斐然，无人可比。唐前期弘扬《十地经论》的约有十家，以长安为盛，余者多流行于北方，如汾州、泽州、河中府。其中代表有灵璨、道宗。灵璨师从慧远，随远入关，"游学相邺，研蕴正理，深明十地、涅槃，备经讲授"③。道宗"受业智论、十地、地持、成实、毗昙，大小该博"④。

除了上述各义学，《唯识论》《法华经》《华严经》等经论也十分盛行。唯识论以玄奘为首位弘传者，其弟子窥基继承了其衣钵。唯识义学虽盛极一时，但由于其义理烦琐，不易为大众所接受，因此晚唐后即趋于衰微。唯识学所传唯识因明之学对后世影响很大。律宗宣扬四分律时，在理论上也吸收了玄奘新译唯识学的观点。《法华经》《华严经》是历代祖师要

---

① （唐）道宣撰，郭绍林点校《续高僧传》卷23《唐洛州敬爱寺释昙光传》，第883~884页。
② （唐）道宣撰，郭绍林点校《续高僧传》卷12《唐京师大护持寺释慧迁传》，第422页。
③ （唐）道宣撰，郭绍林点校《续高僧传》卷10《隋西京大禅定道场释灵璨传》，第359页。
④ （唐）道宣撰，郭绍林点校《续高僧传》卷11《唐京师胜光寺释道宗传》，第385页。

求修佛之人必修的经典。因此不论是僧是俗，都抄写《法华经》。敦煌遗书中《法华经》的抄本是较多的。

从隋到唐初，佛教义学的形成和传播，不限于讲授、弘阐，还包括研习、撰写著作。三者的结合，全面反映了佛教义学的真实情况。因此，从隋到唐前期，佛寺教育的研学活动形成浓厚的学术氛围。不仅在长安这个佛教义学汇集的中心，其他各地，由于义学的弘扬，佛寺中研学风气兴盛，出现了一批高僧。这批高僧不仅是弘扬一宗之主，还能横贯其他各宗。如十地论众主释慧迁，"虽研精一部，而横洞百家，每至难理，则群师具叙"①。五台山清凉寺澄观年十一"依宝林寺霈禅师出家，诵《法华经》"，乾元年间，"依润州栖霞寺醴律师，学《相部律》"，后弘传《三论》，"《三论》之盛于江表，观之力也。大历中，就瓦棺寺传《起信》《涅槃》。又于淮南法藏，受海东《起信疏》义。却复天竺诜法师门，温习《华严大经》。七年，往剡溪，从成都慧量法师，覆寻《三论》。十年，就苏州，从湛然法师习天台《止观》《法华》《维摩》等经疏"。除此之外，他还"翻习经、传、子、史、小学、苍、雅、天竺悉昙诸部异执，四围、五明、密咒、仪轨，至于篇颂笔语书踪，一皆博综。多能之性，自天纵之"。依凭聪慧和好学，他不仅博通经史，也熟习多部论藏，后居五台大华严寺，潜心撰述。元和年卒。澄观"弟子传法者一百许人，余堪讲者千数。观尝于新创云花寺般若阁下画《华藏世界图相》，又著《随疏演义》四十卷，允齐相请述《华严经纲要》一卷、《法界玄鉴》一卷、《三圣圆融观》一卷、《华严》《法华》《楞伽》、《中观论》等。别行小钞疏共三十卷。设无遮大会十二中，其诸塑缋形像，缮写经典，不可殚述"②。澄观一生勤学，游历多地，纵贯各部。晚年居大华严寺教授弟子，注疏佛经。类此高僧者，《宋高僧传》中不可胜数。从中不难看出，义学虽是各种佛学宗派阐述义理的学问，却并未在各宗派间竖起屏障，"研精一部，横洞百家"，正是义学研究的可贵之处。隋朝唐初之际，佛教义学的发展过程即佛

---

① （唐）道宣撰，郭绍林点校《续高僧传》卷12《唐京师大护持寺释慧远传》，第422页。
② （宋）赞宁撰，范祥雍点校《宋高僧传》卷5《唐代州五台山清凉寺澄观传》，第95~97页。

教宗派的形成过程。一派宗教的形成，需要有理论体系的完整建立，而不同时期各类经典及各个宗派在构建理论过程中的分歧和矛盾，就靠"判教"。

印度佛教的"判教"是以思想义理的发展和经典文献出现的先后为标准的，而中土佛教的"判教"则与其不同。因不明传入中土的佛教经典之历史，所有义理皆出自佛所说。中土佛教即将佛教经典之不同资料加以融通，使其互不相碍，甚至诸经典之间可互通。此即形成佛教体系，各经典之间有着有机联系。遍观经典后，去除让人陷于一隅之见的妄心，汇成一大义理世界。故而中土的"判教"，是为形成一总持的智慧，总持一切经典的价值。中土佛教的"判教"从南北朝至隋代唐初，佛学大德从讲解到创新，从通晓一类佛经到横贯群经，从偏于义理或偏于实行到义理、实行两者并重，从而把佛教学派发展成为佛教宗派。① 隋代唐初，长安及辐射到的地区以义学为中心。义学僧人研习佛教经典，撰写佛经义疏，阐述佛经要旨，形成义学蓬勃发展的局面。这为中国本土化佛教宗派的形成提供了理论基础。中国佛教在此间共有八大宗派，其中六大宗派就形成于长安。这既是佛教本土化成熟的表现，也是长安成为外国留学僧求取佛学义理与教育的根本原因。

四　唐代中后期净土宗、禅宗的流播和众生修行

唐前期的佛教依旧侧重于对佛学理论的学术研究，对佛学理论的探讨亦迎合了高门士人求取烦琐论证的口味。通过讲经、译经、论辩、造疏等一系列佛寺教育活动，佛教理论不断完善，形成了不同的宗派。尤其是国家大寺，诸如长安的慈恩寺、兴善寺、西明寺、福先寺等，"佛教法师的理论维持着相当高的水准，而且佛教也有一种逐渐向上层贵族社会渗透与向上层知识阶层靠拢的趋势"②。安史之乱后，随着贵族的衰落和战火中寺院的破败，佛寺教育活动失去了物质依托，佛教理论的教育失去了往日的风采。遭到战火洗劫的人们意欲通过律师和禅师的实践性修行方式获得心

---

① 石峻、方立天：《论隋唐佛教宗派的形成》，《哲学研究》1981 年第 8 期，第 68~72 页。
② 葛兆光：《理论兴趣的衰退——八至十世纪中国佛教的转型之一》，《世界宗教研究》2001 年第 1 期，第 44 页。

理依托和解脱。唐初建立的净土宗和禅宗恰恰适合世人的需求，在其他各宗逐渐衰落的时候，悄然蔓衍，在世人中普及。

净土宗从初祖东晋慧远依据《般舟三昧经》，提倡禅观念佛，经北魏昙鸾倡导口称念佛，隋唐之际道绰的著述完备宗义和行仪，至唐朝善导确立以"三经一论"为教材。以"持名念佛"为修习方式的净土宗，比起其他宗派的烦琐证义，更易为世人所接受。这种持名念佛，以其简便易行的修习方式，奠定了民间佛教信仰的基础。虽然经历了武宗禁佛的打击，净土宗却展现出强大的生命力。

净土宗以阿弥陀本愿为教育思想理念核心内容。阿弥陀本愿又称阿弥陀佛四十八愿，可以分为摄法身愿、摄净土愿、摄众生愿三类。它们都指向同一个终极目标，即往生阿弥陀佛净土；在那里修行，迅速成就佛果；再前往他方无量无边世界，普度众生，共成佛道。这三个修行的层次，恰体现出净土宗教育的渐进性。世间众生只有修学净土法门，才能往生阿弥陀佛净土；在这片净土修行，能够疾速成佛，这比单纯依靠自力证得佛果的佛教法门更加快捷；而求得正果后，可以再往无量世界，普度众生，共证佛道。净土宗这种修习方式，并不是为了个体摆脱在娑婆世界饱受种种烦恼和生死流转的痛苦，前往阿弥陀佛净土独享安乐。而其往生的目的，是在阿弥陀佛净土的环境中迅速成佛，返回娑婆世界普度众生，共证佛道。

净土宗教育的主要内容是"净业三福"，"一者孝养父母，奉事师长，慈心不杀，修十善业。二者受持三归，具足众戒，不犯威仪。三者发菩提心，深信因果，读诵大乘，劝进行者。如此三事名为净业"。[①]"三福"所涉教育内容也具三个层次，分别为世俗善之福、戒善之福、行善之福。世俗善之福中孝养父母、奉事师长，与儒家教育孝顺父母、尊师重道的理念一致，便于信众接受；慈心不杀和修十善业要求世人对世间生灵保有慈爱之心；修十善业要求不杀生、不偷盗、不邪淫、不妄言、不绮语、不恶口、不两舌、不贪欲、不嗔恨、不邪见，这是"佛教一切世间法和出世间法层面上善行教育的总根基"[②]。戒善之福中受持三皈，是指如若解脱烦恼

---

① （宋）畺良耶舍译《佛说观无量寿佛经》，《大正藏》第12册，第341页。
② 杜钢：《中国佛教净土宗教育研究》，华东师范大学博士后研究工作报告，2007，第52页。

业障，须受持三皈依，以佛法僧三宝为师修行，最终圆成佛道；具足众戒，强调修学佛法，必须将戒、定、慧三学中的戒放于首位；不犯威仪，指要遵守佛教要求的行住坐卧四种行为应具有的威德和仪轨。戒善之福所提倡的亦是佛教其余各宗的修行方式。第三福是行善之福，包括发菩提心，深信因果，读诵大乘，劝进行者。这里的"菩提心指佛教大乘菩萨修学佛法时所发的以自利利他，自觉觉他，上求佛道，下化众生为本质内涵的愿心"①，前述阿弥陀佛本愿即带有净土宗特色的菩提心。深信因果，即婆婆世界中，人生的一切事相是按照因果规律运行的。东晋慧远法师曾将报分为现报、生报和后报，一切因会据其因缘成熟时机的不同显现出此三种不同的果报。读诵大乘，修习大乘佛法，必读大乘经典。净土宗在唐代初创时有"三经一论"，后经宋代宗晓法师、明末清初蕅益法师择拣、编辑，形成"五经一论"，即《佛说无量寿经》《佛说观无量寿佛经》《佛说阿弥陀经》《华严经普贤行愿品》《楞严经大势至菩萨念佛圆通章》与《往生论》。读诵时，态度要恭敬，不能懈怠，或念诵或默阅，对文义可不加思维理会，读诵到时机成熟、因缘会合之时，自然可彻悟教理。若需要研讨其义理，可在读诵之闲暇进行。这是佛教提倡的研读佛经的方法，亦为净土宗的教育方法之一。劝进行者就是要求修学净土法门之人，不仅个人需努力修行，还应随缘对愿意接受和学习净土法门的众生进行劝导勉励，以求更多众生共往阿弥陀佛净土，共证菩提正果。

众生修行，只需立足"净业三福"，就能使一切善行功德回向于往生阿弥陀佛净土。要达到"净业三福"，则须通过生信、发愿、念佛行持三步骤，缺一不可。这三步骤的修学方法，是以自力结合阿弥陀佛本愿的愿力恒久修持，于其临终时，得以往生阿弥陀佛净土。继而在净土中继续修行，直至成佛果。这一修学方法，比之其他宗派更简单易行，故而得到众多信众的认可。

源自禅学的禅宗，宗奉《楞伽经》，讲究"见性成佛""即心是佛"。对于如何觉悟和启人觉悟，除了语言，还使用身体动作及日常事物。在禅宗的教育方面，禅师善于因地制宜，从日常生活的一物或一个动作参究真

---

① 杜钢：《中国佛教净土宗教育研究》，第55页。

理，引导弟子对照修正，进而认识真如法性，直至悟道。换言之，禅宗是对生活积累的顿悟，它不受研习者知识素养的限制，认为"万物皆有佛性"，故而在民众中广布流传。且禅宗的修行观要求众人逆来顺受，苦乐随缘，随遇而安。"行人四行，万行同摄。初抱怨行者：修道至苦，当念往劫，舍本逐末，多起爱憎，今虽无犯，是我宿作，甘心受之，都无怨对。"① 菩提达摩所提倡的随缘修行，使禅宗僧人的生活方式亦不同于其他宗派。禅僧以山居为主，集体生活，自给自足，不以布施为生活的主要来源。这使禅宗的寺院规模较小，且遍布各地。自给自足的禅林经济也给予禅宗强大的生命力。因此，在安史之乱后，禅宗益发流传。即使武宗禁佛，也无法完全禁止禅僧的修行。相反，禅宗"即心是佛"的佛性观、"顿悟成佛"的修行观对经历了社会动荡的平民和士大夫起到了抚慰作用，得到自上而下的支持。

唐代后期，随着贵族知识阶层的瓦解，原埋首于佛教经典中阅读复杂明相，追索深奥的宗音喻分别的佛学宗派失去了信众支持。虽有部分学理精湛的高僧仍保持着穷究奥义的研习精神，但以之为凭借的宗派却失去了成为信仰的理由，不能为世人拯救心灵。与此同时，普通知识阶层兴起，崇尚实用主义知识风气的兴起，士人将兴趣由佛教理论研究转向了佛教行为的实践。禅宗、净土宗便以实践性强的修习方式在唐后期逐渐盛行。至五代，禅宗的永明延寿法师提出了禅净双修，将两宗的修行方法结合起来，正如《四料简偈》所说：

> 有禅无净土，十人九错路，阴境若现前，敝尔随他去。
>
> 无禅有净土，万修万人去，但得见弥陀，何愁不开悟。
>
> 有禅有净土，犹如戴角虎，现世为人师，过去作佛祖。
>
> 无禅无净土，戴（铁）床并铜柱，万劫与千生，无个人依怙。②

这四句偈语将禅宗和净土宗修行的结果直白地表达出来。因此唐末五代佛

---

① （唐）道宣撰，郭绍林点校《续高僧传》卷 16《齐邺下南天竺僧菩提达磨传》，第 566 页。
② （明）如馨纂要《经律戒相布萨轨仪》，CBETA，X60，No. 1136，p. 811c。

教寺院的教育偏向于禅宗和净土宗经典教学。

总之，唐代佛教受政府管理，在寺院、僧尼数量、度僧制度、经济状况、僧官设置等方面逐渐规范化。佛寺教育形成了以长安、洛阳、建康为中心，各地辐射，遍布名山大川的格局。据严耕望先生《唐人习业山林寺院之风尚》一文，唐代各大名山均有佛寺，且多达数座。诸如终南山、华山及长安南郊区，嵩山及近区诸山，中条山、太行山地区，泰山及近区诸山，庐山，衡山，罗浮山，蜀中诸山，九华山，扬州及淮南其他诸山，惠山及浙西其他诸山，会稽剡中及浙东其他诸山，福建诸山等地区。[①] 但由于资料匮乏，无法窥见其佛寺教育的具体内容，敦煌遗书的发现为唐五代佛寺教育提供了有力的佐证。以下即以唐五代敦煌佛寺教育为例，探讨唐五代的佛寺教育。

第二节　唐五代佛寺教育的教材

佛寺教育的教材史无明载。但据敦煌资料看，唐五代佛教寺院教育的教材不限于对梵文佛经的翻译，它以多种形式展现于世人面前。除了译著、论著外，还有佛教历史传记、佛教经典的纂集和佛典目录。它们也同样在佛教及佛寺教育史的发展中起着举足轻重的作用。

一　佛典的译著及疏释

隋唐时期，以长安为中心，佛典翻译较前代更为兴盛。远在晋代，长安著名的译经僧就有竺昙摩罗刹、帛远、僧伽跋澄、昙摩难提、竺佛念、鸠摩罗什、弗若多罗、佛陀耶舍等西方僧人，以及道安、聂承远、聂道真、赵政等中土人士。长安作为译经中心，与这些著名译经僧的关系密不可分。隋代，文帝在长安的大兴善寺、炀帝在洛阳的上林园设置两个译经中心，不仅有本土高僧，更邀请了精通梵汉双语的西域高僧参与翻译事务。但相较而言，从译经的数量和质量看，长安的大兴善寺更胜一筹。

---

① 严耕望：《严耕望史学论文集》，上海古籍出版社，2009，第886~931页。

隋代的大兴善寺的三位译主分别是那连提黎耶舍、阇那崛多和达摩笈多，合称为"开皇三大师"。虽然译主均为西域高僧，但是译经馆的筹建和发展离不开中土僧人僧猛、昙延的推动。在大型的译场中，翻译事务需要多人配合完成。在那连提黎耶舍的译场中，助译人员各有分工：智铉、道邃、慧献、僧琨、费长房五人任"笔受"；僧琨、明芬、李道宝、昙皮四人为"度语"，每个人又有各自不同的具体负责事项；昙延、灵藏率二十多人"监护始末"，就是从事缀文、润文、誊抄、刊定、复校等工作。那连提黎耶舍任译主四年，主译共八部、二十三卷佛经，[①] 后因年事高移居广济寺。继任译主的是阇那崛多。阇那崛多主持译务后进行了改革。文帝诏令，从全国范围内挑选了十位学问和名望最高的和尚进驻大兴善寺，名"十大德"。充实了译馆的人才，增加了华人做助译人员。于是译经馆面貌焕然一新，步入了成熟和完善的阶段。阇那崛多精通华梵双语，省却了"度语"一职。可做到边念诵梵文原典，边用华语讲解经义，译文表达准确。笔受者一气呵成，无须反复誊抄，大大提高了译经效率。阇那崛多共主译了三十九部、一百九十二卷佛经。[②] 阇那崛多的继任者是达摩笈多。在阇那崛多担任译主的时候，达摩笈多为助译，与阇那崛多共同主持译务。仁寿末年，阇那崛多离开译馆后，达摩笈多仍专事翻译，彦琮、明则、行炬等笔受，其译著九部、四十六卷。[③]

值得一提的是，这一时期有许多中土僧人亦参与译经工作。他们中不乏译经精进者。如彦琮，虽未做过主译人员，但是精通梵文，写过大量经序，且在译经过程中总结译经理论，并将其对佛经翻译的理论总结写在《辩正论》中。如《续高僧传》记载"久参传译，妙体梵文，此土群师，皆宗鸟迹，至于音字训诂，罕得相符，乃著《辩正论》。以垂翻译之式"。他对已有译经进行评价，有"五失本、三不易"。[④] 并提出作为一名合格的译者，必须具有"八备"的素质。

---

① （唐）智昇撰，富世平点校《开元释教录》卷7《总括群经录上之七》，第447~449页。
② （唐）智昇撰，富世平点校《开元释教录》卷7《总括群经录上之七》，第450~454页。
③ （唐）智昇撰，富世平点校《开元释教录》卷7《总括群经录上之七》，第467~468页。
④ （唐）道宣撰，郭绍林点校《续高僧传》卷2《隋东都上林园翻经馆沙门释彦琮传》，第53页。

　　诚心爱法，志愿益人，不惮久时，其备一也。将践觉场，先牢戒足，不染讥恶，其备二也。筌晓三藏，义贯两乘，不苦暗滞，其备三也。旁涉坟史，工缀典词，不过鲁拙，其备四也。襟抱平恕，器量虚融，不好专执，其备五也。耽于道术，澹于名利，不欲高炫，其备六也。要识梵言，乃闲正译，不坠彼学，其备七也。薄阅苍、雅，粗谙篆隶，不昧此文，其备八也。①

　　此"八备"不仅对译者有品行方面的要求，更要求其具备相关的学识和功力。如第三条要求佛经译者要通晓经、律、论，并熟悉大、小乘的义旨，第四条要求还应谙熟中国经史，并具有相当的文学水平。彦琮的译经理论不仅对佛经翻译有导引的作用，对其他作品的翻译也有着举足轻重的借鉴作用。

　　唐代的译经规模较之隋更盛，翻译的佛经也更多。大兴善寺的官办译经馆依然兴盛。其译主依旧以西域高僧为主，如波颇、善无畏、金刚智和不空。译经馆中，除了诸多高僧各有分工、参与译经，朝廷还派官员从事译经事务。波颇的译场甚至有房玄龄、杜正伦等数位朝臣前去助译。但波颇的译经遭到时人诟病，因此译经三年便停止。其译著共三部、三十八卷。② 其他诸寺也各有名僧主持译经。波颇之后的三位西域高僧又被称为"开元三大士"。除了译经，还创立了密宗。因而大兴善寺也是密宗的祖庭。

　　除了大兴善寺，慈恩寺是唐代长安的又一所国立译经院。玄奘西行求法归来后，先于弘福寺译经，后移居大慈恩寺，在此继续主持译经。玄奘的译经掀起了继波颇译经沉寂后的又一次译经高潮。不仅如前述波颇译场一样，朝廷召集各方大德参与译经，而且建立了严密完善的译经组织。参加玄奘译场译经的高僧根据各自所长，均有不同分工。如证义大德十三人，"即京弘福寺沙门灵润、沙门文备，罗汉寺沙门慧贵、实际寺沙门明

---

① （唐）道宣撰，郭绍林点校《续高僧传》卷2《隋东都上林园翻经馆沙门释彦琮传》，第56页。
② （唐）智昇撰，富世平点校《开元释教录》卷8《总括群经录上之八》，第479页。

琮、宝昌寺沙门法祥、静法寺沙门普贤、法海寺沙门神昉、廓州法讲寺沙门道琛、汴州演觉寺沙门玄忠、蒲州普救寺沙门神泰、绵州振音寺沙门敬明、益州多宝寺沙门道因等"。缀文大德九人，即"京师普光寺沙门栖玄、弘福寺沙门明璿、会昌寺沙门辩机、终南山丰德寺沙门道宣、简州福聚寺沙门静迈、蒲州普救寺沙门行友、栖岩寺沙门道卓、幽州昭仁寺沙门慧立、洛阳天宫寺沙门玄则等"①。初时，太宗并未派朝臣前往玄奘译场。后经玄奘要求，太宗派朝臣于志宁、来济、许敬宗、李义府、杜正伦等前往参与译务。得到朝廷支持和各位大德辅助的译场，译经数量巨大，共七十六部、一千三百四十七卷。② 玄奘之后，译经较为著名的即为义净。义净的译经主场在大荐福寺。无论规模、译经人员都不逊于玄奘的译场。但译经总数较低，共译得六十一部、二百三十九卷。③ 唐代译经规模较隋代有了很大的发展。从译场的组织结构、参与人员到政府支持等方面都有了长足的进步，因此唐代译经达到了佛教译经的鼎盛时期。有唐一代，译出的经、律、论共四百余部，二千六百余卷。这些新译经充实了大藏佛典，使佛经体系化。

被译出的经、律、论典籍，代表了不同宗派的思想体系。为了阐明本宗派的教旨和经论思想，有为之作注的疏和记。据《隋书·经籍志》记载，隋代以前，佛教经典的撰著约为千卷；从隋至唐元和年间，唐人注疏为三千余卷。可见唐人对佛教典籍的注疏热情与对儒学经典的注疏不相伯仲。即便是细分其种类，也不失毫厘。如"逐段分疏一经者为科文；逐句讲解句义为文句；随文阐释义理者为义疏；疏之注释为疏抄；非随文作注，而探幽索隐、撮述要旨者为玄义，如《三论玄义》；笔记师说而成书者为述记，如《成唯识论述记》；汇集前人注疏而成书者为集注，如《金刚般若经集注》；注音解字犹如读经之工具书者为音义，如《一切经音义》；自设问答，解释经文疑难者为问答，如《华严经问答》"④。《大宋僧史略》关于注经亦有解释："乍翻法语未贯凡情，既重译而乃通，更究

① （唐）慧立、彦悰著，孙毓棠、谢方点校《大慈恩寺三藏法师传》，第131页。
② （唐）智昇撰，富世平点校《开元释教录》卷8《总括群经上之八》，第490~498页。
③ （唐）智昇撰，富世平点校《开元释教录》卷9《总括群经上之九》，第552~556页。
④ 张国刚：《佛学与隋唐社会》，第32~33页。

文而畅理，故笺法作焉。"①

唐代，由于佛教宗派的形成，佛学论著的宗派性质也体现出来。尤以宗派之创建者论述为要。如法藏著作《华严一乘教义分齐章》，阐述华严宗的义理；天台宗的智颛撰写《大止观》《小止观》《四教义》；法相宗宗师玄奘撰述《成唯识论》；禅宗惠能撰述《坛经》。这些论著着重阐述本宗派的根本要旨。

此外，还有汇集佛学经典、代表佛学典籍分类的结集。如《法苑珠林》一百卷、《广弘明集》三十卷。《法苑珠林》博引诸经、律、论、传等四百余种，概述佛教的思想、术语、法数等。还采用外典百余种，对所引事例，注明出处。由于引论经论之多，此书亦可作为检索佛典的工具书。与其后《经律异相》《诸经要集》等同为研究佛学的宝典，亦为唐五代佛寺教育凭据的经典。

二 僧传的撰写与佛典目录的整理

（一）僧传的撰写

除了佛典翻译和疏释外，唐代还注重搜集当代高僧事迹，撰写僧传。主要有道宣撰写的《续高僧传》，慧立本、彦悰笺《大唐大慈恩寺三藏法师传》，彦琮撰《唐护法沙门法琳别传》等。上述僧传同样是佛寺教育的重要资料。

道宣继梁释慧皎所撰《高僧传》，撰写《续高僧传》。道宣作为南山律宗开山之祖，又称南山律师，世称"律祖"。他沿用了《高僧传》的十科之体，又根据所述僧传内容进行了调整。如"译经""义解""习禅""明律""兴福"五科未变，将"亡身"改为"遗身"，"诵经"改为"读诵"，"神异"改为"感通"；将"经师""唱导"合为"杂科声德"，增加"护法"。道宣对释慧皎的僧传有继承，有改动，有创新。在著作中他对这些改动做了说明。如"感通"篇末论曰：

　　故圣人之为利也，权巧众途。示威雄以摄生，为敦初信；现光明

---

① （宋）赞宁：《大宋僧史略》，《大正藏》第 54 册，第 239 页。

而授物，情在悟宗。规模之道既弘，汲引之功无坠。至于混小大之非有，均彼我之恒仪，齐色心于性空，绝形有之流转，幽通而扬化本，极变以达神源，斯道穷微，非厝言也。然则敷教下土，匪此难弘。先以威权动之，后以言声导之，转发信然，所以开萌渐也。①

之所以改为"感通"，是欲以此感通之应"示威雄"，使民众初信佛法，后去领悟佛法教义。"感通"所列，只是一种引导民众信奉佛教的手段。再如新增"护法"，论曰：

> 观夫至人之降时也，或三轮御世，或六通导物，人依法依，本护法而陈教，适权适道，实兼济而成津。是以三藏设位，拯溺丧于未然；护法一科，树已崩之正纲。②

由于佛教非本土所出，初时其教义与中土之儒、道思想多相悖。故而佛教是在与儒、道排斥和挑战的过程中发展起来的。且佛教须依时主之态度而沉浮。如在此僧传成书之前，有魏太武帝灭佛，亦有梁武帝佞佛。唐初诸帝确定道先佛后的宗教政策。道宣作为佛教律宗之祖，以维护佛法为己任，因此增设"护法"一科，记录为佛教发展做出贡献的高僧，以激励更多的僧尼投身护法行列。

自南朝至唐，佛教发展较快，高僧频出。但因时局动荡，治少乱多，僧人资料不易保存。故对僧传中僧人的遴选标准较为宽松，他们的生平成就与佛学贡献差异较大；道宣书恶不隐：僧传所录不仅有为维护佛法而献身的僧人，亦有恶劣行径毁损佛教名誉的僧人；他秉笔直书，不为尊者讳，不为贤者讳，将僧人的真实面目示于世人，更加突出其高德。全书所录正传四百八十五人，附见二百一十九人，且在地域上不分南北，弥补了《高僧传》作于南朝时代和地区的欠缺。

《续高僧传》接续《高僧传》，对南朝至唐的僧人广泛搜罗，记录其事

---

① （唐）道宣撰，郭绍林点校《续高僧传》卷28《感通下》，第1132页。
② （唐）道宣撰，郭绍林点校《续高僧传》卷25《护法下》，第968页。

迹。每科之后设"论"阐明该科写作缘由、目的。从中不难看出道宣的佛学思想。该僧传是后世研究南北朝隋唐佛教史的重要资料。此外，还有高僧独传，如《大唐大慈恩寺三藏法师传》《唐护法沙门法琳别传》等。

（二）佛典目录

毋庸置疑，佛典目录为佛寺教育的重要书目。经过汉魏以降佛教的发展，随着各种佛典陆续译出，中土僧众亦有佛教论著。佛经及佛教著作数量多、内容复杂。佛教徒在研习和传授佛典的过程中，面对卷帙浩繁、内容庞杂的佛经无所适从。因此，对佛经分类整理，编辑佛典目录就成为必要。唐代的佛经目录在前代基础之上，分类更加细化，为后世《大藏经》分类体系所沿用。唐代的佛经目录主要有：道宣撰《大唐内典录》（后简称"宣《录》"）十卷和《续大唐内典录》一卷、智昇撰《开元释教录》（后简称"昇《录》"）二十卷和《开元释教录略出》四卷、圆照撰《大唐贞元续开元释教录》三卷和《贞元新定释教目录》、静泰撰《众经目录》五卷等。这些目录记录了唐及唐以前佛经译著及注释的情况，对研究佛教思想发展及从事佛寺教育有不可替代的作用，且为目录学提供了丰富例证。

先唐佛经目录于道安《综理众经目录》（后简称"安《录》"）始建立，"自汉魏迄晋，经来稍多，而传经之人，名字弗说，后人追寻，莫测年代。安乃总集名目，表其时人，诠品新旧，撰为经录，众经有据，实由其功"①。此书虽佚，但齐、梁间，释僧祐撰《出三藏记集》（后简称"祐《录》"），在安《录》基础上增序、传、记三体，故而借其可观安《录》概貌。安《录》之前，三国魏僧朱士行的《汉录》、西晋竺法护的《众经目录》、聂道真的《众经目录》，体例相仿，均记录译人、译地、译时。东晋支敏度所撰《经论都录》《经论别录》，②体例亦无突破。安《录》将佛经分为本录、失译经录、凉土失译经录、关中失译经录、古异经录、疑经录、注经及杂经志录七类。其中本录与前述经录相类，以年代为序，著录

---

① （梁）释慧皎撰，汤用彤校注《高僧传》卷5《释道安传》，第179页。
② 支敏度所撰两部佛经目录已亡佚，林屋友次郎在其《经录研究》中从历代经录的引述中检出《经录都论》所记佛经共19部、75卷。据考证，该经录是集合众家的总经录，体例上无创新。（见李博《支敏度经录研究》，《五台山研究》2018年第4期，第17~23页）

佛经的译者、译地、译时，详其学发展沿革及诸家派别；失译经录、凉土失译经录、关中失译经录三类均不知译者，但后两者知其译地；古异经录则是从大部头佛经中摘译单篇者；疑经录首次对疑伪经进行辨别；注经及杂经志录为道安所注群经及其他关于佛学的著述。可见安《录》在前代经录的基础上，细分了佛经类别。首先以译、作者不同（知名、不知名）分，再以形式内容（本录、别生、疑经、注经、杂经）分，最后以年代为序分。① 安《录》较前代经录有了发展，建立了佛经的分类体系，但尚不成熟。

隋代佛经目录有法经等撰修的《大隋众经目录》、费长房撰写的《历代三宝记》（后简称"长房《录》"）等。《法经录》以佛教学术思想体系和诸经传的著述情况两条线索进行划分。按照学术思想将经、律、论分开，再以大乘、小乘分列。按照经传的著述将三藏以外的佛学著作分为抄集、传记和著述。《法经录》首创复分法，将经藏与关于佛学的著述统括在内。既符合佛教的学术思想体系，又体现出佛经在中土的传译过程。使佛经目录得到进一步发展。《历代三宝记》沿用了《法经录》的分类体系。

唐代经录在《历代三宝记》的基础上，将经录的成就发展到了一个制高点。道宣所撰《大唐内典录》即为代表之一。宣《录》共十卷，将佛经分为十类：历代众经传译所从录第一，包括卷一至卷五。此部分模仿祐《录》、长房《录》，"按代记人，汇其所译撰，依次顺列，最为详尽"②；历代翻本单重传译有无录第二，包括卷六、卷七，分大小乘经、律、论和贤圣集传录。此部分是因同一佛经，年代不同，译者重出，恰逢世事动荡，人有离乱，故有重单，亦有失译；历代众经总撮入藏录第三，是为卷八，将系统之经、律、论，纲要备列，从帙入藏，按大、小乘分，区别首译、重译，大、小乘经，大、小乘论，小乘律齐备，唯缺大乘律；历代众经举要转读录第四，是为卷九，同本异译佛经，择其中最善本为代表，用于流传，为读者省却时间和精力；历代众经有目阙本录第五、历代道俗述作注解录第六、历代诸经支派陈化录第七、历代所出疑伪经论录第八、历

---

① 党燕妮：《佛经目录分类体系之确立》，《图书馆杂志》2005 年第 2 期，第 65 页。
② 姚名达：《中国目录学史》，上海古籍出版社，2011，第 231 页。

代众经录始终序第九、历代众经应感与敬录第十，合为卷十。分别记录有录阙本、注解本、别生经、疑伪经、经序、感应等。宣《录》以长房《录》为基础，与其相类。一经数译本皆注明"初出""第二出"等字样，便于了解译经次第；但长房《录》偶有不注，宣《录》无一遗漏皆注，且将其经初见于某录，亦一一注明。即使旧录亡佚，仍得以循其迹。新创"众经举要转读"，省却学人从多种译本中选择最善者的精力，了解其经义；新增"有目阙本"，便于将来访求此本。《大唐内典录》体例完善，分类明晰，考证缜密。奠定了后世佛典分类体系的基础框架。

智昇《开元释教录》效仿《大唐内典录》，只是对于经论的分类更为详细。其书分为总录、别录两大类。总录总括群经。仿前代长房《录》、宣《录》，记录历代众经传译之目录，无创例。别录分目精细，创例颇多，是昇《录》精华之所在。别录首先分为七类：有译有本、有译无本、支派别行、删略繁重、拾遗补阙、疑惑再详、伪邪乱本。每类下再析分。以有译有本录为例：分为大乘、小乘、圣贤传记三类。大乘又分为经（菩萨契经藏）、律（菩萨调伏藏）、论（菩萨对法藏）。其中经（菩萨契经藏）分为般若、宝积、大集、华严、涅槃五大部。五部外单译本又别自分类。小乘亦分经（声闻契经藏）、律（声闻调伏藏）、论（声闻对法藏）。小乘经分为四含，四含外单译本亦别自分类。有译无本、支派别行小类系统与有译有本相类。删略繁重录不同于别生，"别生为从大部中抽出一部单行，并不删节。删繁则将大部书删繁摘要，另为一书也"①，此为智昇首创。补阙拾遗录主要补前录未载之经律论。疑惑再详录是将存疑佛经别为一类，以待将来考订。伪妄乱真录分列前代各录伪经。最后设入藏录，分为大乘、小乘，末附贤圣集。昇《录》对佛典的分类细致到六级类目，是佛经目录发展至唐的最高水平。佛经目录的分类体系由此确立下来。之后的佛经目录基本沿用了昇《录》体系。

佛经目录使学人对佛经的类别、内容、学术沿革一目了然，也为佛寺教育提供了诸多方便。由于佛教典籍卷帙浩繁，使寺院在保存藏书的时候需按编号收录，方便取用。智昇的《开元释教录略出》首创千字文编号。

---

① 姚名达：《中国目录学史》，第240页。

按照千字文的顺序对每帙佛经编号，一帙一号。晚唐以后，很多佛经目录和文献都沿用此法排序。千字文编号的使用，将数千卷佛经有序编排，为检索、查阅、管理、配补佛经提供了便利。千字文编号是佛经目录对目录学的一大贡献。对于佛经目录的地位，姚名达先生引其师梁启超语，佛经目录优于普通目录许多方面：一是历史观念发达，对佛经传译、译者、译时、译地，靡不详叙；二是严格辨别真伪，凡存疑之书，详细考证，别存其目；三是比较审慎，同本数译，列其译时，勘其异同；四是积极搜采遗逸，已佚之书，必存其目，以俟采访；五是分类复杂而完备。[①]佛经目录不仅对佛教及佛寺教育的发展有重要意义，在中国目录学史的发展上也不容忽视。

三　疑伪经的流行

疑伪经是"疑经"和"伪经"的合称，是与正统经律论相对而言的。方广锠认为，"佛教传统认为佛祖亲口所说或佛认可者为经，不符合上述标准而妄称为经者为伪，真伪难辨者为疑经"[②]。因此，传统上将译自西域梵本、胡本的佛经汉译本被称为真经，中土僧人编撰、选抄的佛经则被称为疑经或伪经。无疑，疑伪经亦是研究佛寺教育的重要资料。

首先关注疑伪经并对其进行考证和记录的，是东晋的道安法师。他在其所撰《综理众经目录》中，列出疑伪经二十六部。对于疑伪经和真经，僧祐在《出三藏记集》中引道安的话，以沙与金、金匮与玉石作喻，表明安师态度：

> 外国僧法，学皆跪而口受。同师所受，若十、二十转，以授后学。若有一字异者，共相推挍，得便摈之，僧法无纵也。经至晋土，其年未远，而喜事者，以沙糅金，斌斌如也，而无括正，何以别真伪乎？农者禾草俱存，后稷为之叹息；金匮玉石同缄，卞和为之怀耻。

---

① 姚名达：《中国目录学史》，第 185~186 页。
② 方广锠：《〈中国佛教疑伪经综录〉序》，《中国佛教疑伪经综录》，上海古籍出版社，2011，第 1 页。

安敢预学次，见泾渭杂流，龙蛇并进，岂不耻之？今列意谓非佛经者如左，以示将来学士，共知鄙倍焉。①

道安对疑伪经未做区分，但其态度表达了单列疑伪经的目的。"以示将来学士，共知鄙倍焉"。智昇在其所撰《开元释教录》中对疑伪经分开列目。在《别录中疑惑再详录》中记载：

疑惑录者，自梵经东闻，年将七百。教有兴废，时复迁移。先后翻传，卷将万计。部帙既广，寻阅难周。定录之人，随闻便上，而不细寻宗旨，理或疑焉。今恐真伪交参，是非相涉，故为别录，以示将来，庶明达高人，重为详定。②

其后列所疑佛经《毗罗三昧经》《决定罪福经》《慧定普遍国土神通菩萨经》《救护身命济人病苦厄经》《最妙胜定经》《观世音三昧经》《清净法行经》《五百梵志经》等。这些存疑的佛经，多是前录对其真伪认定不一，故存疑。对伪经，智昇语言犀利，与前述道安态度相类：

伪经者，邪见所造，以乱真经者也。自大师韬影，向二千年，魔教竞兴，正法衰损。自有顽愚之辈，恶见迷心，伪造诸经，诳惑流俗，邪言乱正，可不哀哉。今恐真伪相参，是非一概，譬如昆山宝玉，与瓦石而同流，赡部真金，共铅铁而齐价。今为件别，真伪可分，庶泾渭殊流，无贻后患。③

其后列伪经数卷，有《佛名经》《要行舍身经》《瑜伽法镜经》《金刚蜜要论》《自省经》《父母恩重经》《顶盖经》《天地八阳经》《嫉妒新妇经》《目连问经》《譬喻经》等经。并与前录所列伪经对照考证。

---

① （梁）释僧祐撰，苏晋仁、萧炼子点校《出三藏记集》卷5《新集安公疑经录第二》，第221～222页。
② （唐）智昇撰，富世平点校《开元释教录》卷18《别录中疑惑再详录第六》，第1231页。
③ （唐）智昇撰，富世平点校《开元释教录》卷18《别录中伪妄乱真录第七》，第1234页。

综观佛经目录，自道安所撰《综理众经目录》始，其后的佛经目录均注意疑伪经的考订。道安"疑经录"列二十六部，僧祐《出三藏记集》设"新集疑伪经撰杂录"，列疑伪经四十四部。隋法经所撰《众经目录》，在所分大、小乘二部下的经、律、论每部之下，均设疑惑录和伪妄录。最后统计出大小乘三藏伪妄经总计一百四十一部，[①] 此录中将疑伪经的范围扩大到了律和论中。如《大乘起信论》《遗教论》均归入疑惑伪妄录中。随后，彦琮撰《众经目录》收疑伪经二百零九部。唐代明佺奉敕撰《大周刊定众经目录》，设"伪经目录"，收疑伪经二百二十八部。此次敕修，朝廷特设三位"都检校刊定目录及经真伪大德"，三位"刊定真伪经大德"，四十四位"校经目僧"，二位"检校僧"，十八位"翻经大德"。[②] 其中翻经大德中，不乏义净等当时著名的译经僧人。道宣撰《大唐内典录》，在此前安《录》、祐《录》、长房《录》、法经《录》基础上，新增二十二部疑伪经论。智昇的《开元释教录》分设"疑惑录"和"伪妄录"。"疑惑录"收入十四部佛经，待详审后确定。实则智昇倾向于判定其为伪经。"伪妄录"收三百九十二部佛经为伪经，其中较前录新增伪经三十七部。将三阶教三十五部佛经定为伪经。对部分伪经经过考订转入正录，如《宝如来三昧经》《灌顶药师经》《随愿往生经》《遗教论》等；将《大周刊定众经目录》中的伪经《大光明菩萨百四十八愿经》转入别生经；对存疑的佛经，在真经目录和伪经目录中同列其名。从东晋安《录》至唐代昇《录》，疑伪经数量从在录的二十六部增加到三百九十二部，范围从"经"扩大到"论"。疑伪经大大增加，是佛经目录学家判断疑伪经的标准不同？还是其他原因导致的？值得商榷。

判断疑伪经的标准，是佛经目录学家对佛经多方面比较和审定下逐渐形成的。首先，可从佛经的本源判断其是否为梵本或胡本。佛教来自外域，西来经文即为佛说，是为真经。中土僧人撰写则非佛说，亦非真经。如《出三藏记集》中记载齐末太学博士江泌处女尼子逸闻：

①　赵青山：《中土佛教疑伪经经目概述》，《敦煌学辑刊》2020 年第 3 期，第 72 页。

②　（唐）明佺等撰《大周刊定众经目录》，《大正藏》第 55 册，第 475~476 页。

> 初尼子年在龆龀，有时闭目静坐，诵出此经。或说上天，或称神授，发言通利，有如宿习。令人写出，俄而还止，经历旬朔，续复如前。京都道俗咸传其异。……然笃信正法，少修梵行。……后遂出家，名僧法，住青园寺。祐既收集正典，捡括异闻。事接耳目，就求省视。其家秘隐。不以见示。唯得《妙音师子吼经》三卷，以备疑经之录。①

尼子诵经"或说上天，或称神授"，与西来经文无关。因此其所诵经书"备疑经之录"。但在考订《占察经》《遗教论》时，智昇认为其"翻传有据，文义可观，编之伪录，将为未可，已编正录"②。其次，从佛经文义判断。僧祐对真伪经的判定依据"真经体趣融然深远，假托之文辞意浅杂"③，智昇考订《佛法六义》，认为"文句增减，或杂糅异义，别立名题"④。最后，参考古旧经目判定真伪。若佛经已散佚，则可依据前世目录学家的考证结论。如智昇考订《毗跋律》，不见其本，故记录：

> 右案梁《僧祐录》、隋《费长房录》、唐《道宣录》等，并云齐武帝时沙门释法度出，而不言译，未详"出"字其意云何，为是集出？为是伪出？其本复阙，诠定实难，且依《法经录》中，载之伪录。⑤

以上疑伪经判定的标准是佛经目录学家在其著述过程中形成的。他们对疑伪经的态度亦很分明。可疑伪经不但数量不见减少，且传播广泛，这就不得不追溯疑伪经的产生原因了。

疑伪经按照产生根源可分为两大类。第一类是源自梵本的抄经和抄译

---

① （梁）释僧祐撰，苏晋仁、萧炼子点校《出三藏记集》卷5《新集安公疑经录第二》，第230~231页。
② （唐）智昇撰，富世平点校《开元释教录》卷18《别录中伪妄乱真录第七》，第1258页。
③ （梁）释僧祐撰，苏晋仁、萧炼子点校《出三藏记集》卷5《新集安公疑经录第二》，第224页。
④ （唐）智昇撰，富世平点校《开元释教录》卷18《别录中伪妄乱真录第七》，第1272~1273页。
⑤ （唐）智昇撰，富世平点校《开元释教录》卷18《别录中伪妄乱真录第七》，第1255页。

经。源于西域梵本或胡本的佛经，或卷帙庞大，或同本数译。因此选取其中部分节略而成，此种佛经又称为别生抄、别生经、抄本，如《长阿含经》《中阿含经》等。抄译经与抄经不同，它是缩写梵本，或从梵本中截取一节进行翻译，即不能完整地翻译梵本佛经，被视为疑伪经。因此对梵本的随意截取，可能会造成断章取义或割裂文句的现象。第二类是本土僧人假借佛说之名编造佛经。如在佛教发展过程中，需与传统文化理念不断融合。为迎合儒家的忠孝思想，一批宣扬佛教孝道的佛经被编撰，如《父母恩重经》《大方便佛报恩经》《盂兰盆经》；每一次的灭佛活动后，末法思想盛行，一批含有"末法观"的佛经被杜撰，如《佛说决罪福经》《小法灭尽经》《法要舍身经》等；为迎合一个时期的佛教信仰编撰佛经，如《大般涅槃经》《观世音三昧经》等；为祈福禳灾、疗病续命等所撰佛经，如《佛说延寿命经》《天地八阳神咒经》等。[①]

源于梵本的抄经和抄译经，若出于抄经者的个人意图，对原典选择性地抄写或抄译，均会改变原典持有的佛教教义和思想；中土撰经者借佛说撰述佛经，反映了一定时期内佛教与社会的适应性和民间佛教的流行趋势。这是佛教本土化和世俗化的表现。盛唐时期，疑伪经部数占据佛教典籍的 1/3，卷数占 1/5。在敦煌写本中，疑伪经的数量也惊人。历代经录中记载的疑伪经在敦煌写本中可见。但敦煌疑伪经对研究佛教思想的发展和传播、研究佛教寺院教育的社会化功能具有重要价值。

总之，唐五代时期，随着佛教的发展，系统化佛典、与佛典相关的佛经目录、与佛教传播相关的僧传、疑伪经共同构成了唐五代佛教寺院教育的教材。每座寺院中设立藏经阁，收录佛经及其相关著作，供僧尼学习佛理所用。

第三节　吐蕃统治时期的敦煌佛寺教育的教材

文化的发展与政治生态的发展密不可分。8世纪末吐蕃对敦煌的占

---

① 殷光明：《敦煌的疑伪经与图像》（上），《敦煌研究》2006年第4期，第8~14页。

领，改变了敦煌的政治生态环境。以藏传佛教为宗教信仰的吐蕃统治者，在佛教文化基础深厚的敦煌，借助其原有的宗教优势，大力弘佛，并利用佛教作为统治社会各阶层的思想政治武器。由此，其佛寺教育亦得到相应发展。

一　吐蕃统治时期佛寺教育发展的背景

（一）建立以都僧统（都教授）为首的僧官体系

贞元二年（786），吐蕃占领沙州后，和其他河陇地区一样，建立了以本土僧官制度为基础，参以中原僧官体系的、以都教授（都僧统）为首的完备的僧官制度。对沙州的佛教进行有效的管理，进而配合当地的军政管理。

僧官制度分为前后两个时期：吐蕃占领前期，设置沙州僧官的首脑机构——都司。都僧统是沙州的最高僧官，由吐蕃赞普任命。都司中下设儭司、行像司、方等道场司、经司、灯司、功司、功德司、堂斋司、修造司、招提司、仓司、西仓司、常住仓司、公廨司、羊司、音声等众多分支机构。都法律、法律、判官充当各机构的主持人。各寺除上座、寺主、都维纳外，还有典座、直岁等职。① 都僧统、都教授与僧统、教授指挥和过问沙州教团中的一切事务。他们有权任免寺院三纲和下层管事僧，约束僧徒和寺户；根据内律进行赏罚；支配僧团所属各产业和财物。吐蕃统治后期，即9世纪初年，都教授、教授、副教授、寺院教授取代了前者。都教授、教授实际是吐蕃僧官规范师和亲教师的对译。沙州寺院中还出现了僧官都法律、法律等职。这些僧官不但管理僧团，还参与日常政务的管理。同时吐蕃还派出佛教宗师，前往沙州进行巡视。对于沙州精通佛法的僧人，吐蕃统治者不吝封其为"大德"称号，并请其前往吐蕃本土，进行佛法交流。这一时期，佛事兴盛。译经、写经、讲经活动频繁。涌现出昙旷、摩诃衍、法成等一批汉藏高僧。

（二）吐蕃统治者的佛教文化政策

吐蕃占领沙州后，转变了武力镇压的策略。以佛教为介质，企图借佛

---

① 姜伯勤：《唐五代敦煌寺户制度》增订版，中国人民大学出版社，2011，第122页。

教教化沙州民众。因此，吐蕃对沙州的佛教是持支持态度的。除了上述通过建立僧官制度来管理沙州寺院和僧众的措施外，还在经济上支持各寺院，划分田产，配以相应的寺户。

在吐蕃统治者的大力兴佛策略下，敦煌的寺院有了数量上的增加和规模上的拓展。吐蕃占领沙州初期，敦煌有十三所寺院。其中僧寺九所、尼寺四所。在吐蕃统治的七十年中，增加僧寺七所，尼寺二所。吐蕃贵族和汉族世族布施给寺院的资金、田产一般比较丰厚。有的甚至可以布施一座寺院。P. 2765v敦煌郡布衣窦良骥撰《大蕃敕尚书令赐大瑟瑟告身尚起律心儿圣光寺功德颂》载："爰乃卜宅敦煌古郡，州城内建造圣光寺一所"，P. 2583《申年沙州诸人施舍疏》记载："□二月五日，宰相上起心儿福田，入僧金十五两，金花银□折行拾两，银瓶壹，上锦一张"。吐蕃兴佛策略的推行，使敦煌寺院和僧尼数量激增。此外，吐蕃统治者还积极开窟造像，设立抄经坊。允许在寺院开办学堂进行儒学教育和传承。

吐蕃统治者开窟造像，将带有吐蕃民族文化及吐蕃佛教特色的因素带入敦煌，融入石窟造像和壁画中。这一时期，"敦煌石窟的营建不仅没有衰退，而是大大发展了，新开凿洞窟四十多所，加上重修和完成盛唐未完工洞窟二十多所洞窟，数目惊人；同时各种经变画的大量出现和流行，以及各种新题材的不断涌现"[1]。如158、220、225、359窟，窟中供养人画像减少、吐蕃装出现、吐蕃装与汉装供养人画像同时并存、供养人中僧人多于世俗人；231、237、159、359、360窟中壁画维摩诘经变中绘有吐蕃赞普出行礼佛图像。其中231、237窟，包括361窟中绘有文殊五台山图，印证了《旧唐书·吐蕃传》记载"长庆四年（824），（吐蕃）遣使求《五台山图》"[2]这一事件；吐蕃密教图像主要表现在榆林窟第15、25窟中，在壁画中有库藏神、毗沙门天王像、八大菩萨曼荼罗造像。[3]在15、25窟的壁画中，毗沙门天王的形象与之前汉传佛教之形象有很大不同，且与内

---

① 郑炳林、沙武田编著《敦煌石窟艺术概论》，甘肃文化出版社，2005，第264页。
② （后晋）刘昫等撰《旧唐书》卷196下《吐蕃传》，第5266页。
③ 沙武田：《敦煌吐蕃期洞窟与唐蕃文化交流》，《光明日报》2015年9月17日。

蒙古阿尔寨石窟藏传佛教中的毗沙门天王形象相类。这些变化都为敦煌石窟注入了新的元素，展现出不同的艺术风格。

此外，吐蕃还设立抄经坊，组织人员进行佛经的抄写。河西地区从北凉、北魏开始，各政权弘佛的必要环节就是抄经。一般有两种方式：一种是官方组织专门的抄经机构，选取抄经生进行抄写；一种是由官员和贵族供养，招募抄经生进行抄写。吐蕃占领沙州后，基本沿袭了这两种抄经方式。首先建立官方抄经坊。这些抄经坊是抄经的最基本单位，一般设在寺院里，由僧团统一管理。作为官办抄经坊，吐蕃时期敦煌的抄经坊仍保有自己的特色。它是配合吐蕃在沙州推行的部落制，将抄经作为特定部落民户必须完成的劳役进行分配，并为抄经者提供必要的物质供给。[①] 吐蕃占领沙州后，一改唐朝的郡县制，实行部落将制。当时的部落包括行人部落、阿骨萨部落、悉董萨部落、通颊部落等。抄经生就来自这些部落。抄经生的选取条件也很严格：不仅要有熟练的抄写能力，且要具备对佛祖的虔诚之心，抄经前不能有对佛祖不敬的行为。这种官办的抄经坊完成的经文不仅篇幅长，且抄写多部，便于更广泛地传播。如《无量寿宗要经》就有数千部，《大般若经》多达六百卷，亦抄写了七部以上。另为了凸显吐蕃赞普对抄经的重视，还从吐蕃本土派遣大臣、钵阐布贝吉云丹、娘·定埃增及吐蕃王妃至沙州组织并参加佛经抄写。[②] 官办的抄经坊建立了严格的抄经制度。对抄写的经文、抄经的用纸、抄经的时限都有规定；对抄经生的管理也赏罚分明。抄经生既有汉人，也有吐蕃人和其他各族人。

吐蕃企图通过抄经，使吐蕃文在沙州得以普及，进而成为敦煌乃至西域的官方语言之一。因此用汉文和吐蕃文书写佛经。抄经坊设在寺院，抄经生大部分是来自寺院的僧人，经卷抄出后置于寺院保管。这都决定了佛教寺院在吐蕃治下承担着文化教化和传播的责任。加之很多儒士不愿出仕吐蕃，遂进入寺院做教师。吐蕃占领了敦煌后，原有的州学和县学被废止，因此很多世家大族和民众就将学童送入佛寺。作为吐蕃统治者，为了

---

① 陆离：《吐蕃统治河陇西域时期制度研究》，第 226~229 页。
② 张延清：《吐蕃钵阐布考》，《历史研究》2011 年第 5 期，第 159~166 页。

取得世家大族和儒士们的支持，也为了将吐蕃文在敦煌乃至西域地区普及，对佛寺的教育职能也持默许和支持的态度。

作为敦煌的民众，在被吐蕃统治后，除了进行不屈于外族的零星斗争，首要的任务是保护自己的文化。佛教寺院在魏晋至隋唐的发展过程中，本已形成自己独有的教育体系。而在官学被废除之后，佛教寺院既是民众进行文化传承的唯一希望，也是能够切实施行教育的场所。因此在吐蕃统治时期，佛寺教育既沿袭佛教内典的教育，又开始承担原本属于官学的教育任务——儒学教育。此外，对官学规定十四岁以前不能入学的孩童实施的蒙学教育也在佛寺教育中进行。兼具三重教育任务，吐蕃统治时期的敦煌佛寺教育开启了独有的教育模式。此模式从教学内容上就明显表现出来。

二　吐蕃统治时期的佛寺教育内容及教材

吐蕃统治敦煌初期，适逢唐德宗执政。经过安史之乱，唐朝国力走向衰微，佛教的发展也受到影响。净土宗和禅宗却凭借其赖以发展的禅林经济顽强地传布。从敦煌写本的佛经中不难看到其痕迹。吐蕃统治者占领敦煌后，虽然接纳佛教，支持佛教继续发展，但对佛教教义内容进行了政策性的引导。如 S. 3966《大乘经纂要义》题记："壬寅年六月，大蕃国有赞普印信，并此十善经本，传流诸州，流行读诵。后八月十六日写毕记。"吐蕃统治者还在敦煌设置抄经坊，组织抄经生进行汉文、蕃文两种语言的佛经抄写。这些经文抄写完毕后，储藏于寺院。一部分用于佛教寺院的功德布施（回向），一部分用于寺院经文的收藏。寺院收藏、管理经藏的僧职被称为知藏，隶属于吐蕃时期专管佛教的机构——都司治下的经司。而这些经藏即佛寺进行佛教教育的教材，用于寺院的教学。由寺院教师向僧、俗弟子讲述、传授。从记录寺院藏经的写本中，可以概览寺院的主要教学内容。

此外，世间信众也抄写佛经。主要是为了祈愿，包括为亡人、为患病亲属，甚至有为家畜的，目的就是祛病消灾、阖家安好、福至后世。也有僧、俗弟子抄写佛经的。一部分是为了祈愿，大部分为修习佛教经义，对老师所述进行学习。从敦煌写本带有题记的佛经中可窥见。

（一）佛寺教育内容及教材

敦煌的佛寺教育在吐蕃占领之前已萌芽并发展，具有一定的基础。尽管吐蕃统治者通过建寺、修窟、抄经等方式将藏传佛教因素注入其中，但也无法改变敦煌佛寺内典教育的主体方向。敦煌写本题记中带有干支纪年法，且明确标明为僧尼的，大部分可以认定为是吐蕃统治时期佛教寺院教授的内典。因为带有纪年和学生身份的题记较少，只从这一部分题记展示的经卷中断定吐蕃统治时期佛教寺院教授的内典未免片面，但也可以从中反映当时教学佛教寺院内典教学的导向。且可从题记中获得大量丰富的信息。现将之以表格形式（表2-1）列举如下：

表2-1 吐蕃统治时期有明确纪年、写经人题记的写本一览

写本类型	写本名称	写本卷号	写本时间	写本题记中所含人物（寺名）	备注
入门教育类	法门名义集	S.1520	蕃中未年三月十一日	比丘利济（金光明寺）	三本勘讫记耳
	三乘五性义（拟）	北月字091（BD00791）			据同卷《敕修弥勒禅》断代
	三宝四谛问答	P.2073v			无题记，据正面题记断代，见P.2073
戒律教育类	律部略抄本	S.2050v	岁次丙子年（796）六月六日		
		北宿字039（BD01139）	寅年七月十五日	比丘尼胜藏于东山	比丘尼胜藏受持
	戒律小抄	北服字031（BD08231）	甲戌年（794）十一月十九日	报恩寺写讫记之	
	八婆罗夷经	S.2064	岁次乙卯（835）四月廿日	比丘悟真写记	
	四分律抄	北冬字092（BD02092）	丙午年（826）七月五日	沙门法荣	手恶笔若，多阙错，□有明师，望垂改却

写本类型	写本名称	写本卷号	写本时间	写本题记中所含人物（寺名）	备注
戒律教育类	四分律删繁补阙行事抄	北新 0242（BD14042）	巳年秋	胡丘园	勘校定
		北新 0243（BD14043）		比丘神辩	勘了
		P.2085	寅年六月十六日	东山兰若	勘了再定
		P.2121	巳年六月上旬	胡丘园	勘校定
	四分律删补随机羯磨经	北辰字 046（BD01046）	午年五月八日写，六月三日毕而复记	金光明寺僧利济	为本寺上座金耀写此羯磨一卷
佛教经典教育类	妙法莲华经	北致字 073（BD03273）	庚辰年（800?）八月七日	程自平	书记
	维摩诘经	S.4153	申年四月五日（9 世纪前期）	比丘法济共福胜	点勘了
		北腾字 096（BD03196）	戌年四月一日（9 世纪前期）		毕功记之
		富冈谦藏	丁未年（827）正月廿三日	泛贤子	写毕记
	瑜伽师地论	S.6670	丙子年（856）正月廿四日	比丘福慧	记录
		S.735	大中十一年（857）五月三日	明照	听了记
		S.5309	大中十一年（857）岁次丁丑六月廿二日	比丘恒安，沙州开元寺	随听论本
		S.3927	大中十一年（857）四月廿一日	明照写	
		北称字 003（BD05103）	寅年六月十一日	比丘明照写记	

写本 类型	写本名称	写本卷号	写本时间	写本题记中所 含人物（寺名）	备注
佛教经典教育类	佛说大乘 道芉经	北海字 005 （BD06205）	癸卯年（823） 十月十日	永寿寺写	
		北雨字 055 （BD03355）	大番国 （9 世纪前期）	沙州永寿寺 律师神希记	同卷有《普贤菩萨行 愿王经》《大乘四法 经》《佛说遗教经》
	大般若波罗 蜜多经	S. 3621	9 世纪前期	比丘戒藏写 比丘惠素受持	
		滨田德海旧藏	大蕃岁次戊 戌年（818） 三月廿五日	尼妙相，学生 张涓子写记	
		北张字 072 （BD01372）	9 世纪前期	智照写	
	大乘经纂要义	P. 2298	壬寅年（822） 后八月十五日		末有"净土寺藏经"印
		S. 3966	壬寅年（822） 六月，后八月 十六日写毕记		大蕃国有赞普印信 并此十善经本，传 流诸州流行读诵
	佛说金刚坛 广大清净陀 罗尼经	P. 3918	贞元九年 （793）	比丘利贞	刘和尚法讳倩于 安西译，广欲流通
	大乘百法 随听手抄	P. 2328b	论自癸巳年 （813）正月八 日始，二月十五 日终。律自甲午 年（814）十二 月八日起。乙未 年（815）正月 卅日了		
	大乘入道 次第章	P. 3342	和后丑年 （797?） 三月廿日	比丘昙辩于 沙州军门兰若	写记毕功（墨笔），其 时勘教甚定，披读之

续表

写本类型	写本名称	写本卷号	写本时间	写本题记中所含人物（寺名）	备注
佛教经典教育类	灌顶经拔抄	S.5568	丙子年（796）四月十日		抄下记
	绝观论	P.2732v	贞元十年（794）岁甲戌仲夏八日	西州落番僧怀生于甘州大宁寺	校
	金刚经陀罗尼咒	北奈字042（BD05742）	巳年（9世纪前期）六月廿三日		同写的有法华经、金光明经、金刚经各一部，为正比丘写
疏释教育类	净名经集解关中疏	S.2701	戊戌年（818）四月一日	比丘神威	记录
		S.3475	大历七年（772）三月二十八日，辰年（788或800）九月十六日	开元寺沙门体清，俗弟子索游岩为普光寺比丘尼普意	体清敷演此经以传来学，索游岩为普意转写此卷
		S.6503	时番中岁次乙酉（805）冬末下旬二日	报恩寺比丘神应写记	
		S.6568	丁酉岁（817）闰五月十五日		勘定
		S.6810	酉年十一月十五日（9世纪前期）	比丘海清	记录
		北致字072（BD03272）	乙巳年（825）三月廿一日	比丘谈哲	记录
		大谷家二乐庄	蕃中甲戌年（794）四月七	比丘惠照	勘讫，记之
	维摩诘经疏释	S.2432	丁未年（827）三月廿日	莲僧庆会	题记在背面，自书手记

写本类型	写本名称	写本卷号	写本时间	写本题记中所含人物（寺名）	备注
疏释教育类	四分戒本疏	S.6604	亥年十月二十三日	报恩寺李阇梨	讲说此疏，随听随写
		S.1144	乙丑年（845）十一月廿五日		勘讫
		P.2245	寅年（834或846）十月十一日	沙门福慧、比丘福渐	前墨书，后朱书沙门福慧勘讫、比丘福渐详阅
		北宿字006（BD01106）	乾元二年（759）四月廿日	龙兴寺僧静深	写了
		北冬字065（BD02065）	壬子年（832）十二月	沙州金光明寺僧大律师□□	用于流通记
		北辰字061（BD01061）	壬子年（832）三月廿八日	沙州永寿寺	勘了
		北雨字047（BD03347）	未年五月廿三日	比丘惟其	
	大乘道芊经随听手镜记（大乘稻秆经随听疏）	P.2284		永康寺后辈法律比丘福渐	受持并兼通稻芊及坐禅，并具足义
		P.2208v	大中十三年（859）八月二十日		听经手抄记
		P.2304v	□三年六月廿八日	开元寺律师比丘	
		北新1558（BD15358）	卯年十二月廿五日	大番国沙州永康寺沙弥	写记归正
疑伪经	七阶礼佛名经	北字字080（BD08080）	乙巳年（825）后五月十五日	比丘吕智	写毕记之
	佛说父母恩重经	P.2285	丁卯年（847）十一月廿九日	比丘智照	为亡姒写奉

续表

写本类型	写本名称	写本卷号	写本时间	写本题记中所含人物（寺名）	备注
疑伪经	劝善经	P.2608	贞元十九年（803）正月廿三日		
	新菩萨经	北师字020（BD07120）	大蕃乙未年（815）正月二日		记
蕃汉佛经交流	大乘廿二问	S.2674	丁卯年（787）三月九日	比丘法灯	写毕
		P.2287	丙申年（816）二月□日		书记
	般若波罗蜜多心经	P.4882		大蕃国大德三藏法师沙门法成	译
	萨婆多宗五事论	P.2073	丙寅年（846）五月十五日	大蕃甘州修多寺法成	译
	诸星母陀罗尼经	S.5010	壬戌年（842）四月十六日	甘州修多寺	翻译此经
		北余字015（BD02315）	壬戌年（842）四月十六日	甘州修多寺王颙	翻译此经
	菩萨律仪二十颂	P.3950a		国大德三藏法师沙门法成	译
	八转声颂	P.3950b		法成	译
	六门陀罗尼经论广释	P.2404vc	癸丑年（833）十月上旬八日	沙州永康寺	集译讫，记之
	大乘四法经论及广释开决记	P.2794	癸丑年（833）八月下旬九日	沙州永康寺	集毕记
	叹诸佛如来无染着德赞	P.2886		国大德三藏法师沙门法成	述，吉祥童子授草偈

说明：文中表2-1至表2-5，是根据敦煌研究院主编《敦煌遗书总目索引新编》（中华书局，2000）、李正宇《敦煌学郎题记辑注》（《敦煌学辑刊》1987年第1期，第26~40页）和潘重规《国立中央图书馆所藏敦煌卷子题记》（《敦煌学》第二辑，1975年，第1~55页）整理，关于纪年和断代参考杨富学、李吉和辑校《敦煌汉文吐蕃史料辑校》第一辑（甘肃人民出版社，1999）和〔日〕池田温《中国古代写本识语集录》（大藏出版社株式会社，1990）等。

　　根据上述题记，可从中整理出吐蕃统治时期佛教寺院内典类的教材，主要有以下五种类型。

　　1. 入门教育类

　　入门类佛教写本介绍佛教基本知识。是比丘和比丘尼的佛教知识启蒙教材。《法门名义集》是唐代李师政所著，[①] 写作目的和写本内容李师政自序中即已点明："凡惑无由生解。故无说不妨于乐说。以知无名不坏于假名。因名以通寂。然则标法之名释名之义理之津道。可不务乎。但布在众典。难得而究。集而释之。则易观矣。……以类分之。总为七品。身心第一。过患第二。功德第三。理教第四。贤圣第五。因果第六。世果第七。"[②] 显见写作目的就是教授人们正确的佛教知识。故而从众多佛典中集中解释重要的名相，且按照身心、过患、功德、理教、贤圣、因果、世果七品顺序，是初入佛门之人的必读书，也是世人了解佛教的启蒙书籍。现《大正藏》中所录此书正是根据敦煌写本而成。S.1520《法门名义集》是其中之一。未标明纪年的敦煌写本还有十二件，分别为 P.2119、P.2128、P.2317、P.3008v、P.3009、S.5958、P3001v、P.4943、S.6160、北帝字 068v（BD07268）、北昆字 083（BD04483）、北调字 089（BD02889）。其中 P.2119 号写本比较完整，因此作为底本，其他写本可和其互相参照校录。S.1520 是诸多写本中唯一有纪年标识的，题记"蕃中未年三月十一日比丘□济于沙州金光明（寺）三本勘讫记耳"，明确是吐蕃统治时代的未年，由金光明寺比丘利济校勘后所记录。[③] 从中可以推断，吐蕃统治敦煌时期，该写本是佛教寺院教育的教材。

　　《三乘五性义（拟）》也是佛教入门读本，以问答的形式解答佛教相

---

① P.2119 首题："东宫学士李师政奉阳城公教撰"，图版见于《法国国家图书馆藏敦煌西域文献》第 6 册，上海古籍出版社，1998，第 73 页。

② 《法国国家图书馆藏敦煌西域文献》第 21 册，上海古籍出版社，2002，第 43 页。

③ 吐蕃统治敦煌时期，有癸未年（803）、乙未年（815）、丁未年（827）、己未年（839），此处未年未知。关于比丘的名字，因《敦煌宝藏》第 11 册第 354 页中图片模糊，《敦煌遗书总目索引新编》录入时未及识别，以空格代替；郝春文《英藏敦煌社会文献释录》第七卷中录为"妙济"；李正宇在《敦煌学大辞典》"利济"条中，查证《敦煌宝藏》，且列举同一时期吐蕃写本诸如 S.2729、S.6631v 中多次出现"利济"的名字，认为"利济"更为妥当；屈直敏《敦煌高僧》"释利济"条，指出其为金光明寺僧人，是吐蕃时期重要的写经高僧之一，并明确指出所抄佛经为 S.1520《法门名义集》。

关的问题。北月字 091（BD00791）即为其中之一写本。同为一卷的还有《敕修弥勒禅（拟）》，其中有语："有敕颁下诸州，令应坐禅人，先为当今圣神赞普乞里提足赞：圣躬遐远，圣寿延长；国界安宁，普天清谧。""圣神赞普"一词表明该敕令颁行于吐蕃统治敦煌时期。① 此两卷前后相连，字体一致，应为一人所书。故而可推断出《三乘五性义》也在吐蕃统治时期流行。

2. 戒律教育类

戒律类佛教写本介绍僧尼修习必须遵循的规则。按照入佛门的阶段，戒律的受众是有区别的。如 S.2369《式叉摩那尼六法文》，"式叉摩那尼"，又称作"式叉摩那""式叉摩尼"，来自巴利文音，意译为"学法女"，在佛教中用来称呼处于沙弥尼和比丘尼中间阶段的女性出家者。凡沙弥尼，欲受具足戒为比丘尼，应于两年间，先学六法，即不杀、不盗、不淫、不虚诳语、不饮酒、不非时食等。过了此两年，若是约束良好，才能正式受具足戒。S.2369 中题记"乙巳年四月十八日沙州学士未时了"，吐蕃统治时期的乙巳年为 825 年。此时沙州俱无官学，应为佛寺学生，但未受戒为比丘，故自称学士。式叉尼戒归属沙弥尼位，即在沙弥尼十戒的基础上，增学六法。只有受此戒后，方可欲学比丘尼戒律和威仪。所以受持式叉尼戒是未来得受比丘尼具足戒的前提。学士身份对应式叉摩尼，修习六法文，以便两年期满，正式受具足戒成为比丘尼。

S.2050v、北宿字 039（BD01139）《律部略抄本》、北冬字 092（BD02092）《四分律抄》（即《四分律》的抄本），之所以被称为略抄或抄本，应为学习时所做笔记。《四分律》为中国佛教最具影响、流行最广的佛教戒律。

① 陈寅恪先生于 1930 年在《吐蕃彝泰赞普名号年代考》一文的附录中做出推论："乞里提足赞即 khri-gtsug-ide-brtsan 之音译，提足二字当是传写误倒。此乃关于彝泰赞普之新史料，可与兹篇互证者也。"这里彝泰指吐蕃年号 Skyid-rtag，陈寅恪先生引用《资治通鉴》卷 246《唐纪》62"文宗开成三年"条中"吐蕃彝泰赞普卒，弟达磨立"，指出此处可黎可足赞普以年号为称，可黎可足即墀祖德赞，其在位时间为 815～841 年，正值吐蕃统治敦煌时期。宗舜法师在其《敦煌写卷所揭"弥勒禅"之初探》一文中沿用了日本上山大峻在其《敦煌汉文写本中的"佛教纲要书"》中对乞里提足赞普的判断，认定乞里提足为墀德祖赞（704～755 在位）。石泰安（R. A. Stein）在《圣神赞普考》一文中，指出 BD0791 号卷子诏书中所出现之"神圣赞普"尊号，仅仅出现在 800～830 年的古藏文文献当中，这有力地支持了陈寅恪先生的观点。

列比丘戒二百五十条，比丘尼戒三百四十八条。从身（行动）、口（言论）、意（思想）三方面对出家僧、尼的修行及日常衣食坐卧及惩罚等规定详细的戒条。北魏后成为佛教律学讲传的主要内容。北辰字 046（BD01046）《四分律删补随机羯磨经》，全称《昙无德部四分律删补随机羯磨》，简称《随机羯磨》。其为律学著述，唐道宣始撰于贞观九年（635），后于二十二年（648）重修，是集录《四分律》中羯磨部分之别行本。其中包括诸界结解、诸戒受法、诸衣分法、诸众安居法等，均可作为各教团举行宗教活动时的规范。这表明流传于中原的毗尼藏传入了敦煌。S.2064《八婆罗夷经》，"婆罗夷"来自梵文，意即"重禁"，是戒律中最严格的戒条。除比丘四戒淫、盗、杀生、妄语之外，附加摩触戒、犯八事戒、覆藏他重罪戒、随举戒，共八条戒律，称"八婆罗夷"，《四分律》中对此有介绍。①

P.3919bf《大威仪经请问说》中提及佛教威仪，只有两行"若有比丘、比丘尼、善男子善女人，不将澡豆浣手捉经及经前睡眠，伏地三百亿岁作厕中虫净，手搔痒对经漫语，八百万亿岁堕黑暗地狱中，二亿岁生狐兔中。经前涕垂口衔经带，亦同前罪"。佛家大威仪包括行、住、坐、卧等姿态的确切要求。此件《大威仪经请问说》主要是对读经规范要求：不能不洗手就触碰经书、不能在经书前睡眠、不能在经书前抓挠搔痒、不能对着经书随便言语、不能在经前流涕和口涎以防沾染到绑经文的带子上。否则就会视同有罪，受到惩罚，如"伏地三百亿岁作厕中虫净""八百万亿岁堕黑暗地狱中"，以彰示对佛的尊敬。

3. 佛教经典教育类

佛教经典指汉魏以来由梵本译出、流传较广、诵习较多的经文。如S.4153、北腾字 096（BD03196）、北收字 052（BD01952）、北地字 018（BD00018）《维摩诘经》，S.4554《佛说药师经》、S.6670《瑜伽论卷》，北雨字 063（BD03363）《金光明最胜王经长者子流水品廿五》，北丽字 074（BD04074）《佛说回向轮经》，北海字 061（BD06261）《观世音经》，北始字 022（BD07722）《妙法莲华经卷第七观世音菩萨普门品

---

① 季羡林主编《敦煌学大辞典》，上海辞书出版社，1998，第 714 页。

第廿五》，等等。

佛教经典属于内典中的主要教学内容。吐蕃统治敦煌时期有纪年的佛经写本有如下几种：如 S.4153《维摩诘经》，从魏晋时期开始流行，以居士维摩诘的视角，提倡以不二法门为宗旨。此经传入中土初译，就成为僧众劝导世俗人士，特别是统治阶层中的文化精英信仰佛教的利器。因为它不仅提供了一系列的观念，还有可资借鉴的修行方式。广大的士大夫阶层在维摩诘以俗人身份而与佛陀并驾的描述中得到了鼓励，从而信奉佛教并对自身加强修行。此经也就此在士大夫中流行。它的影响超越了义理辨析的范畴，进入宗教实践和文化的层面。至唐代，《维摩诘经》在士大夫中已成为和三礼、文选一样的基本读本。它的广泛普及，使它成为了解大乘佛理的入门读物。[1]唐代文人在写作中也大量引用此经的文句和典故，甚至诗仙李白自诩"金粟如来是后身"（金粟如来即维摩别称）。S.4153 所录《维摩诘经》较为完整，有上、中、下三卷，题记"申年四月五日比丘法济共福胜点勘了"，表明某寺僧人法济和福胜共同点校该经文。北腾字 096（BD03196）《维摩诘经》卷下题记："戌年四月一日，写维摩经一部，毕功记之也"。不难看出，该经作为日常教材，受重视程度很高，故对其进行校勘。这两条题记均为 9 世纪前期。[2]

《瑜伽论》又名《瑜伽师地论》，是大乘佛教瑜伽行唯识学派及中国法相宗的根本论书。玄奘西行取经回唐后译。敦煌写本中可见若干件《瑜伽师地论》及其他译本。敦煌写本中的《瑜伽师地论》题记中多显示为法成弟子的随听笔记，"时间从大中九年（855）三月始，至大中十三年末或大中十四年初法成去世为止，每一个月一至两卷，弟子有智慧山、谈迅、福慧、法镜、一真、洪真、明照、恒安等"[3]。此段时间是张议潮领导沙州人

---

[1] 陆扬：《论〈维摩诘经〉和净土思想在中国中古社会之关系》，《人间净土与现代社会——第三届中华国际佛学会议论文集》，1998，第 210 页。

[2] 杨富学、李吉和辑校《敦煌汉文吐蕃史料辑校》（第一辑），甘肃人民出版社，1999，第 282~283 页。

[3] 荣新江、余欣：《敦煌写本辨伪示例——以法成讲〈瑜伽师地论〉学生笔记为中心》，《敦煌学·日本学：石塚晴通教授退职纪念论文集》，上海辞书出版社，2005，第 65 页。

民赶走吐蕃统治者时期，属归义军时期。因此，纪年大多仍沿袭吐蕃特有的干支纪年法。从佛学教育的延续性上看，吐蕃统治时期，敦煌的佛教寺院是把《瑜伽师地论》作为教材的。如 S.6670 题记："丙子年（856）正月廿四日十三卷终（十三卷卷尾）。已说明所成地竟，丙子年四月十五日终，比丘福慧记（十五卷卷尾）"，这里的丙子年即大中十年。从正月廿四日至四月十五日，共记录十三、十四、十五三卷经文，平均一月讲授一卷。S.735《瑜伽师地论卷廿八》题记："大中十一年五月三日，明照听了记"，和 S.6670 时间相差近九个月。经文从第十五卷到廿八卷，共十三卷，速度似乎加快。S.5309《瑜伽师地论卷三十》题记："比丘恒安随听论本。大唐大中十一年（857）岁次丁丑六月廿二日，国大德三藏法师沙门法成于沙州开元寺说毕记"，五十天时间，讲经二卷。S.3927《瑜伽师地论卷卅》题记："大中十一年（857）四月廿一日，明照写。大唐大中十一年岁次丁酉六月廿三日，国大德三藏法师法成于沙州修多寺说毕"，其中后一条题记从卷号和时间上与 S.5309 相吻合，但是一个在开元寺，一个在修多寺。此处修多寺应为误写。因为法成曾于甘州修多寺译经、讲经，在吐蕃统治势力被赶走之后，他于当年（848）回到沙州，在开元寺讲学。S.3927 前一条题记，同卷的记录，时间却为四月廿一日，与六月廿三日相差两个月，似有矛盾。但仔细分析，这条题记仅是"明照写"，而后一条为"写毕"。故而可推断，前一条所记应是法成尚未开讲，明照先行将卷三十抄录，等待法成讲解时再行记录。虽然这些写本的纪年都在归义军时期，但吐蕃被以张议潮为首的归义军赶走时间并不长。由此可推断这些内容在吐蕃统治敦煌时期，寺院就已经开始讲授了。

敦煌遗书中《妙法莲华经》的写本数量较多。带有时间题记的，多为隋及唐初；带有吐蕃纪年的则有北致字 073（BD03273），数量虽少，但不能说明该经吐蕃时期不流布，可能只是传抄较少。P.3966《大乘经纂要义》题记中，明确此经需"流传诸州，流行诵读"，是吐蕃统治者对佛教经典导向性的要求。P.2298 亦为《大乘经纂要义》，末有"净土寺藏经"印，且题记时间与 S.3966 一致，均为壬寅年（822）。因此，不难看出在吐蕃统治时期，统治者会依据自身需求选取唐代佛寺流行的佛典，并以赞普名义推广、传播。如《大乘无量寿宗要经》，是吐蕃统治时期抄经坊抄写较多的一部经书，敦煌写本数量较多。此经为印度大乘佛教密教经典，是佛祖向曼殊师利童子宣说持诵无量寿如来名称功德法要，点明如有人诵持、书写此经，可得种种福报。故而除官方抄经外，百姓多抄写以求福报。北海字 005（BD06205）《佛说大乘道芊经》又称《大乘稻杆经》，是解说绿起法则的佛典。《大乘道芊经随听疏》是其汉文注疏，经典疏释类中详述。P.2328b《大乘百法随听手抄》是《大乘百法名门论》的听课记录，敦煌写本中有多个《大乘百法明门论》写本及其注疏《大乘百法明门论开宗义决》。P.3918《佛说金刚坛广大清净陀罗尼经》又名《佛金刚坛陀罗尼经》，大乘佛教经典，此卷题记标明"刘和尚法讳昙倩于安西译，广欲流通"。北雨字 055（BD03355）《大乘四法经》又名《四法经》，印度大乘佛教经典，译者或为法成，论述大乘菩萨应终生修持的四种法门。后世亲为其作注。敦煌写本中有其注疏《大乘四法经释》；同卷《佛说遗教经》又称《佛遗教经》《佛垂般涅槃教诫经》，后秦时期鸠摩罗什译，是佛祖涅槃前对弟子的教诫。唐太宗曾诏令写经生抄写此经，付京官、刺史各一卷，以此规范僧尼行为。在唐代影响较大。①

4. 疏释教育类

为了便于学习、理解佛经，需要对一些艰涩难懂的佛经予以诠解和疏释。这一类写本统称为疏释教育类。表 2-1 所列主要是对《四分律》《维摩诘经》《佛说大乘稻秆经》等经典的注疏。

S.6604、P.2245、北冬字 065（BD02065）、北雨字 047（BD03347）、北宿字 006（BD01106）、S.1144、北辰字 061（BD01061）等均为《四分戒本疏》，是为注释《四分律比丘戒本》而著。S.6604 题记："亥年十月二十三日，起首于报恩寺李教授阇梨讲说此疏，随听随□。"不难看出，此疏是为教材。李教授阇梨讲授，学生听讲并作笔记。北冬字 065（BD02065）"壬子年十二月沙州金光明寺僧大律师□□书其疏，用于流通记。"该题记更点出此疏不仅为金光明寺教材，更用于流通。其他各寺也应以之为教材。

---

① 季羡林主编《敦煌学大辞典》，第 706~707 页。

S. 2701①、S. 3475、S. 6503、S. 6568、S. 6810、P. 2079、P. 2222d、北致字 072 (BD03272) 等均为《净名经集解关中疏》。该疏释为唐道液撰，有上、下两卷，是对魏晋来流行的《维摩诘经》的注疏。敦煌写本中有二十余件，其中题记中明确吐蕃统治时期和标明比丘名号的七件，几乎都是上卷。由此看出在吐蕃统治敦煌时期，该疏释作为教材盛行于佛教寺院。本疏以僧肇《注维摩经》为依据，故文中多引《注维摩经》中罗什、僧肇原文而阐疏之，释文较为简略精要，是研究唐代佛教思想的主要资料。此疏成于上元元年 (760)，修正定稿在永泰元年 (765)。而 S. 3475 题记中就将此疏向敦煌的传播清晰地揭示出来："巨唐大历七年 (772) 三月二十八日，沙门体清于虢州开元寺为僧尼道俗敷演此经，写此疏以传来学，愿秘藏常开，广布真如之理，莲宫永丽，弘分般若之源矣。又至辰年九月十六日，俗弟子索游岩于大蕃管沙州，为普光寺比丘尼普意转写此卷讫。"②大历七年的僧人体清在虢州开元寺讲习《净名经集解关中疏》(唐代虢州在河南境内)；吐蕃统治时期，辰年有戊辰 (788、848)、庚辰 (800)、壬辰 (812)、甲辰 (824)、丙辰 (836)，仅凭辰年无法断定传入时间。而 S. 6503《净名经集解关中疏》题记中记录"时番中岁次乙酉冬末下旬二日于报恩寺写记，比丘神应记"。根据吐蕃统治时期的乙酉为 805 年，可将 S. 3475 中壬辰 (812)、甲辰 (824)、丙辰 (836)、戊辰 (848) 排除。而在 S. 2729《辰年牌子历》中记录有普光寺。故而此疏传入沙州的时间戊辰 (788) 和庚辰 (800) 均有可能。俗弟子索游岩自虢州游历至沙州，将此疏传播至此，传播路线跨度愈广。由俗弟子传入佛寺可看出经疏的传播渠道广泛：不仅有寺院之间的传播和交流，更有民间自发的传播。即便当时

---

① 关于 S. 2701 写本的断代：杨富学、李吉和认为戊戌年即 818 年，为吐蕃统治敦煌时期 (见《敦煌汉文吐蕃史料辑校》第一辑，第 275 页)；郝春文则根据金光明寺比丘神威推断该写本中戊戌年为天福三年即 938 年，是为归义军时期 (见郝春文《唐后期五代宋初敦煌僧尼的社会生活》，中国社会科学出版社，1998，第 33 页)。据吐蕃纪年的特点和归义军时期的纪年特点，张氏归义军初期，有延续吐蕃统治时期干支纪年的习惯，但中后期一般是以中原王朝年号纪年，辅以干支纪年法，且郝师的推断有个前提，即此神威如果是金光明寺的神威，则推论成立。但神威作为比丘的法号，并不唯一，所以这个前提不一定是成立的，故在此以取杨师观点。

② 录文依据〔日〕池田温编《中国古代写本识语集录》，第 310 页；陈祚龙《敦煌古抄内典尾记汇校初、二、三编合刊》，引自《敦煌学要签》，第 133 页。

敦煌已被吐蕃占领，与中原的交流渠道并未中断。P.2079 题记："壬辰年正月一日河西管内都僧政京城进论朝天赐紫大德曹和尚就开元寺为城煌（隍）禳灾讲维摩经，当寺弟子僧智惠并随听写此上批，至二月廿三日写讫。"当中记录开元寺僧智惠随听《维摩经》时将此疏一并抄写。可见普光寺、报恩寺、开元寺均有对此疏的学习和讲解。S.2432《维摩诘经疏释》也是对《维摩诘经》的注疏，题记"丁未年（827）三月廿日莲僧庆会自书手记"。虽未点明所属佛寺，但亦可看出吐蕃统治敦煌时期，《维摩诘经》及其注疏是当时僧人的必修内容。在敦煌写本中，除了以上列出的，关于《维摩诘经》的注疏还有十多种，其中多以罗什本为底本，还有罗什弟子僧肇所著的《注维摩经》和《维摩诘经序》。由此可见，敦煌写本中绝大部分为罗什本。

P.2284、P.2208v、北新 1558（BD15358）《大乘道芊经随听手镜记》，亦称《大乘稻秆经随听疏》，是法成对《佛说大乘稻秆经》的注疏书。分五门疏释，疏释之后释经文。该疏释言简意赅，是法成思想的集大成。日本将其收入《大正藏》第八十五卷。① P.2208v 题记："大中十三年（859）八月廿日，听经手抄记；此年三月二十日，因此台上设廊供养讫；大中七月（年）三月二十日。"从题记中可以看出，吐蕃统治时期和归义军初期，该经都比较流行，也恰同上述《瑜伽师地论》相类。佛学内典教育在这一时期具有延续性。

P.2794、P.3007《大乘四法经论及广释开决记》是为《大乘四法经论》注疏，P.2402v、P.2404vc《六门陀罗尼经论广释》是为《六门陀罗尼经》做疏释。

5. 疑伪经

敦煌写本中带有吐蕃纪年题记的疑伪经数量较少。有北字字 080（BD08080）《七阶礼佛名经》、P.2285《佛说父母恩重经》、P.3110b《佛说延寿命经》、北师字 020（BD07120）《新菩萨经》一卷、S.3485v《劝善经》、S.2291《佛说佛名经》等。《七阶礼佛名经》原为三阶教经典。因三阶教被视为异端，遭朝廷禁止，所以三阶教经典亦被视为伪经。《佛说父

---

① 　任继愈主编《佛教大辞典》，江苏古籍出版社，2002，第 645 页。

母恩重经》详述父母养育子女过程中的辛劳，并列举不孝敬父母的种种情状。提出如果要报父母恩，应为父母作福、造经、烧香、请佛、礼拜，供养三宝，或饮食众僧。① 其中 P.2285《佛说父母恩重经》题记："丁卯年（847）十一月廿九日奉为亡姊写奉，孤子比丘智照。"是为比丘智照为其母亲供奉。《佛说延寿命经》讲述如来即将涅槃，延寿菩萨请佛住世以救众生苦难。并谓若抄写、受持、读诵此经，可令短命众生长寿并获如来救护。②《新菩萨经》主要是劝念佛、预示灾祸、劝写经、说明经的由来等。经中列举天降灾祸致人横死，劝人日念阿弥陀佛千遍，并传抄此经，即可免除灾祸。因具有传帖性质，吐蕃时期此经传抄度较高。③《劝善经》经文内容与《新菩萨经》大体相同。其将《新菩萨经》中十种横死改为七种，增加了人头鸟足的长蛇向老人示警及关于灾难情景的叙述，应是在其基础上改写而成。④

（二）蕃汉文化交流及教材

吐蕃王朝自松赞干布建立之始，仿照唐王朝建立集权制国家。为与旧贵族把持的苯教相抗衡，对传入的佛教积极扶植。历经墀松德赞（755～797 年在位）、牟尼赞普（797～798 年在位）、墀德松赞（798～815 年在位）、墀祖德赞（815～838 年在位）四任赞普统治，在吐蕃境内传播开来，并盛极一时。由于佛教对吐蕃政治的影响，吐蕃本土专门制定了僧官制度管理佛事。在新占领的河陇地区各节度使辖境，各州也建立了以本土僧官制度为基础，参照中原僧官体系、以都教授（都僧统）为首的完备的僧官制度，对被占领区的佛教进行有效的管理。进而配合当地的军政管理。同时，吐蕃还派出佛教宗师，前往沙州进行巡视。对沙州精通佛法的僧人，吐蕃统治者不吝封其为"大德"的称号，并请其前往吐蕃本土，进行佛法交流。这一时期，佛事兴盛。译经、写经、讲经、传教活动频繁。涌现出昙旷、摩诃衍、法成等一批汉藏高僧。

---

① 季羡林主编《敦煌学大辞典》，第 733 页。
② 季羡林主编《敦煌学大辞典》，第 734 页。
③ 季羡林主编《敦煌学大辞典》，第 739 页。
④ 季羡林主编《敦煌学大辞典》，第 741 页。

1. 蕃汉佛教文化交流及佛学教育

吐蕃占领敦煌后，赞普墀松德赞对顿、渐教义之争感到困惑。昙旷作为河西名僧居留在敦煌。赞普慕名诏昙旷入藏，但昙旷其时因病未能成行。赞普因此将其疑问整理为二十二个问题，遣使往昙旷处求解。昙旷遂撰《大乘廿二问》以答。敦煌写本中保存有九件。[①] 昙旷早年入长安西明寺专攻《大乘起信论》和《金刚般若经》，学成后归河西，从事传教和著述。先后撰成《大乘起信论略述》《大乘入道次第开决》《大乘百法明门论开宗义记》《大乘百法明门论开宗义诀》。这些撰述在敦煌写本中都有迹可循。[②]

被称为国师的法成则是来自吐蕃的蕃僧，他在敦煌的佛学教育活动是蕃汉文化交流的鲜明体现。P.4660《沙州译经三藏吴和尚邈真赞》载："圣神赞普，虔奉真如。诏临和尚，愿为国师。黄金百溢（镒），驲使亲驰。"[③] 吴和尚即吐蕃僧人法成，出身于达那管氏家族，故又名管法成。他曾因精通佛法被吐蕃赞普意欲封为国师。国师意即吐蕃佛教宗师，主管吐蕃佛教事务。P.2038《瑜伽师地论本地分中声闻地分门记》卷 24 有"大蕃国都统三藏法师法成述"[④] 字样，可见法成时任吐蕃国都统，即都僧统，就是佛教宗师。吐蕃占领沙州后，他前来沙州从事译经撰述，归义军时期依旧在沙州活动，卒于咸通十年（869）。法成和尚由藏文译为汉文的经藏有《般若波罗蜜多心经》《诸星母陀罗尼经》《萨婆多宗五事论》《菩萨律仪二十颂一卷》《叹诸佛如来无染着德赞》等。敦煌多个遗卷中都有对其中译经的记录。P.4882《般若波罗蜜多心经》尾题："大蕃国大德三藏法师沙门法成译"，北余字 015（BD02315）、S.5010《诸星母陀罗尼经》末题："壬戌年四月十六日，于甘州修多寺翻译此经"，壬戌，即 842 年。P.2073《萨婆多宗五事论》前署："大蕃国大德三藏法师沙门法成于甘州修多寺译"，末题："五事论一卷，丙寅年五月十五日于大蕃甘州张掖县译。"丙寅，即 846 年。P.4587《诸星母陀罗尼经》前署："沙门法成于甘州修多寺译"，末尾有大中十一年五月廿六日阳英德题记。没有撰写时间

---

①　杨富学、李吉和辑校《敦煌汉文吐蕃史料辑校》（第一辑），第 24 页。
②　季羡林主编《敦煌学大辞典》，第 347 页。
③　郑炳林、郑怡楠辑释《敦煌碑铭赞辑释》增订本，上海古籍出版社，2019，第 508 页。
④　《法国国家图书馆藏敦煌西域文献》第 2 册，上海古籍出版社，1994，第 291 页。

而有法成名者：S. 2138、S. 2759、S. 2827、P. 3548《诸星母陀罗尼经》前皆署："沙门法成于甘州修多寺译。"P. 2886《叹诸佛如来无染着德赞》前署："国大德三藏法师沙门法成译。"P. 3950《菩萨律仪二十颂》："国大德三藏法师法成译"，同卷《八转声颂一卷》，王重民亦认为是法成译。

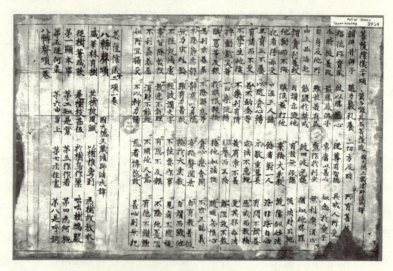

图 2-1　P. 3950《菩萨律仪二十颂》《八转声颂一卷》

来源：《法国国家图书馆藏敦煌西域文献》第 30 册，上海古籍出版社，2003，第277 页。

还有由法成集录或讲述的经典，如 P. 2794《大乘四法经论及广释开诀记》首署"大蕃国大德三藏法师沙门法成集"，末署"癸丑年八月下旬九日于沙州永康寺集毕记"。癸丑年，即 833 年。P. 2284、P. 2303、S. 1080《大乘道芉经随听手镜记》，其中 P. 2303b 末题"沙门法成译"，应为听讲笔记，末题"法成译"疑为误笔。法成讲授的经典主要是《瑜伽师地论》。关于法成的教学活动将于下一小节中详述，此处不再赘述。

2. 蕃汉文化交流的教材、语言工具书等

吐蕃统治敦煌期间，废除唐代的乡里制，推行部落制。将民众悉数纳入部落管理；实行计口授田，启用新赋税制。按地亩征收地子，按户征收突税，加重了百姓负担。为消弭唐文化对敦煌的影响力，吐蕃在敦煌推行一系列蕃化的管理。如逼迫汉人辫发易服，仅于正月祭祀先祖时身着汉装；取消唐朝纪年历法，改用五行地支历。S. 3287《六十甲子纳音性行法》是其部分内容的体现。此外，还强制推行吐蕃的语言文字。为此编撰了一系列汉蕃对照的书籍，以便于相互之间的学习和交流。主要有以下三类。

（1）汉蕃蒙学类

P.3419《汉蕃双语千字文》是将蒙学教材《千字文》编成蕃汉两种文字对译形式。即将汉蕃两种文字对应列出，汉文竖行书写，左侧附记有蕃文对音。还有一种为音译本，全为蕃文，未列出汉字原文。《开蒙要训》也有蕃文抄本。《九九歌》即乘法口诀表，是儿童学习算术必须掌握的基本常识，也一并归入识字类蒙书。不同的是，藏蕃文写本始于"九九八十一"，讫于"一一如一"，其顺序恰与现在流行的相反。

（2）汉蕃语言工具书

这类课本有 P.3301《蕃汉对译词汇集》。《蕃汉对译词汇集》先写蕃文，后面对应写出汉文，汉文竖行，蕃文横写，内容有东南西北、一月至十二月等常用词汇，也有汉天子、吐蕃天子及其他部族首领称谓，还有动物名称。可推断当时汉家子弟学习蕃语，吐蕃儿童也修习汉语。

（3）历史类典籍

蕃译本主要有《尚书》（P.T.986）、《战国策》（P.T.1291）等。古蕃文《尚书》译本依据伪古文《尚书》翻译，但并不是按照原文直译，多是参照了伪《孔传》、《孔书》、《史记》或已遗失的其他注本译述大意。包括《泰誓中》《泰誓下》《牧誓》《武成》四篇。[①]《战国策》的蕃译本属于节译本，其内容分为六段，分别是《田需贵于魏王》《华军之战》《秦魏为与国》《王假三年》《亲王使人谓安陵王》《魏攻管而不下》等。[②]王尧先生通过对藏译本的还译与古文《尚书》原文对照，可看出藏译本翻译较为自由，不拘泥于《尚书》原本。译文较为通俗、流畅，读之易懂。由此推断，蕃文对于汉文史籍的翻译，旨在学习中土历史，不纠结于语法、用词，应属吐蕃子弟学习专用，而非研究所用。另外还有传说故事类读物，如《孔子项托相问书》，有三种蕃译本，文字上互有差异，可能出

---

① 王尧、陈践译注《敦煌吐蕃文献选》，四川民族出版社，1983，第68~69页。
② 王尧、陈践译注《敦煌吐蕃文献选》，第84页。

自不同译者之手。但译本均通顺流畅，能简洁表达原作内容，刻画人物性格鲜明。

通过蕃汉文化之间的交流学习，吐蕃语言文字在敦煌民众中逐渐推广，也使吐蕃在敦煌的官员了解了汉文化，更好地对敦煌民众进行管理。在吐蕃设立的抄经坊中，抄经生既有吐蕃人，也有汉族人，还有其他民族的人。据现存的甘肃藏和法藏的敦煌古藏文文献的佛经题记所载，敦煌古藏文抄经生总数有 674 人，[①] 其中"吐蕃人为 269 人，占总人数的 40%；唐人为 326 人，占总人数的 48%；粟特人为 55 人，占总人数的 8%；其他民族，如天竺人、西域少数民族等总数为 24 人，占总人数的 4%"[②]。

吐蕃统治者还热衷于修窟。在其统治敦煌的六十余年间，共修建洞窟四十余个。它既有盛唐艺术的传承，又在洞窟形制、彩塑和壁画艺术上体现吐蕃因素，显示出独特的风格。

（三）儒学教育的持续和教材

内典教育是佛教寺院教育的根本。作为佛教教义和理念的传承场所，吐蕃统治时期的敦煌佛寺顺利地完成了其职能。由于这一时期官学被废止，敦煌出现了教育中断的危险。吐蕃统治者以文化征服敦煌本土的企图遭到了敦煌民众的激烈反抗。敦煌大族中的部分儒士为避免在蕃出仕，遂遁入沙门。一些沙门僧人，本就精通儒家文化，因此敦煌佛教寺院中也具备了教授儒家文化的条件。加之吐蕃统治者也信仰佛教，一方面他们企图通过佛教文化的交流和碰撞，用密教取代汉传佛教，并影响敦煌这一"佛国善乡"；另一方面通过佛教向世家大族和敦煌民众表示友好，作为民族冲突的缓冲地带。因此，吐蕃统治者并未拒绝儒家文化在佛教寺院内的教习。传承儒家文化的重任自然就由敦煌佛教寺院承担起来。儒学教育成为此一时期敦煌佛教寺院教育的组成部分。

带有吐蕃纪年题记的儒家经典写本不多。用汉文书写，数量远不如佛经。但有一部分在 9 世纪前期，或是明确纪年在吐蕃结束了敦煌统治后几年内的写本，由于时间上和吐蕃统治时期接近，根据教育的延续性，

---

① 张延清：《吐蕃敦煌抄经研究》，民族出版社，2016，第 66 页。
② 张延清：《吐蕃敦煌抄经研究》，第 121 页。

可知吐蕃统治敦煌时期佛寺教育中儒学教育的主要内容。从写本上看这一时期的教材，主要有童蒙教育和儒家必读经典两大类。如 P.2514《毛诗故训传》，P.2570《毛诗》，P.2604、P.3433《论语集解》，P.2676、P.2716、P.2904、P.3441《论语》，P.2715《孝经》，P.3558《王梵志诗》，S.614《兔园策》，S.705《开蒙要训》，S.6329《字书》，等等。这些写本的内容可以表明，吐蕃统治时期的儒学教育在佛寺教育中占有一席之地。

童蒙教育类，如 S.6329《字书》，和敦煌写本中的《字宝》《碎金》相类，是民间字书，以韵系字。对每个字有简单的注释，且字大注小。残存的 11 行中，一行一韵。每行字数不等，少则六字，多则八字。这种《字书》，既可以识字，又可知义、知韵，是儿童识字的基本教材。[①] 该写本题记记载："戌年七月十日比丘潜均书记。"[②] 可见在佛寺中，无论儒学教育，抑或内典教育，识字教育是基础。故而僧人和俗家子弟的首务均为识字知义。而在上海图书馆 127 号写本《四分律》题记中亦出现比丘潜均的名字，"子年十一月、比丘潜均写"。可知在寺院内典教育的同时，识字的蒙学教育也是必不可少的环节。S.705《开蒙要训》是六朝以来流传较广、影响深远的童蒙课本。其内容丰富，涉及天地、岁时、昆虫、鸟兽、人体、疾病、器皿、饮食、烹饪、农事、商贾、狱审等方面，具有百科全书性质。S.614《兔园策》也是一部"记叙自然名物、社会名物、人文礼仪、政事征讨等有关掌故方面的综合性蒙书"[③]。以上两种写本题记中的人名，虽未点明是某寺学仕郎，但从时间为 9 世纪前期来看，与之前的佛教寺院教育不无关系，因为即使为归义军初期，虽恢复官学，但师资和学生概由佛寺转来。

儒家必读经典类，诸如 P.2676、P.2716、P.2904、P.3441《论语》，P.2604、P.3433《论语集解》，P.2715《孝经》均为"五经"内容，也是唐代官学的必修经典。P.2514《毛诗故训传》、P.2570《毛诗》，

---

① 汪泛舟编著《敦煌古代儿童课本》，甘肃人民出版社，2000，（代前言）第 2 页。
② 据〔日〕池田温先生考证该写本断代为 9 世纪前期。见〔日〕池田温编《中国古代写本识语集录》，第 402 页。
③ 郑阿财、朱凤玉：《敦煌蒙书研究》，甘肃教育出版社，2002，第 263 页。

《毛诗》即《诗经》，《毛诗故训传》是对《毛诗》的注疏，亦为"五经"内容。

吐蕃统治时期，对于儒家文化的传承还体现在洞窟的供养人像上。如144窟，主室题记为"索氏愿修报恩窟"，可断定该窟为索氏家窟。窟内南壁西起画法华经变一铺、观无量寿经变一铺、金刚经变一铺；北壁西画华严经变一铺、药师经变一铺、报恩经变一铺。东壁门上画有男女供养人像各一身。男性居南面、女性居北面。二人面对面执炉胡跪于床上，每人身后各有侍从二身。

该窟修建于吐蕃统治敦煌时期（786~848），吐蕃在敦煌境内推行辫发胡服、黥面纹身等一系列民族高压政策。规定非祭祀父祖时间均须着吐蕃服装。因而吐蕃时期唐人修建洞窟或不画供养人像，或供养人画像中男性须着吐蕃服装，女性可着唐装。此处二身供养人画像身着唐装，且出现于东壁门上方，位置、着装均发生了变化，这说明其具有特殊性。供养人画像通常位于洞窟四壁下方位置或甬道两侧。而此处独画于东壁门上方，就赋予了吐蕃统治时期供养人画像新的意义。东壁门上方，视觉效果不好，但位于洞窟壁面最高的位置。吐蕃统治前，这个位置通常是尊像画所在。现将供养人亡故父母的画像安排在此，一则暗喻亡故父母的地位可等同于尊像画；二则可将亡故之人同甬道两侧或四壁下方现世供养人的画像区别开来；三则可为亡故父母着唐装，不会引起政治冲突。这不仅是艺术家的巧妙构思所在，也反映出敦煌人民虽身处蕃治，却心系唐廷，以孝亲表示忠君；不仅是对吐蕃统治的无声反抗，也是对儒家文化"忠孝节义"核心思想的继承。诸如此类，吐蕃时期，东壁门上供养人像的洞窟还有第143、200、231、238、359等窟。①

归义军时期，随着政权的建立，唐代官学也随之恢复。但佛寺教育却未因之而停滞。相反，在敦煌写本的题记中，大量的佛学内典、儒家经典中都有寺院比丘、比丘尼及学仕郎的署名。它们或为教师的教案，或为学生的笔记，内容丰富。由于教育具有延续性，所以归义军初期的写本，很

---

① 白天佑、沙武田：《莫高窟第231窟阴伯伦夫妇供养像解析》，《敦煌研究》2006年第2期，第6~10页。

图 2-2　231 窟东壁门上供养人像

来源：敦煌研究院主编《中国石窟·敦煌莫高窟》第四册，第 101 幅，文物出版社，2013。

大一部分也能反映吐蕃统治敦煌时期的教育内容和教育状况。因此该部分此处不再赘述，其内容将在归义军时期的佛寺教育中一并叙述。

（四）佛寺中的医学教育及教材

敦煌佛寺中不乏医学教育。一方面源于印度佛教寺院医明学教育的历史渊源，另一方面基于敦煌佛寺有医僧、医学教材等条件。郑炳林先生曾指出："吐蕃占领敦煌以后，正常的学校制度遭到破坏，学术文化从官府转向寺院。这时，除了民间医家依旧收授徒弟之外，寺院医学就显得格外重要。"[1] 即便其后的归义军时期，敦煌寺院的医学教育依旧持续。

P.2215《量处轻重仪》中，就部分记录了佛教寺院中的医疗工具、医方来源及用药标准。

三、治病所须，其例有三。初谓医术：针、灸、刀、角、槌、桴，疗疾之具。

二谓诸方：《本草》《明堂流注经》《脉经》《药诀》之书。

---

[1]　郑炳林、高伟：《从敦煌文书看唐五代敦煌地区的医事状况》，《西北民族学院学报》1997年第 1 期，第 68 页。

三谓对病：四药如上列名，余之三药，如上入重，尽形药中，如后正断。以前三件，资身正要，非常恒有。是病即身。第一，治救刀针，律文通许。既是小细，机惟所宣，准如《十诵》。灌鼻筒等，入轻所收，余有药筒、药函诸器相从分。第二，诸方本草，既是俗习，宜从重收，尽形药中。未捣治者入重，若已捣治，和合成汤、丸、膏、煎。异本药相者，及服残余分，此实非所奉。宜准僧祇入轻分之。①

从上述内容不难看出，佛寺中确有医学教育。且所依据之教材，和官方医学教育所规定之教材相合。

敦煌遗书中，官方医学规定之教材几乎均可寻见其踪影。虽未标明官学或佛寺医学，但其为佛寺医学教育所用，确有根据。医学教材主要包括以下几类：本草类的有 P.3714、P.3822、S.4534v《新修本草》，S.76《食疗本草》；诊法类的有 P.2115v、P.4093《平脉略例一卷》，P.3106v、P.3481《脉经》，P.3477《玄感脉经一卷》；伤寒论类的有 P.3287《素问·三部九侯论及又四种残卷》，包括《伤寒杂病论乙本》《伤寒杂病论丙本》《亡名氏脉经第一种》《亡名氏脉经第二种》；医理类的有 P.3655《明堂五藏论一卷》。

此外，在汉译佛经中，也不乏医学教材。不仅有《佛说佛医经》《金光明经》中的"除病品"的专门医学叙述，如 S.6107R《金光明最胜王经》"大辨才天女品"的洗浴药方；还有属于密教体系的佛经，如 S.5379《佛说疗痣病经》、S.0988《佛说护诸童子陀罗尼咒经》，以及含有《千手千眼观世音菩萨治病合药经》内容的《千手千眼观世音菩萨广大圆满无碍大悲心陀罗尼经》（S.6151、S.1210、S.1405）等。② 因此，敦煌佛寺中医学教育使用的教材较为丰富。有来自中原的医方、医书，亦有来自汉译的佛经。这些教材包含有基本药物知识的本草书和医方集，亦有用于诊脉和针灸的脉经、脉诀。尤其针灸图谱，为医学教育的直观教学和针灸技法提供了实践条件。关于敦煌医学教育的详细内容，将在其后章节详述。

---

① 马继兴、王淑民等辑校《敦煌医药文献辑校》，江苏古籍出版社，1998，第781~782页。
② 陈明：《敦煌的医疗与社会》，第31页。

总之，吐蕃统治敦煌时期，佛教寺院作为学术文化的主要阵地，除了佛寺本身的基础教育——内典教育之外，还承担了部分官学的教育任务——儒学教育、蒙学教育。医学教育作为佛寺教育的传统内容亦发挥着积极作用。

第四节　归义军政权时期的佛寺教育内容及教材

吐蕃统治敦煌六十余年，敦煌寺院僧尼数量迅速增加。寺院也由初始的十三所增加到归义军初期的十六所及三所禅窟，僧团人数持续增加。大中二年（848），张议潮趁吐蕃赞普朗达玛遇刺身亡导致的内乱，广泛联系地方各阶层力量，领导敦煌民众赶走吐蕃统治者。敦煌由此进入归义军时期。

一　归义军时期敦煌佛寺教育发展概况

归义军时期的佛教持续了吐蕃时期的繁荣。不仅表现在修窟、造像、抄经等利乐性质的活动中，而且表现在佛寺教育的发展中。总的来说，这一时期佛教教团在归义军政权中的地位发生了变化，佛寺教育也因之分为三个不同的阶段。张氏归义军时期（848~890），受到吐蕃时期佛教的影响，佛寺教育依旧处于兴盛阶段。以内典教育为主，以佛经的研习和佛学讲经活动为主要内容。金山国时期（890~914），佛教教团地位下降。符谶、卜筮等的流行，使佛教不再成为统治者唯一的信仰。曹氏归义军时期（914~1036），曹氏政权重兴佛教。佛寺教育虽然如火如荼，但是内典教育衰落，佛经研习停滞。大量疑伪经出现，佛寺教育世俗化成为趋势。

（一）张氏归义军时期的敦煌佛寺教育

归义军政权初建，张议潮在奏表纳图、获得唐中央政府认可的同时，进行了一系列内政改革，其中包括对佛教教团的整顿。

首先，确立了以都僧统为首的僧官制度。河西道最高的僧官称为河西释门都僧统。都僧统衙门被称为都僧统司，简称都司，设治所于敦煌。首任都僧统是随同张议潮起义并率僧众予以支持的洪辩。如前述，大中五年

（851），唐宣宗敕赐洪辩和其弟子悟真都僧统告身，称"京城内外临坛供奉大德"。由于敦煌其时僧尼人数所占人口比重较大，且佛教深入社会各阶层，几乎人人信仰，因此都僧统对归义军政权具有举足轻重的作用。从洪辩的职衔"敕河西都僧统、摄沙州僧政、法律三学教主"不难看出。

其次，为配合俗界乡里制度的重建，对在籍僧尼重新登记造册，加强对僧尼的管理。与此同时，对教团财产进行调查，大中七年（853）"酉年算会"即为其集中体现。S.1947《唐咸通四年癸未岁（863）敦煌所管十六寺和三所禅窟以及抄录再成毡数目》中明确记载：

> 　　大唐咸通四年岁次癸未，河西释门都僧统缘敦煌管内一十六所寺及三所禅窟，自司空吴僧统酉年算会后至丑年分都司已来，从酉年至未一十一年。癸未年五月廿三日，抄录官算籍上明照手下再成毡定数如后：新方褥一，细纰绵锦面。丝麻锦褥一，毡俻。绯治毡一领，锦缘。又圣僧褥子一，故。天王褥子三。小袂故方绣褥子一，白毡俻。东河水碾一轮。油梁一所。青花毡一领。五色花毡三领，内一破。绯绣罗褥一。七尺氍毹一。新方毡九领。新夹毡一条。袂毡廿三条。黑毡一条，白俻。香查小褥子一。故破毛锦二，内一非（绯）缘。故破五色褥一条，在吴和尚。杜心秤产一，开钵一。神幡五口。钟一口。除褥计褥毡方毡廿八领。[①]

对寺院财产事无巨细地登记造册，包括对物品的质地、数量、新旧程度也一一记录。对寺院的僧尼、寺产、寺户登记造册，貌似改换了僧团的管理权，从吐蕃统治者手中让渡到唐中央，是一种态度。实质和武宗禁佛一样，对寺产的监督作用不言而喻。

再次，对寺院经济进行控制，并尽可能削弱。一是放免寺户，增加世俗百姓数量，以增加赋税收入。二是于大中十一年（857），进行了"分都司"的僧务机构改革。改革之后，都僧统的职衔中就少了"摄沙州僧政"

---

① 唐耕耦、陆宏基编《敦煌社会经济文献真迹释录》第 3 辑，全国图书馆文献缩微复制中心，1990，第 8 页。

这一项。因此"分都司"分去的应该是原来都僧统广泛的权力。河西都僧统只处理沙州的僧务，其他河西各州僧务由各州僧政分别管理。而沙州僧政则降为都司下属机构的主事僧职。故而在上引 S. 1947 中有"河西释门都僧统缘敦煌管内一十六所寺及三所禅窟"的提法。"分都司"削弱了都僧统的政治、经济权，归义军政权又通过控制僧官的任免权使沙州僧官体系成为其附属。对佛教僧团及寺院经济的整顿手段，成功地使张氏归义军解除了佛教僧团可能带来的潜在威胁。

最后，归义军政权恢复了唐代地方官学的教育体制，但佛教寺院的教育依旧延续。归义军政权对寺院经济的管控并未使其受到影响，反而较前有了新的发展。一方面是由于蕃占期间，佛寺教育担负了官学教育的责任，无论师资抑或教学内容都形成了体系，继承并发展是最好的选择；另一方面，张议潮曾求学于佛寺，对于佛寺教育有着宗教因素以外的情感因素。只是这一时期，佛寺教育中除了内典教育之外，儒学教育的比重逐渐增加。这在之后的章节中会详细陈述，此处不再赘述。

总之，张氏归义军政权初期对佛教进行了整顿，建立起以都僧统为首的僧官体系。对寺院的僧尼、寺产、寺户登记造册，并对佛寺经济有效管控。但是张淮深主政后，"都司"依旧是教团的领导机构，而且下属分司分工越发细致，包括仓司、饮司、行像司、灯司、道场司、经司、功德司、堂斋司、修造司、招提司等，机构臃肿。可见张淮深时期，佛教势力膨胀，对寺院的管控似乎没有起到遏制其发展的成效。且张淮深统治后期，归义军政权所辖由六州缩减为瓜沙二州，政治上的衰落影响了佛教的发展，佛寺教学活动受到影响。大顺二年（891），张淮深被杀，张氏政权陷于内斗中。

（二）张承奉时期敦煌的佛寺教育

在张氏内斗和金山国期间，敦煌僧团也发生了变化。曾经为归义军政权所器重的高僧大德相继离世。如第三任都僧统唐悟真于 895 年去世，法成的弟子法镜于中和三年（883）去世。缺少了高僧的僧团失去了佛学研究的领头羊，佛理研习活动停滞，讲经活动也不复有问难和辩论的气氛，学术性的佛法教学亦无法进行，佛教内典教学只能靠自身的诵读和领悟。

因为失去了大德，僧团中僧尼素质低下、违戒现象屡见不鲜，整个教团呈现出萎靡不振的状况。因此，僧团在归义军政权中地位下降。由原来参政、为上层统治者提供智囊服务的角色转变为仅听令于归义军政权的附属角色。

金山国初建时，张承奉按照唐朝的政治体制建立了一套职官制度。在教育方面，除了沿袭张氏归义军的政策，又继续推行官学教育，还新设了伎术院。不仅掌管典礼祭祀、阴阳占卜、天文历法等事务，而且成为金山国培养礼仪、阴阳、立法、占卜等方面人才的教学部门。张承奉出于政治目的，崇尚符谶、占卜等。如 P. 2594v 与 P. 2864 拼接的《白雀歌》、P. 3633v《龙泉神剑歌》等，以祥瑞之兆证明金山国建立的合理性。敦煌遗书中的阴阳卜筮类书籍，大多是在张承奉时期所写。如 S. 2263《葬录》（896）、P. 2859《逆刺占》（904）和 P. 3782《灵棋卜法》（912）。但张承奉既不排斥佛教，也不专心于佛教。这在他编写的关于佛教佛事活动的文苑《金山国诸杂文苑》中可以体现出来。文苑包括《转经教道场文》《正月十五窟上供养》《大斋文》等，多为佛教法事的应用文范本。可见张承奉对佛教的法事活动非但不排斥，还为此统一了格式。但他的信仰不为一宗所限，具有实用主义特色。如 Дx. 566《大佛顶如来密因修证了义诸菩萨万行首楞严经归义军节度使张公》题记：

> 天复二年壬戌岁（902）正月廿三日，归义军节度使张公发心敬写，为城隍禳灾，贮入伞中供养。[①]

他为城隍禳灾写经发愿，说明他信仰佛教。但天复五年在一篇祭文（S. 5747）中，标题却醒目地写着《天复五年张承奉祭风伯文》。佛教不唯一，是张承奉时期制定宗教政策的基本点。因此，学术性的佛学走向衰落，佛寺教育的教学活动重心也开始发生变化，内典教育开始内收，世俗化的佛学教育逐渐开始兴盛。

---

① 〔日〕池田温编《中国古代写本识语集录》，第 448 页。

（三）曹氏归义军时的敦煌佛寺教育

张承奉时期，由于其信仰不专于佛教，加上佛教僧团的首领、大德相继去世，佛教僧团地位急剧下降。曹氏归义军时期，曹氏历任的节度使都热衷佛教，并表现在开窟建寺、广度僧尼、抄写佛经、举行法会等方面。曹氏崇佛，意欲借佛教凝聚民众，治理一方。如曹议金修建的第98窟，是为曹议金自914年取代张承奉成为归义军首领后，历经艰辛，与中原后梁政权取得联系，并最终于918年得到后梁认可，为表庆贺而修建的功德窟。P.3262《河西节度使尚书开窟佛会祈愿文》便是佐证。

曹议金还广设斋会，在斋会上大量度僧尼。如长兴五年（934，实为应顺元年）五月十四日的转经斋会上，即度僧尼二十七人。敦煌遗书P.2704《后唐长兴五年曹议金回向疏》中记录"设斋一千六百人供，度僧尼二十七人"①。

曹议金之后的历任节度使受其影响，也都表现出对佛教的热忱。因此，曹氏归义军时期，佛教兴盛一时。营造佛窟、广度僧尼、举行法会的活动不曾间断。历任节度使或营造佛窟，或修缮佛堂，以彰显其功德。如曹元德营造第100窟；曹元深营造第454窟；曹元忠时期修造了第55窟，还有第61窟。此外还修缮了破败的第96窟。第61窟，名为文殊堂，反映出曹元忠时代敦煌佛教与中原佛教的沟通和交往，是五台山文殊信仰传入敦煌的表现。张承奉时期，随着佛教教团地位下降，经卷缺失。曹氏归义军时期曾多次向中原乞经，但当时中原王朝早已不复盛唐的情势，朝廷不会将写经传送到地方，因此乞经的对象就转向当时盛行文殊信仰的五台山。五台山的文殊信仰随着西来东往的僧人在敦煌传播并发展。

曹元忠还以刻板印刷的方式，于后晋开运四年（947）印行《观世音像》《毗沙门天王像》。P.4514中图文皆俱，可看到画像共有十一份，上图下文。并写发愿文，祈愿"国安人泰社稷恒昌，道路和平普天安乐"②。

曹氏归义军时期，无论是营造佛窟，还是举办法会，抑或抄写佛经，

---

① 《法国国家图书馆藏敦煌西域文献》第17册，上海古籍出版社，2001，第316页。
② 《法国国家图书馆藏敦煌西域文献》第31册，上海古籍出版社，2005，第228~231页。

其目的都是安世利乐，具有很强的功利性。在统治者崇佛风气的熏染下，敦煌民众更是一心向佛。但碍于经济实力限制，民众中流行抄写经文，且抄写经文的目的或是祈求病体痊愈，或为父母增寿，或四邻安康。即便是僧尼，也会发愿抄写经文。如 S.4601《佛说贤劫千佛名经》首题：

> 雍熙二年（985）乙酉岁十一月廿八日书写，押衙康文兴自手，并笔墨写。清信弟子辛婆表（？）愿胜幸者张富定、辛婆、李长子三人等，发心写大贤劫千佛名卷上，施入僧顺子道场内，若因奉为国安人泰，社稷恒昌，四路通和，八方归状。次愿幸者辛婆等，愿以业生净土，见在合宅男女，大富吉昌，福力永充供养。①

身为押衙的康文兴亲笔书写，清信弟子辛婆表一同发愿，将写好的经文施入道场，祈求国泰民安。再如 S.3054《观世音经》题记所载：

> 时贞明三年（917）岁次戊寅（实为丁丑）十一月廿八日，报恩寺僧海满，发心敬写此经一卷，奉为先亡考妣，不溺幽冥，乘此善因，早过（遇）弥勒。现之存者，所有业郭并皆消灭，永充供养。比丘僧□智手写。②

这是比丘僧所写，为其亡故的母亲祈福早遇弥勒，为其现世家人祈祷消除业障。P.3115《佛说续命经》尾题：

> 天复元年（901）五月十六日母氾辰、女弘相病患，资福喜命，计写续命经一本。灵图寺律师法晏写记。③

这是灵图寺僧人法晏为患病施主写经祈福。

---

① 敦煌研究院主编《敦煌遗书总目索引新编》，中华书局，2000，第143页。
② 敦煌研究院主编《敦煌遗书总目索引新编》，第94页。
③ 《法国国家图书馆藏敦煌西域文献》第21册，第333页。

从这些抄经的内容可以看出，疑伪经大量出现。且这些抄经都带有明显的利乐目的，为研习所写经文已难觅踪迹。张氏归义军初期，法成讲经时，僧尼预习、抄写的《瑜伽师地论》此时再无所见。不难看出，曹氏归义军时期，虽然上层统治者支持佛教，带头崇佛，佛教的民间普及化程度很高，但寺院中却少了对佛理的精研和传授，少了学术气氛。代之而起的是祈福、禳灾、做功德等现实利乐行为。佛寺教育由此衰落。

因此，归义军时期经过了张氏归义军、西汉金山国和曹氏归义军三个阶段。由于政权上层对佛教僧团的态度不同，导致佛教僧团在政权中地位不同，相应的佛寺教育内容和特点也有所不同。通过敦煌遗书中有明确纪年和写经人的写本题记，可以了解归义军时期佛寺教育的教学内容。

二　归义军时期敦煌佛教寺院的内容及教材

（一）内典教育及教材

归义军时期，佛寺教育仍以内典教育为主。归义军初期，佛教经典教育与吐蕃统治时期相类。学习内容相对集中，主要为《瑜伽师地论》。教师聚众讲经，教学进度适中，从比丘听课笔记不难看出。戒律教育较之吐蕃统治时期亦有不同，《和菩萨戒》代替《四分律》，成为戒律教育主流。疑伪经增多，主要体现在种类和数量的增加上。佛教世俗化更进一步，适应俗讲的讲经文、变文、押座文占有一席之地。从归义军时期有明确纪年、佛寺名称或写经人的写本题记中，可对当时的佛教经典有所了解，见表 2-2。

表 2-2　归义军时期有明确纪年、佛寺写经人题记的佛经写本一览

写本类型	写本名称	写本卷号	写本题记时间	写本题记人物（寺名）	备注
佛教经典教育类	瑜伽师地论卷第三十	S. 3927	大中十一年（857）四月廿一日	比丘明照	大唐大中十一年六月廿三日，国大德三藏法师法成于甘州修多寺说毕

写本类型	写本名称	写本卷号	写本题记时间	写本题记人物（寺名）	备注
佛教经典教育类	瑜伽师地论卷第二十八	S.735	大中十一年（857）五月三日	明照	学了记
	瑜伽师地论卷第四十八	北菜字025（BD05825）	大中十二年（858）八月五日	比丘明照	随听写记
	瑜伽师地论卷第五十五、五十六	S.6483	大中十三年（859）（己卯）四月廿四日	比丘明照	随听写记
	瑜伽师地论卷第三十	S.5309	大唐大中十一年（857）岁次丁丑六月廿二日	比丘恒安	随听论本。国大德三藏法师沙门法成于沙州开元寺说毕记
	金光明经卷第七	P.2274	大中八年（854）五月十五日	比丘尼德照记，比丘道斌写	
	妙法莲华经卷第七观世音菩萨普门品第七	北龙字009（BD07009）	天福十四年（949，实为乾祐二年）九月二十六日	灵图寺僧戒昌	
	观世音经一卷	S.3054	时贞明三年（917）十一月廿八日	报恩寺僧海满，比丘僧□智（手写）	发心敬写此经一卷，奉为先亡考妣
戒律教育类	和菩萨戒文一本	S.1073va	乾符四年（877）四月	报恩寺	写记
	和菩萨戒文	P.3241	乾宁二年（895）乙卯岁六月廿三日	灵图寺比丘惠聚	念记
	受十戒文	S.1824	光启四年（888）戊申五月八日	三界寺比丘僧法信	于城东索使君佛堂写记

续表

写本 类型	写本名称	写本卷号	写本题记 时间	写本题记 人物（寺名）	备注
戒律教育类	和戒文一本、 散花乐	北制字005 （BD07805）	建隆三年 （962）岁次 癸亥（963） 五月四日	律师僧保德	自手题记。比丘 僧慈愿诵
	净土念佛诵经 观行仪卷下	P.2963	乾祐四年岁次 辛亥（951）	大圣先严寺 讲堂后弥勒院	写记
	四分律略颂	S.4160		三界寺比 丘道真	
	戒律	北光字036 （BD05336）	长兴五年 （934）甲 午岁十月 廿五日	净土寺沙弥	
疑伪经	救诸众生苦 难经一卷	S.1185	天福四年 （939）岁当 己亥正月四日	□僧愿惠	持念真言经□其灾难
	佛说父母 恩重经	S.1907	开运三年 （946）十二月 廿七日	报恩寺	
	佛说七阶 佛名经	S.1931	天福三年 （938）四月 廿二日	莲台寺僧 李保行	记之
	佛说佛名经 卷第十五	S.3691	大梁贞明六年 （920）岁次庚 辰五月十五日	无	
	佛说续命经	P.3115	天复元年 （901）五月 十六日	灵图寺律 师法晏	发愿
	佛说楞伽经	P.2204	天福六年辛 丑岁（941） 十二月 十九日	净土寺比 丘僧愿宗	

续表

写本类型	写本名称	写本卷号	写本题记时间	写本题记人物（寺名）	备注
疑伪经	佛说天请问经一卷	P.2374c	大周显德六年（959）四月八日	永兴禅院禅师惠光	发心敬写
经变文	维摩诘经讲经文	P.2292b	广政十年（947）八月九日	西川静真禅院	
	降魔变押座文	P.2187a	天福九年（944）甲辰祀黄钟之月	净土寺释门法律沙门愿荣	写
	频婆娑罗王后宫采女功德意供养塔生天因缘变	P.3051	大周广顺叁年癸丑岁（953）四月廿日	三界寺禅僧法保	自手写记
佛家杂文类	出家赞文	P.3824h	辛未年四月十二日	三界寺僧□长	
	礼忏文	北秦字027（BD05727）	长兴五年甲午岁（934）十月廿五日	净土寺沙弥	手写
	归依三宝文	S.4300	天福十四年（949，实为乾祐二年）四月廿日	金光明寺律师保员	记
	邑斋文	S.6417a	贞明六年（920）二月十七日	金光明寺僧	戒斋里白转念
	法体十二时一本	P.3113a	后唐清泰二年（岁）（935）三月一日	僧弟子索佑住	发心敬写
	散莲花乐	S.6417d	贞明六年（920）二月一日	金光明寺僧宝印	写梵题记
	释氏杂文稿、患文一卷	北宿字050（BD01150）	贞明六年（920）十二月十三日	龙兴寺僧晏惠	

续表

写本类型	写本名称	写本卷号	写本题记时间	写本题记人物（寺名）	备注
佛家杂文类	赞普满偈十首	P. 2603	开运二年（945）正月□日	相国寺主上座赐紫弘演正言，当讲佐街僧录圆鉴	
	五台山赞	S. 4429	戊辰年六月四日	莲台寺僧应祥□得智□智悟住持	
	十二时普劝四众依教修行	上博 048	同光二载三月廿三日	龙光（兴）寺	

综观表 2-2，从所写经文标题和内容看，归义军时期的佛寺内典教育相比于吐蕃统治时期，从初期到后期有明显的变化。主要表现在以下四个方面。

第一，归义军初期，佛寺内典教育延续了吐蕃统治时期的传统经典教育。以法成为代表的高僧持续讲经。归义军中后期，由于高僧大德的逝去，寺院聚众讲经逐渐减少，俗讲兴起。

归义军初期，佛经的抄本以《瑜伽师地论》为多。从各卷写本题记中可看出，此一时期《瑜伽师地论》为主要授课内容，授课教师为蕃僧法成。各个抄本恰是寺院比丘的听课笔记。蕃僧法成是张议潮在佛寺求学时的老师。吐蕃统治时期，他在甘州、沙州从事佛经翻译工作。大中三年（849），吐蕃统治者被赶走后，法成并未离开敦煌。但其佛教活动由以译经为主转化为以讲经、教学为主。有关法成的教学及学生们的学习情况，可从表 2-2 所列写本的题记中分析得知。如 S. 3927 题记：

> 大中十一年（857）四月廿一日，明照写。大唐大中十一年岁次丁酉（丁丑）六月廿三日，国大德三藏法师法成于甘州修多寺说毕。①

---

① 敦煌研究院主编《敦煌遗书总目索引新编》，第 119 页。

从题记中看，明照抄写此卷是在四月二十一日，而法成讲完此论是六月二十三日。即便此卷讲授需要数天的时间，但明照提前两个月就抄写此卷，说明明照是提前将此论先抄一遍，有预习之义，以便在法师讲经时就可以更好地理解经义。但此处的"甘州修多寺"令人生疑。若法成此时还在甘州，则沙州开元寺的明照如何会听其讲解经义呢？故而有必要对法成的活动轨迹一探究竟了。"国大德三藏法师沙门法成集"，说明其时正是吐蕃统治时期。题记记录"癸丑年八月下旬九日于沙州永康寺集毕记"，吐蕃统治时期的癸丑年是833年，此时法成尚在沙州。无独有偶，P.2404背面有《六门陀罗尼经论》和《六门陀罗尼经论广释》，题记中明确记载"癸丑年十月上旬八日，于沙州永康寺集译讫，故记之也"。《六门陀罗尼经》及《六门陀罗尼经论广释》是法成的译著。因此题记中的癸丑年进一步印证了前一条题记的时间。而且相隔两个月，法成连译三部著作，说明此时的他勤于翻译。S.5010《诸星母陀罗尼经》题记记载"壬戌年四月十六日于甘州修多寺翻译此经"，而S.1287同名经卷题记"沙门法成于甘州修多寺译"，说明壬戌年即842年，法成居住在甘州的修多寺从事译经工作，也说明他此时由沙州来到了甘州。直到归义军起义前夕的846年，法成还在修多寺。这可以在P.2073《萨婆多宗五事论》的题记中得到印证，"大蕃大德三藏法师沙门法成于甘州修多寺道场译"，而且尾题中标明了时间"丙寅年五月十五日于大蕃甘州张掖县译"。既然称大蕃大德三藏法师，此时应为吐蕃统治时期。此时的丙寅年即846年，法成依旧在甘州。之后的《瑜伽师地论》写本，就是从大中十一年（857）开始记录的，到大中十三年（859），从题记中得知此时法成再次回到沙州，并将重点放在教学上，主讲《瑜伽师地论》。和S.3927提及的《瑜伽师地论》第三十卷的讲授，在S.5309《瑜伽师地论》第三十卷的题记中可寻找到旁证：

> 比丘恒安随听论本，大唐大中十一年（857）岁次丁丑六月廿二日，国大德三藏法师沙门法成于沙州开元寺说毕记。①

---

① 敦煌研究院主编《敦煌遗书总目索引新编》，第163页。

这里明确记录法成是在沙州开元寺讲经的。因此 S. 3927 中"甘州修多寺"应为笔误。

再分析两个写本中的听讲内容和听讲时间，内容都是《瑜伽师地论》第三十卷。S. 3927 记录法成六月二十三日讲经完毕，S. 5309 则记听讲时间中为六月二十二日，听讲时间仅差一天。这应和记录人的习惯有关。讲论一卷不可能一天完成，需要持续几天时间。因此可断定明照和恒安都在开元寺听法成讲《瑜伽师地论》第三十卷，但恒安显然没有明照准备充分。恒安是"随听论本"，是为课堂笔记。

表中 S. 735《瑜伽师地论》第二十八卷，也是明照听讲的课堂笔记。其听讲所记时间为大中十一年（857）五月三日。从五月三日讲授完第二十八卷到六月二十三日讲授完第三十卷，三卷内容，持续时间应为两月余。由此推断，法成每卷讲授进度为二十天左右。这符合教育的进度和规律。说明当时佛寺教育进行得有条不紊。北菜字 025（BD05825）第四十八卷及 S. 6483 第五十五卷、五十六卷，都是明照的记录，时间为大中十二年（858）八月五日和大中十三年（859）四月二十四日，恰好印证了此教学进度。

法成之后，其弟子法镜在张氏归义军时期任僧政，曾讲《维摩经》。P. 2079《净名经关中释抄卷上》末题"壬辰年正月一日，河西管内都僧政京城进论朝天赐紫曹和尚就开元寺为城隍禳灾讲维摩经，当寺弟子僧智惠并随听写此批上。至二月二十二日写毕"。法镜的讲经与其老师法成讲经不同，不是纯粹的佛教学术讲论，其目的是为城隍禳灾。S. 5972《维摩经疏》题记"河西管内京城进论临坛供奉大德赐紫都僧政香号法镜手记。前后三会，说此经百法九遍，接踵学徒"，此则题记中法镜讲《维摩经疏》，只此一经疏，反复讲授，并授徒。不似其师法成，就《瑜伽师地论》进行持续、长期的讲授。另一位法成的学生法海也有过讲经活动，但是在写本中未找到详细记录。但可知他们的讲经从内容、规模和目的上都与法成不同，世俗的功利趋向逐渐显现出来。而在法镜、法海之后，关于佛寺讲经的记录再也不见，说明佛教的学术性讲学似乎自此终结。之后的讲经多指俗讲，面向民众，具有普世、娱乐的性质。亦可看作佛寺教育的另一种类型样式。

第二，关于戒律教育的经典数量较吐蕃时期减少。《菩萨戒》代替《四分律》更多地出现。《菩萨戒》亦为大乘戒，是大乘菩萨修行中受持的戒律。它内容简要，不仅适用于僧尼，亦适用于居士；没有独立律藏，内容散见于大乘佛经中。从其适用对象不难看出，归义军时期，随着佛教的世俗化加剧，戒律教育除了针对在寺僧尼，亦针对在家居士。

另外，对在寺僧尼的戒律教育亦有都僧统的严格监督和惩罚。随着佛教僧团中大德的离世，僧团中缺乏有号召力的领袖。僧团在归义军政权中的地位逐渐降低，僧团处于世俗政权的绝对领导下。尤其是张承奉执政时期，佛教不是其唯一的信仰。对于佛教徒的要求不因戒律的疏习而松懈，相反更加严苛。如张承奉在 S.1604《都僧统贤照帖》中指责佛教徒，并要求僧尼夜诵《佛名经》禳灾祈福，都僧统监督执行，有违反者则会受到惩罚。

第三，疑伪经较吐蕃统治时期更是大量地涌现，僧尼也加入了疑伪经的抄写和诵习行列，其主要目的即发愿祈福。

佛教的发展离不开佛经。大量的佛经在翻译的过程中，会被假以经义之外的内容。或为中国人所撰，非印度传入，此为疑伪经；或者卷帙浩繁的经典，在抄写的时候节略而成；或者选取其中的若干篇章，杂糅为一经者，是为抄经；或者有些在抄译经典时，从梵本中摘取一节翻译，并不贯通前后。因此抄经、抄译经、节删经都会出现割裂文句、断章取义的现象。如僧祐在《出三藏记集》中记载：

> 抄经者，盖撮举义要也。昔安世高抄出《修行》为《大道地经》，良以广译为难，故省文略说。及支谦出经，亦有《字抄》，此并约写胡本，非割断成经也。而后人弗思，肆意抄撮，或棋散众品，或瓜剖正文。既使圣言离本，复令学者逐末。竟陵文宣王慧见明深，亦不能免。若相竞不已，则岁代弥繁，芜黩法宝，不其惜欤。①

———————————

① （梁）释僧祐撰，苏晋仁、萧炼子点校《出三藏记集》，第217~218页。

以上抄经、抄译经、节删经均为疑伪经的来源，但至少是本于梵本佛经。魏晋至唐，历经"三武一宗"的灭佛事件，强迫僧尼还俗、焚毁佛经成为必要手段。法难劫后，便是复法。此时需搜求散佚佛经，恰是编造疑伪经的机会。加之魏晋以来，离乱局势超过安定盛世。唐虽盛极一时，但安史之乱复又重现兵燹战火。寺院戒纲废弛，信众皆有末法之感。因此也有部分伪经现世。而且在佛教本土化的过程中，为迎合儒家的思想，佛教徒会按照儒家的忠孝理念编造经典，以期佛教的传布和发展。故疑伪经不仅出现于敦煌一地，也并非归义军时期所独有。它出现于佛教传播、发展的过程中，由于不同的社会原因，且需适应佛教本土化的需求而出现。

敦煌的疑伪经有随着东西方文化交流传入敦煌，也有部分或许是在敦煌本地产生的，大多应为中土产生。尤其是曹氏归义军时期，中原历经政权的更迭，归义军政权俨然一个独立王国。加之甘州回鹘阻碍曹氏归义军政权和中原的交通往来，敦煌相对比较封闭。而归义军政权内，佛教在曹氏历任节度使的支持下，开窟造龛、抄写佛经、举办法会，呈现出一派欣欣向荣的景象。敦煌遗书中多个短小的疑伪经，反映出抄经人，即功德主的信仰和欲求。如表2-2中S.1907《佛说父母恩重经》是为了迎合儒家"孝"的思想而编，P.2204《佛说楞伽经》、S.3054《观世音经》、S.1185《救诸众生苦难经》等是为了一定时期流行的佛教信仰而编，P.3115《佛说续命经》是为了治疗疾病、禳灾祈福而编，S.1931《佛说七阶佛名经》、S.3691《佛说佛名经》都是为了礼忏而编。其中《佛说父母恩重经》，在敦煌遗书中有诸多写本。洞窟中壁画有以此为题材的，中土也有石刻本、印本等。之所以在经文中极力褒扬佛传中割肉奉亲、目连救母等孝亲的故事，是因为与民众传统思想文化相吻合，因此流传广泛。也正因如此，大量的疑伪经就成为归义军时期寺院教育的重要教材之一。

第四，佛教世俗化进程加速。各种俗讲占据了佛寺教育的主要阵地。俗讲时需要的押座文、讲经文、变文为佛寺僧尼抄写。押座文是俗讲的话本，通常在正式讲经之前以梵语唱诵，也称作"梵呗"；唱诵的意图是收慑听众心神，引起大家兴趣，接续聆听之后的讲经。如表 2-2 中 P.2187a《降魔变押座文》。讲经文亦为俗讲的话本，但是和押座文的内容及功用不同。讲经文一般分为散文和韵语两部分。讲经开讲后，先将即将讲述的经文唱出来，其次解释经文，最后是唱词，即把解释的经文要旨用歌赞的形式重复演唱一遍。实际上就是用说唱的形式讲述佛教或佛经中的故事，如表 2-2 中 P.2292b《维摩诘经讲经文》。变文包括讲经文，是来源于佛教的一种说唱文学。最初的内容只有佛经故事，后来范围扩大到历史故事、民间传说等。敦煌遗书中的变文种类繁多，如表 2-2 中 P.3051《频婆娑罗王后宫采女功德意供养塔生天因缘变》。

总之，归义军时期佛寺教育内容较吐蕃统治时期，更具世俗化。佛教虽然兴盛，但佛寺内典教育却相应衰落了。

（二）佛寺儒学教育及教材

归义军时期，官学虽然恢复，其他诸如家学、义学、坊巷学等也争相发展。佛寺的儒学教育因保持吐蕃时期雄厚的师资，故依然占有一席之地。且比吐蕃时期更加兴盛，从敦煌遗书中佛经以外带有明确纪年和佛寺写经人的题记中可一窥其貌。

据 S.2729《辰年（788）牌子历》记载，吐蕃统治敦煌初期，敦煌只有僧寺九所，尼寺四所。全部寺院僧尼总数为三百一十人。其中列出的僧寺有龙兴寺、大云寺、莲台寺、灵图寺、金光明寺、永安寺、开元寺、报恩寺、乾元寺，共计僧一百三十九人。尼寺有灵修寺、普光寺、大乘寺、潘原堡等，共计尼一百七十一人。[①] 到吐蕃统治末期，寺院增加到十七所，僧尼突破千人。李正宇在《敦煌地区古代祠庙寺观简志》中对其进行了考证，[②] 将十七所寺院罗列出来。从寺院名称的变动可看出，不仅是简单地增加了五所寺院，经过半个多世纪的发展，寺院或废或建或更名，这样便有了著名的"十七大寺"。表 2-3 中所列题记中提到的十一所寺院，有一所未具名，其余均有寺名；大多题记所具纪年都是在归义军时期。

---

① 唐耕耦、陆宏基编《敦煌社会经济文献真迹释录》第 4 辑，全国图书馆文献缩微复制中心，1990，第 194~204 页。

② 李正宇：《敦煌地区古代祠庙寺观简志》，《敦煌学辑刊》，1988 年第 1-2 期，第 70~85 页。

表 2-3 归义军时期有明确纪年、佛寺写经人题记非佛经写本一览

寺名	写本名称	写本卷号	写本题记时间	写本题记人物（寺名）	备注
净土寺	百行章一卷	北位字 068（BD08668）	庚辰年（920）正月十六	净土寺学使郎邓保住写记述也	
	百行章一卷	北位字 068（BD08668）	庚辰年（920）正月廿一日	净土寺学使郎王海润书写，邓保住、薛安俊扎用	
	百行章跋尾	P.2808	大梁贞明九年（923，实为龙德三年）癸未岁四月廿四日	净土寺学郎清河阴义进书记	后有"曹郎、阎郎、张郎、阴郎子、郎君曹（下缺）"等名
	大目乾连冥间救母变文并图一卷	S.2614	贞明七年（921）辛巳岁四月十六日	净土寺学郎薛安俊（写），张保达又（书）	
	十二时普劝四众依教修行	P.2054	同光二年甲申岁（924）蕤宾之月	学子薛安俊书写	
	秦妇吟	P.3910d	癸未年二月六日	净土寺（沙）弥赵员住	左手书
	毛诗卷第九	P.2570	寅年（858）	净土寺学生赵令全读为己（记）	
	杂抄一卷	P.3649	丁巳年（957）正月十八日	净土寺学仕贺安住	自手书写，诵读记过耳
	新妇文·书仪·酒赋·崔氏夫人要女文·杨满山咏孝经	P.2633	壬午年（922）正月九日	正月九日净土寺南院学仕郎□	
	渔父沧浪赋	P.2621v	长兴四年岁次癸巳（933）八月五日	敦煌郡净土寺学仕郎员义	
	孔子项托一卷	S.395	天福八年（943）癸卯岁十一月十一日	净土寺学郎张延保记	

寺名	写本名称	写本卷号	写本题记时间	写本题记人物（寺名）	备注
净土寺	新集书仪	S.3691v		净土寺学士郎汜安德笔记	
	燃灯文习字	P.2633v	壬午年正月九日	净土寺南院学仕郎□	
	戊辰年马羊驼历	P.2484	戊辰年（968）今（十）月十六日	净土寺学生汜永千到此院记	卷内行间夹题
金光明寺	李陵与苏武书一首	P.3692	壬午年（922）二月廿五日	金光明寺学郎索富通书记	
	秦妇吟一卷	P.3381	天复五年（905，实为天祐二年）乙丑岁十二月十五日	敦煌郡金光明寺学仕张龟□记	
	秦妇吟	S.692	贞明五年（919）己卯岁四月十一日	敦煌郡金光明寺学士郎安友盛写记	
	论语卷第六	S.3011	戊寅年（858）十一月六日	金光明寺学郎□□□□□，僧马永隆手写论语一卷之耳	
	论语集解卷第二	S.1586		沙门宝应（金光明寺学郎）	手札
	燕子赋一首	P.3757		金光明寺学士郎就载红、孔目汜员□	
	杂涂写	P.3466		金光明寺学郎显须等/金光明寺学郎索憨	
	王梵志诗集卷第三	P.2914	大汉天福三年（950，实为乾祐三年）庚戌岁闰四月九日七月廿九日	金光明寺僧金光（明）寺僧大力	自手建记写自手记
三界寺	孝经	S.707	同光三年（925）乙酉岁十一月八日	三界寺学仕郎，郎君曹元深写记	

寺名	写本名称	写本卷号	写本题记时间	写本题记人物（寺名）	备注
三界寺	杨满山咏孝经壹拾捌章五言	P. 3386	戊辰年（968）十月卅日	三界寺学士	
	杨满川（山）咏孝经一十八章五言	P. 3386b	大晋天福七年（942）壬寅岁七月廿二日	三界寺学士郎张富（盈）记	
	杨满山咏孝经一十八章	P. 3582	大晋天福七年（942）壬寅岁七月廿二日	三界寺学士郎张富（盈）记	
	李陵苏武书	S. 173	乙亥年（915）六月八日	三界寺学士郎张英俊书记之	
	杂抄一卷	P. 3393	辛巳年（921）十一月十一日	三界寺学士郎梁流庆书记	
	王梵志诗	S. 3393	己酉年（949）九月十五日	三界寺学郎董人形图	
	开蒙要训一卷	P. 3189		三界寺学士郎张彦宗写记	
灵图寺	孝经	S. 728	丙申年（936）五月四日	灵图寺沙弥德荣写，弟子梁子校	
	孝经	S. 728	庚子年（940）二月十五日	灵图寺学郎李再昌记、梁子校	
	社司转帖	P. 3211v	大唐乾（宁）二年（895）乙卯岁三月十六日	灵图寺学士郎书记之	
	千字文一卷	P. 3211v	乾宁三年丙辰（896）二月十九日	灵图寺学士郎泛贤信	
	和戒文	S. 5977	庚子年（940）六月九日	灵图寺学郎张富荣记	
	孝经白文	P. 3698v		灵图寺学郎	
	李陵与苏武书	S. 785		灵图寺学郎曹延叶记之	

寺名	写本名称	写本卷号	写本题记时间	写本题记人物（寺名）	备注
灵图寺	俗务要名林	P.2609v	丁亥年正月十六日	灵图寺学仕郎张盈润写记之	
	论语卷	P.2618	乾符三年（876）	灵图寺上座随军弟子索珍写记，学士张喜进念	
	诗集	P.3597	乾符四年（877）	灵图寺僧	第一首题"白侍郎蒲桃架诗"，余均无题及撰人
永安寺	孝经一卷	S.1386	天福七年（942）壬寅岁十二月十二日	永安寺学仕郎高清子书记了	
	太公家教一卷	S.1163	庚戌年（950）十二月十七日	永□寺学仕郎□顺进	自手书记
	燕子赋	S.214	癸未年（923）十二月廿一日甲申年（924）三月廿三日	永安寺学士郎杜友遂书记之	
	佛家赞文	P.2483	己卯年（979）四月廿七日	永安寺学仕郎僧丑延	自手记
莲台寺	太公家教一卷	P.3569	景福二年（893）二月十二日	莲台寺学士郎索威建	
	王梵志诗卷第三	P.3833a	丙申年（936）二月十九日	莲台寺王和通写记	
	李陵苏武往还书	P.2847	丁亥年二月三日	莲台寺比丘僧辩惠	
显德寺	千字文一卷	P.3170	□岁三月十九日	显德寺学士郎张成子书记	
	大目乾连变文一卷	北盈字076（BD00876）	太平兴国二年（977）岁在丁丑闰六月五日	显德寺学仕郎杨显受	发愿作福

续表

寺名	写本名称	写本卷号	写本题记时间	写本题记人物（寺名）	备注
龙兴寺	贰师泉赋、渔父赋歌共一卷	P.2712	贞明六年（920）庚辰岁次二月十九日	龙兴寺学郎张安八（人）写记	
	地藏菩萨经	Дx.00277v	己卯年（919）六月十六日	龙兴寺学侍郎鉴惠	
	游人题记巡礼人题记	莫高窟199窟南壁	丁丑年（917）四月三日	龙兴寺学使郎	
	燕子赋	苏联孟什可夫编《敦煌汉文写本解题目录》第1484号	……廿日	龙兴寺学节（郎）石庆通周家儿朱再子……子王变	
大云寺	新集吉凶书仪	P.3886	大周显德七年（960）岁次庚申七月一日	大云寺学郎邓清子写记	
	开蒙要训	S.5463	显德五年（958）十二月十五日	大云寺学士郎	
	王梵志诗集	S.778	壬戌年（962）十一月五日	大云寺学仕郎邓庆长	
乾明寺	表文二件	P.4065	乙亥年十一月十六日	乾明寺学士郎杨□	自手书记
	大汉三年季布骂阵词文一卷	S.1156vb	天福四年己亥岁（939）（下缺）四日	沙弥□度	

说明：此表题记据李正宇《敦煌学郎题记辑注》（《敦煌学辑刊》1987年第1期）、严耕望《唐人习业山林寺院之风尚》（《严耕望史学论文集》，上海古籍出版社，2009）所得。

表2-3中所列写本内容归结起来约分为四类：官学必修经典教育类、童蒙教育类、文学教育类和应用文范类。从这些写本内容，可以总结出归义军时期敦煌佛寺儒学教育的特点：不仅与官学教育相合，更具有明显的地域特色。

归义军时期，佛寺儒学教育紧跟官学教育的步伐，《论语》《孝经》《毛诗》都是唐代官学规定的经学内容，其中《论语》《孝经》为童蒙教材。一方面说明佛寺儒学教育注重童蒙教育，另一方面说明佛寺儒学教育和官学并行。再从《毛诗》的写本不难看出，作为中经之一的《诗》也是佛寺儒学教育中的教学内容。因此可以推断在佛寺学校学成的学生可以参加科举制下的选拔考试。但敦煌远离中原，归义军政权和中原王朝的政权一直处于一种微妙的关系。归义军政权想取得中原王朝的认可，以树立对周边政权绝对正宗的形象；而中原王朝因其偏居西北，治内军政、经济独立，对其态度显得比较暧昧，只赋予节度使称号。因此，敦煌遵循科举考试制度而步入仕途的学郎数量非常少。不仅佛寺学郎如此，官学学生亦如此。之后在佛寺的学生一节中专章论述。

敦煌佛寺的儒学教育还带有明显的地域特色，表现在以下三个方面。

第一，佛寺儒学教育的目的是文化普及。在表 2-3 中所列的写本中，童蒙教材占据近一半。除了唐代规定的《论语》《孝经》之外，还有《千字文》《开蒙要训》《百行章》《太公家教》等。这些教材虽不是官学所列，但也是流行于中原的各种蒙学教材。此外还有教辅类教材《杨满山（川）咏孝经十八章》等。从这些童蒙教材在佛寺儒学教育教材的占比看，佛寺儒学教育的主要目标是文化普及。

第二，佛寺儒学教育契合敦煌民众的精神需求。除了蒙学教材，占比大的还有文学类教材。它们或是诗赋，或为书，或称词文，或为变文，在前贤研究中，均属于讲唱文学的范畴。其中有故事赋，如《燕子赋》《渔父沧浪赋》《贰师泉赋》。这类赋取材于民间故事、传说；采用口语；句式以四、六言为主，杂以部分散说；隔句押韵。可以作为对众演唱的脚本。词文如《大汉三年季布骂阵词文》，题材或来源于历史故事，或来源于民间传说，其人物形象为民众所熟知。以纯韵文唱词构成，没有说白，间以散说；唱词以七字句为主，间或以六言句作变化。这些诗赋、词文在唐末五代宋初的敦煌很流行，不仅佛寺学郎中有习抄，在官学和其他私学中传抄的学生也不乏其人。进一步说明了当时佛寺儒学教育和官学不相伯仲。

第三，佛寺儒学教育受到佛教思想的影响。在上述的讲唱文学作品中，还有一种是变文，如《大目乾连冥间救母变文》。变文讲究"说中有唱，唱中有说"，其题材来源于民间历史故事、民间传说故事和宗教故事。不仅宣扬孝道思想，还宣传佛教因果报应和六道轮回的思想，是佛教本土化的产物。这一类写卷还有讲经文、押座文等，都是佛教寺院在俗讲时所用的话本。前述归义军时期佛寺的内典教育中，在僧尼的习抄之作里不难找到此类作品。但是值得注意的是，表2-3中《大目乾连冥间救母变文》的写本有两卷。一则是P.2614，题记中写明"净土寺学郎薛安俊（写），张保达又（书）"，显然是学生的习抄作业。但是另一则北盈字076（BD00876）《大目乾连变文一卷》，题记记载"显德寺学仕郎杨显受发愿作福"，很显然，此卷抄写的功用为"发愿作福"，并不是教学需要。这和当时敦煌社会佛教功利化的环境分不开。在表2-4非佛寺学郎和其他类别人员带有题记的写经中可看到，大多数抄经和抄写变文的行为，目的都在于"发愿祈福"。此外，在佛寺学郎的习抄中还可见明显和佛教有关的内容。如P.2054《十二时普劝四众依教修行》、S.5977《和戒文》、P.2483《佛家赞文》。《十二时普劝四众依教修行》，从题目看，是劝人信佛并修行。通过描述人世无常、苦海无边的场景，指出信佛是脱离苦海的出路。宣扬的对象是"四众"，即比丘、比丘尼、优婆塞、优婆夷，也就是信佛的所有人。道理通俗，浅显易懂。但其中宣扬的却是多种宗教教派的佛教理念。如"若非净土礼弥陀，定向天宫礼慈氏"的净土信仰，"三皇五帝总成空""一朝缘散气归空"表现出的三论宗思想，还有提及的《莲华经》，是天台宗的经典。这表明归义军时期，在世俗化佛教盛行的情势下，佛教宗派的界限在民众中的传播已经淡化。只要修行方式足够简单，即便没有佛学基础的四众也能修习。此写本在敦煌遗书中共有六件。其归义军中的佛寺就有两件。且P.2054题记中的是净土寺学郎薛安俊。P.2483《佛家赞文》题记中"永安寺学仕郎僧丑延"就更能表现出佛寺儒学教育的双重性。即归义军时期的佛寺儒学教育的学生既有俗家子弟，又有在寺僧人。

　　接下来，通过表2-4和表2-5所列具有明确纪年和非佛寺人物的写本，可以印证佛寺教育与当时官学及其他私学教学内容的一致性。说明归义军时期，无论是内典教育，还是儒学教育，作为一方教育机构，佛寺教育均发挥了不逊于官学的作用，为敦煌当地的文化普及和民众生活做出了贡献。

表 2-4　归义军时期带有非佛寺人员题记佛经写本一览

写本类型	写本名称	写本卷号	写本题记时间	写本题记人物（寺名）	备注
入门类	小乘三科	P.2841	太平兴国二年（977）丁丑岁二月廿九日	白仕郎门下学士郎押衙董延长	
戒律类	四分戒一卷	P.3135	乙卯年四月十五日	弟子索清儿	
传统经典	金刚般若波罗蜜经	S.5444	天祐二年（905）岁次乙丑四月廿三日	八十二老人	手写，流传信士，西川过家真印本
		S.5451	天祐三年（906）丙寅二月二日	八十三老人	手自刺血写之，西川过家真印本
		S.5534	天复五年（905，实为天祐二年）岁次乙丑三月一日	八十二老人	
		S.5669	天祐三年（906）丙寅二月三日	八十三老人	□左三中指出血以香墨写此金经，西川过家真印本
		S.5965	天复二年（902）十二月廿日	八十二老人	手写
		P.4515	天福十五年（950，实为乾祐三年）五月十五日	弟子归义军节度使特进检校太博兼御史大夫谯郡开国侯曹元忠	印本，雕版押衙雷延美
	金刚波罗蜜多经注	P.2216	清泰二年乙未岁（935）六月五日	学生阎弘润	记
	金刚经功德一卷	P.2094a	唐天复八载（908，实为开平二年）岁在戊辰四月九日	布衣翟奉达	

续表

写本 类型	写本名称	写本卷号	写本题记时间	写本题记人物 （寺名）	备注
传统经典	妙法莲华经	北菜字019v （BD05819）	己巳年三月 十六日	悬泉学士郎武保 会判官武保瑞	自手书
	维摩诘经	北羽字040 （BD06840）	天复二年（902）	写生索奇	
	金光明最胜 王经卷第一	S.1177	大唐光化三年 （900）庚申岁 二月九日	无	
	思益经卷第三	S.6734	雍熙三年（986） 丙戌十一月 廿三日	施主弟子尹松志	
	观世音经	S.4397	广明元年（880） 四月十六日	天平军凉州第 五般防戍深蕃	发愿写此经
		北冈字084 （BD04584）	辛丑年七月 廿八日	学生童子唐文英	为妹久患 写毕功记
		北秋字030 （BD01830）	咸通十二年 （871） 六月廿九日	沙州清信弟 子田进晟	
	诸星母陀 罗尼经	P.4587	大中十一年 （857） 五月廿六日	阳英德	
疑伪经	佛说佛名经 卷第四	S.4240	大梁贞明六年 （920）岁次庚辰 五月十五日		曹元德礼已
	佛说七阶礼 佛名经	北冬字024 （BD02024）	大宋乾德三年 （965）十月九日	米法达	
	佛说贤劫千佛 名经卷上	S.4601	雍熙二年（985） 乙酉岁十一月 廿八日	押衙康文兴、清信 弟子辛婆表（？）	
	佛说佛名经 卷第三	北羽字024 （BD06824）	大梁贞明六年 （920）岁次庚辰 五月十五日		

写本类型	写本名称	写本卷号	写本题记时间	写本题记人物（寺名）	备注
疑伪经	佛说多心经一卷	P.3045	天福五年庚子岁（940）十月十六日	弟子吴幸通	
	佛说父母恩重经一卷	S.4476	乾符二年（875）五月□日		
	佛说八阳神咒经	S.6667	天福七年（942）岁在壬寅五月二十八日	令狐富昌	
		P.2098	同光四年（926，实为天成元年）丙戌之岁四月四日	弟子画（书?）宝员	

从归义军时期带有非佛寺人员题记的佛经写本看，写经人员身份多样化，有清信弟子、官学学生、私学学生、归义军政府人员和普通民众等。可见佛教在敦煌信众较多，世俗化程度较高。

具体看写经人员身份：清信弟子诸如 S.4601、P.3135、北秋字 030（BD01830）；官学或私学的学生，诸如北冈字 084（BD04584）题记中有"学生童子唐文英"、P.2216 题记中有"学生阎弘润"、北菜字 019v（BD05819）题记中有"悬泉学士郎武保会判官武保瑞"、P.2841 题记中有"白仕郎门下学士郎押衙董延长"。前两个写本题记中只写"学生"，不知其所属学校，但已表明身份为学生；后两个写本题记中的学生，前者是"悬泉学士郎"，应是悬泉乡的乡学学生，且学成后在府衙任职，为"武保会判官"，后者"白仕郎门下学士郎"，应是白氏家学学生，并也在官府任职"押衙"。有专职写经生，如北羽字 040（BD06840）题记中"写生索奇"；有归义军中地位较高的人物，如 P.4515 题记中"弟子归义军节度使特进检校太博兼御史大夫谯郡开国侯曹元忠"。曹元忠是曹氏归义军时期第四任节度使。值得注意的是，此题记标明"印本"，不同于其他写本，此为雕版刻印的经卷。再如 P.2094a 题记中"布衣翟奉达"，翟奉达在曹

氏归义军时期曾任"州学博士",是当时的历法专家;有驻军兵士,如
S. 4397 题记中"天平军凉州第五般防戍深蕃";余者皆为敦煌的普通民众,
只有名字,不具身份。甚至 S. 5444、S. 5451、S. 5534、S. 5669、S. 5965 五
个《金刚般若波罗蜜经》写本的题记中均署名为"八十二"岁或"八十
三"岁老人,且注明其抄写范本为西川过家真印本。从题记中人员的构成
看,归义军时期,敦煌上起节度使,下至普通百姓,包括耄耋之人,均信
奉佛教,抄写或印行佛经,甚至耄耋老人以手自刺血写经,表明其信仰之
坚定。不论身份如何,其目的几乎是一致的,那就是为实现愿望而抄经。
有的为父母发愿,有的为亡故之女发愿,有的为妹妹疾病早日痊愈发愿,
归结起来就是为家人发愿。这与吐蕃统治时期人们写经的目的有所不同。
彼时人们发愿,除了为家人祈福发愿,还为众生祈福。如蕃占时期的
S. 1864《维摩诘所说经》题记:

> 岁次甲戌年(794)九月卅日沙州行人部落百姓张玄逸,奉为过
> 往父母,及七世先亡当家夫妻男女亲眷,及法界众生,敬写小字维摩
> 经一部,普愿往西方净土,一时成佛。①

再如 S. 1963《金光明经》题记:

> 清信女佛弟子卢二娘,奉为七代仙(先)亡,见存眷属,为身陷
> 在异番,敬写金光明经一卷。惟愿两国通和,兵甲休息,应没落之
> 流,速达乡井,□卢二娘同沾此福。②

此条题记虽没有纪年,但从"身陷在异番"可知,抄经人身处吐蕃统治时
期。两条题记不仅为家人祈福,还为广大民众,甚至为唐蕃两国的关系祈
福。可见当时百姓对于和平生活的向往。

从写经内容看,关于戒律的经文较少,只有 P. 3135《四分戒》一卷;

---

① 敦煌研究院编《敦煌遗书总目索引新编》,第 56 页。
② 敦煌研究院编《敦煌遗书总目索引新编》,第 59 页。

疑伪经数量较多，表2-4中写本二十六件，疑伪经有八件。这和归义军时期佛寺僧人抄经的趋势相合。由此不难看出此时敦煌社会对佛教信仰的主流思想。

那么，归义军时期带有非佛寺人员题记非佛经写本和归义军时期带有佛寺人员题记非佛经写本又有哪些异同呢？从表2-5中可有一观。

表2-5　归义军时期带有非佛寺人员题记非佛经写本一览

写本类型	写本名称	卷号	写本题记时间	写本题记人名	备注
儒家经典	论语集解卷第一	P.2604	大中七年（853）正月十八日	伯明	书记
	论语卷第一	P.2618	乾符三年（876）	学士张喜进念，沙州灵图寺上座随军弟子索珍写记	
	论语卷并序第一	P.2681	大唐乾符三年（876）三月廿四日	沙州敦煌县归义军学士张喜进	记之
	论语卷第二	P.3972	壬寅年岁次十一月廿九日	学事高奴子	写记
	论语卷第七	P.2716	大中九年（855）三月廿二日	学生令狐再晟	写记，咸通五年（864）四月十二童子令狐文进书□。
	论语卷第六	P.3402	二月十三日	教书郎云麾将军金紫光禄大夫殿中监张嘉望	
	论语卷第六	P.3441	大中七年（853）十一月廿六日	学生判官高英建	写记
	论语卷第八	P.3745	咸通三年（862）二十五日	学生张文□	
	孝经白文一卷	P.3369a	乾符三年（876）十月二十一日	学士索什德	

写本类型	写本名称	卷号	写本题记时间	写本题记人名	备注
童蒙教育类	字宝碎金一卷	P.3906b	天福七年（942）壬寅岁四月二十日	技术院学郎知慈惠乡书手吕均	
	千字文习写	北丽字083v（BD04083）	唐中和五年（885）	沙州敦煌郡义君学士考顺	
	开蒙要训一卷	P.2578	天成四年（929）九（月）十八日	敦煌郡学仕郎张□□□	
		P.3054	大唐天福三（四）年岁次己亥（939）九月五日	张富郎	
	太公家教一卷	P.4588	壬申年十月十四	学士郎张盈信	记
		P.2825	大中四年（850）庚午正月十五日	学生宋文显读，安文德写	
		P.3764	天复九年（909，实为开平三年）己巳岁十一月八日	学士郎张厶乙	后有武王问
	新集严父教一本	S.4307	雍熙三年（986）岁次丙戌七月六日	安参谋学侍（士）郎□□兴	丁亥年（雍熙四年，987）三月九日定难坊巷学郎李□□自手书记之耳。
应用文范类	新集书仪一卷	P.3691	天福五年庚子岁（940）二月十六日	学士郎吴儒贤	诗记写耳读诵记
		P.3716va	天成五年庚寅岁（930）五月十五日	敦煌伎术院礼生张儒通	
	新集吉凶书仪上下两卷并序	P.2646	天复八年（908，实为开平二年）岁次戊辰二月廿日	学郎赵怀通	写记
文学类	捉季布传文一卷	S.5441a	太平兴国三年（978）戊寅岁四月十日	孔目学士郎阴奴儿	自书手写

续表

写本类型	写本名称	卷号	写本题记时间	写本题记人名	备注
文学类	汉八年楚灭汉兴王陵变文一铺	P.3627a	天福四年（939）八月十六日	孔目官阎物成	
	燕子赋一卷	P.3666	咸通八年□月	家学生□□	
	李陵苏武往还书	P.2498	天成三年（928）戊子岁正月七日	学郎李幸思	书记
	秦妇吟一卷	P.3780	显德二年（955）二月十七日	就家学士郎马富德	书记
	王梵志诗集一卷	P.4094a	大汉乾祐二年（949）岁当己酉	节度押衙樊文升	
	茶酒论一卷并序	P.2718b	开宝三年（五?）壬申岁（972）正月十四日	知术院弟子阎海真	自手书记
	敦煌廿咏	P.3870	咸通十二年（871）十一月廿日	学生刘文瑞	写记
	乐入山等	P.2658v	乾宁□年（898，实为光化元年）岁次戊午七月八日	学士郎宋□□	写记
卜筮类	阴阳书残卷	P.2675va	咸通二年（861）岁次辛巳十二月廿五	衙前通行并通事舍人范子盈，阴阳泛景询	写记
	占十二时来法	P.2859d	天复四载（904）岁在甲子夹钟润三月十二日	州学阴阳子弟吕弁均	有朱笔、墨笔两行
	残卜筮书	P.3322	庚辰年正月十七日	学生张大庆	书记
	十二时	P.3604	大宋乾德八年（970，实为开宝三年）岁次庚午正月廿六日	敦煌郡书手兼随身判官李福延	为愿

　　归义军时期带有非佛寺人员题记非佛经写本中的内容，和前述带有佛寺人员题记非佛经写本相较，具有以下特点。

　　第一，内容基本相同。有官学规定的蒙学教材《论语》、《孝经》以及《孝经白文》，有流行于中原和敦煌的蒙学教材《开蒙要训》《太公家教》，有文学讲唱作品《燕子赋》《王梵志诗集》《李陵苏武往还书》《秦妇吟》《捉季布传文》等，有变文《汉八年楚灭汉兴王陵变文》，有应用文教材《新集吉凶书仪》等。

　　第二，类别有增加有拓展。在蒙书教材中，非佛教人员的写本中多了家训类蒙书《新集严父教》（S.4307），是教授家中子弟日常行为规范的蒙书；文学作品类教材中多了《茶酒论》（P.2718b）以及歌咏敦煌本地名胜的《敦煌廿咏》（P.3870）；增加了工具书类的《字宝碎金》（P.3906b）；《书仪》中除了敦煌人张敖所撰《新集吉凶书仪》外，还有撰写于其后的《新集书仪》（P.3691、P.3716va）。据赵和平先生考证，《新集书仪》以张敖版《新集吉凶书仪》为蓝本，加进符合五代时使用的文字而成；① 还有卜筮类写本，如 P.2675va《阴阳书残卷》、P.3322《残卜筮书》，P.2859d《占十二时来法》。

　　第三，题记中写本抄录人的身份来源各异，包括官私各种类别的学校。其中明确来自官学校的，如郡学校的有 P.2578《开蒙要训》，署名为"敦煌郡学仕郎张□□□"；县学校的有 P.2681《论语卷并序第一》，题记署名为"沙州敦煌县归义军学士张喜进"；其余未明确郡学或县学的，直接自称学仕（士）郎、学郎、学士或学生。如 P.4588《太公家教》一卷，题记署名"学士郎张盈信"；P.3764《太公家教》一卷，题记署名"学士郎张厶乙"；P.3691《新集书仪》一卷，题记署名"学士郎吴儒贤"；P.2658v《乐入山等》，题记署名"学士郎宋□□"；P.2646《新集吉凶书仪上下两卷并序》，题记署名"学郎赵怀通"；P.2498《李陵苏武往还书》，题记署名"学郎李幸思"；P.3369a《孝经白文》一卷，题记署名"学士索什德"；P.2825《太公家教》一卷，题记署名"学生宋文显读，安文德写"；P.2716《论语卷第七》，题记署名"学生令狐再晟"；P.3745《论语卷第八》，题记署名"学

---

　　① 赵和平：《晚唐五代时的三种吉凶书仪写卷研究》，《文献》1993 年第 2 期，第 95 页。

生张文□"；P.3870《敦煌廿咏》，题记署名"学生刘文瑞"；P.3322《残卜筮书》，题记署名"学生张大庆"。总体上看，官学学生数量相对多一些。

此外，还有私学校的学生。如 S.4307《新集严父教》一本题记载："雍熙三年（986）岁次丙戌七月六日，安参谋学侍（士）郎□□兴写严父教记之耳。丁亥年（雍熙四年，987）三月九日定难坊巷学郎李□□自手书记之耳。"① 这里出现的安参谋学，应为家学。定难坊巷学，是为坊巷学。S.5441a《捉季布传文》一卷题记署名"孔目学士郎阴奴儿"，P.3627a《汉八年楚灭汉兴王陵变文一铺》题记署名"孔目官阎物成"，这两个写本中出现的应为孔目家学。P.3666《燕子赋》一卷题记署名"家学生□□"，只言明为家学。P.3780《秦妇吟》一卷题记署名"就家学士郎马富德"，是就家学。北丽字 083v（BD04083）《千字文习写》题记署名"沙州敦煌郡义君学士考顺"，是沙州义。由此可知，敦煌在归义军时期家学亦很兴盛，仅文献可考的敦煌一地就有八所。分别是：郎义君学［北丽 083v，时代为中和五年（885）前后］、李家学［P.2825v，大约是大顺元年（890）前后］、张球学［S.5448，约为晚唐昭宗、哀宗（889~907）前后］、就家学［P.3780，约为显德四年（957）前后］、白侍郎学［P.2566、P.2841，约为开宝九年（976）至太平兴国二年（977）前后］、范孔目学［S.5541，约为太平兴国三年（978）前后］、孔目官学（散1566，约为太平兴国三年前后）、安参谋学［S.4307，约为雍熙三年（986）前后］。②

金山国时期（890~914），张承奉在官学体系中设置伎术院，在这些写本中亦有体现。如 P.3716va《新集书仪》一卷题记署名"敦煌伎术院礼生张儒通"；P.2859d《占十二时来法》题记署名"州学阴阳子弟吕弁均"。

敦煌一地，归义军时期虽恢复了唐代的官学体系，仍设有郡学、县学，但是各种私学也是教育不可忽视的力量。各种学校的教学内容保持了极大的相似。佛寺儒学教育亦如此。

---

① 敦煌研究院编《敦煌遗书总目索引新编》，第 133 页。
② 李正宇：《唐宋时代的敦煌学校》，《敦煌研究》1986 年第 1 期，第 44~45 页。

（三）佛寺的俗讲与俗讲文学

俗讲名称最早见称于唐初。它的起源与六朝以来的转读、梵呗与唱导很有关系。唱导与前两者也有关系。转读声音洪亮，实为一种美读。而梵呗更是歌咏见长，随之而兴的唱导便有集两者之长处。唱导原为说唱教导之意，相对讲解经论义理而言，是一种杂说因缘譬喻，使大众更易理解接受佛教教义的通俗讲演方式。慧皎所谓"唱导者，盖以宣唱法理，开导众心也"，其法甚为灵活简便。"如为出家五众，则须切语无常，若陈忏悔。若为君王长者，则须兼引俗典，绮综成辞。若为悠悠凡庶，则须指事造形，直谈闻见。若为山民野处，则须近局言辞，陈斥罪目。凡此变态，与事而兴。"① 所以说，唱导也是佛教讲导方式的变种。

从俗讲体例上看，其与印度佛典文体的韵、散结合也有内在联系。由于译经在中国的演变，是从意译向直译的进化，所以这种文体兴于唐代则是十分自然的。且俗讲的话本最初仅限于佛典，以传讲佛经故事为多。佛教俗讲的话本主要有两种形式：一是讲经文，敷衍经文，如《佛说阿弥陀经讲经文》《妙法莲华经讲经文》等；二是押座文，即以七言或八言韵文为主的引子、楔子之类的短品，如《维摩经讲唱押座文》《八相押座文》等。两者的关系，以讲经文为正宗，押座文为引子。押即通压，又有隐括之意。作用是开讲前使听众专心一意，概括全经，引起下文。这是唐代佛教俗讲独具的特色。

中唐时期，俗讲已始流行。长安诸寺常常有奉敕开演俗讲。圆仁《入唐求法巡礼记》记载："（开成六年正月）九日五更时，拜南郊了。早朝归城，幸在丹凤楼。改年号，改开成六年为会昌元年（841）。又敕于左、右街七寺开俗讲。左街四处；以资圣寺，令云花寺赐紫大德海岸法师讲《花（华）严经》；保寿寺，令左街僧录、三教讲论、赐紫、引驾大德体虚法师讲《法花（华）经》；菩提寺，令招福寺内供奉、三教讲论大德齐高法师讲《涅槃经》；景公寺令光影法师讲。右街三处；会昌寺令内供奉、三教讲论、赐紫、引驾起居大德文溆法师讲《法花（华）经》。城中俗讲，此法师为第一。惠日寺、崇福寺讲法师未得其名。……从大和九年以来废

① （梁）释慧皎撰，汤用彤校注《高僧传》卷13《唱导》，第521页。

讲，今上新开。正月十五日起首至二月十五日罢。"① 可见俗讲在长安已然很盛行。上层统治者很感兴趣，故敕令开设俗讲。从记载看，当时善于俗讲之第一人是法师文溆，被敕赐紫引驾大德。讲经的内容为时下流行的《法华经》、《华严经》和《涅槃经》。昔日只对寺中僧人讲论的佛典，敕令俗讲，且时间持续月余。之所以如此，是因为俗讲浅显易懂，市井百姓也乐闻其说，对其宣扬的佛理易于接受，对民众的教化效果显著。

敦煌的俗讲不逊于长安。敦煌在吐蕃时期就有唱导的僧人。如 P.4660《敦煌唱导法将宋志贞律伯彩真赞》记载："特达资身，香声独跨。一郡轨仪，四方钦雅。离繁去俗，并伏人我。开畅玄宗，七众归化。匡救大纲，一时务霸。"② 此碑铭主人公被称为"法将"，是敦煌释门杂文中（尤其是吐蕃时期）的称呼。其间对其唱导之神妙用"香声独跨"来形容，而唱导的功效则是"离繁去俗""七众归化"。说明唱导深入民众之心，教化功能俨然。P.3849v 记录"夫为俗讲：先作梵了，次念菩萨两声了；说押座了；素旧《温室经》法师唱释经题了；念佛一声了；便说开经了"③。整个过程大致有作梵、礼佛、唱释经题、说经本文、回向、发愿等仪式。与一般讲经仪式相似，只是多押座一式。与俗讲仪式相同的是，也有法师、都讲。法师主讲，都讲唱释经题。但法师、都讲的职责与一般讲经有所区别。俗讲中都讲不再有问难之责（座下也不问难），主要是以唱经即咏经为主，实为读师之类，是依俗讲的形式改变的。归纳起来，俗讲与一般讲学仪式的相异之处主要有三点：一是不设问难；二是说唱相辅，通俗易懂；三是经文多选佛经故事。这使俗讲比较容易为普通老百姓所接受，而成为一种在当时行之有效的教育形式，使佛寺教育更趋世俗化。

敦煌写本中不乏为俗讲运用的各种文学作品。这类作品接近口语，通俗地将佛经或佛经故事展现于世人面前，可以用来讲唱。归义军时期，佛教寺院中所见写本主要分为以下四类。

第一类，作为俗讲底本的讲经文、俗讲仪式中使用的发愿文、回向文

---

① 〔日〕圆仁撰，顾承甫、何泉达点校《入唐求法巡礼行记》卷 3，上海古籍出版社，1986，第 147 页。

② 郑炳林、郑怡楠辑释《敦煌碑铭赞辑释》增订本，第 502 页。

③ 《法国国家图书馆藏敦煌西域文献》第 28 册，上海古籍出版社，2004，第 372 页。

等。如 P. 2292《维摩诘经讲经文》、S. 6551《佛说阿弥陀经讲经文》、P. 2305《妙法莲华经讲经文》、P. 3808《长兴四年中兴殿应圣节讲经文》、P. 2133v《金刚般若波罗蜜经讲经文》、P. 2418《父母恩重经讲经文》等。

第二类，说因缘者。能宣传佛教教义，教化民众。如《目连缘起》《丑女缘起》《频婆娑罗王后宫采女功德意供养塔生天因缘变》，这些缘起起初不引佛经，而演绎故事，散韵相间，说唱并行，将佛经里的故事通过说唱传达给世人。之后，便有人将历史人物的事迹编入缘起，演绎传奇，教化众人。如 P. 3727《慧远因缘记》、P. 2680《刘萨河和尚因缘记》和《佛图澄和尚因缘记》。

第三类，押座文。这是在因缘或俗讲仪式中因有"说押座"一项而保留下来的写本。S. 2440 集押座文之众，有《八相押座文》《维摩经押座文》《温室经讲唱押座文》等。变文和因缘的开篇也有押座文，如《破魔变文》开篇即为《降魔变神押座文》。押座文是配合因缘、俗讲、变文而产生的。主要是开讲之前的唱说，以梵呗引摄。有镇定听众、引起下文的功效，相当于开场。

第四类，变文。这是由俗讲演化而来的成果。它起初源于佛教故事，如 P. 4988《大目乾连冥间救母变文》、P. 2187《破魔变文》、P. 3051《频婆娑罗王后宫彩女功德意供养塔生天因缘变》。还有一些取自历史题材的变文，如《汉将王陵变》《舜子变》《伍子胥变文》《李陵变文》《王昭君变文》等；另有一类属于敦煌特有的，反映河西历史的，如《张议潮变文》《张淮深变文》等。这些变文基本是曹氏归义军时期敦煌佛寺学郎的抄本。可见变文是当时佛寺学习的一项重要内容。

因此，从唐后期自长安兴起俗讲开始，敦煌自然也受其影响。俗讲在佛寺教育中占据了重要的位置。这是佛教世俗化的表现。

第三章　唐五代敦煌佛寺教育的
基本要素

随着各宗派在唐代的形成，佛教亦达到鼎盛。寺院教育在教学主客体、教学方式等教育的基本要素上都表现出与前代不同的特点。

第一节　教学主客体——教师、学生

教育主体一般指教育者，即教育实践活动的组织者和实施者；教育客体和主体相对，一般指教育对象，即受教育者。佛教寺院教育的主客体与官学教育多有不同，而更具多样性。

一　佛寺的教师

佛教寺院的教育主要是针对出家僧伽。日常教育包括念佛、禅修、义理研究和讽诵佛经。依佛律规定，僧人从出家到正式成为比丘，要经过剃度、受沙弥戒、受比丘戒的过程。此过程中的教育无疑要有教师参与执行。

（一）佛寺教师及其分工

北魏孝文帝时，出家人另设僧籍，由国家管理。唐代对僧人的管理更加严格。欲为僧者皆须经官方考核，考核合格后方允准出家为僧。此种管理既可避免民间私度僧人，造成民户流失、与国争利的后果；又可提高僧人素质，促进佛教有序发展。

获得度僧资格后，依佛律规定，僧人从出家到正式成为比丘，要经过剃度、受沙弥戒、受比丘戒的过程。此过程包括三和尚、五阇梨。三和尚指出家剃度和尚、授沙弥戒和尚、授比丘戒和尚，五阇梨指出家阇梨（受戒时之授十戒师，又称十戒阿阇梨）、受戒阇梨（受具足戒时之羯磨师，又称羯磨阿阇梨）、教授阇梨（受具足戒时之授威仪师，又称威仪阿阇梨）、受经阇梨（教授经典读法、意义之师）、依止阇梨（与比丘共居，指导比丘起居之师，又称依止阿阇梨）。以上诸师，虽为佛律规定，但除了依止阇梨是长期的老师，其余的均为一席之师。① 故北宋释道诚编撰的《释氏要览》载："师有二种。一、亲教师，即依之出家，授经剃发之者。毗奈耶亦云亲教；二、依止师，即是依之禀受三藏学者。"② 这里的亲教师即佛教律藏中所谓的剃度师和传戒师，汉译为和尚，即前述三和尚与五阇梨中的出家阇梨和受戒阇梨。依止师即为授业讲经之师，即前述教授阇梨、受经阇梨和依止阇梨。在汉魏两晋时，依律，二师应在出家之时就该齐备。二师对学生的教育分工不同：亲教师剃发并教授佛经教义；依止师是为其生活起居之师，教授寺院中生活、学习行为举止规范。

唐代佛教徒必须经过官方许可才可剃度出家。因此，进入寺院的沙弥、沙弥尼在受具足戒前，由师主督导，修习戒律和佛学的基本概念；并与比丘、比丘尼一起诵习经、律、论；二十岁后，在方等道场依规修习，接受评比合格，并受具足戒，才能成为正式僧人。在寺僧人，每日有早晚课，在课诵过程中记忆佛典内容。此外，寺院中还会举行讲经活动，由法师讲经，学习佛法。

（二）佛寺教师的来源

佛寺教师首先须是佛寺僧人，其次看年龄与智慧。允准出家后，要师从特定的师长，如入寺时指定的亲教师和依止师。被指定的教师或为受腊年资长的僧人，或为有智慧的修行者。在教团内部，年长者和有智慧的修行者都会受到尊重。尤其是对修行僧的评价标准，基于修养的层次而非年龄。

佛寺教师的来源较复杂。有来自世家大族的，如圭峰草堂寺宗密，"释宗密，姓何氏，果州西充人也。家本豪盛，少通儒书"③，再如扬州华

---

① 济群：《佛教的师资问题》，《法音》1994年第8期，第13页。
② （宋）释道诚撰，富世平校注《释氏要览校注》卷2《师资》，中华书局，2014，第100页。
③ （宋）赞宁撰，范祥雍点校《宋高僧传》卷6《唐圭峰草堂寺宗密传》，第113页。

林寺灵坦法师，"释灵坦，姓武氏，太原文水人也，则天太后侄孙。……年甫七岁，诵习毕通，应童子举。十三从宦，旋升太子通事舍人。如是悦学不休，三教之书弥增洞达。然而恒嗟朽宅，誓入空门，已备大乘之资粮，终到涅槃之境域"①。

有因战乱避祸投身空门者，如洛京龙兴寺崇珪法师，"自天宝以来，安史之乱，侵败王略，家族迁荡。……父亡于逆旅，珪慨责曰：'少遭不造，孑遗哀茕！'遂议出家。至年十八，经业蔚通得度"②。

有域外有志于精研汉地佛法或向汉地传法者，如唐长安西明寺慧琳，"释慧琳，姓裴氏，疏勒国人也。始事不空三藏，为室洒，内持密藏，外究儒流，印度声明，支那诂训，靡不精奥。尝谓翻梵成华，华皆典故，典故则西乾细语也。遂引用《字林》《字统》《声类》《三苍》《切韵》《玉篇》、诸经杂史，参合佛意，详察是非，撰成《大藏音义》一百卷"③。西京广福寺日照法师，"释地婆诃罗，华言日照，中印度人也。洞明八藏，博晓五明，戒行高奇，学业勤悴，而咒术尤工。以天皇时来游此国，仪凤四年五月，表请翻度所赍经夹……"④ 日照法师先后在东西太原寺及西京广福寺设置译场，译经十八部。

以上各种来源的佛寺教师，共同特点为通晓儒学，即便没有家世背景，一心向佛投身空门者几乎如此。如兴善寺潜真法师，"释潜真，字义璋，姓王氏，太原华族，后徙为夏州朔方崇道乡人也。考珍，真即仲子也。年在学数，业尚典坟。幼好佛书，抑从天性，甫及弱冠，投迹空门"⑤。儒学的深厚基础，是他们学习、研习佛法的基础，也是高僧们与士大夫等上层知识阶层进行佛法交流的底蕴。

僧传中的佛寺教师来源如是。敦煌写本中关于佛寺中教师的记录亦较为集中地反映了这一特点。这不仅是当时唐代佛寺教育中师资的缩影，也是这一时期敦煌寺院师资的特色。

---

① （宋）赞宁撰，范祥雍点校《宋高僧传》卷 10《唐扬州华林寺灵坦传》，第 205 页。
② （宋）赞宁撰，范祥雍点校《宋高僧传》卷 9《唐洛京龙兴寺崇珪传》，第 196 页。
③ （宋）赞宁撰，范祥雍点校《宋高僧传》卷 5《唐京师西明寺慧琳传》，第 98 页。
④ （宋）赞宁撰，范祥雍点校《宋高僧传》卷 2《周西京广福寺日照传》，第 29 页。
⑤ （宋）赞宁撰，范祥雍点校《宋高僧传》卷 5《唐京师兴善寺潜真传》，第 93 页。

（三）敦煌佛寺的教师

首先，佛寺原有的寺主或主持本就是高僧，具有佛学学养，兼通佛儒。其次，吐蕃原有的世家大族有一部分不甘心出仕吐蕃，便投身沙门。他们一般具有良好的儒学素养，信仰佛教，对佛教教义也有研究。再次，吐蕃意欲通过佛教，将本土已接受并开始传播的印度佛教向沙州传播，以此配合行政措施征服敦煌民众，故而委派本土僧人前往敦煌寺院。以下三类僧人在佛儒知识方面，可谓研精勤思，为寺内僧人修习内典和入寺学习的俗人提供了优质的师资力量。

1. 具有佛学素养的僧人

吐蕃占领沙州前，沙州就有寺院，原有的寺主和僧人不乏具有深厚佛学修养的，他们学习内典，教授徒众，本就是佛寺教育的基础力量。P.4660《前任沙州释门都教授毗尼大德炫阇梨赞并序》记载：

> 阇梨童年落发，学就三冬。先住居金光明伽蓝，依法秀律师受业，门弟数广，独得升堂。戒行细微，蛾（鹅）珠谨护，上下慕德，请往乾元寺，共阴和上（尚）同居。阐扬禅业，开化道俗，数十余年。阴和尚终，传灯不绝，为千僧轨模，柄一方教主。慈母丧目，向经数年；方术医治，意（竟）不瘥退。感子至孝，双目却明；后经数年，方尽其寿。幽两寺同院，此寺同餐，如同弟兄。念其情厚，略述本事，并赞德能。炫教授门弟诸贤请知旧事。因婆两目再朗，复是希（稀）奇，笔述因由，略批少分。
>
> 希哉我师，解行标奇。处众有异，当代白眉。量含江海，广运慈悲。戒珠圆洁，历落芳菲。孝过董永，母目精晖。一方法主，万国仍希。禅枝恒茂，性海澄漪。帝王崇重，节相钦推。都权僧柄，八藏蒙施。示疾方丈，世药难治。阎浮化毕，净土加滋。声闻有悟，忧苦生悲。菩萨了达，生死如之。灵神证果，留像威仪。名传万代，劫石难移。①

---

① 唐耕耦、陆宏基编《敦煌社会经济文献真迹释录》第 5 辑，全国图书馆文献缩微复制中心，1990，第 143~144 页。录文还可见郑炳林、郑怡楠辑释《敦煌碑铭赞辑释》增订本，第 538 页。

通篇赞文并未提及炫阇梨全名。经郑炳林先生据 P. 4660 前后其他赞文的写作时间，辅以 S. 2729 写本中的僧名及事迹推断，炫阇梨即为张金炫，卒年概为 832 年。① 又据赞文所述"请往乾元寺，共阴和上（尚）同居"，乾元寺阴和尚据 S. 2729 写本，当属阴金晖，而此阴和尚研修禅宗有成，在吐蕃围困沙州之时在寺中讲经。阴和尚故去，炫阇梨继承衣钵，从中可以判断出张金炫是吐蕃未占领沙州之时乾元寺的大德。张金炫幼年于金光明寺出家，师从法秀，刻苦修习，终在法秀众弟子中成绩卓然。后被请至乾元寺，和阴和尚共同"阐扬禅业，开化道俗，数十余年"，"阴和尚终，传灯不绝，为千僧轨模，柄一方教主"。继阴和尚后，张金炫成为乾元寺寺主，主持重修乾元寺佛殿，并抄写《大般若经》一部。② 从炫阇梨事迹中，可知作为乾元寺的僧人，他教授众僧，"阐扬禅业"，还"开化道俗"，迎合了敦煌佛教社会化的步伐。向世俗民众宣讲教义，除了教育的责任，还进行寺院的管理。

在僧界拥有影响力的僧人还有灵图寺悟真和尚。悟真俗姓唐，十五岁出家，吐蕃统治沙州时，他已是灵图寺僧。北图位字 79 号（BD08679）《贞观八年五月十八日高士廉等条举氏族事件奏抄》尾题标明"大蕃岁次丙辰（836）后三月庚午朔十六日乙酉鲁国唐氏苾刍悟真记"，P. 3720《受赐官告文牒诗文序》云："河西都僧统京城内外临坛供奉大德兼僧录阐扬三教大法师赐紫沙门悟真，自十五出家，二十进具，依师学业，专竞寸阴，年登九夏，便讲经论，闲孔无余。"③ 是历任都僧统中任职时间最长的一位，主河西僧务 26 年；约在唐文宗大和三至九年（829~835），出任灵图寺住持。他仪表合乎法度，处世公平正直，在敦煌僧界享有极高威望。大中二年（848），跟随师父洪辩与张议潮起事。在驱逐吐蕃，收复瓜、沙

---

① 郑炳林：《晚唐五代敦煌康氏家族与归义军瓜州刺史康秀华考》，《敦煌研究》2018 年第 3 期，第 15 页。关于炫阇梨是否为张金炫的考证，竺沙雅章《敦煌吐蕃时期的僧官制度》（《第二届敦煌学国际研讨会论文集》，1991，第 145~150 页）、荣新江《敦煌邈真赞年代考》（《敦煌邈真赞校录并研究》1994，第 353~369 页）、郑炳林《都教授张金炫和尚生平事迹考》（《敦煌学辑刊》1997 年第 1 期，第 96~102 页）都认为炫阇梨即张金炫，二者实为一人。

② 郑炳林：《都教授张金炫和尚生平事迹考》，《敦煌学辑刊》1997 年第 1 期，第 96~102 页。

③ 《法国国家图书馆藏敦煌西域文献》第 27 册，上海古籍出版社，2002，第 113 页。

的军事行动中，"参戎幕、掌笺表"，显露出多方面才能，升为都法师。大中四年（850），奉张议潮、洪辩之命，出使长安。第二年到长安，唐宣宗敕授京城临坛大德，赐紫。其曾和朝廷官吏及高僧大德互赠诗作，敦煌遗书中有此类诗 15 首。悟真是敦煌遗书中保存作品较多的一位高僧，有诗歌、邈真赞等。昭宗乾宁二年（895）病逝，享年九十五岁，死后葬仪隆重。

报恩寺刘金霞，P. 3677《刘金霞和尚迁神志铭并序》记载：

> ……厥有桑门颖秀金霞上人，俗姓刘，其先洛阳人也。或因官避地，届三苗之乡。……八岁龀齿，不乐长发。仅十岁，从师学业。才十七，舍俗披缁。读则目览五行，阅乃心通九都。弱冠进具戒，于凝阇梨下听南山钞。壮年厌文字，依洪和尚处，悟栖神业，舍彼鱼筌，取其心印。……蕃中辛巳岁五月一日葬于南沙阳开渠北（南）原之礼也。[1]

该僧先祖避祸由洛阳至敦煌，幼年即出家学习，深谙佛理。这些具有佛学素养的高僧，不但在寺中讲经教化僧众，有的还进行寺院的管理，承担寺职，是佛教寺院的优质骨干师资。

2. 避祸于寺院的世家大族

世居敦煌的世家大族，在吐蕃占领敦煌后，面临重新选择的境遇。吐蕃占领敦煌后，对敦煌实行严格的民族统治，不仅强迫敦煌民众着胡服，还将汉人沦为奴仆。吐蕃迫使"州人皆胡服臣虏，每岁时祀父祖，衣中国之服，号恸而藏之"[2]；"吐蕃既得河、湟之地，土宇日广……故得河、陇之士约五十万人，以为非族类也，无贤愚，莫敢任者，悉以为婢仆"[3]。这样的统治很容易使敦煌的民众心生反抗和急于摆脱吐蕃统治的心理。而长期立足敦煌，具有传统文化修养的世家大族面对吐蕃严苛的民族政策，大多选择保全家族。在吐蕃统治者拉拢大族的政策中，世家大族做

---

① 郑炳林、郑怡楠辑释《敦煌碑铭赞辑释》增订本，第 69 页。
② （宋）欧阳修、宋祁撰《新唐书》卷 216《吐蕃传下》，中华书局，1975，第 6101 页。
③ （宋）司马光编著，（元）胡三省音注《资治通鉴》卷 226《唐纪四十二》，中华书局，1956，第 7280 页。

出了不同的响应。有些继续入仕吐蕃，帮助吐蕃进行统治；有些进入佛门，研习内典、儒经，活跃在佛寺教育领域。如阴氏家族，P.4638《大番故敦煌郡莫高窟阴处士公修功德记》是阴嘉政建莫高窟第231窟的功德记，尾题"岁次己未四月壬子朔十五日丙寅建"，大番意即吐蕃统治敦煌期间（786~848），而此间只有一个"己未年"，即839年，为碑文成立时间。碑文中记载：

> 羁维枝籍，已负番（蕃）朝。歃血盟书，义存甥舅。熊黑爱子，拆褴褛以文身；鹧鸪（鸳鸯）夫妻，解鬘钿而辫发。岂图恩移旧日，长辞万代之君；事遇此年，屈膝两朝之主。自赞普启关之后，左衽迁阶；及宰辅给印之初，垂祛补职。蕃朝改授得前沙州道门亲表部落大使。承基振豫，代及全安。六亲当五秉之饶，一家蠲十一之税。复旧来之井赋，乐已忘亡；利新益之园池，光流竟岁。'……将就莫高山，为当今圣主及七代凿窟一所，远垂不朽，用记将来。'又有弟嘉珍及弟僧沙州释门三学都法律大德离缠等，进思悌恭，将顺其美。①

同一方碑文在P.4640中也有，标题为《阴处士碑》，内容几近相同。可看出，吐蕃的民族压迫政策使阴氏家族不得不屈服，依照要求"鬘钿辫发"，且不顾中原士人的为官原则，"屈膝两朝之主"。能出仕吐蕃，虽屈辱，却为家族赢得利益，"承基振豫，代及全安。六亲当五秉之饶，一家蠲十一之税"，以至于"乐已忘亡"。吐蕃占领沙州前，阴嘉政父亲阴伯伦任"丹州长松府左果毅都尉"，吐蕃占领沙州后，任"沙州道门亲表部落大使"。其后碑文清晰地记录了阴家二弟嘉义任"大蕃瓜州节度行军先锋部落上二将"，弟嘉珍任"大蕃瓜州节度行军并沙州三部落仓曹及支计等使"，而家族其他成员也有投身沙门的，如其弟阴离缠，从弟僧灵保、妹尼法律智惠性、子僧常君及侄。阴氏家族面临吐蕃的统治，能够为了家族的利益出

---

① 唐耕耦、陆宏基编《敦煌社会经济文献真迹释录》第5辑，第222~224页；《法国国家图书馆藏敦煌西域文献》第32册，上海古籍出版社，2005，229~231页；郑炳林、郑怡楠辑释《敦煌碑铭赞辑释》增订本，第622~623页。

仕，担任相应的职务，表现活跃；在佛教界亦能把握机会。

索氏也是吐蕃拉拢的大族。P.2807《释门杂文》载："故都督索公，愿步金莲，神游宝界，遇慈舟于定水，永竭昏河，晖惠剑于稠林，长祛爱网，所在亲族，咸报良缘，远近枝罗，俱沾胜益。"① 在吐蕃时期，都督是汉人担任的最高官职，应为吐蕃节儿的副手。② 这位索都督，身在政界，却精通佛理，在吐蕃政界的地位为其亲族带来了利益。据郑炳林先生考证，索都督或为索琪之父辈，索琪之都督职位是承袭其父。③ 索氏家族其余在吐蕃任职的人还有索法律的兄弟。据P.4640《沙州释门索法律窟铭》记载："亡兄前任沙州防城使，讳清宁，高情直节，毓著公（功）名，权职蕃时，升荣曩日，克勤忠烈，管辖有方，警候烽烟，严更威宿。……故弟清贞，礼乐名家，温恭素质；一城领袖，六郡提纲。"④ 索氏在佛教界也不乏僧团首领。P.3410《沙州僧崇恩遗嘱》记载崇恩给净土寺、都司、报恩寺、僧人惠朗、阎英达、吴三藏、翟僧统、梁僧政、尚书等遗赠财物，含有土地、农具、牲畜、家具、衣物、金银器皿、宅舍等，末尾署名含"侄都督索琪"。从崇恩遗赠对象和遗赠物可见，崇恩拥有大量私产，经济实力雄厚。再从其侄索琪署名看，崇恩俗姓索无疑，因此教授崇恩即索崇恩，P.5579（1）《报恩寺教授崇恩贴》，⑤ 末题"教授崇恩"，"从未年算后有新度僧尼等亦通状过"中所提"未年"推断为851年，即吐蕃统治时期，崇恩已担任教授之职。教授即为吐蕃统治时期的僧团最高领袖都教授。⑥ 他的地位从S.1164《回向文》中可见，"次持胜福，次用庄严，释门教授等，伏愿荣贵转新，香名霞布，入陪帝座，出统僧拳，群生因类次升高，苦海恒施于宝花"。⑦ 言语之间虽有夸大成分，但从"入陪帝座，出统僧拳"，不难看出其在吐蕃佛教界的重要性。S.3702《释门范文》："仰

① 《法国国家图书馆藏敦煌西域文献》第18册，上海古籍出版社，2001，第330页。
② 赵晓星：《吐蕃统治敦煌时期的落蕃官初探》，《中国藏学》2003年第2期，第59页。
③ 郑炳林：《〈索勋纪德碑〉研究》，《敦煌学辑刊》1994年第2期，第67页。
④ 郑炳林、郑怡楠辑释《敦煌碑铭赞辑释》增订本，第293页。
⑤ 原文见《法国国家图书馆藏敦煌西域文献》第34册，上海古籍出版社，2005，第265页；录文见唐耕耦、陆宏基编《敦煌社会经济文献真迹释录》第4辑，第107页。
⑥ 郑炳林：《〈索崇恩和尚修功德记〉考释》，《敦煌研究》1993年第2期，第54~64页。
⑦ 《英藏敦煌文献——汉文佛经以外部分》第2册，四川人民出版社，1990，第249页。

唯索教授者，并阐精不二，戒净明珠；或巧用时机，或研穷奥典，或论新讲古。"① 则是将索崇恩精通佛理、品行高洁等风格刻画出来。除索崇恩之外，索义辩是索氏另一佛教界颇具影响的人物。P. 4640《沙州释门索法律窟铭》云：

> ……和尚天伦有三，和尚即当中子也，前沙州释门都法律。应法披缁，智不亏于七觉；弱冠进具，精五百之修持。行孤峻而竹风清寒，戒月明而雪山皎净。神闲心寂，言简气和。云乘百川之阴，日照千江之水。白珪无玷，心印密传。穷七祖之幽宗，示三乘之淳粹。趋庭（则）半城缁众，近训乃数百俗徒。竟寸阴以涝笼，爇三明于暗室。设无遮之数供，味列八珍；惠难舍之资身，殷勤三宝。写大集之教藏，法施无穷。建宝刹于家隅，庄成紫磨。增修不倦，片善无遗。更凿仙岩，镌龛一所。召良工而朴琢，凭郢人匠以崇成。竭房资而赏劳，罄三衣而务就。内素并小龛十千周遍。于是无胜慈尊，拟兜率而下降；多闻欢喜，对金色以熙怡。"②

索义辩幼年出家，精研佛理，且著有《大乘教藏》，并广收门徒，人数多至"半城缁众"，悉心教导也达"数百俗徒"。礼佛之心虔诚，且修造了佛窟。

其余大族如李氏、张氏，也如同阴氏、索氏，为了家族利益而成为落蕃官。但他们大多不如阴氏活跃，多数人投身佛寺，潜心研习佛教教义和儒学。他们亦为这一时期的佛教寺院教育提供了优良的师资。李氏为陇西李氏之后，亦为世居敦煌的大族。面对吐蕃强势占领，李氏家族和阴氏、索氏一样，有人成为落蕃官，有人投身沙门。P. 4640《大唐宗子陇西李氏再修功德记碑》记载李颙（李大宾）在沙州沦陷之后，"虽云流陷，居戎而不坠弓裘；暂冠蕃朝，犹自（次）将军之列。……亡叔僧妙弁，在蕃以

---

① 《英藏敦煌文献——汉文佛经以外部分》第 5 册，四川人民出版社，1992，第 138 页。
② 郑炳林、郑怡楠辑释《敦煌碑铭赞辑释》增订本，第 293 页；另一写本 S. 530《索法律和尚义辩窟铭》，录文见唐耕耦、陆宏基编《敦煌社会经济文献真迹释录》第 5 辑，第 152～158 页。

行高才俊，远迩瞻依，名达戎王。赞普追召，特留在内，兼假临坛供奉之号。师以擅持谈柄，海辩吞流；恩洽敦煌，庇庥家井。高僧宝月，取以为俦；僧叡余踪，扇于河陇"①。李氏还有一位吐蕃时期除李明振叔父以外名震敦煌佛教界的。P. 4660《沙州缁门三学法主李和尚写真赞》题撰人李颙自称"宰相判官兼太学博士从兄"，说明此二人为同宗族，正如赞文所写，"五凉甲族，武帝宗枝"。据郑炳林考证，P. 4660 善来撰《故李教授和尚赞》，与洪辩撰《敦煌都教授李教授阇梨写真赞》、李颙撰《沙州缁门三学法主李和尚写真赞》所赞者为同一人，即报恩寺李惠因。如 P. 4660《敦煌都教授李教授阇梨写真赞》记载：

> 　　大哉法主，间世英首。位高十德，解尽九流。三端体备，四辩难酬，蕃秦互晓，缁俗齐优。五乘研激，八藏精修。刊定邪正，隔绝傍求。两邦师训，一郡归投。等然惠矩，遍运慈舟。逗根演教，量器传幽。谓寿逾算，将翼遐筹。阎浮魄散，宝界神游。哀哀地恸，参参（惨惨）天愁。花台飞锡，再会无犹（由）。芳名万代，播美千秋。②

可看出李惠因学养深厚，熟研蕃文、汉文，以致"蕃秦互晓，缁俗齐优"，在佛学造诣方面也不输他人，"五乘研激，八藏精修"。其固守佛寺，一心教学，目的即"刊定邪正，隔绝傍求"，由此获得了吐蕃统治者的信任，"两邦师训，一郡归投"。

　　这些大族世居敦煌，在敦煌拥有强大的经济实力，同时也具有良好的声望。在吐蕃围困沙州之际，他们同仇敌忾，抵御吐蕃入侵；吐蕃占领沙州后，由于民众的反蕃情绪一时无法靠武力压制，吐蕃统治者开始拉拢世家大族，企图"以汉治汉"。而盘桓敦煌的大族为保家族利益，不得不迎合吐蕃统治者，接受吐蕃授予的官职。但陷蕃后的汉族官员只能是吐蕃政权体系中的辅助角色。在佛教界，吐蕃统治者亦欲占据主导，但是事非所愿。吐蕃统治者虽信仰佛教，但是和敦煌佛教不同：吐蕃佛教以印度渐门

---

① 郑炳林、郑怡楠辑释《敦煌碑铭赞辑释》增订本，第 228~229 页。
② 郑炳林、郑怡楠辑释《敦煌碑铭赞辑释》增订本，第 558 页。

教派为主，敦煌佛教盛行禅宗。吐蕃统治者不仅在敦煌设立抄经坊，组织抄经生抄写蕃、汉经文，普及、推广吐蕃语学习，还邀请敦煌高僧摩诃衍前往吐蕃本土。摩诃衍在吐蕃传播禅宗思想，拥有不少的信众，连赞普的皇后、姨母和大臣的夫人及高僧都成为他的弟子。摩诃衍的传播引起印度渐门派的不满。在赞普的主持、摩诃衍的坚持下举行了一场僧净会，① 企图以印度渐门派赢得禅宗顿门派，在佛教思想上也居统治地位，并遏制禅宗在吐蕃本土传播的势头。因此，僧净会没有开始就注定了结局，摩诃衍在僧净会失败了。即便如此，在敦煌，渐门派思想亦无法占有一席之地。敦煌世家大族的家族成员有在政界为官的，也有遁入沙门为僧的。他们牢牢抓住敦煌佛教僧团的控制权，使佛教寺院成为世家大族保护家产、延续家学教育的最后阵地。世居"佛国善乡"的大族本就对佛教、儒学有着很深的造诣，投身沙门后更以弘扬、传播佛学和儒学为己任，因此他们就成为佛教寺院教育的优质师资。

3. 吐蕃僧人

此外，还有吐蕃僧人来到沙州，研习佛教、传授佛法。P.4640《吴和尚赞文》、P.4660《沙州译经三藏吴和尚邈真赞》、P.2913《敦煌译经三藏吴和尚邈真赞》记载相类，② 此中"吴和尚"即法成，出身于吐蕃管氏家族。③ 管氏家族声望显赫，赤都松芒保杰赞普时期的七大权臣之一的管·雅琼就出自管氏。《大臣遗教》列出的吐蕃权贵名单中，管氏家族占

---

① "吐蕃僧净"发生在792~794年，赞普在桑耶寺主持的以摩诃衍为首的汉地禅宗思想和以莲花戒为代表的印度中观瑜伽行思想的佛法辩论。P.4646《顿悟大乘正理决叙》即对僧净背景的记录，是关于这场辩论的珍贵史料。

② 参见郑炳林、郑怡楠辑释《敦煌碑铭赞辑释》增订本，第314页、第508页、第768页。

③ 关于吴法成的研究，学界主要围绕两个问题，即吴和尚和法成是否为同一个人和法成的族属，60年代始，台湾苏莹辉先生发表了一系列文章：《晚唐河西地区的三位都僧统——论吴僧统、洪辩、吴和尚并非一人》（《册府》，1963，第1~6页）、《论敦煌资料中的三位河西都僧统》（《敦煌论集》，学生书局，1983，第415~426页）、《从敦煌吴僧统碑和三件敦煌写本论吴法成并非吴续芝之子亦非洪辩和尚》（《敦煌论集续编》，学生书局，1983，第129~142页）均认为吴和尚和法成是同一个人；日本上山大峻也认定此二人为同一人，（转引自郑炳林、郑怡楠辑释《敦煌碑铭赞辑释》增订本，第315页）；王尧先生则认为吴和尚和法成并非同一人（《藏族翻译家管·法成对民族文化交流的贡献》，见《文物》1980年第7期，第52页）。关于族属问题，法国学者戴密微把吴僧统和吴和尚等同为一人，为汉人（〔法〕戴密微著《吐蕃僧净记》，耿昇译，甘肃人民出版社，1984，第23~26页）。上列文章中苏莹辉先生和王尧先生都认为法成族属为藏族。

三个席位，分别是赤桑雅卜腊、杨贡喇嘛、拉卓。之后管氏家族还出了著名学者，诸如大译师管·巴库拉和著名的藏族史学著作《青史》的作者管·熏奴贝。① 管·法成是吐蕃廓西寺的僧人，通晓蕃汉两种语言。他将圆晖《入楞伽经疏》译为吐蕃文，在大藏经译本卷末题写"承吉祥天王敕命，参照中国教主圆晖所作的注释，廓西寺翻译僧法成译校"，可证实他确为廓西寺僧人，并兼具蕃汉语言翻译的能力。据说，他来敦煌是由于受到朗达玛排佛的迫害。② 不论法成来敦煌的初衷何如，他在敦煌的译经、讲经活动客观上促进了蕃汉文化的交流，为吐蕃统治时期的敦煌佛教寺院教育提供了优良的师资。

现就法成在敦煌的教育活动轨迹进行梳理。吐蕃统治后期，833年，法成在沙州永康寺译经、讲经。据敦煌写本记载，法成来敦煌后首住沙州永康寺，在此开始了他的译经活动。P.2794《大乘四法经论及广释开决记一卷》题记"大蕃国大德三藏法师沙门法成集"，末题："癸丑年八月下旬九日于沙州永康寺集毕记。"③ P.2404v《六门陀罗尼经论》和《六门陀罗尼经论广释》也是法成的译作，尾题："癸丑年十月上旬八日，于沙州永康寺集译讫，故记之也。"④ 用干支纪年是吐蕃统治敦煌的纪年方式。癸丑年在吐蕃统治沙州期间，只能推断为833年了。这一年，法成译著颇丰。在沙州永康寺时，法成译经之余也讲论经典。P.2284《大乘稻芊经随听手镜记》末有"净土寺藏经"印章，同时题写"永康寺后辈法律比丘福渐受持，并兼通稻芊及坐禅，并具足义"，福渐当时在永康寺听法成讲经。P.2245《四分戒本疏》卷第三末题"沙门福渐勘讫，寅年十月十一日比丘福渐详阅"，此寅年应是甲寅年，即吐蕃统治时期的834年。说明在834年的时候，法成在沙州永康寺讲经说法，学僧福渐认真听讲，并做了笔记。

后法成前往甘州修多寺译经。S.1287《诸星母陀罗尼经》题写"沙门

① 王尧：《藏族翻译家管·法成对民族文化交流的贡献》，《文物》1980年第7期，第50页。

② 〔日〕藤枝晃：《吐蕃统治时期的敦煌》（下），刘豫川、杨铭译，《长江文明》第十一辑，第87页。

③ 《法国国家图书馆藏敦煌西域文献》第18册，上海古籍出版社，2001，第242~246页。

④ 《法国国家图书馆藏敦煌西域文献》第13册，上海古籍出版社，2000，第225~228页。

法成于甘州修多寺译"①，S.5010 同一经卷题记"壬戌年四月十六日于甘州修多寺翻译此经"②，吐蕃统治时期的壬戌年为 842 年，说明法成此时到达甘州，住在修多寺进行译经活动。P.2073《萨婆多宗五事论》首题"大蕃国大德三藏法师沙门法成于甘州修多寺道场译"，尾题"丙寅年五月十五日于大蕃甘州张掖县译"③，吐蕃统治时期丙寅年为 846 年。因此可知，法成于 833 年始在沙州永康寺译经，842 年到达甘州修多寺。842~846 年，法成一直在甘州修多寺主持译经工作。张议潮率众推翻吐蕃统治后，法成并未回吐蕃，而是从甘州修多寺回到沙州，住在开元寺。其间未见法成有新的译著。

归义军时期，即 848 年之后，法成于沙州开元寺讲经，主讲《瑜伽师地论》。其教学活动从学生的笔记当中已清晰地反映出来。S.0735《瑜伽师地论卷第二十八》题记："大中十一年五月三日明照学了记。"④ S.5309《瑜伽师地论卷第三十》题记："比丘恒安随听论本，大唐大中十一年岁次丁丑六月二日，国大德三藏法师法成于沙州开元寺说毕记。"⑤ S.3927《瑜伽师地论卷第卅》题记："大中十一年四月廿一日，比丘明照写。大唐大中十一年岁次丁丑六月廿三日，国大德三藏法师法成于沙州开元寺说毕。"⑥ 大中十一年即 857 年，沙州已是归义军时期，因此不再有"大蕃"之称，法成被称为"国大德三藏法师"。BD05825《瑜伽师地论卷四八》题记："大中十二年八月五日比丘明照随听写记。"⑦ 大中十二年即 858 年，几卷写本时间相近，说明法成讲经在当时开元寺是为常态。在吐蕃统治时期，法成在译经的同时，也有讲经的活动。这些写本题记不但表明了法成在河西期间从事译经活动，重要的是，他身为佛寺的教师，更为学僧讲授经论，说明内典教学的对象主要是僧人。在讲授的过程中，学僧以做笔记

① 方广锠、〔英〕吴芳思主编《英国国家图书馆藏敦煌遗书》第 20 册，广西师范大学出版社，2013，第 140~142 页。
② 敦煌研究院主编《敦煌遗书总目索引新编》，第 155 页。
③ 《法国国家图书馆藏敦煌西域文献》第 4 册，上海古籍出版社，1995，第 180~182 页。
④ 敦煌研究院编《敦煌遗书总目索引新编》，第 25 页。
⑤ 敦煌研究院编《敦煌遗书总目索引新编》，第 163 页。
⑥ 黄永武主编《敦煌宝藏》第 32 册，新文丰出版公司，1981，第 356~362 页。
⑦ 任继愈主编《国家图书馆藏敦煌遗书》第 78 册，北京图书馆出版社，2008，第 234 页。

达到记诵和理解，这也符合教学的要求。因此，在 P. 4640《吴和尚赞》中，赞文曰："一宗外晓，三藏内持。叶流宝字，传译唐书。潜不可测，浅不可违。戎王赞普，瞻仰禅墀。……归身唐化，溥福王畿。太保钦奉，荐为国师。"① P. 4660《大唐沙州译经三藏大德吴和尚邈真赞》和 P. 2913《大唐译经三藏吴和尚邈真赞》中所记载类同。可见所言非虚。法成以其深厚的佛学素养和精通蕃汉语言的能力，进行蕃汉经文的互译，为蕃汉文化的交流做出了贡献。且作为佛寺教育的优秀师资，还担负着教授学僧，传播佛教教义的责任。

投身沙门的大族、非大族具有学养的高僧和吐蕃来敦煌的僧人，构成了吐蕃统治时期佛教寺院教育的师资力量。他们在吐蕃统治敦煌时期，身在佛寺，进行译经、讲经、授课的活动，推动了这一时期敦煌佛寺教育的发展。

归义军时期，敦煌佛寺依旧保持了优质的师资。且在统治阶层的崇佛政策之下，顺应了佛教世俗化的步伐，佛寺内典教育的教授相应有所减少，而偏重面向社会大众的俗讲。一批长于俗讲的讲师、都讲、呗师，活跃于俗讲讲坛。

二　佛寺的学生

唐代佛教寺院教育的对象除了僧人，还有许多寄居于寺院的文人士子。尤其中唐以后，士子习业山林寺院之风更盛。究其原因，概由于科举取士成为文人进阶登科的主要途径。武则天后，进士科尤占优势。进士科之盛促成了唐代文学的发达。世家子弟、寒门学子无论家世，一经登第，则有进用之望。山林佛寺环境清幽、藏书丰富，佛家高僧亦为集儒佛思想于一体的思想家，故佛寺成为读书备考的首选之地。唐代佛寺的教育对象有僧学生和俗学生，敦煌写本中不难发现僧学生和俗学生的修习状况。此外，日本、新罗等国的僧人前来唐朝求学佛法，他们或以一己之身前来学习，或随遣唐使来到唐境，在各处寺院学习。

（一）僧学生

僧学生指佛寺中学习佛法的僧人。僧人入寺，根据年龄和受戒分为沙

---

① 郑炳林、郑怡楠辑释《敦煌碑铭赞辑释》（增订本），第 314 页。

弥和比丘。沙弥一般指不满二十岁只受十戒的僧人；经过学习，年满二十且受具足戒的僧人称为比丘。僧学生即包括沙弥和比丘两类僧人，自然也有少量式叉尼和尼僧，敦煌的寺院学生亦即如此。

沙弥是唐代佛寺中主要受教育的僧众。有的在入寺前就有一定的儒学或佛学基础，有的入寺后依据指定的教师学习。中宗时期，由于试经度僧制度的实行，沙弥的基本素质普遍提高，入寺时基本具备一定的佛学基础。安史之乱后，试经度僧制基本停滞。政府为收敛钱财公开贩卖度牒，入寺为僧之人的素质良莠不齐。因此，对于沙弥的教育主要是教授佛教入门知识、戒律和诵习佛典。

关于沙弥幼年入寺学习的状况，《宋高僧传》中所记较多。如长安西明寺道世，"祖代因官为京兆人焉……时年十二岁，于青龙寺出家，从执德瓶，止临欣鉴，律宗研核，书籍钻寻，特慕上乘融明实性"①。

沙弥幼年入寺，即拜一法师学习，及至二十及以上，才能受具足戒，成为比丘，方正式学习经律。如长沙石霜山庆诸法师，"诸始十三，礼绍鉴禅翁为师，于洪井西山剃鬊。二十三，往嵩山受具戒，便就东洛学毗奈耶"②，再如唐明州雪窦院恒通，"家传士族，幼而知学。苏秦显达，犹怀二顷之田；元亮孤高，不羡五斗之禄。……年甫十三，潜入鹊山访道依师。既罢丘坟，唯披释典，精虔忏诵，恳侍巾瓶，不弭初终，蒙恩剃度。年二十，于本州开元寺具戒。后往京兆荐福寺听习经律"③。以上例证表明，沙弥初入寺和受具足戒的寺院不是同一寺。由此可知，受具足戒资格的寺院应为唐政府允准。这与唐"按州置寺"的原则相合。

除了在寺学习的僧人之外，一些僧人在得到本寺授经内容后，熟研所授经义，并欲探求更多佛典，以"融冶百家，陶贯诸部"。因此，他们会在受戒寺院学习一个阶段，得到老师认可后，前往其他佛教寺院拜师、学习。这些游学僧亦是僧院学生的组成之一。唐代名僧如法藏、澄观、神秀、慧能等，都曾访师于千里之外。其他僧人亦如是。如长安大安国寺端

① （宋）赞宁撰，范祥雍点校《宋高僧传》卷4《唐京师西明寺道世传》，第59~60页。
② （宋）赞宁撰，范祥雍点校《宋高僧传》卷12《唐长沙石霜山庆诸传》，第258页。
③ （宋）赞宁撰，范祥雍点校《宋高僧传》卷12《唐明州雪窦院恒通传》，第264页。

甫法师，"始十岁，依崇福寺道悟禅师为沙弥。十七正度为比丘，隶安国寺。受具于西明寺照律师，学毗尼于崇福寺昇律师，传唯识于安国寺素法师，通涅槃经于福林寺崟法师"①。再如彭州丹景山知玄，"年十一，遂其削发。乃随师诣唐兴邑四安寺，授大经四十二卷，远公义疏、窘空师圆旨，共一百二十五万言。……玄于净众寺辩贞律师所受具戒，才听毗尼，续通俱舍，则长十山固律师之付授焉。复从本师下三峡，历荆襄，抵于神京资圣寺"②。僧人游学的传统自汉魏使然，且游学范围也不同。上述例证均是于唐境寺院游历、学习。有些僧人，佛学素养深厚，本可为师，但为解佛义疑难，远行他国，求经访师。如玄奘、义净等。这些游学僧促进了佛寺之间关于佛典研究的交流，贯通了诸部的学习，缩短了其理解单部佛典的时间，且有独到见解。

那么，这些僧学生在佛寺里学习的内容是什么？他们又是怎样学习的？僧传、史传中无从查找，敦煌写本中却可以窥见佛寺学生的学习日常。在前述《吐蕃统治时期有明确纪年、写经人题记的写本一览》（表2-1）、《归义军时期有明确纪年、佛寺写经人题记的佛经写本一览》（表2-2）两份表的题记中，可梳理出唐代佛寺教育中僧学生的学习线索。

第一类：僧人的听课笔记或预习笔记。如北宿字006（BD01106）《四分戒本疏题记》乾元三年（760）四月廿日龙兴寺僧静深写了；S.6604《四分戒本疏》题记："亥年十月二十三日，报恩寺李阇梨讲说此疏，随听随写"，讲课人是李阇梨，僧学生随听写记；S.2701《净名经集解关中疏》题记："戊戌年（818）四月一日，比丘神威记录"；S.6810《净名经集解关中疏》题记："酉年十一月十五日（9世纪前期），比丘海清记录"；北致字072（BD03272）《净名经集解关中疏》题记："比丘谈哲记录"；大谷家二乐庄《净名经集解关中疏》题记："蕃中甲戌年（794）四月七，比丘惠照勘讫，记之"；S.4153《维摩诘经》题记："申年四月五日（9世纪前期），比丘法济共福胜点勘了"；P.2274《金光明经卷第七》题记："大中八年（854）五月十五日，比丘尼德照记，比丘道斌写"；北地字090

---

① （宋）赞宁撰，范祥雍点校《宋高僧传》卷6《唐京师大安国寺端甫传》，第111页。
② （宋）赞宁撰，范祥雍点校《宋高僧传》卷6《唐彭州丹景山知玄传》，第117页。

（BD00090）《大乘道芊经随听手镜记》题记："卯年十二月廿五日，大番国沙州永康寺沙弥写记归正"；北海字 005（BD06205）《佛说大乘道芊经》题记："癸卯年（823）十月十日，永寿寺写"，未言僧名，确系永寿寺僧所写；滨田德海旧藏《大般若波罗蜜多经》题记："大蕃岁次戊戌年（818）三月廿五日，尼妙相，学生张涓子写记"；北服字 058（BD08258）《大般若波罗蜜多经》题记："（9世纪前期）悟真写"；S.2064《八婆罗夷经》题记："岁次乙卯（835）四月廿日，比丘悟真写记"；北字字 080（BD08080）《七阶礼佛名经》题记："乙巳年（825）后五月十五日，比丘吕智写毕记之"；S.2674《大乘二十二问》题记："丁卯年（787）三月九日，比丘法灯写毕"；P.3241《和菩萨戒文》题记："乾宁二年（895）乙卯岁六月廿三日，灵图寺比丘惠聚念记"；S.1931《佛说七阶佛名经》题记："天福三年（938）四月廿二日，莲台寺僧李保行记之。"

关于法成的学生对《瑜伽师地论》的记录和抄写是最多的，见表3-1。

表3-1 法成弟子《瑜伽师地论》抄本一览

写本名称	卷号	纪年	僧尼名	备注
瑜伽师地论卷一	哥本哈根皇家图书馆藏	大中九年（855）三月十五日	智惠山	随学听
瑜伽师地论卷十二	上图155	大中九年（855）后四月十五日	比丘僧智惠山	
瑜伽师地论卷七	大谷旧藏	大中九年（855）十月	沙弥一真	记
瑜伽论第十三、十四、十五卷	S.6670	丙子年（856）正月廿四日	比丘福慧	记录
瑜伽师地论卷廿一	上图171	大中十年（856）四月廿三日		
瑜伽师地论卷卅三	山本悌二郎旧藏	大中十年（856）六月三日	比丘僧智惠山	随听学记（存疑）
瑜伽师地论卷卅四	山本悌二郎旧藏	大中十年（856）六月六日	沙门智惠山	听学书记（存疑）

续表

写本名称	卷号	纪年	僧尼名	备注
瑜伽师地论卷卅九	大谷旧藏	大中十年（856）六月十三日	沙门智惠山	书记（存疑）
瑜伽师地论卷卅七	山本悌二郎旧藏	大中十年（856）六月廿一日	比丘僧智惠山	（存疑）
瑜伽师地论卷第廿八	S.735	大中十一年（857）五月三日	明照	学了记
瑜伽师地论卷第三十	S.5309	大唐大中十一年（857）岁次丁丑六月廿二日	比丘恒安	国大德三藏法师沙门法成于沙州开元寺说毕记。随听论本
瑜伽师地论卷第三十	S.3927	大中十一年（857）四月廿一日	比丘明照	大唐大中十一年（857）岁次丁酉（丁丑）六月廿三日，国大德三藏法师法成于甘州修多寺说毕。
瑜伽师地论卷三一	北新0232（BD14032）	丁丑年七月十日	沙弥一真	随听本
瑜伽师地论卷三十三	北冬字072（BD02072）	大中十一年（857）八月三十日	洪真	记
瑜伽师地论卷三十四	Дх.1610	大中十一年（857）九月七日	比丘张明照	随听写记
瑜伽师地论卷三十五	书道博物馆藏散0880	大中十一年（857）十月六日	比丘明照	龙兴寺随听写此论本记
瑜伽师地论卷四十一	北闰字098（BD02298）	戊寅年后正月廿二日	沙门洪真	手记
瑜伽师地论卷四十三	北新1200（BD15000）	大唐大中十二年（858）二月十日	沙门明照	于开元寺随听写记
瑜伽师地论卷四十四	山本悌二郎旧藏	大中十二年（858）四月一日	沙门智慧山	随听学记
瑜伽师地论卷四十五	S.5730	大唐大中十二年（858）岁次戊寅五月十三日		

写本名称	卷号	纪年	僧尼名	备注
瑜伽师地论卷第四十七	北称字003（BD05103）	寅年六月十一日	比丘明照	写记
瑜伽师地论卷四十八	北菜字025（BD05825）	大中十二年（858）六月一日	比丘明照	六月一日说毕，八月五日随听写记
瑜伽师地论卷五十二	大谷旧藏	大中十二年（858）六月十一日	比丘智慧山	
瑜伽师地论卷五十三	富冈谦藏旧藏	大中十二年（858）六月十三日	比丘智慧山	记
瑜伽师地论卷第五十五、五十六	S.6483	大中十三年（859）岁次己卯四月廿四日	比丘明照	随听写记

说明：此表参考荣新江、余欣：《敦煌写本辨伪示例——以法成讲〈瑜伽师地论〉学生笔记为中心》（《敦煌学·日本学：石塚晴通教授退职纪念论文集》，第65~74页）内容整理而成。

第二类：对于某经文的抄写校勘本。如北新243（BD14043）《四分律删繁补阙行事抄》题记"比丘神辩勘了"；P.2245《四分戒本疏》题记"寅年（834或846）十月十一日，沙门福慧勘讫、比丘福渐详阅"；北辰字061（7065）《四分戒本疏》题记"壬子年（832）三月廿八日，沙州永寿寺勘了"，虽未言明僧人姓名，但其为永寿寺僧无疑；P.3342《大乘入道次第章》题记"和后丑年（797?）三月廿日，比丘悬辩于沙州军门兰若，写记毕功（墨笔），其时勘教甚定，披读之"。

第三类：为佛寺间流通所写。如P.3918《佛说金刚坛广大清净陀罗尼经》题记"贞元九年（793），比丘利贞，广欲流通"。其中滨田德海旧藏《大般若波罗蜜多经》题记"大蕃岁次戊戌年（818）三月廿五日，尼妙相，学生张涓子写记"，这条题记标明了写记此经的学生为比丘尼妙相和俗学生张涓子。这是敦煌写卷中明确看到尼寺亦有内典教育的证据。虽然只此一条，也能说明尼寺中比丘尼是接受佛寺内典教育的。只是由于女性的地位低于男性，因此尼寺的地位也低于僧寺，且主要的讲经场所都设在僧寺，但这并不能说明唐五代宋初敦煌尼寺中没有教育。因此比丘尼的教育是女子接受除家学以外教育的唯一途径。

僧学生在佛寺听老师讲经做听课笔记，或提前抄写，是为预习；或听讲结束抄写，是为巩固。或为寺中所抄经典校勘，或抄写经文用于寺院间的交流。

（二）俗学生

唐末五代宋初敦煌佛寺中，除了内典教育，还有儒学教育。儒学教育的对象主要是世俗学生。当然僧人在接受内典教育的同时，也会接受儒学教育。从敦煌遗书带有明确纪年和佛寺写经人的题记中可以揆知，此类非佛经写本多在归义军时期的佛寺教育中，吐蕃统治时期的非佛经写本反而较少。这些从表2-3《归义军时期有明确纪年、佛寺写经人题记非佛经写本一览》中不难看出。

一方面，各僧寺寺学招收世俗学生，教授儒学经典，且教材与官学大体同类。关于其具体的学习内容，前一节已经陈述，此处不再赘述。归义军时期，通过有明确纪年和佛寺写经人题记的非佛经写本，可归纳出归义军时期开办儒学教育的寺院有十所以上，主要包括净土寺、金光明寺、三界寺、灵图寺、永安寺、莲台寺、显德寺、龙兴寺、大云寺、乾明寺。其他无确切纪年且没有寺院或写经人姓名题记的写本没有录入。因此不能就此判断其他的寺院没有儒学教育。只是从表2-3收录的写本中可以观察到唐末五代宋初敦煌佛寺儒学教育中的学生状况。

另一方面，在僧寺中的比丘，接受内典教育的同时，也接受儒学教育。如S.1156vb《大汉三年季布骂阵词文一卷》题记："天福四年己亥岁（939）（下缺）四日，沙弥□度。"[1] 此条题记未具寺院名称，但是沙弥习写词文一卷，也是流行于归义军时期的讲唱文学名篇。且从写经人"沙弥"的称呼来看，此沙弥尚未受具足戒，年龄尚小，在寺中学习。儒学教育也是对其进行蒙学教育的方式之一。无独有偶，P.3910d《秦妇吟》题记："癸未年二月六日，净土寺（沙）弥赵员住左手书。"[2] 此处亦有一沙弥，且书写习惯为左手书。P.2847《李陵苏武往还书》题记："丁亥年二月三日，莲台寺比丘僧辩惠"，显然辩惠即莲台寺的在籍僧人，已受具足

---

① 敦煌研究院编《敦煌遗书总目索引新编》，第36页。

② 敦煌研究院编《敦煌遗书总目索引新编》，第304页。

戒，故称比丘僧。P.3597《诗集》是"乾符四年（877），灵图寺僧写本，第一首题'白侍郎蒲桃架诗'，余均无题及撰人，但末两首考知为白居易《夜归》、《柘枝妓》"①。P.2914《王梵志诗集卷第三》题记："大汉天福三年庚戌闰四月九日，金光明寺僧自手建记写毕。大汉天福三年岁次甲寅（戊戌）七月廿九日，金光（明）寺僧大力自手记。"② S.1586《论语集解卷二》题记"沙门宝应手札也，金光明寺学郎"③，明确沙门宝应即为金光明寺学郎。P.2483v《杂写若干》题记："己卯年（979）四月廿七日，永安寺学仕郎僧丑延自手书记"，对僧人丑延以学仕郎身份称呼。一般学习内典的僧人只称其为"僧"或"比丘"，而学习儒学的世俗子弟多以"学郎""学士""学仕郎""学使郎"等身份相称。以上后两则题记中，均以学郎或学仕郎的身份称呼僧人，说明他们具有双重身份。从双重身份看其学习内容，也具有双重性。这也能突出佛寺教育的目的，即培养贯通佛儒的人才。

S.3011《论语卷第六》题记："戊寅年（858）十一月六日，金光明寺学郎□□□□，僧马永隆手写论语一卷之耳。"据李正宇考证，僧马永隆后成为金光明寺法律。④ 从此则题记和考证来看，佛寺中的僧人接受佛儒知识教育之后，最终会在本寺中得到认可并担任一定的僧职。

因此，佛寺儒学教育的学生不仅有世俗子弟，更有本寺的僧人；且从学习内容看，并无差别。

（三）留学僧

隋唐长安不仅是印度佛教本土化的集中地。更是各种佛教宗派的汇集地，加之长安作为唐代首都，与周边国家的政治、经济和文化交流频繁，一度形成"万国朝宗"的局面。其中，唐与外邦的教育交流成为不可或缺的一部分，各国不断派遣留学生赴唐习业，尤以日本、高丽、百济、新罗僧人求经学义为主。据统计，日本遣唐使中的留学生，确知姓名的留学生

---

① 敦煌研究院编《敦煌遗书总目索引新编》，第289页。
② 敦煌研究院编《敦煌遗书总目索引新编》，第260页。"天福三年"实为"乾祐三年"。
③ 敦煌研究院编《敦煌遗书总目索引新编》，第49页。
④ 李正宇：《敦煌学郎题记辑注》，《敦煌学辑刊》，1987年第1期，第34页。

约二十人，留学僧一百零八人。① 新罗留学生较之日本，数量大大增加，据严耕望先生考证，"自太宗贞观十四年新罗始遣派留学生起至五代中叶，三百年间，新罗派遣之留唐学生，最保留之估计当有两千人"②。

留学僧在遣唐使团中处于从属地位，来中国留学是经过朝廷批准的，即"奉敕求法"。根据其至唐的使命可分为学问僧③、请益僧④、还学僧⑤。他们在唐代以高僧为师，译经、研习，学成后归国，将佛法带入日本国，在日本建立佛教宗派，并运用学到的经论为皇室和国家服务。如日僧和州大安寺道慈，"大宝元年（701）入唐请益，乃届长安，谒善无畏三藏，受求闻持等密法。遍蹈胜地，亲见明师。时唐帝选召义学高僧一百员，讲《仁王般若经》，预选入宫，怜慈远客，特加优命。在唐十八年，经论史籍游练心曲，贯通要英。以开元戊午（718）归"⑥。道慈以请益为目的，在唐以善无畏为师，受求密法，之后游历各地，跟随名师学习。历经十八年，精通经论史籍方归国。日僧城州灵岩寺圆行亦为请益僧，其传中记载："圆行载次戊午，衔命请益之列。"⑦

留学僧赴唐学习，不仅须向本国政府提出申请，且须具备一定的学习基础。从出使隋唐的日僧来看，首先是具有基础的佛学知识，请益僧则更是在佛教教义上有所造诣。如释道昭，"天资明敏，戒珠无缺。住元兴寺，声畅四方。白稚四年癸丑五月，奉'渡海之敕'，与沙门定慧、道严等十有三人，从遣唐使小山长丹入唐"⑧。空海和尚"十五随舅氏上洛，博览群书，十八入庠序，就味酒净成、博士冈田学《毛诗》《左传》，叹曰：儒书日浅，佛法愈高。作三教指归，旌意。乃从石渊勤操僧正，受虚空藏求闻

---

① 〔日〕木宫泰彦：《日中文化交流史》，胡锡年译，商务印书馆，1980，第126~149页。

② 严耕望：《新罗留学生与僧徒》，《严耕望史学论文集》，第944页。

③ 学问僧是长期留学、志在深造的留学僧。

④ 请益僧是指入唐前在某个专门领域已有一定程度的研究和造诣，成为佛学专家并且有一定地位，不过在各自专门的领域还有一些特殊问题有待进一步研修的留学僧。请益僧无须长期留唐，且多获准带若干随从随行。

⑤ 使团中有被任命为遣唐使团的成员而兼请益，并随遣唐使同时往返者，称为还学僧。

⑥ 《大日本佛教全书》第102册，《本朝高僧传》卷4，佛书刊行会，大正二年六月，第89页。

⑦ 《大日本佛教全书》第102册，《本朝高僧传》卷6，第114页。

⑧ 《大日本佛教全书》第102册，《本朝高僧传》卷1，第65页。

持法，名山绝巘，专事修练"①。空海在受戒出家前，接受过儒学教育，后感慨于佛法高深，于是改学佛教教义。"被葛涉冬，绝谷过夏，精进苦节，朝忏暮悔。弱冠拜省操公于泉州槙尾山落发，受沙弥十戒，名曰如空。研习三论，学大小乘，二十二登东大寺戒坛，禀具足戒，而改空海，向佛誓曰：三乘十二部经有疑，未能抉择，愿垂加祐，示我正法。"②受戒后，对佛法的种种质疑成为空海入唐求学的动力。于是"延历二十三年夏五月，乘遣唐使越前刺史藤贺能船，秋八月著衡州界，乃德宗贞元二十年矣"③。

留学僧的求学和生活用度由派出国和隋唐政府共同承担。唐政府提供食宿和服装，学费和其他开销由派出国支付。"买书银货则本国支给，而书粮，唐自鸿胪寺供给。"④由于佛寺的特殊性，未见拜师的束脩之说。只见留学僧学习佛法后，带佛教典籍归国，因此留学僧的用度主要体现在经书的抄写上。如最澄法师，在天台山学习期间，把自己所带黄金换成纸张笔墨，雇人抄写佛经。史载最澄"奉使求法，远蹈灵踪。台领越疆，躬写教迹，所获经论疏记二百三十余部并五百卷"⑤。留学生的束脩之礼必不可少。据《唐会要》记载："开元初，又遣使来朝。因请士授经。诏四门助教赵玄默就鸿胪教之。乃遗玄默阔幅布，以为束脩之礼。"⑥其他费用开支超出者，则会无力负担。如与空海一同入唐的留学生橘逸势，由于经费紧张，无法在唐继续学习，欲求遣唐使提前回国。于是空海为之撰文《为橘学生与本国使启》，表达了其欲归国的原因。但是学有所成的留学僧，派出国亦会追加经费。如日僧圆载，即将归国之际，"仁明帝敕宣曰：在唐请益僧圆仁、留学僧圆载等，久游绝域，应乏旅资，宜附圆载兼从僧好仁

① 《大日本佛教全书》第 102 册，《本朝高僧传》卷 3，第 79 页。
② 《大日本佛教全书》第 102 册，《本朝高僧传》卷 3，第 80 页。
③ 《大日本佛教全书》第 102 册，《本朝高僧传》卷 3，第 80 页。
④ 安鼎福：《东史纲目》卷 5，"（真圣女王三年）遣崔承祐入学于唐"条，景仁文化社，1969，第 21 页。转引自耿虎《新罗、日本遣唐留学比较研究》，《厦门大学学报》（哲社版）2010 年第 3 期，第 121 页。
⑤ 《大日本佛教全书》第 102 册，《本朝高僧传》卷 2，第 77 页。
⑥ （宋）王溥撰《唐会要》卷 100，上海古籍出版社，2006，第 2129~2130 页。

还，赐各黄金二百两者，所司分付如前"①，天皇仁明帝主动下诏，令所司赏赐圆载及随从好仁黄金各二百两。这既是对其留学生活的关心，也是对其所学取得成绩的肯定。

留学僧在唐寺院的活动，不只是限于学习，而且可以参加译经、讲经，进行佛法交流。如越州静林寺释法敏"年二十三，又听高丽实公讲《大乘经论》。躬为南坐，结轸三周。及实亡后，高丽印师上蜀讲论，法席凋散"②。高丽僧实公不仅学经，且讲经。有些留学僧甚至被请至宫中为皇帝讲经，如日僧圆载"将还本邦，名官诸士钦慕风采，频留行装，载使好仁持答释还。宣宗皇帝听载道学，敕住西明寺，寻召宫殿讲经，皇情大悦，赐紫袍衣"③。圆载即将归国，受到名宦挽留，宣宗皇帝宣诏入宫讲经，并对其褒奖。

留学僧的学习，加强了唐与周边国家的文化交流。如日本的留学僧入隋朝和唐朝求法，归国时带回大量佛经、佛像、佛具等。甚至有人模仿中国佛寺的艺术样式建造寺院，并结合本土文化创立了与唐朝佛教宗派相类似的天台宗、法相宗、真言宗等。除了佛教，他们还在传播文化的其他方面表现突出。如学问僧空海和留学生吉备真备借助汉字创造日本文字中的假名，并学习中国书法且取得卓然的成就；最澄带回了天台上的茶籽，开始了茶叶在日本的种植历史；道慈以唐长安的西明寺为蓝本，参与日本大安寺的设计建造。加上留学生在唐政治、经济等方面的学习，推动了日本的大化改新，对日本的影响可谓深远。新罗的留学僧亦通过学习，使唐朝形成的佛教宗派相继传入本国。在政治、经济、文化教育等方面对中国的学习，留学生和留学僧都起了积极的作用。如在新罗建立集权制的中央和地方行政机构；模仿唐代的科举取士选拔和任用官吏；仿照唐代田制和赋税制度，实行丁田制和租调法；模仿唐代官学制建立国学，包括学科设立和教学内容均和唐相类。总之，新罗对唐朝的学习是全方位、多维度的。

总之，唐五代时期，佛教寺院教育中，无论是教师，抑或学生，都具

---

① 《大日本佛教全书》第102册，《本朝高僧传》卷2，第132页。
② （唐）道宣撰，郭绍林点校《续高僧传》，第510页。
③ 《大日本佛教全书》第102册，《本朝高僧传》卷2，第132页。

有多元性，在佛教与传统文化的交流中起了重要作用。尤其在敦煌被吐蕃占领时期，佛寺教育甚至一度承担了官学教育的责任，延续了儒学在边地的传播。

第二节　形式多样的教学方式

佛教寺院教育以佛经的传播和讲习为主，围绕佛经传译、讲授、诵读，形成了一套行之有效的教学方法，促进了佛教的广泛传播，对同时代的儒学教育亦有着一定的影响。

一　始自译经，译讲结合

佛教发展的基础就是通过佛经的传译与讲习，将佛教义理昭示于世人。而佛教寺院教育的初兴也得益于此。可以说，佛经的传译对佛教寺院教育起到了重要的促进作用，它亦构成佛教寺院教育的一个重要方面。

（一）汉魏至隋以译经为主的佛寺教育

佛经的传译有史可载的是汉代桓灵之间。汉明帝时已为西域来的僧人建立了寺院，如洛阳白马寺。于是，大批的学问僧来到中土，开始了最初的译经活动。此时比较有名的当为安世高和支娄迦谶二僧。而学问僧齐集之地为洛阳，洛阳自然成为汉末的译经中心。这一时期的西来僧人，精通华梵双语的极少，而中土信奉佛教者较少，且也不擅华梵双语。故而在译经中，他们相互合作。如前所述，安玄与严佛调合译《法镜经》。作为安世高弟子的严佛调在安世高的译场中充任笔受。孟福作为支娄迦谶的弟子，也充当笔受的角色。在译经的过程中讲经，甚至是边译边讲。从传说中口授《浮屠经》就可看出，汉代佛家讲经，秉承了口授的方式。因为译经是由中土和外来僧人合作完成的，故而外僧口授，华人笔录。口诵者诵经，辞约而义薄；且作为外来文化，它和本土文化不仅有语言上的障碍，还有思维习惯的不同，因而需加以必要的解说，于是就产生了边译边解说的方式。这也是佛教寺院教育最初的教学形式。严佛调在《沙弥十慧章句序》中，称安世高"韬弘稽古，靡经不综，愍俗童蒙，示以桥梁"。这不仅说明安世高讲经时旁征博引，讲述精彩，而且可以看出安世高化繁为简，注重经义的启蒙。这样可以使中土的信众更容易接受佛教信仰，并加深对佛教的理解。因此"世高出经，听者云集"[①]。这一时期译经主要有两大类：安世高译出的，属小乘佛教基本经典的单本和解释教义的节本，如《阿毗昙五法经》《七法经》《阿毗昙九十八结经》等；支娄迦谶译出的，属于大乘佛典的《道行经》，亦为《大品般若经》的节抄本。而中土僧人严佛调则写出《沙弥十慧章句》，也是中国佛教寺院教育最早的简要讲义。东汉佛教初兴，还在于东汉帝侯们的支持。如汉明帝及他的异母兄弟——楚王刘英，还有丹阳人笮融。在他们的推动下，佛教从上层知识分子波及帝侯及民众。但这一时期的佛教，活动范围仅限于寺院，教育活动也以"讲译一体"为主。

三国时期，蜀汉无佛法流布，佛法传译唯见魏、吴。曹魏时期，在洛阳译经的主要有昙柯迦罗、康僧铠、昙无谛、安法贤四位。吴地主要有支谦和康僧会。支谦虽无讲经的历史记载，但《高僧传》曰："孙权闻其才慧，召见悦之，拜为博士，使辅导东宫，与韦曜诸人共尽匡益。"[②] 可见其既然可以拜为博士，并教导东宫，必定不乏讲授义理。后支谦辞去俗务，专心译经，并取得一定的成果。康僧会是继支谦后在东吴传播佛教又一人，他取得孙权的支持，首建建初寺，推动了佛教在江南的传播，佛教寺院教育也由此始兴。

两晋及南北朝时期，僧人继续以"讲译一体"的形式进行寺院教育。这一时期的佛教陆续得到统治者的大力支持，不仅佛教寺院增多，僧尼数量也猛增。据统计，西晋佛寺一百八十所，僧尼三千七百余人；南朝全盛期梁代佛寺二千八百四十六所，僧尼八万二千七百余人；北朝全盛期北魏各地佛寺三万余，僧尼二百余万人。[③] 寺院的建造为佛教寺院教育提供了固定场所，寺院里不仅可以译经，而且可以进行讲学活动。且此时的译经已由国家主办，译场组织也渐趋完备，形成了以长安、庐山为中心的译经

---

① 汤用彤：《汉魏两晋南北朝佛教史》，第 64 页。
② （梁）释慧皎撰，汤用彤校注《高僧传》卷 1《魏吴建业建初寺康僧会传》，第 15 页。
③ 中国佛教协会编《中国佛教》第一辑，东方出版中心，1980，第 18、31、43 页。

中心，译经事业得到蓬勃发展。如西晋时竺法护在长安的译场，译出《正法华经》《维摩诘经》《方等泥洹经》等一百五十多部佛经。竺法护的译场虽未有官方参与，但是译经数量相对于当时的译场，成果可谓丰富。十六国时期，前秦国主苻坚请道安在长安主持译场。由于前秦朝廷提供的优厚条件，译场里聚集了许多优秀的翻译人才，包括西域的昙摩难提、僧伽提婆、僧伽跋澄等；汉僧有僧睿、僧导、慧嵩等。道安主持或参与的译经共十四部，有《摩诃钵罗若波罗蜜经钞》《中阿含经》《阿毗昙经》等。在翻译过程中，道安提出了"五失本，三不易"的翻译理念。后秦国主姚兴迎请鸠摩罗什，在长安逍遥园建立西明阁作为译场，并派驻僧肇、僧邀等八百余名僧人前往作为助手。鸠摩罗什主持的译场，参译人数最多达到三千余，译出《法华经》《金刚经》《中论》等七十多部佛经。

隋代初建，文帝大兴佛法，即位后就下令在大兴善寺聚集名僧和佛教学者，建立了隋代第一个国立译经馆。由于文帝的支持，大兴善寺在译经方面颇具影响，成为隋代佛经翻译的中心。隋代在大兴善寺译经的工作主要由那连提黎耶舍、阇那崛多、达摩笈多相继担任并完成。其中最有影响力的是阇那崛多。阇那崛多当时带领众僧翻译的，主要是北齐时十位汉地僧人从西域取回的佛教经典，共二百六十部。"有齐僧宝暹、道邃、智周、僧威、法宝、僧昙、智昭、僧律等十人，以武平六年相结同行，采经西域，往返七载，将事东归，凡获梵本二百六十部。回至突厥，闻周灭齐，并毁佛法，退则不可，进无所归。"[1] 后来隋大兴佛法，此梵本辗转运到长安大兴善寺，"新至梵本，众部弥多，或经或书，且内且外，诸有翻传，必以崛多为主。金以崛多言识异方，字晓殊俗，故得宣辩自运，不劳传度。理会义门，句圆词体。文意粗定，铨本便成。笔受之徒，不费其力。试比先达，抑亦继之。（开皇）五年敕令崛多共婆罗门沙门若那竭多、开府高恭、息都督天奴、和仁及婆罗门毗舍达等道俗六人，令于内史省翻梵古书及乾文等。于时广济寺唯独耶舍一人译经，别敕崛多，使兼翻经，两头来往。到十二年，翻书讫了，合得二百余卷进毕。尔时耶舍先已终亡，仍敕崛多专主翻译，移法席就大兴善寺。更召婆罗门沙门达摩笈多，并敕

---

① （唐）智昇撰，富世平点校《开元释教录》卷7《总括群经录上之七》，第456页。

高天奴、高和仁兄弟等同传梵语。又增置十大德沙门僧休、法粲、法经、慧藏、洪遵、慧远、法纂、僧晖、明穆、昙迁等，监掌翻事，铨定宗旨。沙门明穆、彦琮重对梵本，再审复勘、整理文义"①。阇那崛多翻译佛经"宜辩自运，不劳传度"，可以一边念诵梵文原典，一边用华语讲解至义，极熟练自如；并且所翻译文意词精确，落笔便成，笔受者不必反复誊抄。可见阇那崛多精通华梵双语，不愧为一位学蕴三冬、声驰万里的传法高僧。且阇那崛多在大兴善寺担任译主期间，聚集了一群高僧集中译经，其中就有继任译主达摩笈多，还有对译经有理论总结并深有影响力的高僧彦琮。在阇那崛多的领导下，众位高僧大德齐聚大兴善寺，译经馆组织完备，人才济济。译经的效率、质量都大为提高。

（二）唐代的译经活动及其特点

唐初的译场不仅规模大，且得到统治者的支持。太宗选拔了"兼闲三教，备举十科"的十九位僧人助译。其中担任译语的有玄谟、僧伽、崛多为证译，法琳、惠明、慧赜、慧净等执笔，慧采、法常、慧朗、昙藏、智解、智首、僧辨、僧珍、道岳、灵佳、文顺等十一位证义。此外，官员助译亦形成唐初译经的一大特色。如敕上柱国尚书左仆射房玄龄、散骑常侍太子詹事杜正伦、礼部尚书赵郡王李孝恭等三位朝贵参助诠定；右光禄大夫太府卿兰陵男萧照任总监护。又令译馆所需百司供给，四事丰华。在新的统治者大力支持下，大兴善寺又学者骏奔，盛扬法道，复开译业。波颇之后，先后担任译主的有不空和金刚智。

太宗时期，除了大兴善寺的译场，西行求法归来的玄奘，在太宗的支持下，先后在弘福寺、大慈恩寺及玉华宫等处也设置译场译经。玄奘译经之初，朝廷并未要求朝中大臣前去助译，玄奘为此心中不快。在一次于大慈恩寺举办的为皇太子祈福的斋会中，玄奘列举了后秦鸠摩罗什、北魏菩提流之和前述波颇等大师译经时得到王公贵族支持的事例，并请求黄门侍郎薛元超和中书郎李义府转告朝廷。高宗于是下诏"慈恩翻译，文义须精，宜令左仆射于志宁，中书令来济，礼部许敬宗，黄门侍郎薛元超，中

---

① （唐）智昇撰，富世平点校《开元释教录》卷7《总括群经上之七》，第457～458页。

书郎李义府等，有不安稳，随事润色"①。

及至武则天时期，其他大寺也设有译场，如唐大荐福寺。义净携带西行求来的"梵本经律论近四百部，金刚座真容一铺，舍利三百粒"，武则天亲率众臣于洛阳上东门外迎接，并诏命义净住在洛阳佛授寺。此后，义净先后在洛阳延福坊大福先寺、西京长安延康坊西明寺、东京福先寺、长安荐福寺等寺院翻译佛经。从武则天久视年（700～701）到睿宗景云年（710～712），约十二年的时间，共译出佛经五十六部、共二百三十卷；还撰写了《大唐西域求法高僧传》和《南海寄归内法传》。义净在洛阳和长安的译场都得到统治者的支持，规模相当宏大：译场中分工明确，有证梵文、证梵本、读梵本、证义、笔受等；参与人员既有僧人又有朝廷官员。如在大福先寺译经时，成均太学助教许观监护，并负责将译经进度呈报武则天，天后亲自撰写圣教序，令标经首；中宗神龙元年译出《孔雀王》等经，中宗亲自制序，名《大唐龙兴三藏圣教序》；在大荐福寺译经时，参与译经的官员人数众多，修文馆大学士李峤、兵部尚书韦嗣立、中书侍郎赵彦昭、吏部侍郎卢藏用、兵部侍郎张说、中书舍人李乂二十余人为译文润色，左仆射韦巨源、右仆射苏环监护，秘书大监嗣虢王邕同为监护。②而译场中的译经僧人，不仅有中土僧人，还有外来胡僧和居士。由于义净求学于天竺，并在天竺生活了十余年，精通梵语和汉语，且又经过试译、助译的实践锻炼，因此翻译起来得心应手。

从译场的历史发展看，译经由高僧自发组织到国家参与支持，译场的组织、分工从早期的简单化发展至隋唐时期的细化。隋唐前的译场译经，译主读经并口译为汉语（若译主不通汉语，则增加传语一职，专事口译），由笔受逐一记录，再校订、校勘，最后成定本。隋唐时期的译场，分工细化，译场中职司多达十一种，包括译主、证义、证文、度语、笔受、缀文、参译、刊定、润文、梵呗、监阅。每一职司严格履行职责。译主是全场主脑，精通佛理，通晓华梵，疑难之处，果断判断解决；证义则为译主助手，华梵差异由其与译主沟通；证文又称证梵本，译主诵梵文时，负责

① （唐）道宣撰，郭绍林点校《续高僧传》卷4《唐京师大慈恩寺释玄奘传》，第128页。
② （宋）赞宁撰，范祥雍点校《宋高僧传》卷1《唐京兆大荐福寺义净传》，第2～3页。

订正原文的讹误；度语负责将梵文字音记录成汉字；笔受将梵文字音译为汉文；缀文将译出的汉文整理为符合汉语习惯的文段；参译先校勘原文有无讹误，再用译文回证原文能否产生歧义；刊定对章节内容进行审定；润文是对译文进一步润色；梵呗是用梵音唱念译文，看音调是否协调，便于诵读；监阅则由朝廷派驻的大臣监督译经。①

　　译场除了翻译，还有讲经的过程。译中讲经，译讲同步。译主译经，需向其他职司讲解、阐述经义，尤其是其中精微。证义、证文、笔受、缀文等职司理解了经义的精髓，才能够订正原文并对原文进行校勘，并将其译为符合汉语习惯的经文。译经的过程，实际上是讲经、释疑和辩论的过程。如阇那崛多精通华梵双语，可以一边诵读梵文，一边以华语讲解经义。所翻译文精准，省却笔受反复誊抄，也为之后参译、刊定、润文等职司节约了时间，大大提高了译经的效率。据《历代三宝记》统计，阇那崛多在隋朝，共主译了 31 部、165 卷佛经，包括《文殊尸利行经》《虚空孕菩萨经》《佛本行集经》等。② 再如玄奘西归后，在弘福寺和大慈恩寺先后译经。玄奘译经场，分工与前述各译场相类，"既承明命，返迹京师，遂召沙门慧明、灵润等以为证义，沙门行友、玄赜等以为缀缉，沙门智证、辩机等以为录文，沙门玄模以证梵语，沙门玄应以定字伪。其年五月，创开翻译《大菩萨藏经》二十卷，余为执笔，并删缀词理"③。分工明确，分为"证义""缀辑""录文""证梵语""定字伪""执笔"等。在译经过程中，玄奘注意培养新生力量，并为其进行讲授。如其弟子窥基，"至年十七，遂预缁林。及乎入法，奉敕为奘师弟子，始住广福寺。寻奉别敕选聪慧颖脱者入大慈恩寺，躬事奘师，学五竺语，解纷开结，统综条然，闻见者无不叹伏"④。玄奘法师据其才华，令窥基与昉、尚、光等四人在译《唯识论》时"润色、执笔、检文、纂义"，但窥基却不听从安排，欲另成一书。玄奘法师非但不恼，反而"以理遣三贤，独委于基"，这是"量材授任"。并在窥基撰述之际，"时随受撰录所闻，讲周疏毕"，为其讲授经

① 马祖毅：《中国翻译史》，湖北教育出版社，1999，第 147~148 页。
② 《历代三宝记》，《大正藏》第 49 册，第 102~103 页。
③ （唐）道宣撰，郭绍林点校《续高僧传》卷 4《唐京师大慈恩寺释玄奘传》，第 120 页。
④ （宋）赞宁撰，范祥雍点校《宋高僧传》卷 4《唐京兆大慈恩寺窥基传》，第 57 页。

义。可见，译场中的佛学教育并未因译经工作而终止，反而将译场当作授课场所，根据学生情况因材施教。前述义净法师，"译缀之暇，曲授学徒"，说明译场也是教育场所，在译经的闲暇之余，义净结合译经的心得，向僧众传授经义。

（三）敦煌的译经及其译经中的佛寺内典教育

敦煌佛寺译经者是来自吐蕃的法成。他精通佛理，吐蕃统治时期被封为"大蕃国大德三藏法师"。他译经和前述高僧不同。作为精通蕃汉两种语言的僧人，他不是将梵文佛经译为汉语，而是将藏文佛经翻译为汉文佛经，或将汉文佛经译为藏文佛经。

将藏文佛经译为汉文佛经的有：《般若波罗蜜多心经》（P.4882 题记："大蕃国大德三藏法师沙门法成译"，另有 S.1251、S.1306、S.5447 亦为法成所译）、《诸星母陀罗尼经》（S.5010 题记："沙门法成于甘州修多寺译"）、《六门陀罗尼经论广释》（P.2402v 题记："癸丑年十月上旬八日于沙州永康寺译讫，故记之也"）、《萨婆多宗五事论》（P.2073 题记："大蕃国大德三藏法师沙门法成，于甘州修多寺道场译"）、《菩萨律仪二十颂》（P.3950 题记："赞多啰具名菩萨造，国大德三藏法师法成译"）、《释迦牟尼如来像法灭尽之记》（P.2136 题记："国大德三藏法师沙门法成译"）。

将汉文佛经译为藏文佛经的有：《金光明最胜王经》《解深密经疏》《楞伽阿波多罗宝经》《入楞伽经》《善恶因果经》《贤愚经》《大宝积经》《佛说时非时经》《锡杖经》《千手千眼陀罗尼》《观音陀罗尼经》《十一面神咒心经》《百字论颂》《缘生三十颂》《八声转颂》等。①

关于法成译经译场的情况，敦煌遗书中没有记录，因此不能妄下论断。但就法成译经的时间和数量推断，其译场还是有一定规模的。P.2794《大乘四法经论及广释开决记》题记："大蕃国大德三藏法师沙门法成集，癸丑年八月下旬九日，于沙州永康寺集毕记"，癸丑年为 833 年，这是法成来沙州有确切纪年的最早记录。S.5010《诸星母陀罗尼经》题记："壬

---

① 王尧：《藏族翻译家管·法成对民族文化交流的贡献》，《文物》1980 年第 7 期，第 52~56 页。

戌年四月十六日，于甘州修多寺翻译此经"，壬戌年为842年。S.1287同名经卷尾题："沙门法成于甘州修多寺译"，因此可知法成在壬戌年（842）已由沙州到达甘州，从事译经活动。P.2073《萨婆多宗五事论》首题"大蕃国大德三藏法师沙门法成，于甘州修多寺道场译"，尾题"五事论一卷，丙寅年五月十五日于大蕃甘州张掖县译"，丙寅年即846年。① 848年，张议潮领导敦煌人民高举大旗，推翻了吐蕃统治，赶走了吐蕃统治者。法成从甘州回到沙州，从事讲经的教育活动。因此推断，法成译经基本是在甘州进行，时间在842~846年。在此时间段内，译经二十余部，其译场应具有一定的规模。回到沙州后，法成专心讲经，直至圆寂。

法成集录或讲述的经论，有《大乘四法经论及广释开决记》（P.2794题记"大蕃国大德三藏法师沙门法成集，癸丑年八月下旬九日，于沙州永康寺集毕记"）、《大乘道芊经随听手镜记》（P.2284、P.2303、S.1080）、《叹诸佛如来无染着德赞》（P.2886题记"吉祥童子授草偈，国大德三藏法师法成述"）、《瑜伽师地论》系列讲义（见前述其弟子所记写本）。P.3301《蕃汉对译词汇表》虽未注明法成所著，但从他讲《瑜伽师地论》系列的内容看，极有可能是法成在讲经过程中，对照汉、藏双语整理而成。因此法成在敦煌佛寺教育发展史上，可说是承前启后之一人，教育成果丰硕，其弟子法镜、明照后也成为归义军时期独当一面的法师。

因此，译经作为佛教传播经义的主要环节，与讲经有机结合，译讲一体，成为佛教寺院教育一种有效的教学方式。

二 单独授徒与聚众讲经结合

汉魏至隋时期，佛寺教育的体系未完全形成。僧人幼年出家，未受戒前依从亲教师学习，成年游学即再拜一师学习佛法。《高僧传》载："释道温，姓皇甫，安定朝那人，高士谧之后也。少好琴书，事亲以孝闻。年十六入庐山，依远公受学。后游长安，复师童寿。"② 他先跟从慧远学习，后

---

① 以上关于癸丑、壬戌、丙寅年的断代可见王尧《藏族翻译家管·法成对民族文化交流的贡献》，《文物》1980年第7期，第51页。

② （梁）释慧皎撰，汤用彤校注《高僧传》卷7《宋京师中兴寺释道温传》，第287~288页。

游历长安时，又拜童寿为师。《高僧传》记载："释昙斌，姓苏，南阳人。十岁出家，事道袆为师。始住江陵新寺，听经论、学禅道。覃思深至，而情未尽达。夜梦神人谓斌曰：'汝所疑义，游方自决。'于是振锡挟衣，殊邦问道。初下京师，仍往吴郡。值僧业讲十诵。餐听少时，悟解深入。后还都从静林法师，谘受涅槃。又就吴兴小山法珍，研访《泥洹》《胜鬘》。晚从南林法业，受《华严》《杂心》。"①《高僧传》中相类者甚众。可见这一时期的僧尼幼时出家，必须拜师。首授业之亲教师为其讲授佛经，年长学成，可以游学。游学过程中，可继续拜师学习。这样，一位僧人在学习的过程中，既有亲教师引领其进行初级的学习，又不存门户之见，在未来游学的时候，可拜擅长其他经论者为师。如前述释道温，初拜慧远为师，后拜童寿为师。慧远乃道安法师之徒，亦为净土宗之始祖。即使名僧之徒，亦在此列。释昙斌则是贯穿了终身学佛的精神。十岁出家，拜道袆为师学习禅道；后游学吴郡，拜静林法师学习涅槃；晚年拜南林法业为师学习华严。三次拜师，所学不同，是集禅道、涅槃、华严为一身的高僧。不带门户之见地求学，对佛法的理解更有融通之功。因此昙斌"既遍历众师，备闻异释。乃潜思积时，以穷其妙。融冶百家，陶贯诸部。于是还止樊邓，开筵讲说"②。

如此一人转益多师学习不同的经论，得益于佛寺教育中的师徒相授。它是一对一分散教学，针对学生的天赋和爱好，亲教师选择佛经相授，亦充分体现教育中因材施教的原则。

除了亲教师以一对一形式分散授课之外，寺院亦采用聚众讲经的方式进行佛教经义的宣讲和研习。《弘明集》载："道以符章为妙，佛以讲导为精。"③汉魏以来，佛教经义为能在中土传播，在宣讲的过程中，往往会依傍于当时流行的一些思想。如汉末理解经义，多结合当时流行的黄老方技；魏晋南北朝时，又用玄学的概念理解佛法。中土佛教关于佛法的理解，依据格义法得出结果。直至鸠摩罗什等僧人译出大批佛经，对佛教经

---

① （梁）释慧皎撰，汤用彤校注《高僧传》卷7《宋京师庄严寺释昙斌传》，第290页。
② （梁）释慧皎撰，汤用彤校注《高僧传》卷7《宋京师庄严寺释昙斌传》，第290页。
③ （梁）僧祐撰《弘明集》卷7《戎华论析顾道士夷夏论》，《大正藏》第52册，第47页。

义的理解中有了印度佛教的哲思。对佛法的理解既有与印度佛教教义相合的，如三论宗；有将佛教思想遵循中土思维方式解释的，如慧远、张融等；也有将前两者方法结合解释的。因此，对于佛教理论的解释纷繁多彩。随着对佛法教理理解的深入，不同的解经高僧各持己见。他们大多承担着宣讲和启导的双重作用，引导僧众对经义的理解，以求得对佛法的正闻正见。因此寺院的讲经成为他们输出理解的重要方式。《高僧传·晋荆州长沙寺释法遇》记载法遇居住于江陵长沙寺时，"讲说众经，受业者四百余人"①。《高僧传·晋彭城郡释道融》记载："融后还彭城，常讲说相续，问道至者千有余人，依随门徒数盈三百。"② 前者讲经听众少亦有四百余人，后者常跟随的门徒即满三百，闻而问道者过千。可见讲师的影响力之大。《高僧传·宋京师龙光寺竺道生》记载竺道生虽为士族，但因幼时聪颖，跟随竺法汰学习，"研味句义，即自开解。故年在志学，便登讲座，吐纳问辩，辞清珠玉。虽宿望学僧，当世名士，皆虑挫词穷，莫敢酬抗"③。竺道生年少便获得讲师的资格，且能对经义理解透彻，不仅讲解十分精彩，"辞清珠玉"；而且在论辩中始终占有优势，把控局势，以致无人质疑，"虽宿望学僧，当世名士，皆虑挫词穷，莫敢酬抗"。由此可见，讲师须是学识渊博，对经义理解深透，且能形成一套完整理论，能自圆其说的高僧。

中土寺院讲经仪式最早可见记载的是释道安所作的《僧尼轨范》。其中一条"行香、定座、上经、上讲"应是对讲经仪式的要求。吉藏撰《仁王经疏》云："然诸佛说经本无章段。始自道安法师分经以为三段，第一序说，第二正说，第三流通说。序说者由序义说经之由序也，正说者不偏义一教之宗旨也，流通者流者宣布义通者不拥义，欲使法音远布无壅也。"④ 道安法师将讲经分为三部分：序说，说明该经的缘起，相当于绪论；正说，是一部经的主要内容，经义主旨在正说中阐述；流通说，是关于该经的流传，欲流通至天下。这样，讲经的步骤非常完善了。但是在讲

① （梁）释慧皎撰，汤用彤校注《高僧传》卷5《晋荆州长沙寺释法遇传》，第201页。
② （梁）释慧皎撰，汤用彤校注《高僧传》卷6《晋彭城郡释道融传》，第242页。
③ （梁）释慧皎撰，汤用彤校注《高僧传》卷7《宋京师龙光寺竺道生传》，第255页。
④ 吉藏撰《仁王般若经疏》，《大正藏》第33册，第315页。

师阐述经义主旨后，听讲僧众可就其中的疑难向讲师提问；讲师应在听完提问后做出回答。前述竺道生即如此。

除了讲师，讲经时还有"覆讲"一职。《高僧传·晋长安五级寺释道安》载："澄讲，安每复述。众未之惬，咸言：'须待后次，当难杀昆仑子。'即安后更覆讲，疑难锋起。安挫锐解纷，行有余力，时人语曰：'漆道人，惊四邻。'"① "覆讲"即为主讲复述者，且有更加详细解经的职责。此外，还有"都讲"，《高僧传·宋寿春石磵寺释僧导》云："至年十八，博读转多。气干雄勇，神机秀发。形止方雅，举动无忤。僧叡见而奇之，问曰：'君于佛法且欲何愿。'导曰：'且愿为法师作都讲。'叡曰：'君方当为万人法主，岂肯对扬小师乎。'"② 从中可看出，都讲为讲师助手，且地位低于法主。

讲经的内容不限于佛经，还包括儒家经典。《高僧传·宋吴虎丘山释昙谛》记载："晚入吴虎丘寺，讲《礼》《易》《春秋》各七遍，《法华》《大品》《维摩》各十五遍。"③《高僧传·宋京师庄严寺释昙斌》中记录昙斌的学习情况："始住江陵新寺，听经论，学禅道。"④ 经论应为儒学经典。可见佛寺讲经不仅讲佛经，且讲儒家五经；从所讲次数看，不是偶尔讲儒家经典，是已和佛经一样，形成定制。

因此，汉魏以来的佛寺讲经其时已具规模。一堂讲座，除了讲师（法主），还有覆讲和都讲。不仅要对佛经教义进行讲解和分析，而且为了加深理解，讲解之后还有"覆讲"复述内容；"覆讲"与"都讲"作为讲师的助手，要面对僧众的质疑和提问。每场讲座少则百人，多则千人，影响力巨大。讲授内容既有佛典又有儒家经典，实为此时佛教本土化之特色体现。如此规模的集中讲经与师徒制的一对一授经，构成了汉魏以来佛寺教育的主要教学形式，形成这一时期没有门派之分、具有学研风格的佛教经义的教学。

---

① （梁）释慧皎撰，汤用彤校注《高僧传》卷5《晋长安五级寺释道安传》，第177~178页。
② （梁）释慧皎撰，汤用彤校注《高僧传》卷7《宋寿春石磵寺释僧导传》，第280~281页。
③ （梁）释慧皎撰，汤用彤校注《高僧传》卷7《宋吴虎丘山释昙谛传》，第279页。
④ （梁）释慧皎撰，汤用彤校注《高僧传》卷7《宋京师庄严寺释昙斌传》，第290页。

三 诵经

讲经是解释佛教义理的必要手段，是讲师阐发自己所学、僧众接纳佛教义理的过程。讲述过程中，僧众还能质疑和提问，再由"覆讲"和"都讲"一一回答。这个过程以教为主，师、僧互动，提高了僧众的学习积极性；针对性地答疑甚至辩论，使疑难问题在互动的过程中得到回答，并加深理解。虽然讲经是为佛寺教育的定制，但集中讲学毕竟有限，大多时候僧众以诵经为主要学习手段。

《高僧传》记载释僧侯："年十八，便蔬食礼忏。及具戒之后，游方观化。宋孝建初，来至京师。诵《法华》《维摩》《金光明》，常二日一遍。如此六十余年。"①释僧侯坚持六十多年，每两日将《法华经》《维摩诘经》《金光明经》诵读一遍。既是学习，也是修行。

《高僧传》记载释弘明："止山阴云门寺。诵《法华》，习禅定。精勤礼忏，六时不辍。每旦则水瓶自满，实诸天童子以为给使也。明尝于云门坐禅，虎来入明室内，伏于床前。见明端然不动，久久乃去。又时见一小儿来，听明诵经，明曰：'汝是何人？'答云：'昔是此寺沙弥，盗帐下食，今堕圊中，闻上人道业，故来听诵经，愿助方便，使免斯累也。'明即说法劝化，领解方隐。"②此段记载难免加入了神话色彩，但是它的描述表现出诵经的功德：由于释弘明诵经不断，因此感动上苍，诸天童子为其打水，照顾其生活；诵经之语也能教化兽王，虎非但不伤害他，反而聆听诵经之声；还能教化偷盗之人。由此可见，诵经是僧众的学习手段，同时也是教化他人、传布佛理的方式。

《续高僧传》关于释法建的记录有云："诵经一千卷。仍多闲暇，遨游偶俗，无所异焉。忽复闭门，则累日不出，无所食矣，唯闻诵经，然小声吟讽，音不外彻。有人倚壁窃听，临响但闻鼍鼍溜溜，似伏流之吐波。时乃一出，追从无闻。武陵王东下，令弟规守益州，魏遣将军尉迟迥来伐蜀，规既降款，城内大有名僧，皆被拘禁。至夜忽有光明，迥遣人寻光，

---

① （梁）释慧皎撰，汤用彤校注《高僧传》卷12《齐京师后冈释僧侯传》，第472页。
② （梁）释慧皎撰，汤用彤校注《高僧传》卷12《齐永兴柏林寺释弘明传》，第468~469页。

乃见诸僧并睡，唯法建端坐诵经，光从口出。迥闻，自到建所，顶礼坐听，至旦始休。迥问曰：'法师昨夜所诵，名作何经？'答曰：'《华严经》下帙十卷。'迥曰：'何不从头诵之？'答曰：'贫道诵次到此耳。'迥曰：'法师诵得几许？'答曰：'贫道发心欲诵一藏，情多懈怠，今始得千卷。'迥惊疑不信，将欲试之，曰：'屈总诵一遍，应不劳损耶？'建报曰：'读诵经典，沙门常事，岂惮劳苦。'乃设高座，令诸僧众并执本逐听。法建登座为诵。或似急流之注峻壑，其吐纳音句，呼吸气息，或类清风之入高松。聪明者才似闻余音，情疏意逸者空望尘躅。七日七夜，数已满千，犹故不止。迥起谢曰：'弟子兵将，不得久停。请从此辞。'诸僧因并释散。迥既出，叹息曰：'自如来寂灭之后。阿难号为总持，岂能过此，蜀中乃有如此人！所以常保安乐。奇哉，奇哉！'①法建"诵经一千卷"，却依然不停止，足见诵经是其日常功课，是其修习的主要方式。因此当尉迟迥请他诵读千卷经文时，他泰然自若接受了这个貌似请求的强制命令，并且回答"读诵经典，沙门常事，岂惮劳苦"。可见一般僧众以诵经为寻常事，这应是他们修习的必备功夫。而在不同场合诵经时，对经文的诵读有区别：闭关诵经时，声音极小，犹如"伏流之吐波"；而面对侵略者诵读时，声音洪亮，时而"似急流之注峻壑"，时而"类清风之入高松"。听者感受也各不相同，"聪明者才似闻余音，情疏意逸者空望尘躅"。然而这并不影响释法建诵经的速度。七日七夜诵经千卷，以至于尉迟迥主动撤兵，释放了被抓僧众。尉迟迥对释法建也有极高的评价："自如来寂灭之后。阿难号为总持，岂能过此，蜀中乃有如此人！所以常保安乐。奇哉，奇哉。"以一己之力救诸僧众，说明法建诵经具有教化他人的作用。

释法建诵经千卷，足见诵经的数量之多。但对于佛法的理解，未必僧众都如同法建一样博学，也有人数十年专诵一经的。同卷僧人释慧恭的记载即体现了这一点。释慧恭与惠远同为一寺僧人，适逢周末废佛，两人皆离开佛寺远游。三十余年后，惠远和释慧恭均回到益州，惠远自长安归来，善讲诸经论，"卓尔超群，道俗钦重"；释慧恭从江左归来，两人相

---

① （唐）道宣撰，郭绍林点校《续高僧传》卷 28《魏益州五层寺释法建传》，第 1172～1173 页。

遇，谈笑甚欢。惠远对佛法教义的阐释如泉涌一般，而慧恭却寡言少语。"（远）问恭曰：'离别多时，今得相见，庆此欢会，伊何可论！但觉仁者无所说，将不得无所得耶？'恭对曰：'为性暗劣，都无所解。'远曰：'大无所解，可不诵一部经乎？'恭答曰：'唯诵得《观世音经》一卷。'"惠远质疑慧恭三十余年的修行，只诵一经，却是小儿童子都能诵的《观世音经》。言语之中不乏鄙夷，且主动要求与之断交。慧恭却用实际行动回应了惠远的质疑，设坛诵经。"恭始发声唱经题，异香氤氲，遍满房宇，及入文，天上作乐，雨四种花。乐则嘹亮振空，花则氛霏满地。经讫下座，自为解座，梵讫花乐方歇。惠远接足顶礼，泪下交连，谢曰：'惠远臭秽死尸，敢行天日之下？乞暂留，赐见教诲。'恭曰：'非恭所能，诸佛力耳。'"① 虽然对慧恭诵经时的异象描写有所夸张，带有神话色彩，但足以说明，三十余年专诵一经，对此经感悟深刻，已非常人所比。正如慧恭所释，"至心听佛语"，足见常年反复诵读的功效之惊人。

此述几位僧人，只是众多僧人的代表。诵经是佛教寺院学习的必备方法，也是修习的一种形式。敦煌遗书中亦有多条记载僧人或在家清信士学习佛教典籍时使用念诵的方式。如 P.4505《四分律比丘戒本》题记："沙门弘文手书诵读，显一切比丘奉行，速成无上道□。"② P.2887《诸杂斋文残卷》题记："丙戌年三月八日清信弟子比丘僧法会敬写除诵。"③ P.3649《杂抄一卷》题记："丁巳年正月十八日净土寺学仕郎贺安住自手书写诵读记过耳。"④ 不仅诵读，还结合书写、记忆，不仅有助于记忆，还可加深理解。

因此诵经在佛寺僧人学习过程中，是既常见又有效的学习方法。初学者诵经，是理解佛义的基础；具有佛学素养的僧人诵经，是修行得正果的必经之途。学习佛法的基本二法是为"止""观"，每日须诵经，"诵者，背文而暗持之也。"僧人诵经各有不同，如释慧恭三十余年只诵《观世音经》。诵经时宛如佛祖讲经，音乐四起，香花漫天，异香氤氲。可见对佛

---

① （唐）道宣撰，郭绍林点校《续高僧传》卷28《隋益州招提寺释慧恭传》，第1174页。
② 敦煌研究院编《敦煌遗书总目索引新编》，第312页。
③ 敦煌研究院编《敦煌遗书总目索引新编》，第259页。
④ 敦煌研究院编《敦煌遗书总目索引新编》，第291页。

法理解之深透，诵经如同佛语。如释法建，可诵千卷不休，且注重不同环境时诵经的声音变化，对听者产生的不同共鸣。

四　讲经仪式化

（一）汉魏至隋时佛寺教育的方式之一——讲经

汉魏至隋，随着佛教的日益发展，佛寺教育从教法到教材逐步完善，佛教从最初的口耳相授、讲译结合逐渐发展到具有一定仪式的教学。这些仪式和方法的确立，反之又促进了佛学教育的发展，使佛学教育具有不同于世俗教育的特点。

首先，佛寺教育在讲经时，需有都讲和法师两人。两位老师在课堂上担任不同的角色。因为佛教初传，一般采用口耳相传、有问有答的方式。随着佛经译作的大量增加，口耳相传的教学方式已无法满足佛寺教育。南北朝时，在佛寺教育中，出现了都讲制。都讲实为讲经中的教师角色，在教学过程中承担诵唱经文及问难的任务。主讲经文、回答问难则是法师的职责。即都讲制需要有两位老师，他们各司其职，在回答或问难中，使僧众能抓住问题的要点听讲。出现这样的讲学制度，本自佛典内容。如《入大乘论》中所示：

> 问曰：汝说善入摩诃衍论，如是功德云何名为摩诃衍耶？
>
> 答曰：菩萨藏处名摩诃衍。
>
> 问曰：佛不说三乘亦摩诃衍乎？
>
> 答曰：如是。此大乘中，亦说三乘，即名三藏，如菩萨藏经中说。佛告阿阇世王，族姓子。藏有三种。何等为三？谓声闻藏、辟支佛藏、菩萨藏。[1]

有些经文没有明显的"问曰""答曰"的提示词，但是行文却表明了问和答，与前者相似。如《四谛论》中所示：

---

[1] 《入大乘论卷上》，《大正藏》第32册，第36页。

圣谛有四。此言是经，何因何缘。佛世尊说如此经。云何圣谛有四不增不减？云何圣义及与谛义？若以圣故名为谛者，前二不应名谛。若言圣家谛，故名为谛义则不定。复有经说。谛唯是一，无有第二。云何四义而不破坏？复有经说。一切行法是名为苦，故唯二谛。四谛义不成，复次增一中说，安立诸法从一至二乃至众多。云何谛义独不增一？复次四相既其不同。云何一时而得并观？复次四相婆罗门谛，及与圣谛有何差别。①

有些为经文所作疏议。读完经文，即有注疏，都讲读经、法师疏解，配合默契。如《四分比丘戒本疏》中所示：

经曰：诸大德（乃至）善思念之。

述曰：自下第三劝其闻修文分为三。初劝善听闻，次劝善修学，后结已审持。此初文也。谛听者嘱耳听闻，善思念之流至意地以成闻慧也。

经曰：若自知有犯者（乃至）得安乐。

述曰：劝善修学也。文有三义：一自心忏默（有罪必须忏讫听戒。于罪若疑发露已听。若无罪者但应默然也）；二因举忏默（傥于说戒之前五德举问，及说戒时戒师三问并名他问，其有罪者忏露同前，若无罪者虽称无罪而默不忏，亦是默义，亦得名为亦如是答也）；三彰其损益。文云如是比丘在于众中乃至三问等者，举其三问，亦显五德举问也。默妄准律得吉罗罪，能障世间出世间道故是损也。若彼比丘忆念已下安乐翻前，得世出世二种安乐故是益也。②

佛典内容的问答形式，决定了佛典讲授中都讲制的出现。都讲和法师在授课过程中地位是平等的，只是在讲课中承担的任务不同。

其次，遵循道安制定的僧尼规范中"行香定座，上经上讲之法"的原

---

① 《四谛论》，《大正藏》第 32 册，第 375 页。
② 《四分比丘戒本疏》（卷上），《大正藏》第 40 册，第 468 页。

则，讲经时教师应为上座。如《法苑珠林》卷二三载：

> 上高座。读经有五事：一者当先礼佛；二者当礼经法上座；三者当先一足蹋阿僧提上正住坐；四者当还向上座；五者先手安座乃却坐已。坐有五事：一者当正法衣安坐；二者捷捶声绝当先赞偈呗；三者当随因缘读；四者若有不可意人，不得于座上瞋恚；五者若有持物施者，当排下着前。……又问经有五事：一者当如法下床问；二者不得共坐问；三者有不解直当问；四者不得持意念外因缘；五者设解头面着地作礼反向。①

这里叙述了讲经仪式，分为三个步骤，首先就是上座，其次已座，最后问经，每个步骤都有其必须遵循的仪礼。而上座读经，必须先礼佛，然后才可上座。而上座的不仅有法师，还有都讲。《广弘明集》中记载："光宅寺法云，于华林殿前登东向高座为法师；瓦官寺慧明，登西向高座为都讲；唱《大涅槃经·四相品四分之一》。"② 可见在梁武帝这场盛大的讲经中，法师法云登东向高座，都讲慧明登西向高座，他们相向而坐，共同讲唱《大涅槃经》。从座位看，法师和都讲不分主次，地位相同。佛寺教育中"教师升高座"这种方式影响了当时的儒家教育。儒学教师也有座位高下之分。《梁书·儒林传》中描述名儒伏曼容为其生徒授业时的场景，"曼容宅在瓦官寺东，施高座于听事，有宾客辄升高座为讲说，生徒常数十百人"③。曼容为生徒讲说时，即升高座。升高座于教师而言，一能凸显其身份尊贵；二则能俯瞰学生，将学生的听课反应尽收眼底，便于调整内容，及时反馈。敦煌石窟第159窟中《法华经变》中讲经的场面就生动地再现了这一场景。图中两位高僧升高座，讲授《法华经》，僧徒高座下席地而坐，悉心聆听。第61窟《法华经变》中亦有类似的讲经场面。

---

① 《大比丘威仪经卷上》，《大正藏》第24册，第917页。
② 《广弘明集》卷26《断酒肉文》，《大正藏》第52册，第299页。
③ （唐）姚思廉撰《梁书》卷48《儒林传》，中华书局，1973，第663页。

图 3-1　159 窟南壁《法华经变·随喜功德品》

来源：敦煌研究院主编《敦煌石窟全集》第 7 册，商务印书馆，1999，第 102 页。

图 3-2　61 窟南壁《法华经变·随喜功德品》

来源：敦煌研究院主编《敦煌石窟全集》第 7 册，第 116 页。

讲经准备就绪，讲经过程依据经文分为开题和问难两部分。首先是开题。即佛经开讲之时，要由都讲先唱题，然后由法师讲解题意。如晋时瓦官寺竺法汰讲《放光经》时的场面记录：

> 汰下都止瓦官寺，晋太宗简文皇帝深相敬重，请讲《放光经》。开题大会，帝亲临幸，王侯公卿，莫不毕集。汰形解过人，流名四远，开讲之日，黑白观听，士女成群。及咨禀门徒，以次骈席，三吴负帙至者千数。①

竺法汰讲经，首日开题，不仅皇帝亲临，王侯公卿也齐聚一堂。开讲当天，数千人听讲。可见开题对讲经的重要性。

其次就是问难部分。前述佛寺教育讲堂中有都讲和法师两人。都讲的设置是由佛典的问答形式决定的，这就决定了在讲授过程中都讲负责提问，讲师负责讲解，一问一答，不是对经文的重复，而是在问答中反复辩难。其目的就是提醒听者讲解的重点，且对重点问题加强理解和记忆，提高讲经的效率。而且佛教的讲堂比较开放，在讲学过程中，听者也可直接问难。如刘宋时期僧苞游学于京师，在祇洹寺听讲经的记录：

> 后东下京师，正值祇洹寺发讲，法徒云聚，士庶骈席。苞既初至，人未有识者，乃乘驴往看。衣服垢弊，貌有风尘，堂内既迮，坐驴鞴于户外。高座出题适竟，苞始欲厝言，法师便问："客僧何名？"答云："名苞。"又问："尽何所。"苞答曰："高座之人，亦可苞耳。"乃致问数番，皆是先达思力所不逮，高座无以抗其辞，遂逊退而止。时王弘、范泰闻苞论议，叹其才思，请与交言，仍屈住祇洹寺，开讲众经，法化相续。②

僧苞游学，以客僧之位，与祇洹寺高座（法师）问难论辩。僧苞能力

---

① （梁）释慧皎撰，汤用彤校注《高僧传》卷 5《晋京师瓦官寺竺法汰传》，第 193 页。
② （梁）释慧皎撰，汤用彤校注《高僧传》卷 7《宋京师祇洹寺释僧苞传》，第 271 页。

显然高出法师一筹，法师即让出高座，请僧苞开讲众经。僧苞也因此受到王弘、范泰等人的礼遇，求教于他。僧苞此后即驻锡祇洹寺，由客而主。可见佛寺教学中不仅是都讲设问，听讲之人即使非本寺僧人，亦可提问。佛寺教学虽仪式刻板，却不拘于固定的佛经义理阐述。只要论辩精彩，言之有物，僧苞反客为主，即升为高座，开讲众经。

（二）唐代佛寺讲经仪式

讲经开题这一仪式虽一直延续至唐，但加入了宗派的因素。日僧圆仁文宗开成五年巡游山东延历寺记录：

> 朝座阁院讲《法花（华）经》，晚座涅槃院讲《止观》，两院之众互往来听，从诸院来听者甚多。当寺上座僧洪基共远和尚同议，请二座主开此二讲，实可谓五台山大花（华）严寺是天台之流也。[①]

唐初，由于佛教被纳入国家管理的轨道，佛寺教育地位的确立，宗派之于佛教教育的影响，佛寺教育的讲学制度成为定式；在魏晋南北朝的讲学之上，更加具体化。日僧圆仁在《入唐求法巡礼记》中完整地记录了这一仪式。

> 辰时，打讲经钟，打惊众钟讫，良久之会，大众上堂，方定众钟。讲师上堂，登高座间，大众同音称叹佛名，音曲一依新罗，不似唐音。讲师登座讫，称佛名便停。时有下座一僧作梵，一据唐风，即"云何于此经"等一行偈矣。至"愿佛开微密"句，大众同音唱云"戒香、定香、解脱香"等。颂梵呗讫，讲师唱经题目，便开题分别三门。释题目讫，维那师出来，于高座前读申会兴之由，及施主别名，所施物色申讫，便以其状转与讲师。讲师把麈尾，一一申举施主名，独自誓愿，誓愿讫，论义者论端举问。举问之间，讲师举麈尾，闻问者语。举问了，便倾麈尾，即还举之，谢问便答。帖问帖答，与本国同，但难仪式稍别。侧手三下后，申解白

---

① 〔日〕圆仁撰，顾承甫、何泉达点校《入唐求法巡礼行记》，第118页。

前，卒尔指申难，声如大嗔人，尽音呼诤。讲师蒙难，但答不返难。论义了，入文读经。讲讫，大众同音长音赞叹，赞叹语中有回向词。讲师下座，一僧唱"处世界如虚空"偈，音势颇似本国。讲师升礼盘，一僧唱三礼了，讲师大众同音，出堂归房。更有覆讲师一人，在高座南下座，便谈讲师昨所讲文，至"如含义"句。讲师牒文释义了，覆讲亦读。读尽昨所讲文了，讲师即读次文。每日如斯。①

整个仪式中，前述升高座、开题、问难环节一一如是，但是更加细化。这不仅是因圆仁记录详备，全然因唐时将佛寺教育中的讲经仪式化，并成为定制。

第一，打钟惊众。这个"惊"，应为"提醒"之义，意即提示僧众讲经即将开始。丁钢认为，这或许是受儒家讲学的影响。②

第二，听者先入列。坐定之后，讲师上堂登高座。僧众先于讲师入座，以示对师者尊重。登高座魏晋时期已成定制。且讲师不止一位，须有都讲和讲师二人。讲师、都讲从上堂至登高座，众人同音称叹佛名，且有音乐伴随。这里圆仁记录是新罗乐。讲师坐定，众称佛名声停止。按座次，都讲与讲师根据讲堂格局分列东西或南北而坐。同卷圆仁载"新罗一日讲仪式"时，记录"其讲师登北座，都讲登南座了"。③唐时新罗佛教受唐影响颇深，讲经仪式相同，因此对讲师和都讲的座位记录与唐佛寺讲经时相类。中国佛寺殿堂受儒家文化影响，佛像一般坐北朝南，因而都讲与法师分东西座较多。如前例举《广弘明集》中记载："光宅寺法云，于华林殿前登东向高座为法师；瓦官寺慧明，登西向高座为都讲；唱《大涅槃经·四相品四分之一》。"④

第三，讲师、都讲落座后，下座一僧唱梵呗。各经所作梵呗不同，但其唱词有固定格式。一般以"云何于此经"始，大意是讲此经的目的；然

---

① 〔日〕圆仁撰，顾承甫、何泉达点校《入唐求法巡礼行记》，第73~74页。
② 丁钢：《中国佛教教育——儒佛道教育比较研究》，四川教育出版社，1988，第119页。
③ 〔日〕圆仁撰，顾承甫、何泉达点校《入唐求法巡礼行记》，第74页。
④ 《广弘明集》卷26《断酒肉文》，《大正藏》第24册，第299页。

后落音于"愿佛开微密，广为众生说"，为开题做准备。此时，僧众一同唱"戒香、定香、解脱香"。唱梵呗完成，即将开题。

第四，开题。这一过程魏晋时已有，唐时延续。由都讲宣读当日要讲的经文题目，讲师随之解释题目，即开题。"三门分别"一般是将经文文本分为三门。一是确定所讲经典属于经、律、论三藏的哪一部分（第一门）；二是在判定第一门的基础上，判属经文所属部的细分门类（第二门）；三是解释此经题目（第三门）。正如《四分戒本疏卷一》云："凡欲开发经题，先作三门分别，后乃随文解释。言三门者，第一举宗摄教旨归，第二知教旨归，第三正释戒经题目。"①

开题结束后，维那师出列宣读文疏，说明讲经法会的缘起，并宣读施主名及所施物品，然后将名单转交给讲师。讲师再手持麈尾，列读施主名，施主在讲师面前独自发愿，以期讲经为自己带来意愿的达成。誓愿结束，开始论义。

第五，论义。论义主要由都讲提出质问，讲师举麈尾，提问结束后再将其放下，然后又立刻重新举起，对质问致谢词并作回答。这种形式是不断重复、一问一答地进行的。如前所述，问难者不为都讲专有，其他听众亦可。问难者"声如大嗔人，尽音呼净"，可见其情绪激昂；但法师却"答不返难"，从容应对，温文尔雅，尽显其学识渊博。

第六，讲经。论义结束，开始进入正式讲经环节。讲经环节也由都讲和讲师合作完成。都讲唱一段经文，讲师将之进行讲解，记录下来即为讲经文。

第七，讲经结束，还需回向。回向指将讲经、听经的功德回向给施主及法界众生，为众生祈福。讲经结束，讲师与僧众同唱回向词。此时，先前唱梵呗僧续唱"处世界如虚空"偈，"处世界，如虚空，如莲华，不著水，心清净，超于彼，稽首礼，无上尊"②；并唱三礼，即三归依，归依佛之三宝："自归依佛，当愿众生，体解大道，发无上意。自归依法，当愿

---

① 《四分戒本疏卷一》，《大正藏·续藏》第 85 册，第 567 页。
② 《集诸经礼忏仪·梵呗》，《大正藏》第 47 册，第 465 页。

众生，深入经藏，智慧如海。自归依僧，当愿众生，统理大众，一切无碍。"① 讲师出堂归房。

第八，由年轻法师进行复讲，即复述当日讲师所讲内容。

（三）俗讲

上述圆仁记录的是寺院中面对僧众的讲经，也称为"僧讲"；唐后期，随着佛教被大众接受和信仰，寺院面向民众开始讲经，又称为"俗讲"。圆仁在其《入唐求法巡礼行记》中亦有记录。从中可看出，长安城的俗讲已成规模，且为皇帝敕令所讲。法师中不乏僧官，亦有受到皇家御赐恩赏的法师。主讲的佛经也为当时流行的《法华经》《华严经》《涅槃经》等。此俗讲和僧讲仪式基本一致，其中只有些许不同。关于俗讲的仪式，敦煌文献中有记录，如 P.3489v《俗讲度斋讲维摩次第》记录：

> 夫为俗讲，先作梵了，次念菩萨两声，说押座了。索唱《温室经》。法师唱释经题了，念佛一声了，便说开经了。便说庄严了，念佛一声。便一一说其经题字了。便说经本文了。便说十波罗蜜等了。便念念佛赞了。便发愿了。便又念佛一会了，便回发愿，取散，云云。已后便开《维摩经》。
>
> 夫为受斋，先启告请诸佛了，便道一文表叹使主了。便说赞戒等七门事科了。便说八戒了。便发愿□主了。便诸缘念佛了。回向发愿取散。
>
> 讲《维摩》，先作梵，次念观世音菩萨三两声，便说押坐了。便索唱经文了。唱曰法师自说经题了。便说开赞了。便庄严了。便念佛一两声了。法师科三分经文了。念佛一两声。便一一说其经题名字了。便入经。说像喻了。便说佛赞了。便说念佛赞了。便施主各各发愿了。便回向发愿取散。②

---

① 《集诸经礼忏仪·说偈咒愿》，《大正藏》第 47 册，第 458 页。

② 《法国国家图书馆藏敦煌西域文献》第 28 册，上海古籍出版社，2004，第 372 页。引文另参考〔日〕荒见泰史《敦煌的讲唱体文献》，《敦煌学》第 25 辑，乐学书局有限公司，2004，第 267~268 页。

　　因是俗讲，先唱梵呗，再讲唱押座文。押座文的作用在于清净道场，镇座惊众，僧讲只需维那打钟。接着是唱经题。这应在押座文的末句出现一句套语"都讲经题唱将来"。俗讲中虽未言明都讲，但押座文末句却点明了其在场中作用。既而法师唱释经题，之后便即开题。僧讲中开题之后还有论义，而俗讲省却此环节。俗讲开题之后说庄严。庄严即表白，主要内容是赞叹佛、菩萨、诸神以及皇帝和当地统治者。之后和僧讲一样，叙三科文。接着就进入正式的讲经。讲经结束，需以套语赞佛，之后听众发愿回向。不似僧讲还有覆讲过程。初时，僧讲与俗讲只是面对的听众不同，因此讲经仪式略有不同。随着俗讲的发展，俗讲的内容也不再是单纯的经文讲解，而且扩充到佛经故事；甚至有人将当时一些市井传闻编入其中进行讲解，因此出现了专职的俗讲讲师，在敦煌遗书中还保留了大量的讲经文。

　　总之，唐代的讲经已经有了固定的程序。僧讲在寺院教育中承担着教学传承的作用。而随着佛教的社会化，讲经逐渐开始面向世俗民众；俗讲逐渐兴起，且在僧讲仪式基础上有所变化，内容上也有改变。唐代的俗讲亦可视为实现寺院教育的社会功能之一。

第四章　唐五代敦煌佛寺教育的
种类及其社会功能

敦煌佛寺教育从唐至五代宋初持续了约三个世纪。它和中原地区的佛寺教育一样，其作用主要在于宗教宣传功能。佛教教义因其稳定的教育而持续传播、发展。尤其在隋唐，佛教宗派化时期，佛寺教育更是在阐述、发扬各宗派教义方面发挥了作用。敦煌地处西北，处于中西交通的枢纽，因此汉魏至十六国时期，佛教发展与中原佛教保持相同的节奏；且由于距中原遥远，十六国纷争和南北朝的朝代更迭，以及北魏太武帝、北周武帝及唐武宗的灭佛，都没有或少有波及敦煌的佛教。反而在灭佛活动中逃亡的僧人来到敦煌避难，将中原佛教的教义及其研究带到敦煌。因此到隋唐时期，敦煌已成为"佛国善乡"，具有良好的佛教文化基础。这一时期的佛教寺院虽不是很多，但佛寺教育也和中原佛寺一样，应该以内典教育为主。

安史之乱的爆发动摇了唐政权的基础，也打乱了佛教发展的脚步。佛寺教育中对佛教宗派教义的学术性研究失去了条件支持，开始逐渐衰退。而河陇地区却由于唐政府收缩西北边防、撤回西北驻军，面临吐蕃占领的威胁。实力强劲且具有强大扩张野心的吐蕃，从安史之乱的翌年，即肃宗至德元年（756）始，相继攻陷陇右各军；代宗广德元年（763），彻底攻陷陇右；同年十月，吐蕃军进逼长安，代宗仓皇出逃陕州。长安退兵后，吐蕃有恃无恐，矛头又指向河西地区；代宗大历元年（766），攻占甘州、肃州；大历十一年（776）攻陷瓜州，之后围困沙州；直至德宗建中二年（781）占领沙州。

陷蕃后的敦煌，虽受到吐蕃严格的民族统治，但佛教寺院却未遭到破坏。由于取消了官学，佛寺教育凭借优质的师资和安定的环境，不仅内典教育如常进行，而且还进行儒学教育，承担了官学的责任，并在与吐蕃文化的交流中占据了主导地位。此时中原的佛教由于武宗灭佛受到了再一次的打击，佛教世俗化脚步加快。佛教开始在普通民众中迅速传播，佛寺教育的活动由原来的讲经向俗讲发展。吐蕃统治下的敦煌佛教又幸运地逃过了武宗灭佛。佛教持续发展。大中二年（848），张议潮领导敦煌人民起义，赶走了吐蕃统治者，恢复唐制，包括恢复官学。归义军时期敦煌的佛寺教育保持了吐蕃统治时期的状态。但由于中原佛教的世俗化进程，随着敦煌寺院高僧大德的逝去，加之敦煌僧团在归义军政权中地位的变化，敦煌的佛寺教育也不可避免地走向世俗化道路。曹氏归义军时期，各种法会、俗讲成为佛寺教育的主要活动。

敦煌的佛寺教育从唐至五代宋初的三个世纪，对敦煌社会的发展起了不可忽视的作用。其教育类型主要表现在儒学教育、童蒙教育、医学教育和内典社会化教育几个方面。

第一节　敦煌佛寺教育中的儒学教育功能

一　唐五代敦煌佛寺儒学教育的条件

唐五代敦煌佛教寺院除了内典教育，还承担起儒学教育的责任。这是敦煌历史发展的必然，也是敦煌佛寺教育不同于中原佛寺教育的特色。之所以进行儒学教育，是诸多因素共同合力的结果。

（一）政治形势的选择

吐蕃占领敦煌前，唐代的教育体系覆盖了敦煌，儒学教育由地方官学，即州学、县学承担。P.2005《沙州都督府图经》中记载了州、县学，"州学，右在城内，在州西三百步。其学院内，东厢有先圣太师庙，堂内有素（塑）先圣及先师颜子之像，春秋二时奠祭。县学，右在州学西连院，其院中东厢有先圣太师庙，堂内有素先圣及先师颜子之像，春秋二时奠祭"①。可见，敦煌设有州、县学，学校中设有先圣及颜子塑像，推行经学教育。

吐蕃占领敦煌后，设置了教育管理机构以及官员。S. 779v《大蕃沙州释门教授洪辩修功德记》题后署名："大蕃国子监博士窦良骥。"② 从中可以看出吐蕃仿照唐制建立了国子监，并任命了国子监博士。P. 4660《沙州释门都法律洎和尚写真赞》首题："宰相判官兼太学博士陇西李颙撰。"③ 宰相是吐蕃任命驻守河州的吐蕃东道节度使，可看出吐蕃当时还设置了太学，并以宰相兼任太学博士。但吐蕃并未仿照唐制再建官学系统，民间的义学、社学、坊学亦不见踪影，只有佛寺一枝独秀。

（二）佛教寺院雄厚的经济实力

吐蕃统治沙州前，敦煌寺院的土地占有首先来源于唐代国家的授田。《大唐六典》卷三中明确记载："凡道士给田三十亩，女冠二十亩，僧尼亦如之。"④ 这意味着僧尼可以拥有私人田产。此外，寺院还有"常住田"。开元十年以前，就有寺院僧尼受田的法令。吐蕃占领敦煌后，在经济上积极支持寺院，划拨土地，配给寺户，使已趋没落的中原佛寺使人、净人制度在敦煌复兴。寺户的来源较为复杂。首先是吐蕃在征战时的俘囚，诸如在占领沙州后攻占西州后的战俘。据 P. 3918《佛说金刚坛广大清净陀罗尼经》末题记："……癸酉岁十月十五日西州没落官、甘州寺户、唐伊、西、庭节度留后使判官、朝散大夫、试太仆卿赵彦宾写。"该题记中的赵彦宾原为唐伊、西、庭节度留后使判官，西州陷落时（即癸酉岁793年）沦为战俘，后被押解到甘州配为寺户。⑤ 其次还有世家大族将之依附人口"家客"布施给寺院。S. 3873《索淇牒文》记载：

---

① 唐耕耦、陆宏基编《敦煌社会经济文献真迹释录》第 1 辑，书目文献出版社，1986，第 12 页。
② 《英藏敦煌文献》（汉文佛经以外部分）第 2 卷，第 154 页。
③ 唐耕耦、陆宏基编《敦煌社会经济文献真迹释录》第 5 辑，第 145 页。录文还可见郑炳林、郑怡楠辑释《敦煌碑铭赞辑释》增订本，第 546 页。
④ （唐）李林甫等修，〔日〕广池千九郎训点，内田智雄补订《唐六典》，广池学园事业部，昭和 48，第 66 页。
⑤ 姜伯勤：《唐五代敦煌寺户制度》（增订版），第 12 页。

（前缺）

代水硙三所，菌田家

信敬心，重建造报恩寺

两所水硙，菌田家客，施入

供养三宝，不绝愿心。

其硙是时被殿下

日出卖与报恩寺

五十余载，师僧虔

淇自力微，无处

照察，讫（乞）赐上祖收

通年十一月　日索淇谨状。①

为重修报恩寺，索淇将其"家客"布施。

吐蕃统治时期，都司作为管理僧人的最高机构，统领沙州各寺，占有各寺田产。寺户不专属于某一所寺院，统属于敦煌僧团，由都司进行管辖。寺户有少量家产，被编制为"团"，设有"团头"，接受寺卿的管理。寺户身份世袭，并受内律统辖。身份世袭而受内律统治的寺户，在"分种地"上实行个体经营，同时又在"都司"自营地、各寺自营地及其他各级劳务部门上役。一些上层僧人拥有大量田产、牲畜，甚至还有奴婢。② 世俗官员节儿配合都司的最高首领都僧统管理寺院。都司负责在教团内行使司法、经济管理权力。

在吐蕃统治者的大力兴佛策略下，敦煌的寺院有了数量上的增加和规模上的拓展。吐蕃占领沙州初期，敦煌有十三所寺院，其中僧寺九所、尼寺四所。在吐蕃统治的六十八年中，增加僧寺七所，尼寺二所。吐蕃贵族和汉族世族布施给寺院的资金、田产一般比较丰厚，甚至有的可以布施一座寺院。P. 2765vb 敦煌郡布衣窦良骥撰《大蕃敕尚书赐大瑟瑟告身尚起律心儿圣光寺功德颂》载："爰乃卜宅敦煌古郡，州城内建造圣光寺一所。"

---

① 《英藏敦煌文献》（汉文佛经以外部分）第 5 册，第 184 页。
② 陆离：《吐蕃统治河陇西域时期制度研究》，第 291 页。

蕃占时期佛教寺院雄厚的经济实力，无疑为佛寺教育的发展提供了重要的支持和保障。

（三）优质的师资力量

吐蕃统治下，佛教寺院雄厚的经济实力为寺院教育提供了必要的物质基础，而优质的师资又是进行儒学教育的必要条件。

吐蕃统治敦煌初期，推行蕃化政策，世居敦煌的大族成为吐蕃统治者拉拢的对象。在此种情势下，世家大族为了保全家族，或接受落蕃官职，成为吐蕃治下的基层管理者；或遁入佛寺，以研习佛典、儒经为任。他们儒学素养本已深厚，加之唐代寺僧大多儒佛兼修，因此佛寺之中研习儒家经典并非异事。

崇信佛教的吐蕃统治者允许在寺院办学，是其意欲推行吐蕃文化的体现。但是陷落于吐蕃治下的敦煌大族和民众却利用佛教寺院接续官学的经学教育，使吐蕃统治的六十余年，儒学教育不曾中断。归义军收复河西以后，虽然复设官学，但是佛教寺院教育并未被禁止。它作为官学教育的补充，得到了进一步的发展。这是因为蕃占时期，沙州大族部分遁入佛寺，或削发为僧，或以俗世身份在寺中教授知识。P.4660《阴法律邈真赞并序》载："敦煌令族，高门上户。禀性聪灵，天资殊量。襁褓不群，龆龀颖晤（悟）。驱乌落发，弱冠进具。能竟寸阴，学中规矩。义等鹡鸰，孝悌先树。专精五篇，兼修七聚。……教诫门徒，宗承六祖。随机授业，应缘化度。"[1] 阴氏作为敦煌显族，是吐蕃拉拢的对象，阴氏有人作为落蕃官，P.4638《大番故敦煌郡莫高窟阴处士公修功德记》记载阴嘉政："自赞普启关之后，左衽迁阶；及宰辅给印之初，垂祛补职。蕃朝改授得前沙州道门亲表部落大使。承基振豫，代及全安。……又有弟加（嘉）珍及弟僧沙州释门三学都法律大德离缠等，进思悌恭，将顺其美。"[2] 此处的三学都法律大德阴离缠是否即P.4660中的阴法律，有待考证。

索氏家族情况略同。S.3702《释门范文》："仰唯索教授者，并阐精不

---

① 郑炳林、郑怡楠辑释《敦煌碑铭赞辑释》增订本，第415页。
② 唐耕耦、陆宏基编《敦煌社会经济文献真迹释录》第5辑，第221~227页。

二，戒净明珠；或巧用时机，或研穷奥典，或论新讲古。"① 此处索教授为索崇恩，精通佛理。索义辩也是索氏精研佛教并具影响力的一位，P.4640《沙州释门索法律窟铭》记载："和尚天伦有三，和尚即当中子也，前沙州释门都法律。应法披缁，智不亏于七觉；弱冠进具，精五百之修持。"② 此外，李氏、张氏、翟氏亦如此。这些世家弟子，源于家学的儒学素养本就深厚，受戒后又研习佛理，因此在儒学、佛学等方面都具备教授学生的能力。他们是敦煌佛教寺院儒学教育的师资保障。

因此，吐蕃占领沙州后，出于统治的需要，对佛教不抑反扬。不仅在经济上支持佛寺，而且以佛寺为主，开展文化活动。如在佛寺设置抄经坊组织抄经，并允许在佛寺开办学校，进行教学活动。很多高僧和避世的儒士齐聚其间，研习、教授并传播佛教经典和儒学经典。一时间敦煌的佛教寺院成为佛学、儒学等学术文化的交汇点。寺院成为真正意义上的官学，承担起敦煌一地的教育义务。

在敦煌，不仅世家大族，普通民众亦将子女送到佛寺中接受儒学教育。

二　敦煌佛寺儒学教育的内容

敦煌佛寺的儒学教育内容，基本上是依托于唐代官学规定的内容而执行。唐代实行中央和地方两级教育体制，从教育结构上形成了经学、实科和职业三大教育体系，其中经学教育系统由儒学和道学组成。儒学教育包括贵族学校弘文馆和崇文馆，国子监的国子学、大学和四门学，以及地方州县的经学。其课程设置分为必修课、专修课和选修课。

据《唐令拾遗》卷一〇《学令》记载，唐代儒学教育必修课为《孝经》和《论语》。《新唐书》云："《孝经》《论语》皆兼通之。"又记："凡治《孝经》《论语》，共限一岁。"③

选修课，据众多唐代史料记载，有《史记》《汉书》《后汉书》《三国志》《国语》《说文》《字林》《二苍》《尔雅》等。这些课程，学生可根

---

① 《英藏敦煌文献》（汉文佛经以外部分）第 5 册，第 138 页。
② 郑炳林、郑怡楠辑释《敦煌碑铭赞辑释》增订本，第 293 页。
③ （宋）欧阳修、宋祁撰《新唐书》卷 44《选举志上》，第 1160 页。

据自己的爱好选择听讲。自从三史等科设立后，也有许多学生专攻上述选修课。所以，对考某科的学生来说，他所学的课程就成了专修课。

专修课为"九经"，包括大经《左传》《礼记》，中经《毛诗》《周礼》《仪礼》，小经《周易》《公羊》《穀梁》《尚书》。九经中，以五经为主，兼修余经。《大唐六典》卷二一《国子监》记："每岁，其生有能通两经已上求出仕者，则上于监。"① 唐代经学生业成的标准有通二经、通三经和通五经三种情况，通二经为最低限度。而且，"通二经者，大经、小经各一，若中经二"②。各经的修习年限不同，《孝经》《论语》共一年，大经各三年，中经各两年，小经中《周易》为两年，余经为一年。唐代学制规定，在学时间最长为九年。

由于学生学习只是为了出仕，所以，除了必修课的两经，其余的九经中，大经中的《礼记》、中经中的《毛诗》、小经中的《周易》和《尚书》都成为学生选择的热门课。因为同为大经，《左传》的卷轴文字比《礼记》多一倍；同为小经，《公羊》《穀梁》比《尚书》《周易》多五倍，故以此为专业者"十不一二"③。学生们为了尽早出仕，大多选择比较容易的课程；史学课程是选修课，因而习者亦少。

敦煌佛寺儒学教育的内容包括儒家经典、童蒙教育和诗词歌赋等文学作品。其中童蒙教育占据了佛寺儒学教育资源的相当部分。

唐代学校种类较多，大多数学校的分类是按学生的社会地位区分的，鲜有按教学程度分类的。唐代的官学，对学生的入学资格有严格的规定。《新唐书》中详细地记载了六学生徒的入学资格。④ 地方府、州、县学不同于中央的六学二馆，学生大多为庶民子弟。府、州、县学规定招收八、九品官子弟及庶人。依府州县的大小定员招生，定员管理。乡及市镇学并不常设，对学生的入学条件、年龄限制不多。但地方学校的招生是参照官学规定，根据唐代各种成文法典可知，中央与地方学校招收学生的年龄一般以十四岁至十九岁为限。学习年限九年，但律学招收学生的年龄略大，为

---

① （唐）李林甫等修，〔日〕广池千九郎训点，内田智雄补订《大唐六典》，第 396 页。
② （宋）欧阳修、宋祁撰《新唐书》卷 44《选举志上》，第 1160 页。
③ （宋）王溥撰《唐会要》卷 76《三传三史附》，第 1655 页。
④ （宋）欧阳修、宋祁撰《新唐书》卷 44《选举志上》，第 1159~1160 页。

十八岁至二十五岁，学习年限六年。从敦煌文书中可见，敦煌的佛寺儒学教育招收的学生，往往不遵循该年龄限制。敦煌佛寺儒学教育的内容亦可通过寺院学生的写本体现出来。现将敦煌佛寺学校中出现载有学郎题记的写本内容归纳如表4-1，可了解儒学教育在佛寺中教授的情况。

表 4-1　佛寺儒学教材分类一览

教材种类		书目	写本名称	写本卷号	所属寺院	纪年
儒学经典		孝经	孝经	S.707	三界寺	同光三年（925）
			孝经	S.728	灵图寺	丙申年（936）庚子年（940）
			孝经	S.1386	永安寺	天福七年（942）
			孝经白文	P.3698v	灵图寺	
		论语	论语卷第六	S.3011	金光明寺	戊寅年（858）
			论语集解卷第二	S.1586	金光明寺	乾符三年（876）
			论语集解	P.2618	灵图寺	乾符三年（876）
		毛诗	毛诗卷第九	P.2570	净土寺	寅年（858）
文学类教材	诗词歌赋	秦妇吟	秦妇吟一卷	P.3381	金光明寺	天复五年（905，实为天祐二年）
			秦妇吟	S.692	金光明寺	贞明五年（919）
			秦妇吟	P.3910d	净土寺	癸未年
		杨满山（川）咏孝经	杨满山咏孝经一十八章	P.3582	三界寺	大晋天福七年（942）
			杨满川（山）咏孝经一十八人章五言	P.3386b	三界寺	大晋天福七年（942）
			杨满山咏孝经壹拾捌章五言	P.3386	三界寺	戊辰年（968）
			杨满山咏孝经	P.2633	净土寺	壬午年（922）
		渔父沧浪赋	渔父沧浪赋	P.2621v	净土寺	长兴五（四）年（933）
			渔父赋歌	P.2712	龙兴寺	贞明六年（920）
		贰师泉赋	贰师泉赋	P.2712	龙兴寺	贞明六年（920）
		酒赋	酒赋	P.2633	净土寺	壬午年（922）

续表

教材种类		书目	写本名称	写本卷号	所属寺院	纪年
文学类教材	诗词歌赋	李陵与苏武书	李陵苏武往还书	P.2847	莲台寺	丁亥年
			李陵与苏武书	S.785	灵图寺	
			李陵苏武书	S.173	三界寺	乙亥年（915）
			李陵与苏武书一首	P.3692	金光明寺	壬午年（922）
	变文	孔子项托相问	孔子项托一卷	S.395	净土寺	天福八年（943）
			孔子项托相（问）一首	P.3833	莲台寺	丙申年（936）
		燕子赋	燕子赋一首	P.3757	金光明寺	
			燕子赋	S.214		癸未年（923）甲申年（924）
			燕子赋	苏联孟什可夫编《敦煌汉文写本解题目录》第1484号	龙兴寺	
		季布骂阵词文	大汉三年季布骂阵词文一卷	S.1156	署名沙弥，未署寺名	天福四年己亥岁（939）
		大目乾连变文	大目乾连变文一卷	北盈字076（BD00876）	显德寺	太平兴国二年（977）
			大目乾连冥间救母变文并图一卷	S.2614	净土寺	贞明七年（921）
应用类教材		书仪	书仪	P.3691v	净土寺	
			新集吉凶书仪	P.3886	大云寺	大周显德七年（960）
			诗集	P.3597	灵图寺	乾符四年（877）
其他		其他	表文二件	P.4065	乾明寺	乙亥年

（一）必修经典——《论语》《孝经》

敦煌佛寺儒学教育中包含此两门必修儒学经典。这不仅是因为在官学体系中对教材的规定，凸显了两经的地位，同时也因为此两经是蒙养教育的主要读物。

表4-1所列第一大类即为必学儒学经典《论语》和《孝经》。有纪年和佛寺名称的写本仅七件，但这并不意味着出自佛寺学生抄写的只有这些。从七件写本分布的寺院名称看，分属于五个寺院，说明当时各寺学儒学教育的必修科目即为两经。这不仅符合官学考试科目的要求，从教育的角度出发，两经也均属于蒙学教材范畴。《孝经》中将"孝"作为人之根本，是古代国民道德的基础，是培养、塑造儿童道德品质的基本内容。汉魏以来，许多童蒙教材就围绕《孝经》内容进行撰写，如童蒙教材中的《百行章》中第一章就是《孝行章》。

> 孝者，百行之本，德义之基。以孝化人，人德归于厚矣。在家能孝，于君则忠；在家不仁，于君则盗。必须躬耕力作，以养二亲；旦夕谘承，知其安否；冬温夏清，委其冷热；言和色悦，复勿犯颜；必有非理，雍容缓谏。昼则不居房室，夜则侍省寻常。纵父母身亡，犹须追远，以时祭祀，每思念之。但以孝行殊弘，亦非此章能悉。①

在中古家国一体的思想体系下，孝亲和忠君的概念联系在了一起。如何孝顺双亲？要赡养双亲，关心冷暖，和颜悦色，侍候身旁；父母身亡，追忆思念。对于孝的具体行为进行阐述，在另一种童蒙教材《太公家教》中也有体现。

> 事君尽忠，事父尽孝。礼闻来学，不闻往教。舍父事师，必望功效。慎其言语，整其容貌。善事须贪，恶事莫乐。直实在心，莫作诈巧。孝心事父，晨省暮看。知饥知渴，知暖知寒。忧时共戚，乐时同欢。父母有疾，甘美不餐；食无求饱，居无求安；闻乐不乐，闻喜不看；不修身体，不整衣冠；父母疾愈，整亦不难。弟子事师，敬同于父。习其道术，学其言语。……黄金白银，乍可相与，好言善述，莫漫出口。臣无境外之交，弟子有束脩之好。一日为君，终日为主。一

---

① 汪泛舟编著《敦煌古代儿童课本》，第67页。

日为师，终日为父。①

该段除了阐述孝亲和忠君的关系，还将"一日为师，终身为父"的思想贯通其中，将孝亲和事师置于同等地位。

敦煌地区，还有为了更好地理解《孝经》、帮助儿童记忆的读本。杨满山（川）即以咏诗的方式，将《孝经》内容进行了概括、简化的处理，易于儿童理解，更便于记忆。作为辅助教材，它以《孝经》十八章为序，用五言八句诗对其内容进行提炼，咏诗的范畴不超过《孝经》原文，也没有对其理论进行延伸。为了让儿童喜闻乐见，他将经典的孝行故事编入其中，增强生动性。因此，简化知识，方便快捷地向儿童传授知识就是这类辅助教材的共同特点。表4-1中收录的《杨满山（川）咏孝经》有四个写本，都来自佛寺的学生抄写。

此外，还有《毛诗一卷》（P.2570），来自净土寺学郎。这是在佛寺儒学教育中发现的唯一官方规定的九经之一，说明佛寺的儒学教育中设有九经教育。敦煌写本中，关于《毛诗》《尚书》《易经》《左传》数量均在数十件，只有《礼记》写本相对较少。因其没有确切纪年或标明寺院名称，故而不在表4-1收录之列。

（二）文学类教材

私学就与官学相辅相成，共同构成了唐代政教合一的教育制度。但是私学的教学内容是丰富多样的，虽然它仍以儒家经学作为重点，但在开元以后，诗词文赋和天文历法等内容也涌入私学教学中。而且私学士子不终一师，学兼多门；教师也不局限于家乡讲学，而是漂寄各地。学生学闻广博，融会贯通，容易形成一家之言。教师游走于各地，也有利于学术的交流和教学的互通。私学实际上在学术和教育上起到了官学无法起到的作用。佛寺儒学教育作为唐代教育的组成部分之一，和私学一样，在教育中也将诗词文赋贯穿其中。

流行于中原私学的文学作品，诸如韦庄的《秦妇吟》、取材于《楚辞·渔父》的《渔父沧浪赋》、取材于著名历史故事的《李陵与苏武书》、

① 汪泛舟编著《敦煌古代儿童课本》，第171页。

唐代张俊的《贰师泉赋》等，在佛寺儒学教育中均成为学习歌赋的范本。《秦妇吟》是唐末五代诗人韦庄创作的长篇叙事诗，借一位逃难的妇女视角描述唐末黄巢起义时的社会现象，反映战争给民众带来的深重灾难。一经创作，流传甚广，敦煌写本中亦有出现。《李陵苏武往还书》通过李陵和苏武两个历史人物的书信往来，展现了他们的命运，揭示了他们身上表现出的忠与孝、国与家的含义。

还有为解说佛经故事或者宣扬孝道故事的变文，在学郎所抄写本中也占一席之地。如《孔子项托相问书》《燕子赋》《大汉三年季布骂阵词文》《大目乾连变文》等。这些变文通常是在俗讲的时候使用的话本。《孔子项托相问书》以孔子与项托两人问答展开。既有故事情节的发展，又涉及故事情节之外的自然现象、社会生活、道德伦理等方面的常识。并且采用了类似谐隐的手法，风趣幽默，易为人接受。其余变文在第二章第四节内容中已详细介绍，此处不赘述。

（三）应用类教材

应用类教材主要是书仪，即兼顾书札体式、典礼仪注的文范。如P.3886《新集吉凶书仪》、S.3691v《书仪》。需要说明的是，敦煌地区的书仪，被敦煌的世族张敖进行了改编。前半部分和中原所用书仪一致，后半部分结合敦煌当地的情况进行改编。具体内容在第二章第四节中已阐述，在此不赘述。

总之，敦煌佛寺的儒学教育契合官学教育的要求，以唐中央政府提倡的"忠孝"为根本。既有官学规定科目《论语》《孝经》的学习，还有为更好地理解《孝经》而创作的《杨满山（川）咏孝经》。作为辅助教材，更易于学郎记忆。此外，开元之后各类非官学学校流行的诗词歌赋，在敦煌佛寺的儒学教育中亦占有优势地位。在带有纪年和佛寺名称题记的三十九个儒学写本中，文学类的写本有二十七个，占69%，超过了一半。最后，还有应用类的书仪学习，这是教授人际交往中礼尚往来的书面表述，具有仪范性。通过这些可以看出，儒学教育影响了敦煌社会的普通民众，给他们以改变生活的希望。

三 敦煌佛寺儒学教育的社会功能

敦煌佛寺的儒学教育不仅有官方规定的教材教学，还有文学作品、书仪规范等内容。这不仅与唐代官学教育的宗旨相吻合，也符合科举制度进士科以帖经、杂文试诗赋、对策的录取原则。

佛寺儒学教育中规定官学教材的学习，使佛寺儒学教育更具有社会性。为什么要学习官学规定的教材呢？敦煌的佛寺教育兴起于吐蕃统治时期。此一时期官学虽已废除，但是佛寺中从事儒学教育的教师仍心系唐中央，在教学时仍以唐代官学教育的要求为标准。唐代规定，参加科举考试的考生或为生徒，或为乡贡。生徒指官学学生，乡贡即指来自各个地方学校的学生。唐高祖武德四年（621）规定：

> 武德辛巳岁四月一日，敕诸州学士及早有明经及秀才、俊士、进士，明于理体，为乡里所称者，委本县考试，州长重覆，取其合格，每年十月随物入贡。斯我唐贡士之始也。①

这里的贡士即指乡贡。此乡贡是否包括地方州县学的官学生呢？这个区分其实还是很清晰的。

> 由学馆者曰生徒，由州县者曰乡贡，皆升于有司而进退之……每岁仲冬，州、县、馆、监举其成者送之尚书省；而举选不繇馆、学者，谓之乡贡，皆怀牒自列于州、县。②

很明显，这里的乡贡指的是非官学的学生。因此在佛寺中学习儒学的学生，同样有资格参加科举考试。故而，学习官学规定教材，参加科举考试，不仅是世家大族子弟的愿望，也是普通民众子弟能够跻身仕途的路径。唐代规定进入官学学习的束脩不是普通家庭所能承受的。

---

① （五代）王定保撰，阳羡生校点《唐摭言》卷1，上海古籍出版社，2012，第1页。
② （宋）欧阳修、宋祁撰《新唐书》卷44《选举志上》，第1159~1161。

州学生束脩，县礼同。束帛一篚、三四，酒一壶，二斗，脯一案，十五艇。①

昂贵的束脩，让寒门子弟无法承受，而拥有师资优势的佛寺自然成为他们首选的学校。因此，佛寺教育对敦煌普通民众来说具有很强的吸引力。虽然由于当时的历史环境，使敦煌无法与中原政权交通往来，参加科举考试成为奢望，但是习得儒家经典，也可在归义军政权中谋求相对轻松的职业，对于普通民众来说仍具有吸引力。因此，敦煌佛寺中儒学教育在吐蕃统治时期承担了唐代官学教育的责任。归义军时期，官学虽恢复，但佛寺的儒学教育仍在进行。它对敦煌社会产生的影响是巨大的。笔者认为，敦煌佛寺儒学教育的社会功能和影响，主要有以下三个方面。

第一，中唐至五代，敦煌佛教寺院的儒学教育始终执行唐代官学的经学教育内容，使儒学教育得以延续。如表4-1所列，带有寺院名称或僧人名题记的写本虽大多为归义军时期的文献，但并不能否认吐蕃统治时期佛教寺院儒学的经学教育。吐蕃占领敦煌后，唐代官学被废除，民间私学停办。P. 3620《封常清谢死表闻讽谏今上·无名歌》末题"未年三月十五日，学生张议潮写"，据李正宇先生考证，此处"未年"应为元和十年乙未年（815），②正值吐蕃占领时期，张议潮自称学生，应为佛寺学生。可见蕃占时期，世家大族子弟的教育应在佛寺进行。这也是世家大族部分成员遁入佛寺的原因之一。

第二，敦煌佛教寺院的儒学教育，成为蕃汉双方文化交流的介质，客观上促进了汉藏文化的融合。吐蕃占领敦煌后，推行民族压迫政策，尤其在文化方面，借助佛寺推行吐蕃语言和文字。他们在佛寺中设抄经坊，由僧团统一管理。抄经生从吐蕃特定部落中选取。不仅要有熟练的抄写能力，且要具备对佛祖的虔诚之心。抄经前不能有对佛祖不敬的行为。抄经生一旦被选定，抄经就作为特定部落民户必须完成的劳役进行分配。政府

---

① （唐）杜佑：《通典》卷121《开元礼》，中华书局，1984，第631页。
② 李正宇：《唐宋时代的敦煌学校》，《敦煌研究》1986年第1期，第41页。

为抄经者提供必要的物质供给。① 这种官办的抄经坊完成的经文，不仅经文篇幅长，且抄写多部，便于更广泛地传播。如仅莫高窟藏经洞所出《无量寿宗要经》就有数千部，《大般若经》多达六百卷。且为了凸显吐蕃赞普对抄经的重视，还从吐蕃本土派遣大臣、钵阐布贝吉云丹、娘·定埃增及吐蕃王妃至沙州组织并参加佛经抄写。② 据现存的甘肃藏和法藏的敦煌古藏文文献的佛经题记所载，敦煌古藏文抄经生总数有 674 人，③ 其中"吐蕃人为 269 人，占总人数的 40%；唐人为 326 人，占总人数的 48%；粟特人为 55 人，占总人数的 8%；其他民族，如天竺人、西域少数民族人总数为 24 人，占总人数的 4%"④。可见，吐蕃的文字教育在抄经生群体中率先推广普及，作为辅助统治者管理民众的落蕃官和各部落的民众，应也渐次接受了吐蕃语言文字的教育。

而对汉文化，吐蕃统治者也渴望了解。首先编写了汉蕃语言工具书，如 P.3531《汉蕃对译佛词汇集》、P.2762va《蕃汉对译字书》、P.T.1261《汉藏对照词汇》、P.T.1263《汉藏对照词汇资料》和 P.3301《蕃汉对译词汇集》。其中《汉蕃对译佛词汇集》针对佛教用语进行了汉蕃双译，与P.3861《陀罗尼经》后汉藏对照词汇情况类似。而其他写本中对译词汇集则是针对生活用语、自然名物等的汉蕃语言对译，便于汉蕃两族人民互相学习。其次，对汉地流行的蒙书进行翻译并抄写。如识字类蒙书 P.3419《汉蕃双语千字文》，P.T.1046 古藏文音译本《千字文》，算术基本知识 P.T.1070《算术口诀》，知识类蒙书 P.T.1283《礼仪问答》、P.T.1238《杂抄》等。《汉蕃双语千字文》是蕃汉双语字音、字形的基础内容；《算术口诀》使吐蕃人掌握了数字计算的基本口诀；《礼仪问答》以对话的形式论述待人接物、应对进退、处理各种社会关系等内容，打开了吐蕃人了解唐代世俗生活的窗口，是吐蕃人了解儒家礼仪的开端。最后，历史类典籍译本。如 P.T.986《尚书》残本、P.T.1291《春秋后语》（《战国策》)残本，是吐蕃在掌握汉字基础、汉文化基本礼仪基础上进一步学习儒家文化的写本。这些译本虽没有

---

① 陆离：《吐蕃统治河陇西域时期制度研究》，第 226~229 页。
② 张延清：《吐蕃钵阐布考》，《历史研究》2011 年第 5 期，第 165~166 页。
③ 张延清：《吐蕃敦煌抄经研究》，第 66 页。
④ 张延清：《吐蕃敦煌抄经研究》，第 121 页。

在题记中标明来自吐蕃统治时期的佛教寺院，但是作为吐蕃统治时期重要的文化交流平台，与佛教寺院必然有着关联。是佛寺儒学教育的延伸，是蕃汉文化交流的见证。

第三，儒学教育核心思想——"忠孝"，在吐蕃统治时期借助佛教传播和延续，是佛寺儒学教育的又一社会功能。吐蕃在敦煌境内推行辫发胡服、黥面纹身等一系列民族高压政策。规定非祭祀父祖时间均需着吐蕃服装，这是吐蕃在武力征服之后对敦煌民众的精神统治。作为唐廷子民，民众内心的反抗不能形于色，于是借助佛经、修窟等一系列活动，将孝亲、忠君思想表达出来，成为敦煌民众坚持儒家文化的一种表现形式。

南北朝时期，佛教为了得到统治者支持并得以广泛传播，将儒家的忠孝思想引入佛教经典。唐代，随着佛教进一步中国化，流行于世的伪经和由佛教故事衍生的变文更将忠孝思想加以宣扬，与之相应的经变画亦突出"忠孝"的主题。如《佛说父母恩重经》列举了父母对子女的呵护、关爱和教导，并向世人阐述回报父母的重要性和方法，回报父母恩的方法即为"孝"。《大方便佛报恩经》亦称《报恩经》中更是将君亲恩自然地列于佛之三宝之后，宣扬上报三宝恩，中报君亲恩，下报众生恩。《佛说盂兰盆经》则是记述佛陀弟子目连，为救其母脱离饿鬼道，听从佛旨，于七月十五以百味饭食五果等供养十方佛僧，救出其母，这是之后《目连变文》的原型。体现这些佛经内容的经变画在吐蕃时期的石窟中亦多有表现，如第 112、154、200、231、236、238、258、143、144、359 等窟均绘有报恩经变。其中第200、236、238、258 窟的报恩经变画面大多漫漶不清。[①] 这种忠君孝亲的思想至归义军时期仍旧盛行，在归义军时期开凿的洞窟中亦有表现。如第12、19、20、85、138、141、145、156 窟。忠君孝亲的思想，通过报恩窟中的经变故事、供养人画像的穿着和位置变化体现出来。这不仅是敦煌民众思念故国、表达情感的表现，也是儒家文化形成的民族共同心理的反映。

由此可见，敦煌佛教寺院的儒学教育在吐蕃统治时期承担了官学教育的责任，使儒学在吐蕃统治的六十余年中不致中断，在蕃汉文化交流中起了积极的作用，亦是吐蕃占领时期敦煌民众的精神寄托。

---

① 　敦煌研究院主编《敦煌石窟全集》第 9 册，上海人民出版社，2001，第 115 页。

第二节　敦煌佛寺教育中的蒙学教育

蒙学教育也叫童蒙教育，即对儿童进行识字教育、知识教育和伦理道德教育。早在先秦时期，对儿童的启蒙教育就备受重视。蒙学教育多在私塾或民间义学中进行。唐五代时期敦煌地区，除了民间学校，佛教寺院也进行蒙学教育。

一　敦煌佛寺教育中蒙学教育兴盛的原因

敦煌佛教寺院中的蒙学教育包含在儒学教育中，是敦煌民众儒学教育的起点，吐蕃时期兴起，迨至归义军时期兴盛。究其原因，应包括以下几个方面。

（一）佛寺教育的传统

佛教传入中土后，为了尽快适应中土的文化环境，也为了向世习礼法文业的士族宣扬佛理，须对以儒学为核心的传统文化精心研究。因此佛寺教育需要对初入法门的僧徒采取儒、佛并重的启蒙教育。

道宣在《量处轻重仪》中记述了寺院的"轻重物"，对"内外典籍"进行了分类。明确指出其应分为"内法经部"和"外俗书纪"。其中"外俗书纪"即为"外典"，佛教之外的典籍，也就是"外学"。"外俗书纪，谓凡有纪传，皆存外有。上则顺天奉地，匡国化民；中则孝事父母，立身行道；下则营卫六府，五行备附。据事以求，莫非身计。纵闲放林泽，无非养生，故名外书。"[1] 可见，"外书"包括世间从治国到安家，从国家防务到阴阳五行书籍，称为"九流史籍和三古字书，所谓九流史籍即六经、纬候、诸子、史传、杂说文纪等"[2]。不难看出，外学是指除佛学以外的经、史、子、集四部书籍。从敦煌所出《论语》等看，进一步印证了学习的内容即儒学知识。荆州上明释昙徽"河内人，年十二，投道安出家。安

---

① （唐）道宣辑《量处轻重仪》，《大正藏》第 45 册，第 842 页。
② 杜斗城，李艳：《试论唐代高僧的史学修养》，《甘肃社会科学》2011 年第 3 期，第 52 页。

尚其神彩，且令读书，二三年中，学兼经史。十六方许剃发"①。十二岁出家，老师要求读书，以经史为主，学有所成，才许剃发，正式成为僧人。从十二岁至十六岁，四年的时间属于知识启蒙阶段。既要具备识文断字的能力，又要了解儒家文化的内容，还要具备了解历史的能力。因此，佛教寺院中进行蒙学教育是有历史渊源的。

（二）佛教寺院就读的风气

唐代对进入国子监学习的生员年龄有严格的限制，"凡生，限年十四以上，十九以下；律学十八以上，二十五以下"②。可见，唐中央招收学生的年龄一般以十四岁至十九岁为限，但律学招收学生的年龄略大，为十八岁至二十五岁。这是因为律学生徒学习的法律知识有较强的逻辑性，且法律注重实际的诉讼能力，故而将年龄放宽，是符合所学科目实际要求的。因此，十四岁以下的孩童按照规定无法进入官学，且官学中经学教育的起点较高，须具备基础的识字和写作能力，对十四岁以下孩童的教育，即蒙学教育，即由官学体系以外的各类私学完成。

唐五代时期，敦煌除了官学，即州、县学外，民间各类学校同时并存。李正宇先生以敦煌写本为线索，考证官学以外的学校包括乡（镇）学、社学、坊巷学、义学、家学（私塾）、寺学等，并由题记中纪年推断其时间，多为归义军时期。③由此推断，吐蕃占领敦煌之前，敦煌民间的学校大概亦如此。吐蕃统治敦煌期间，废除官学。民间依据各个乡（镇）、坊巷、结社设立的学校，因部落将制的强行推广而停止办学。唯有佛寺，是吐蕃统治者保存佛教文化、意欲推广吐蕃文化的平台。虽然吐蕃占领时期，敦煌写本中仅有两三条学生题记，但不能否认这一时期佛寺在教育方面的作用。归义军时期，敦煌写本中各种学校学生题记大量增加，尤其是佛寺学生。这些恰恰说明吐蕃治下佛教寺院在儒学和蒙学教育方面的存在。如 P.3620《封常清谢死表闻讽谏今上·无名歌》卷末尾题"未年三月十五日，学生张议潮写"，此时官学废止，张议潮名字前署"学生"，推

①　（梁）释慧皎撰，汤用彤校注《高僧传》卷 5《晋荆州上明释县徽传》，第 202 页。

②　（宋）欧阳修、宋祁撰《新唐书》卷 44《选举志上》，第 1160 页。

③　李正宇：《唐宋时代的敦煌学校》，《敦煌研究》1986 年第 1 期，第 39~47 页。

断可能是寺院学校。① 北冈 84 号《观音经》末题 "辛丑年七月二十八日，学生童子唐文英为妹久患写，毕功记"，此 "辛丑" 年据考证为长庆元年（821），亦属蕃占时期。即使归义军时期恢复了官学，佛寺教育仍然存在，和其他各种私学一起承担蒙学教育的义务，成为官学的有益补充。因此可见，吐蕃统治时期，敦煌佛教寺院招收的学生不仅有一般的世俗子弟，也包括世家大族子弟。归义军时期，这种情况依旧保持。世家大族子弟仍旧在佛寺读书，曹议金子曹元深在三界寺就读，索勋之孙索富通就读于金光明寺。②

这种趋向于佛寺就读的风气，还与科举制下唐代士子隐居山寺读书之风有一定的关联。

（三）佛寺蒙学教育的良好条件

敦煌的佛寺寺院招收的学生，一般没有年龄限制。进入佛寺学习的俗家弟子大多为处于蒙养阶段的学生。从有佛寺名称题记的写本内容（表 3-2）不难判定，凡是中原流行的童蒙教材，如《千字文》《开蒙要训》《百行章》等，佛教寺院均予以教授。除此，还有带有敦煌特色的教材，如《太公家教》《崔氏夫人训女文》等。加之佛寺经济实力雄厚，师资条件优良等，对学生的吸引力不言而喻。

根据唐代官学和民间各种学校的规定，强调束脩之礼。《唐会要》中规定了官学的束脩礼，"初入学，皆行束脩之礼，礼于师。国子、太学各绢三匹；四门学绢二匹；俊士及律书、算学、州县各绢一匹，皆有酒醢"③。关于蒙学教育，一般在启蒙仪式上送给老师 "六礼束脩"。六礼分别为芹、莲、红豆、枣、桂圆、束脩，每种礼都含有寓意："芹" 意为 "勤"；莲子内心苦，意为苦心教育；红豆寓意鸿运高照；"枣" 寓意早日高中；"桂圆" 意为功德圆满；"束脩" 则是弟子向老师表达敬意。"六礼束脩" 既有仪式感，让孩童对教师和知识充满敬畏感，又表达了对老师的

---

① 李正宇：《唐宋时代的敦煌学校》，《敦煌研究》1986 年第 1 期，第 41 页。
② S.707《孝经》题记："同光三年（925）乙酉岁十一月八日，三界寺学仕郎，郎君曹元深写记"，P.3692《李陵与苏武书》题记："壬午年（922）二月廿五日，金光明寺学郎索富通书记。"
③ （宋）王溥撰《唐会要》卷 35《学校》，第 740 页。

尊敬。敦煌佛寺教育没有关于束脩之礼的记录，但是佛寺学生会参加佛寺中的营造或者法会活动，应该是对教育的劳动回馈。因此普通民众在能力允许的情况下，将子弟送入佛寺学习是可能的。再加上佛寺中，有精通儒学的避难世族，有儒佛皆通的高僧，优秀的师资首先占据了优势。所以归义军时期佛寺中儒学教育发展起来，其中表现最突出的当数童蒙教育。

二　敦煌佛寺教育中蒙学教育的概况

敦煌佛寺的蒙学教育是儒学教育的一部分，且从学生和出土的写本内容看，蒙学教育在儒学教育中占主要地位。以下主要从三个方面来探析敦煌佛寺中的蒙学教育。

（一）蒙学教育的内容

敦煌写本中，童蒙教材种类多，内容丰富。带有寺院名称和确切纪年题记的写本只是其中的一部分，直观地反映了佛寺蒙学教育的主导方向。和民间私学相同，童蒙教育亦从识字、基本社会知识、道德人伦等几个主要方面来进行。使用的课本有自秦汉以来蒙学教育的读本，如《千字文》《百行章》《开蒙要训》；有表现敦煌乃至西北地区特色的蒙学教材，如《太公家教》《崔氏夫人训女文》；此外，未标明佛寺学生姓名题记的写本，如识字类蒙书《新合六字千字文》《百家姓》《俗务要名林》《杂集时用要字》《碎金》《白家碎金》等。还有知识类蒙书《杂抄》《孔子备问书》《蒙求》《古贤集》《兔园策府》；德行类蒙书《新集文词九经抄》《文词教林》《武王家教》《辩才家教》《新集严父教》等童蒙教材，均有若干写本。除了带有学校或学生姓名题记的写本，一些未有题记的写本，大多亦是敦煌地区蒙学教育的教材。或出于乡（镇）学、坊巷学、社学、义学、家学等学校，或出于佛教寺院学校。综观这些童蒙教材，具有如下特点。

第一，以中原流行的童蒙教材作为基础，遵循儒家"忠、孝、礼、智、信"等核心思想展开。二十余种童蒙教材中，六朝时期周兴嗣的《千字文》、隋朝马仁寿的《开蒙要训》、唐代李瀚的《蒙求》、杜嗣先的《兔园策府》、杜正伦的《百行章》等为童蒙教育的通行教材。敦煌遗书中均不止一个写本。其中《千字文》数量最多，共47个写本；《开蒙要训》次之，共37个写本；《百行章》14 个写本；《兔园策府》4 个写本；《蒙求》3 个写本。①

从写本数量上看，《千字文》和《开蒙要训》数量较多，说明其流传时间长，流传广泛；从内容上看，这两种蒙书以识字为基础，四字一句，朗朗上口，便于记忆。将生字与名物结合，介绍了自然名物、社会名物、寝处衣饰、器物用具等。并多用俗语俗字，注重实用。《百行章》和《蒙求》则是在识字基础上，对儿童进行伦理道德教育的教材。其中《百行章》全书约七千字，八十四章。对"勤、俭、贞、信、义、廉、清、平、严、爱、思、宽、虑"等品行分章论述；中心围绕"忠孝节义"；所引警句，基本出自《论语》《孝经》；典故亦采自史、传；并树立忠臣孝子、贞妇义夫为楷模，借以宣扬伦理道德。《蒙求》全书总计 2484 字，每句为四言韵文；上下两句对仗，各讲一个历史人物典故或传说人物故事，借此对其可圈可点言行进行宣扬，激励劝勉孩童积极效仿。《兔园策府》属于高阶段蒙学教材，它的功用不光在于伦理道德的教育，还是模仿科举考试常科试策、以问答形式汇总自然社会名物、人文礼仪、政事征讨的综合性蒙书。可以说是科举应试手册，具有类书的特点。

综观上述蒙学教材，除了识字名物类，凡伦理道德教育类无论是历史典故，或者为人处世之道理，无一不反映儒学"忠孝仁义"核心思想。如《百行章》中对于交友的标准，"善人须依，君子须附。一言之益，实重千金；一行之失，痛于斧钺。但近善者，恶即自消，卜邻而居是也"，要求孩童近善远恶。因此"人生在世，唯须择交：或因良友而以建明，或以弊友而以败己"。为人处世，要诚信、宽容。《百行章》有云："一言之重，山岳无移；一信之亏，轻于粉尘。昔时张范，今犹赞之；挂剑于丘坟，人无不念。是以车因轮转，人凭信立。"而这些近善远恶、择善而交、诚信、宽容的要求，又围绕着"节义"而展开。《蒙求》中历史人物的典故，任一对仗两句，其事迹主题亦如此。如"毛义捧檄，子路负米"，两个人物无论是因贫穷不择官而做，还是负米百里奉养双亲，都是围绕"孝"进行的。此类的蒙学典故和伦理教导都是对孩童的人格教育。这不仅是为人处世的基本要求，也是唐代统治阶级对民众教化的引导方向。

---

① 郑阿财、朱凤玉：《敦煌蒙书研究》，第 445～446 页。

　　第二，敦煌遗书中的蒙学教材保留了很多中原亡佚的内容。它们一方面与中原蒙学有着关联，另一方面表现出明显的地域特色。中原流行的诸多蒙学教材，有些在流传过程中逐渐亡佚，幸赖敦煌遗书的发掘才得以复窥。如《兔园策府》《蒙求》等。除此，敦煌蒙学教材中还有诸多写本体现了敦煌一地或西北地方的特色，具有地域性。如姓氏识字类蒙书，除中原流行的《百家姓》外，还保留了中原不见的 BD08679《贞观姓氏录》（北位字 79 号）、S. 5861《姓氏书》、S. 2052《新集天下姓望氏族谱一卷并序》（P. 3191 与 S. 2052 同卷）、P. 3421《氏族志残卷》。其中 BD08679《贞观姓氏录》尾题："大蕃岁次丙辰（836）后三月庚午朔十六日乙酉鲁国唐氏苾蒭悟真记"，悟真是敦煌灵图寺僧人，曾参加张议潮反蕃起义。大中四年（850）奉使长安，被授予"京城临坛大德、赐紫、沙州释门义学都法师"等称号。他抄写的姓氏录可能作为寺院儒学教育中传授谱学知识的教材，和其他各写本一样，反映出唐代各郡姓氏组成，为学者研究唐代世族兴衰与分布提供了资料。P. 2995《姓氏书》记录的是敦煌地区的姓氏，如"王李赵天下□少阴萨唐邓令狐正等安康石平罗白米……"这里的姓氏多为敦煌当地居民姓氏，其中包括安、康、石、米、白等昭武九姓姓氏。最后尾题是一首七言偈："沙弥天生道理多，人名不得□人何？从颊至尾没闲姓，忽若学字不得者，杆你沙弥头□□。"[1] 由此可见此书为学字蒙书。寺院教育注重实际，组织寺院僧俗学习当地姓氏。

　　承袭了《急就篇》，比之更为通俗的是流行于唐代的通俗字书《俗务要名林》。其录入词汇为日常生活名物。在敦煌流传的过程中，加入了具有当地特色的不少词汇，如饮食部中有"酥、酪、蜜、油、羹臛、糕糜、饦饼、饆饠"等。据考证，其中约四十种食物与敦煌遗书社会经济类文书中的记载相合。这些食物中，既有与中原食品相同的，又有"胡食"，充分表现出敦煌是东西饮食文化的交汇之地这一特色。[2] P. 2717《开蒙要训》中则有"氎毼毲毰，于阗须弥"之语，氎毼毲毰，都是毛织毯、壁挂毯之

---

　　① 《法国国家图书馆藏敦煌西域文献》第 20 册，上海古籍出版社，2002，第 366 页。
　　② 高启安：《敦煌蒙书饮食知识系统与敦煌饮食的特殊性——以食物品名为中心》，《童蒙文化研究》（第二卷），人民出版社，2017，第 82~86 页。

类的物品，皆来自奉佛的于阗。这不仅反映出唐五代时期，佛教已成为社会日常生活的重要内容，而且表现出敦煌蒙学教育中佛教因素的渗入，以及敦煌与西域频繁的经济文化交流的特点。

尤其值得关注的是敦煌 30 件《王梵志诗》写本。其采用五言四句形式，讲授生活仪节、处世为人、伦理规范等内容。从其数量看，该写本唐五代时期在敦煌地区广为流行。用通俗易懂的语言阐述伦常，被敦煌民众作为重要童蒙读物。有 P.2607v 的杂写文字为证。该习字反复抄写"王梵志""兄弟"等字样，推断其为儿童习字卷。而 P.4094 则是《王梵志诗》与《夫子劝世词》合抄，同种属性的卷子合抄，这是常见的。且《王梵志诗》的写本中具尾题的，其中人物角色有"学仕郎"（P.2842）、"知术院弟子"（P.2718）、"金光明寺僧"（P.2914）等。这些身份尤其是"学仕郎"，等同于"学郎""学仕"，即当时敦煌地区的学童。因此推断《王梵志诗》与《夫子劝世词》相同，均为童蒙教材。① 其中除了围绕"忠孝"的核心思想，列举了日常生活中子女对父母、兄弟姑嫂妯娌间的行为规范、家庭伦常外，还包括为人处世应注意的礼节，如主客之道。另外包含了一些佛教思想，对佛教宣扬的戒律以通俗语言表达，如戒杀生、戒偷盗、戒女色、不邪淫、不妄语、不饮酒等，都有相应五言句总结，易于为儿童接受。正是这些童蒙课本中对佛教思想的宣传，使敦煌民众自幼便树立起对佛教思想的认知和敬畏之心，使佛教思想充斥敦煌社会生活的各个角落。

众多家训类蒙书中，《崔氏夫人训女文》是一篇七言韵文，记述母亲对出嫁女子的告诫训示。现有敦煌写本三件，将女子出嫁这一人生转折即将面临的生活环境予以引导。为人妻、为人媳，不仅要学习家务的操持，更要学会在新的人际关系中与人相处；远离父母，言行须慎重。其中不坐轿只乘车、哭嫁、三天回门等仪式是流传至今的西北婚俗，② 表现出强烈的地域性特点。《辩才家教》采用问答体，以五言、七言韵文为主。利用佛经偈颂的形式对学童进行教化，带有浓厚的劝世意味。

---

① 郑阿财、朱凤玉：《敦煌蒙书研究》，第 425 页。
② 高国藩：《敦煌本〈崔氏夫人训女文〉及其由来》，《古典文学知识》1995 年第 6 期，第 42~44 页。

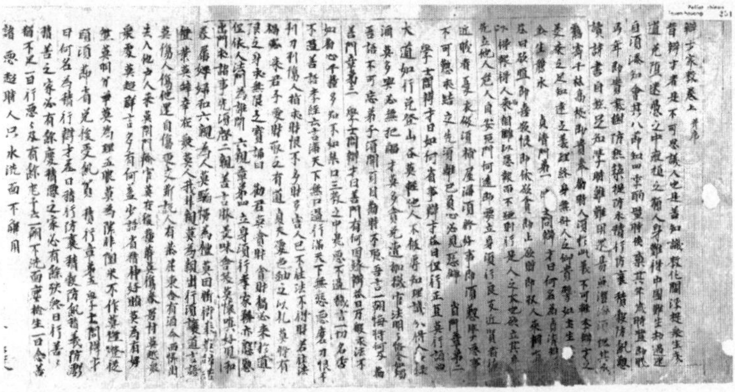

图 4-1　P. 2515《辩才家教》部分

来源:《法国国家图书馆藏敦煌西域文献》第 15 册,上海古籍出版社,2001,第 50 页。

　　全文效法《四十二章经》的分章概念,同时也模仿《孝经》分章立目的形式,共设十二章。分别为贞清门第一、省门章第二、劝善门章第三、六亲章第四、积行章第五、十劝章第六、经业门章第七、(第八缺)、贞女章第九、合空四宗教章第十、五宗教章第十一、善恶章第十二。每章以"学士问辩才曰"起首,提出本章中心问题;然后以"辩才答曰"回答问题,分章节论述修身治家之道。佛儒兼论,契合民众之普遍观念。如"劝善门章第三"中关于"善"的问题,融合释儒道三教,并引用《孝经》话语,论证人生为善应如何做。录文如下:

　　　　万般求法,不如劝心;千种多知,不如禁口。三教之中,臭恶不过秽言;一切名香,□□不过善语。《孝经》云:"言满天下无口过,行满天下无怨恶。"磨刀恨不利,刀利伤人指;求财恨不多,财多害人己。不枉法,不得财;若枉法,祸必来。君子爱财,取之有道;贞夫爱色,纳之以礼。莫将有限之身,求无限之宝。[颂]曰:"劝君莫贪财,贪财祸必来;于道但依人,法门为谁开。"①

其中既有佛教劝善的语言,又将世间常理的通俗语言以偈颂方式总结。尾

---

① 郑阿财、朱凤玉:《敦煌蒙书研究》,第 391 页。

题："甲子年四月廿五日显比丘僧愿成俗姓王保全记"，据此推断该文本系佛寺蒙学教育之教材。其中阐述道理不仅仅限于佛法，还涉及民众生活。用佛教劝世语言，在世俗佛教社会中，更易被人接受。

第三，注重实用，面向童蒙和世俗民众进行普及教育。蒙学是儒学教育的起点，蒙学教育为科举考试奠定基础。敦煌的蒙学教材中具有这样性质的如前所述，有《兔园策府》等，应试痕迹明显。但具有鲜明特色的多数蒙学教材是以普及文化、注重实用为主。如《碎金》，又称《字宝》。敦煌写本现存四件（S.6204、P.2058、P.2717、P.3906），按平、上、去、入四声编排，每声收入词语百余条，共计三千七百余字。收入的词汇，皆为唐代民间口语或俗语，并在旁以小字注以反切或直音。其中 S.6204 尾题："壬申年正月十一日僧智贞记"；P.3906 题记："天福七年壬寅四月二十日伎术院学郎知慈惠乡书手吕均书"，可见佛寺与地方学校学习内容相近。在序文中，阐述了《碎金》所收词汇之由来，常为"言常在口，字难得知……每妨下笔，修撰著述，费于寻捡，虽已谈吐，常致疑之。又俗猥刺之字，不在经典史籍之内，闻于万人理论之言，字多僻远，口则言之，皆不之识。"为了改变这种状况，"今讨穷《字统》，援引众书，《翰苑》《玉篇》，数家《切韵》，纂成较量，辑成一卷。"之所以名曰"碎金"，是因"虽未尽天下之物名，亦粗济含毫之滞思。号曰字宝，有若碎金。然零取救要之时，则无大段，而副笔济用之力，实敌其金，谓之《碎金》"。①民众的日常生活交流中，恰恰是俗语、俚语使用广泛。故而《碎金》的出现，恰填补了这一不足，为非书面语的日常交流提供了便利。

在敦煌遗书中发现的十二件算学文献，表现出唐代数学蒙学教育在敦煌的实行。唐承隋制。算学在唐初即跻身于唐代六学，后几经废立，曾一度改隶太史局、秘书局；终于龙朔二年重新设立，复归国子监。算学是国家开设的数学专科学校，招收"文武官八品以下及庶人之子"。算学的师生配比为：博士二人，从九品下；助教一人；典学二人；学生三十人。唐代后期学生数量持续减少，地方官学未见有设算学。算学按学生选择的经业不同分两类。一类修习《九章算术》《海岛算经》《孙子算经》《五曹算

---

① 郑阿财、朱凤玉：《敦煌蒙书研究》，第 107 页。

经》《张邱建算经》《夏侯阳算经》《周髀算经》，一类修习《缀术》《缉古》。敦煌遗书中有十二件算经写本，与《孙子算经》和《五曹算经》部分内容相合。如 S.19《失名算经》中长度单位换算，即在《孙子算经》基础上增加了换算单位。P.3349《算经一卷并序》记录乘法口诀，与《孙子算经》同为四十五句。S.930v《立成算经》名为"立成"，实为算学之初级内容及九九乘法歌诀，含有"速成"意味。其中包含的算筹法、大数计数法、零空位、十进位制、度量衡换算等数学问题均具有现实应用意义。

图 4-2 S.930v《立成算经》部分

来源：《英藏敦煌文献》（汉文佛经以外部分）第 2 册，第 201～204 页。

举例说明，关于算经中"度"的单位，《立成算经》和《孙子算经》有些许不同。《立成算经》开门见山，"尺之毫厘"，对"度"涉及的单位进行直接叙述，而不对基本单位"忽"进行说明。《立成算经》以"丈"为标准："三丈为段，四丈为匹，五丈为端。"① 《孙子算经》则以"尺"为标准："五十尺为一端，四十尺为一匹。"② 但在敦煌经济文献的实际应用中，各种度的单位是灵活运用的。如 P.2842v《乙酉年正月廿九日孔来儿身故纳赠历》记载："高录事白生褐三丈七尺，又生褐四丈二尺。……游流住白棉绫三丈，白生（褐）四十四尺。"③ 关于算经中"量"的单位，《孙子算经》中，"十斗为一斛"，而《立成算经》中则是"六千万粟为

---

① 李俨《敦煌石室〈立成算经〉》中"三丈为咬"录为"咬"，郝春文、金滢坤《英藏敦煌社会历史文献释录》第四卷，"三丈为段"录为"段"，通过反复比对，"段"较为恰当，故录为"段"。

② 钱宝琮校点《算经十书》，中华书局，1963，第 281 页。

③ 唐耕耦、陆宏基编《敦煌社会经济文献真迹释录》第 1 辑，第 362 页。

石"。"斛"是量度单位，"石"是权衡单位，《立成算经》把两个序列不同的单位混用，实则是自汉代以来民间使用的一种习惯。因为"斛"和"石"不论是量度单位，还是权衡单位，是等量的。在敦煌经济文书中，"斛"较为多见。常见的与"斛"相同的单位还有石、硕，其中"硕"使用也较为频繁。因此，《立成算经》虽取自《孙子算经》，但不是对《孙子算经》的机械复制，而是具有地域性特点，且重在实用。

（二）佛寺学童的学习生活

敦煌佛寺的蒙学教育在唐五代敦煌蒙学教育中占有一席之地。除佛寺以其经济实力雄厚和优质师资做保障，还在于敦煌社会从最高当权者至下层民众都信奉佛教。因此从办学的规模、学生的招收等方面看，佛寺的蒙学教育成为敦煌蒙学教育的主力军。归义军时期，官学虽恢复，但官学生源基本来自十四岁以上的学生，与蒙学教育的主体对象不符。因此敦煌遗书中所见蒙学教育的相关写本，基本反映出以佛寺蒙学教育为主，兼顾其他民间私学，如坊巷学、义学、社学、家学等蒙学教育的状况。

首先，敦煌写本中的习字写本反映出蒙学教育的基本方法：习字与书法并重，且需反复练习。写本中出现频率最高的习字应是《上大夫》。全文内容为"上大夫，丘乙己，化三千，七十士，尔小生，八九子，佳作仁，可知礼也"。从内容看，主要介绍先圣孔子，是儒家思想推广的表现；从书法看，简短二十五个字，包含横、竖、撇、捺、点、竖弯钩等基本笔画；从文字结构看，虽简，但是对于左右、上下、独体字等字体结构均涉及。对于初学写字的孩童，这不仅易于摹写，且能对基本笔画和字体结构有初步认知。敦煌写本中共有 S.4106、S.6606、S.6960、P.3145、P.3797、P.3806、P.4990b 等七件，[①] 其中 S.4106、S.6606、S.6960、P.3145、P.3797、P.3806 等六件，均在写本背面题写。正面或为佛经（S.4106《佛说法句经》、S.6606《妙法莲华经》卷七、S.6960《佛说佛母经》、《佛说善恶因果经》），或为社司转帖（P.3145《社司转帖》），或为蒙学教材（P.3797《太公家教》、《新集严父教》），或为儒家经典（P.3806《春秋经传集解》）。可见是学童闲暇时利用废弃的佛经或公文背面进行练习，只有

---

① 郑阿财、朱凤玉：《敦煌蒙书研究》，第 139 页。

P.4900b 是正式摹写的习字残纸。首行朱笔"试文"二字，其次"上大夫丘乙己化三千"九字，每行起首首字为朱笔，下为学童临摹，每行练习十余字。

图 4-3　P.4900b《上大夫丘乙己习字》

来源：《法国国家图书馆藏敦煌西域文献》第 33 册，上海古籍出版社，2005，第253 页。

其次，孩童对读书识字的概念有所不同。有些孩童读书的目的即出仕，有些孩童则不明确。如 P.2622《吉凶书仪》。《书仪》作为应用类教材，主要是关于唐五代时期人们交往的礼仪规范。敦煌写本中的《书仪》共三类二十余件。其中张敖编订的《元和新定书仪》更是反映出敦煌一地的礼仪规范。P.2622 背后显然是学童们在学习之余随性涂鸦。

图 4-4　P.2622v《学郎杂写》全图

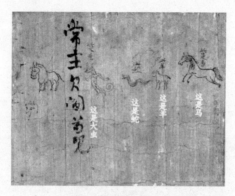

图 4-4 局部图：甲

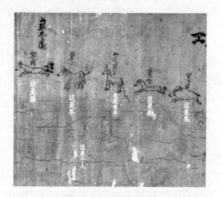

图 4-4 局部图：乙

图 4-4 局部图：丙

来源：《法国国家图书馆藏敦煌西域文献》第 16 册，上海古籍出版社，2001，第 320～321 页。

孩童在《书仪》背面连画一排小动物。在图 4-4 局部图甲、乙、丙三张局部放大图中可见，画的约是十二生肖，只是将"虎"称为"大虫"，画了"狼"，缺少"鸡"，而且"狼"错写成了"郎"。每只动物画完，在其上方标注"这是××"的字样。最有意思的是，在众多动物的画像下，画了一位头戴幞帽、身着长袍的人。应该是师长形象，并在旁边标注"这个是人"。充分体现出学童天真、顽皮的天性。可见学习之余，他们会利用手里现有的工具进行娱乐，使枯燥的学习生活变得不让人厌恶。

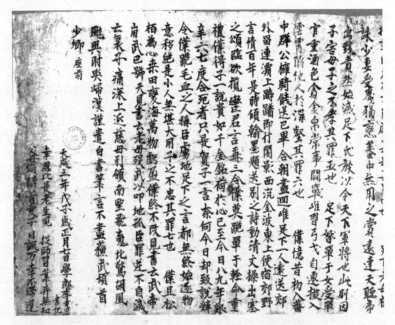

图 4-5 P. 2498《李陵与苏武书》

来源：《法国国家图书馆藏敦煌西域文献》第 14 册，上海古籍出版社，2001，第 334~335 页。

有的学生学习中透露着无奈。如 P. 2498《李陵与苏武书》后题记"天成三年戊子岁正月七日学郎李幸思"，后附诗一首："幸思比是老生儿，投师习业弃无知。父母偏怜昔（惜）爱子，日讽万幸（行）不滞迟。"李幸思的学业平平，在父母怜爱的前提下，不得不学。虽然年纪有点大，但总算没耽误学习，透露出在父母压力下的无奈。三十八年后，《宋乾德四年（966）曹元忠及夫人修北大像记》中记录，这个李幸思已经任"都头知弟子虞侯"了，可谓实现了自己的人生价值。

大多数人对于学习的态度还是明了的。北生字 26 号（BD03926）有五言诗一首曰："清清河边草，游（若水中）鱼，男儿不学问，如若壹头驴。"语言虽粗鄙，但道理却鲜明。P.2746《孝经》末题记翟□飒一首诗："读诵须勤苦，成就如似虎，不词（辞）杖捶体，愿赐荣躯路。"将学习与今后的目标联系在一起。官学学生学习目标更加明确。如归义军时期的历学专家翟奉达在读书时，曾表明自己读书的志向："躯体堂堂六尺余，走笔横波纸上飞。执笔题篇须意用，后任将身选文知。"

从这些题记和图画、小诗中不难看出，学童们对于学习的认知较为明确。面对枯燥的课业，不但要学，还需勤学。但是课间闲暇，则彰显其顽皮的天性。

最后，教师对学童的管束还是非常严格的。莫高窟第468窟北壁东侧"九横死部分"有一幅图画，其中有正在读书的孩童。他们眼望院子中间的景象；有一名老师端坐其中；一位老师手持戒尺，挥向一位正撅着屁股、眼神绝望的学生。

图4-6 468窟北壁东侧《体罚学生图》

来源：敦煌研究院主编《敦煌石窟全集》第25册，商务印书馆，1999，第101页。

综上，学童的学习生活既是按部就班的，有教师的监督，有自身的勤学苦读，但是也充满了童趣，与现今的孩童如出一辙。

三　敦煌佛寺教育中蒙学教育的社会功能

从带有明确纪年和佛寺名称或者佛寺学郎名题记的写本内容看，敦煌佛寺蒙学教育是成体系的。从教材上看，不仅有官学规定的教材《论语》《孝经》，而且有当时流行于中原地区的识字类蒙书、知识类蒙书和德行类蒙书。这些蒙书在带有明确纪年和州县学及其他私学学郎题记的写本中也出现过。这说明敦煌佛寺的蒙学教育使用的教材不仅和当时州县学一致，且不落于中原官学和州县学步伐。从前述师资上看，佛寺中不仅有避祸的世家大族，亦有贯通佛儒的高僧。优质的师资是敦煌佛寺教育保持兴盛的原因。因此，在敦煌一地，佛寺蒙学教育对于敦煌社会各个阶层的功能是不同的。

第一，对于世家大族来说，吐蕃时期，为家族保存了实力。他们有的成为教师，在寺院里教授自家的子弟；从童蒙知识到儒学经典，受教师构成的影响，自然地接触佛教教义，学习佛典斋仪。如领导敦煌民众反抗吐蕃统治，并赶走吐蕃统治者、建立了归义军政权的张议潮。张议潮曾在佛寺学习，他的经历，使他与僧人这一群体有着天然的联系。在他领导起义时，僧团是他最大的支持和依仗。他执政后，和僧团保持密切的联系。对外，派僧人随使团前往长安，企图得到唐中央政府的认可；对内，向他以前的老师法成表现了极大的支持，法成从甘州修多寺回到沙州开元寺，开始教授学生。其对《瑜伽师地论》的系列讲授即为明证。归义军时期，世家大族没有改变这一习惯，仍将子弟送入佛寺学习。如曹元深，S. 707《孝经》尾题"同光三年（925）乙酉岁十一月八日三界寺学仕郎，郎君曹元深写记"[1]。曹元深后为曹氏归义军时期的第三任节度使。因此，对敦煌大族而言，佛寺教育是其子女接受教育的方式之一。

第二，对于普通民众来说，官学入学费用较高，无法承担。寺院的入学费用敦煌写本中未载明。但就世家大族而言，会以布施财物和田产的方式进行。一般的民众，也向寺院布施。虽然没有在写本中找到学郎与布施

---

① 敦煌研究院编《敦煌遗书总目索引新编》，第24页。

施主的对应关系，也未言明布施即束脩，但可推断，寺院并未硬性地规定入学费用的多少。寺院本是宗教场所，对于普通民众而言，应是来去自由，予取随度，不存在强制规定。再者，吐蕃时寺院有田产；归义军时期，寺院不但有田产，还从事酿酒、高利贷、碾硙出租等具有高利的行业，具有一定的经济基础，可以维持寺院的正常运营。就寺院教育来说，内典教育主要的对象是僧人。僧人在寺中通过劳动、参加寺院的法会等活动获得留居寺院并学习的资格；世俗子弟通过家族或家长的布施完成缴纳学费的环节。因此民众多以佛寺学校作为子弟修业学习的首选。而且官学规定了学生入学的年龄，至少是十四岁。显然，这是针对有经济基础的地主阶层的。十四岁以前的童蒙阶段，可以通过家学完成。但普通民众家庭无法复制这个模式。佛寺教育恰可以为他们担负童蒙教育的任务。而对于普通民众来说，儿童在完成了童蒙教育之后，具备了一定的知识，可以从事相对应的工作，换取收入。或者回家从事耕作，承担家庭责任。因此，对普通民众而言，佛寺童蒙教育为教育其子弟提供了学习的机会和场所，客观上为敦煌社会民众文化素养的提高做出了贡献。

第三，对于僧人而言，识字、学儒，是进行内典学习的必备环节。这也为学习内典知识，理解佛教教义打下基础。如 S.3011《论语卷第六》题记"戊寅年（858）十一月六日，僧马永隆手写论语一卷之耳"[1]；S.1586《论语集解卷第二》题记"沙门宝应手札也，金光明寺学郎"[2]；P.2483《杂写》题记"己卯年（979）四月廿七日，永安寺学仕郎僧丑延自手书记"[3]。第一则题记中，没有表明僧人马永隆的学郎身份。第二则明确了沙门宝应，他的另一个身份即为金光明寺的学生。第三则虽不一定涉猎童蒙教育的范畴，但题记署名却标明"永安寺学仕郎僧丑延"，也具有双重身份。因此可推断，佛寺的童蒙教育是向世俗子弟和寺中僧侣开放的。作为僧人，学习儒家经典，是有历史渊源的。早在东晋时期，彭城郡僧人释道融，"汲郡林虑人。十二出家。厥师爱其神彩，先令外学。往村借《论

---

[1] 敦煌研究院编《敦煌遗书总目索引新编》，第 92 页。
[2] 敦煌研究院编《敦煌遗书总目索引新编》，第 49 页。
[3] 敦煌研究院编《敦煌遗书总目索引新编》，第 239 页。

语》，竟不赍归，于彼已诵，师更借本覆之，不遗一字，既嗟而异之"①。
这里的外学，即指佛典以外的儒学，且点明所借书籍为《论语》。十二岁，
正是童蒙教育阶段，以《论语》作为其启蒙读本。

因此，佛寺的童蒙教育于世家大族、普通民众和寺中僧人，都具有教
化功能，但是对于此三类人的意义略有不同。对于普通民众而言，佛寺的
童蒙教育具有文化普及的功能。学生具有认读字、社会知识和历史典故的
基础后，可以在社会上谋求一定的职位，或者做抄经生。如滨田德海旧藏
《大般若波罗蜜多经》题记"大蕃岁次戊戌年（818）三月廿五日，尼妙
相，学生张涓子写记"。这里张涓子是学生身份，另一位抄经的是比丘尼
妙相，推断张涓子是和妙相一同学习的。尽管没有文献显示当时的尼寺有
面向世俗子弟的佛寺教育，但是私下相授应是有的。而在敦煌写本中，张
涓子作为抄经生的署名曾多次出现，且抄写的佛经均为《佛说无量寿宗要
经》。如 P. 3131、北收字 020（BD01920）、北腾字 039（BD03139）、北珍
字 018（BD05518）、北柰字 050（BD05750）、北重字 099（BD05999）、北
海字 016（BD06216）、北海字 043（BD06243）、北官字 091（BD07491）、
北服字 079（BD08279）等，说明张涓子以写经为生，可以承担一定的家
庭责任。对于寺中僧人，写经为其继续学习佛典打下基础。对于大族而
言，童蒙教育是学习的开始，还需继续学习儒家经典，为其在归义军政权
中谋得一定职位打基础。

第三节　敦煌佛寺教育中的医学教育功能

唐代敦煌的医学教育在前代医学发展的基础上，形成了官方医学、民
间医学、佛寺及道观医学等多种教育形式。

一　唐代的医学教育

（一）唐代官方医学教育

唐代官学教育体系除了经学教育，还有实科教育。作为实科教育之一

---

① （梁）释慧皎撰，汤用彤校注《高僧传》卷6《晋彭城郡释道融传》，第241页。

的医学科，唐政府专设太医署进行管理。太医署是医学教育管理机构，集教育、医疗、行政管理为一体。唐代医学分科较细致，有医科、针科、按摩、咒禁、药园五个专业，具体教师和学生数量不同。太医署置医博士和助教各一人，学生四十人；针博士、助教各一人，学生二十人；按摩博士一人，有学生十五人；咒禁博士一人，有学生十人。① 从人员数量看，以医科和针科为主。针科为唐代首次设置。依科目不同，学习内容也不同。对于医学生的学习，太医署设有固定的考核。规定"博士月一试，太医令、丞季一试，太常丞年终总试。若业术过于见任官者，即听补替。其在学九年无成者，退还本色"②。

地方州府也设有医学校。依唐制规定，下州州学设"医学博士一人，从九品下，学生一十人"③。下都督府府学设"医学博士一人（正九品下），助教一人，学生十二人"④。据《通典》记载，天宝年间沙州有户六千三百九十五，人三万二千二百三十四，每乡不足五百户。⑤ 另据《通典》记载，开元十八年（730）考订各州等级，不满二万户属于下州。⑥ 沙州当属于下州。后升为都督府，也属于下都督府。由此推断，沙州当时设有医学校，至少有医学博士一人。敦煌文书中对此有明确的记录。P.2005《沙州都督府图经》载："州学，右在城内，在州西三百步……县学，右在州学西……医学，右在州学院内，于北墙别构房宇安置。"⑦ 医学属于州学的一部分，校址和州学在同一处。P.2657《唐天宝年间沙州敦煌县差科簿》载："令狐思珎，载五十一，翊卫，医学博士。"可见，敦煌依唐制设立了医学校，且任命医学博士，进行医学教育。

唐制对于医学教育规定了相应的教材，太医署下设的各科博士，除了通识课程诸如《本草》《明堂》《脉诀》《素问》《甲乙脉经》之外，各科还开设具有专业特色的课程，如针师科兼习《流注（针经）》、《偃侧》

---

① （唐）李林甫等修，〔日〕广池千九郎训点，内田智雄补订《唐六典》，第300~302页。
② （唐）李林甫等修，〔日〕广池千九郎训点，内田智雄补订《唐六典》，第299页。
③ （唐）李林甫等修，〔日〕广池千九郎训点，内田智雄补订《唐六典》，第523~524页。
④ （唐）李林甫等修，〔日〕广池千九郎训点，内田智雄补订《唐六典》，第520页。
⑤ （唐）杜佑撰《通典》卷174《州郡典》，第923页
⑥ （唐）杜佑撰《通典》卷174《州郡典》，第188页
⑦ 郑炳林校注《敦煌地理文书汇辑校注》，甘肃教育出版社，1989，第12页。

图、《赤乌神针》等；按摩科除"调息导引之法"，还要修习"熊经鸟伸，延年之术"；咒禁科修习咒禁五法：存思、禹步、营目、掌决、手印。这些通识课程的教材以及医举考试中规定的书目，在敦煌医学文献中几乎都能见到。如本草类的有 P.3714、S.4534，P.3822《新修本草》，S.76《食疗本草》；诊法类的有 P.2115vb、P.4093《平脉略例》一卷，P.3106、P.3481《脉经》，P.3477《玄感脉经》一卷；伤寒论类有 P.3287《素问》、《三部九侯论》又四种残卷，包括《伤寒杂病论》乙本；《伤寒杂病论》丙本，《亡名氏脉经》第一种、《亡名氏脉经》第二种、医理类有 P.3655《明堂五藏论》一卷。可见，唐代官办医学教育在敦煌受到足够的重视。不仅医学校师生数量严格遵照官方规定，而且也使用了规定教材。

（二）唐代民间师承相传的医学教育

在南朝刘宋元嘉二十年（443）正式创办官方医学教育之前，医学教育主要依靠师徒相授传承。东汉名医华佗一生有弟子多人，其中彭城的樊阿、广陵的吴普和长安的李当之，皆闻名于世。吴普著有《吴普本草》，李当之著有《李当之药录》，樊阿擅针灸。这三个弟子后来均成为有名望的医家。北魏名医崔彧，"彧少尝诣青州，逢隐逸沙门，教以《素问》九卷及《甲乙》，遂善医术。……性仁恕，见疾苦，好与治之。广教门生，令多救疗。其弟子清河赵约、勃海郝文法之徒咸亦有名。彧子景哲，豪率，亦以医术知名"①。崔彧医术于青州跟随一名僧人习得。崔彧掌握医术后，广授门徒。其弟子以赵约、郝文法著名。其子崔景哲得其教导，亦擅长医术。崔彧医术的学和教，清晰地反映出师徒相承的医学教育特点。唐代医有所成的孟诜，以被尊为"药王"的孙思邈为师，悉心求教，得其教导，撰成《食疗本草》。该著作是古代食疗集大成者。孙思邈在救疗疾苦的同时，乐于授徒。唐骁卫郎将宋令文、著名诗人卢照邻都曾拜其为师，并学有所成。

亦有因病或家人疾病自学成医者。如唐代医学家王焘，"焘，性至孝，为徐州司马。母有疾，弥年不废带，视絮汤剂。数从高医游，遂穷其术，

---

① （北齐）魏收撰《魏书》卷91《列传术艺·崔彧传》，第1970页。

因以所学作书，号《外台秘要》，讨绎精明，世宝焉"①。《新唐书》记载过简，但足见其探究医学，汇辑成书的过程。王焘自撰的《外台秘要方序》更能体现其从病人到医者，最后学有大成的过程。"余幼多疾病，长好医术，遭逢有道，遂蹑亨衢，七登南宫，两拜东掖，便繁台阁二十余载，久知弘文馆图籍方书等，繇是观奥升堂，皆探其秘要。以婚姻之故，贬守房陵，量移大宁郡……染瘴婴痾，十有六七，死生契阔，不可问天，赖有经方仅得存者，神效妙用，固难称述。遂发愤刊削，庶几一隅。凡古方纂得五六十家，新撰者向数千百卷，皆研其总领，核其指归。近代释僧深、崔尚书、孙处士、张文仲、孟同州、许仁则、吴昇等十数家，皆有编录，并行于代，美则美矣，而未尽善。"② 从两处记载可见，不论因母疾病还是自身体弱，王焘留心医药，与当时名医交流切磋，并研读医理。他在尚书省任兰台之时，得以遍览弘文馆藏书。天宝年间，王焘被贬官至大宁等地时，因医方躲过疫情，从此发奋医理研究，遍寻医方。经过精心搜集和筛选，"损众贤之砂砾，掇群英之翠羽"，他最终集成《外台秘要》，共计四十卷。

民间师徒传承的医学教育虽能培养一定数量的医疗人才，但不具稳定性。因此，流行于魏晋以来的道观和寺院的医学教育相比于师徒相授的医承更具有规模。

（三）唐代道教、佛教医学教育

道教以"道"为基础，构建了人与自然的关系，并通过各种方法追求人与自然的和谐发展和同步，从而长生久视。医史上不乏修道兼通医术者。从东晋的葛洪，南朝齐、梁时期的陶弘景，到唐代的孙思邈，都是著名的道医。葛洪所著《抱朴子》分内外两篇。内篇二十卷，集东汉至晋神仙方药、养生延年、禳邪祛祸之大成，为医药学积累的宝贵资料。晚年著述《金匮药方》百卷、《肘后备急方》四卷，传世亡佚甚多。陶弘景自幼倾慕隐逸生活，终辞去朝廷食禄，隐居句容曲山，创道教茅山宗。他整理

---

① （宋）欧阳修、宋祁撰《新唐书》卷98《王珪传附传》，第3890页。
② （唐）王焘撰，高文柱校注《外台秘要方校注》，学苑出版社，2010，《外台秘要方》序，第5~6页。

《神农本草经》，增收魏晋间新药，编撰《本草经集注》等。葛洪和陶弘景著书立说，传授医术，完善了道教祛病禳灾的社会功能。隋唐之际的杨上善，十一岁即出家为道，唐高宗显庆五年（660），受诏入朝，奉敕编撰《黄帝内经太素》三十卷。此书是研究《黄帝内经》的重要参考书，此外还撰有《黄帝内经明堂类成》十三卷。唐代的孙思邈是道教医学的集大成者，在其行医中，将道教内修养生思想与医学教育融合。如前所述，其教授学生众多。

佛教主张普度众生，慈悲为怀。佛教高僧大都修习五明大论，其中医方明即为药石针艾。他们在传播佛教教义的同时，以精妙的医术救治世人，以浅显的佛理感化民众。如隋唐之际的阇那崛多，"博闻三藏，远究真宗，遍学五明，兼闲世论，经行得道场之趣，总持通神咒之理"①。唐代开元年间为收容乞丐设病坊。② 武宗时改为悲田养病坊，后简称为悲田院。由于佛教普世慈悲思想，更因为唐代佛寺与社会各阶层的接触、互动，唐政府将悲田院设在佛寺中。这不仅是寺院与社会以医疗救助为媒介的交流平台，也是佛寺普度济世、传播佛教教义的舞台。同时也为佛寺医学教育提供了教学实践的场所。有些佛寺还专门为麻风病人设置病坊，被称为"疠人坊"。麻风病具有极强的传染性，一般人不敢与染病之人接触。唐丹阳智岩禅师，"后往石头城疠人坊住，为其说法。吮脓洗濯，无所不为"③。面对死亡，智岩禅师无所畏惧，为麻风病人治疗。不仅是为其医治身体，更重要的是给予他们人文关怀。关于悲田坊治愈病患，白居易有诗曰："去冬病疮痏，将养遵医术。今春入道场，清净依僧律。尝闻圣贤语，所慎斋与疾。遂使爱酒人，停杯一百日。明朝二月二，疾平斋复毕。应须挈一壶，寻花觅韦七。"④ 在悲田坊养病，遵医嘱，戒酒，吃斋饭，疾病很快痊愈。

许多佛经中包含了医学思想或医学知识。如印度古典生命吠陀医学体系

---

① （唐）道宣撰，郭绍林点校《续高僧传》卷2《隋西京大兴善寺北贤豆沙门阇那崛多传》，第41页。

② 关于病坊设置的时间，学界主要以武周和贞观两种观点较突出。主张武周说的学者主要由《太平广记》卷95《洪昉禅师》和《神僧记》卷6《洪昉传》中关于病坊记载得来，主张贞观说的学者主要由《唐贞观十七年高昌县勘问来丰患病致死事案卷残卷》得来。

③ （唐）道宣撰，郭绍林点校《续高僧传》卷21《唐丹阳沙门释智岩传》，第793~794页。

④ （唐）白居易著，朱金城笺校《白居易集笺校》，上海古籍出版社，第2065页。

的八个分支，又称"八术"，出现在多部译经中。北凉昙无谶所译的《大般涅槃经》卷九，"譬如良医解八种药，灭一切病，唯除必死"①。卷二十五又载，"譬如良医善八种术，先观病相，相有三种"②。故此经有两种译法：八种药与八种术。中土僧人在为之作注时，对八种术进一步疏解。由隋代章安（灌顶）法师撰写的、唐代天台沙门湛然再治的《大般涅槃经疏》卷六云"初文明医晓八术，一治身、二治眼、三治胎、四治小儿、五治创、六治毒、七治邪、八知（治）星，内含佛知八正道能治八倒病"③。唐代翻经沙门慧沼撰写的《金光明最胜王经疏》卷六对八术的解释："八术者，一疗被针刺法，二疗破伤法，三疗身疾、即前四病，四鬼损，五中毒药，六疗孩童，七延寿，八养身。"④ 敦煌写本许多佛经中，都有关于医学的知识。

佛医注重身与心同时治疗。如在东吴传道的康僧会，在孙权的支持下建立建初寺。权死皓继。孙皓却不信佛，"皓虽闻正法，而昏暴之性不胜其虐，后使宿卫兵入后宫治园，于地得一金像，高数尺。呈皓，皓使著不净处，以秽汁灌之，共诸群臣笑以为乐。俄尔之间，举身大肿，阴处尤痛，叫呼彻天。"后经问询婇女，知是因污秽于金像（佛像），于是"婇女即迎像置殿上，香汤洗数十过，烧香忏悔，皓叩头于枕，自陈罪状，有顷痛间"，随后又遣使至建初寺，请康僧会说法。"会以戒文禁秘，不可轻宣，乃取本业百三十五愿，分作二百五十事，行住坐卧，皆愿众生。皓见慈愿广普，普增善意，即就会受五戒。旬日疾瘳，乃于会所住更加修饰，宣示宗室，莫不必奉。"⑤ 其间叙述虽有夸张之处，也未明及医药，但康僧会"戒文禁密"，实则医法在佛经中，作法的过程也是医治的过程；且婇女对孙皓的问询作答并清洗佛像，使孙皓"叩头于枕，自陈罪状，有顷痛间"，这是对心理的治疗。因此，皓"旬日疾瘳"，身体康复。且自此"于会所住更加修饰，宣示宗室，莫不必奉"。这是典型的心理、身体双管齐下的治疗。最后孙皓开始信奉佛教。

---

① 《大般涅槃经》卷9，《大正藏》第12册，第419页。
② 《大般涅槃经》卷25，《大正藏》第12册，第511页。
③ 《大般涅槃经疏》卷6，《大正藏》第38册，第72~73页。
④ 《金光明最胜王经疏》卷6，《大正藏》第39册，第325页。
⑤ （梁）释慧皎撰，汤用彤校注《高僧传》卷1《魏吴建业建初寺康僧会传》，第17~18页。

因此，唐代佛寺有僧医、有医法、有教材、有可进行医学实践的平台，佛寺医学教育自然开展得起来。敦煌写本中的大量资料都进一步印证了佛寺医学教育在敦煌佛寺中的开展。

二　敦煌佛寺医学教育

（一）敦煌佛寺医学教育的条件

首先，佛寺医学教育的传统，是敦煌佛寺医学教育的基础。佛教的医学教育有历史渊源。佛教在印度初创与传播之时，佛陀允许僧徒学习医学知识，目的是救助患病僧徒。在佛教义理中，佛陀常寓佛理于医理中，对患病僧徒格外照拂，施以慈悲关怀。因而佛经中，佛陀被僧徒勾画成"医王"的形象。佛陀企图通过对人施于心理治疗和生理治疗，赋予世俗之人以佛教的信仰，以此传播佛教。佛教徒，尤其是修习大乘佛教的僧徒，不论从度己的角度，还是从度他的视角，都自觉学习医学知识。故寺院医学教育一直有传承。值得注意的是，佛陀在僧徒行医之初即规定，佛教徒不许以行医的名义去获取世俗的利养。因此东汉末年始，随着外来僧尼佛教知识的传播，佛教徒的医药实践活动也悄然相随。他们无偿救助世俗之人，将其从疾患中解脱。从而使之信仰佛教，扩大佛教的传播和影响。如东汉末年胡僧安世高，"安清，字世高，安息国王正后之太子也。幼以孝行见称，加又志业聪敏，克意好学，外国典籍及七曜、五行、医方、异术，乃至鸟兽之声，无不综达。"[①] 安世高不仅学习佛典，还学习五行之术和医学知识等，达到精通的程度。

其次，敦煌佛寺高僧修习医方明，为佛寺医学教育准备了师资。医方明即医学知识，是印度五明大论中的医学教育部分。敦煌文献中可见医方明的记录。P.4640《沙州释门索法律窟铭》中记述索义辩"示疾数旬，医明无术。春秋七十有六，终于金光明寺"[②]。医明即医方明。当时敦煌佛寺僧人对医明是了解的。P.4660《金光明寺索法律邈真赞并序》记载："练心八解，洞晓三空。平治心地，克意真风。灯传北秀，导引南宗。神农本

---

① （梁）释慧皎撰，汤用彤校注《高僧传》卷1《汉洛阳安清传》，第4页。
② 郑炳林、郑怡楠辑释《敦煌碑铭赞辑释》增订本，第294页。

草，八术皆通。"① 此索法律是索崇恩，既是佛教界的领袖都教授，又被称为敦煌药王。"八术"亦是印度医学的别称。"八术皆通"，意即洞晓印度医学知识。由此推断，西来的蕃僧首先到达中土的边城敦煌，于此始传佛教知识。包括印度佛学中的五明大论及"八术"。或驻寺讲说，或与僧人单独交流；亲授医学知识，在佛寺中进行医学教育。

最后，中土的医学典籍、汉译的佛教经文，都是佛教寺院的医学教材。前述中土僧道所撰医学典籍都呈现在敦煌文献中。诊法类著作如 P.3287《素问·三部九候论》、P.3481《灵枢·邪气脏腑病形》、P.3287 和 S.202《伤寒论·辨脉法》、S.5614 和 P.2115vb《平脉略例》等；本草类著作如 S.76《食疗本草》、龙 530《本草经集注第一·序录》、P.3822 和 S.4534《新修本草》等；佛医资料如 S.6107R《金光明最胜王经·大辨才天女品》洗浴药方、S.5379《佛说痔病经》、S.0988《佛说护诸童子陀罗尼咒经》、P.3036《劝善经》、S.3417《救诸众生苦难经》等。这些写本没有明确的题记表明写本为佛寺所有，但也不能否认其作为佛寺医学教育的教材使用。

佛寺医学教育的传统、八术精通的医僧、各种中土医典和佛医资料，这些都是佛寺医学教育开展的保证，也为其顺利施行提供了必要条件。

（二）敦煌佛寺医学教育的特点

敦煌佛寺医学的突出特点是中土医药学和印度医学相结合。从汉至唐，随着佛教的传播，西域来华僧人成为医药学交流的主体。他们通过大量的译经工作，以文字形式将源于印度的医药学知识介绍进来；并通过所掌握的医药学知识为人治病，与中土医药学知识结合，对中土的医疗发展起了促进作用。

印度医学别称"八术"，敦煌写本中也有关于"八术"的记录。敦煌医学卷子俄藏 Дx.09888 中，条列了"八术"中的前六术内容：何名八术？请与列名。第一术，头眼方、灌鼻等方；第二术，五藏六府、内病、切脉；第三术，魑魅鬼气等治之；第四术，疗疮痈肿、金疮、下血等；第五术，诸毒药方、合仙药得长命；第六术，疗诸童子。② 陈明将此六术与生

---

① 郑炳林、郑怡楠辑释《敦煌碑铭赞辑释》增订本，第 360 页。
② 陈明：《敦煌的医疗与社会》，第 285 页。

命吠陀的八术对应：头眼方、灌鼻等对应生命吠陀第二术"针刺首疾"；五藏六府、内病、切脉对应生命吠陀第三术"身患"；魍魉鬼气等对应生命吠陀第四术"治邪/鬼瘴"；疮痈肿、金疮、下血等对应生命吠陀第一术"治创"；第五术疗诸童子对应生命吠陀第五术"疗孩童"。① 他还指出，当时汉译佛典以及汉地僧人创作的佛经注疏类作品中，也提到八术。不仅如此，"八术"在唐代佛教知识体系中也有体现。前述唐代官方医疗教育中，医博士教授五业与印度生命吠陀的八术也可以对应起来："体疗"对应第三术"治身/身患"；"疮肿"对应第一术"治创/所有诸疮/治疮"；"少小"对应第五术"治小儿/童子病/疗孩童"；"耳目口齿"对应第二术"针刺首疾"；"角法"对应第六术"治毒"。② 从此处不难看出，唐代官方医疗体系中有印度生命吠陀医学的因素，是受了其影响的。Дx. 18173 号文书则记录了"三俱""七界"等印度生命吠陀医理的重要概念。它列出了"三俱"和"七界"的内容："三俱"指风、胆（黄）、痰，又被称为"三毒"或"三（病）相"，佛经中译为"三因""三分"等；"七界"指一味、二血、三肉、四膏、五骨、六髓、七脑。还指出"三俱"的性能、在人身的位置、致病的相应疗法及其与时辰的变化关系。值得注意的是，在Дx. 18173 号文书中出现了"切脉""上、下焦"等词。这些词是中医学中的。之所以出现在这里，陈明先生认为是敦煌医学"征引本土固有的文本去解说外来知识……说明古人在接受异质文化的时候，并没有采取全盘照搬的态度，而是融入了本土的中医知识"③。综上，陈明将佛教医学定义为"是在印度古代生命吠陀体系的基础上，以佛教教义为指导思想，并吸收了中国传统医学（包括藏医药学）的理论和临床特点，所形成的一种非独立的医药学体系"④。

敦煌佛寺医学教育是唐代佛教医学的例证。它以古印度医学知识，包

---

① 陈明：《敦煌的医疗与社会》，第 286 页。
② 陈明：《"八术"与"三俱"：敦煌吐鲁番文书中的印度"生命吠陀"医学理论》，《自然科学史研究》2003 年第 1 期，第 28~31 页。
③ 陈明：《"八术"与"三俱"：敦煌吐鲁番文书中的印度"生命吠陀"医学理论》，《自然科学史研究》2003 年第 1 期，第 38 页。
④ 陈明：《印度佛教医学概说》，《宗教学研究》1999 年第 1 期，第 38 页。

括医药学知识为基础，吸收了传统的中医理论及药理。S.5901《某僧向大德乞药状》记载了一位僧人向大德乞药的事件。其中涉及许多药名："上闻大德，卑僧有少乞赐，莫违重情，欲拟和合药草，亏阙颇多，幸望尊意乞焉。橘皮、桂心、附子、香白芷、茱萸、干姜、芍药、高良姜、草豆蔻、芎蒡、人参、胡椒、诃利勒、麻黄、地黄、细辛、黄药、天麻、牛膝、天南星、牵牛子、茯苓、槟榔、荜拨、黄连。上件药物，乞赐少多矣。"① 其中荜拨、诃利勒均为外来药物。大德应是寺院管理药品的人。该僧向大德乞药，说明寺院当时已设专人管理药物。从一个侧面说明了佛寺医学教育不仅有理论上的传授，而且具备医疗实践条件。而其理论不仅有传统的中医药学，兼有古印度医药学知识。诃利勒原产于波斯，义净的《南海寄归内法传》记载"西方则多足诃利勒"。此处"西方"即指"印度"。诃利勒在敦煌多个写本中出现过。其在多种药方中配合其他药物治疗不同病症，说明此药的医用性较为广泛。

敦煌除了僧医，还活跃着来自西域的胡医。S.4363《后晋天福七年七月史再盈改补充节度押衙牒》记载史再盈为"龙沙胜族"，即粟特人后裔，"幼龄入训，寻诗万部而精通"。应是经过州学的学习，精通儒家经典及诗词，由于才干被任命为"补充节度押衙"。他"习耆婆秘密之神方"和"榆附宏深之妙术"。耆婆即指来自印度或西域的医家，其治疗方法为秘密神方。作为粟特人后裔，能够得到来自印度或西域医学之法或可知信，说明当时印度医学向中土的传入。榆附是传说中黄帝时的良医，习得其妙术。意味着史再盈兼习中医和印度医学，是中印医学结合的典型医者。

可见，敦煌佛寺医学教育的实施具备一定的条件。它既吸收了印度医学的精髓，又受到来自中原的医学知识的影响，是中印文化交流的有机融合。

三 敦煌僧医

自东晋六朝至唐末宋初，僧传和敦煌文献中记录的僧医，或精通医术，或擅长咒术，以其精湛的医术和高尚的医德赢得敦煌民众的赞誉。

---

① 马继兴、王淑民等辑校《敦煌医药文献辑校》，第779~780页。

（一）东晋六朝时的敦煌僧医

东晋六朝时期，敦煌已有擅长医术或咒术的僧人，其医术或来自古印度。《高僧传》卷四《于道邃传》载："于道邃，敦煌人……至年十六出家，事兰公为弟子。学业高明，内外该览，善方药，美书札，洞谙殊俗，尤巧谈论。"① 于道邃不仅博学经律和儒学，还兼备医术。卷九《晋罗浮山单道开》记载："单道开，姓孟，敦煌人。少怀栖隐，诵经四十余万言。绝谷饵柏实，柏实难得，复服松脂，后服细石子。一吞数枚，数日一服。或时多少啖姜椒，如此七年。后不畏寒暑，冬温夏凉，昼夜不卧。"单道开擅长服食之法，并以自身相试，效果甚佳。"开能救眼疾，时秦公石韬就开治目，著药小痛，韬甚惮之，而终得其效。"② 单道开能治眼疾。古印度的眼科知识以佛教为中介向东传播，敦煌作为交通枢纽和佛国善乡，获得此知识并不意外。单道开治疗眼疾的知识或得自敦煌。《宋成都释道法》载："释道法，姓曹，敦煌人。弃家入道，专精禅业，亦时行神咒。"③ 释道法熟习神咒。佛医中医法和咒法相随而行。

（二）唐五代宋初的敦煌僧医

关于吐蕃统治时期和归义军时期的敦煌僧医，郑炳林、党新玲撰文《唐代敦煌僧医考》中，从敦煌写本中钩稽出了四位僧医：索崇恩、翟法荣、金光明寺索法律和医僧索智岳。④ 陈明在其著作《敦煌的医疗与社会》中，列举了敦煌本地的医者。其中吐蕃归义军时期的，除了上述四位僧医，还有吐蕃占领前敦煌官医学博士令狐思珍、粟特医生史再盈。⑤ 吐蕃时期，官学尽废，官医学亦终止。寺院的医学教育自然承担了官医学原有的职责，除了传授医学知识，还管理医疗事务，设立病坊为僧众、军队和世俗百姓治病。敦煌写本中就记录了这样一批僧医。如吐蕃末期归义军初期的都僧统翟法荣。P.4660《河西管内都僧统邈真赞并序》即为翟法荣的邈真赞。其记载："三教通而礼乐全，四禅辟而虚空朗。秉安远之德，蹈

---

① （梁）释慧皎撰，汤用彤校注《高僧传》卷4《晋敦煌于道邃传》，第169页。
② （梁）释慧皎撰，汤用彤校注《高僧传》卷9《晋罗浮山单道开传》，第361页。
③ （梁）释慧皎撰，汤用彤校注《高僧传》卷11《宋成都释道法传》，第420页。
④ 郑炳林、党新玲：《唐代敦煌僧医考》，《敦煌学》第20辑，1995，第31~46页。
⑤ 陈明：《敦煌的医疗与社会》，第61~68页。

罗什之踪。学贯九流，声腾万里。"① 初时，医学与巫术往往相伴生，被称为"三教""九流"，"三教通而礼乐全……学贯九流……"喻示翟法荣精通医术。同卷悟真撰《河西都僧统翟和尚邈真赞》亦对法荣的医术赞叹不已，"五凉师训，一道医王"。P. 2770v《释门文范》载："某乙闻：大仪运象，含宇宙之间；品物流形，波涛干巡之际；明则有日月，幽则有鬼神；雅父垂文，周公建德；美矣盛矣，休哉胜哉；孰如我大雄独尊利见多矣。诞生灵迹，降质深宫；道高天地之先，化出阴阳之表。含慈据念，智烛三千；运慈救人，泽被沙界。既无生现生而应物，亦无灭示灭以同凡；道树长辞，双林永掩。由是法云西荫，教雨东流；贝叶从此传芳，贯花以之布彩。"② 可见无愧于医王之称号。

同时期的名僧医王还有索崇恩。他地位尊崇，担任过都教授的僧职，凭借索氏家族的大族背景，曾向寺院进行布施。P. 4010 与 P. 4615 缀合的《索崇恩和尚修功德记》载："蕃落信知，众情恢附。虎徒祗顺，□驾先迎；劝以八关，布行十善。瓜、凉、河、陇，相节尊重。门师悲同药王，施分医术。故使道应神知，得垂加被。"③ 可见索崇恩不仅精通佛理，还以高超的医术赢得世人的尊重。P. 4660《金光明寺索法律邈真赞并序》记载索法律"练心八解，洞晓三空。平治心地，克意真风。灯传北秀，导引南宗。神农本草，八术皆通"。

从四位僧医的写本记录中，可看出他们除了学习内外典，还修习医学知识。并在医学领域取得成就，运于实践。但是佛寺的医学教育如何进行，有多少僧徒通过医学教育成为学有所成的僧医，写本中并未直接记载。可既然佛寺有擅长医术和咒术的高僧，写本中记录其"五凉师训，一道医王"，说明有教授僧众医学的教学活动。且由于救治僧众和世俗百姓，获得人们的认可，被称为"医王"。佛寺的内典教育以讲授、修习佛经为主，而部分佛经中包含着相关的医学知识，随着佛学知识的传播，医学知识也一并传授给僧众。因此寺院的僧尼具备基本的医学知识。从个人医疗

① 郑炳林、郑怡楠辑释《敦煌碑铭赞辑释》增订本，第 479 页。
② 《法国国家图书馆藏敦煌西域文献》第 18 册，第 142 页。
③ 郑炳林、郑怡楠辑释《敦煌碑铭赞辑释》增订本，第 721 页。

防护的角度，这是对寺院僧众基本医学知识的普及。要培养具备行医能力的医僧，应该是需要一定条件的。正如唐代《养老令·医疾令》中所规定的招收医学生的条件："凡医生、按摩生、咒禁生、药园生，先取药部及世习，次取庶人年十三已上、十六已下。听令者为之。"① 优先录用具有医学世袭职务药师称号的诸氏，其次是以医学为业的世家，最后才是庶人中年龄在十三至十六的聪慧者。敦煌寺院医学教育中，对于医学生的选拔应该也要求具备一定的条件，且在理论学习的过程中，辅以医疗实践。因此医学的学习不同于佛教义理的传授，应是选取特定的对象，采用师徒传承方式进行。

四　敦煌佛寺医学教育的社会功能

（一）敦煌佛寺医学教育是官方医学教育的有益补充

敦煌佛寺承袭了佛寺医学教育的传统，以中土医学典籍和译著的佛医经典为教材；在寺院中进行医学教育，培养医疗人才；为寺中僧众及民众治疗，缓解了官方医学不足的压力，是官方医学教育的有益补充。

沙州作为下州，设有医学校，并与州学、县学同址。设医学博士一人，负责州医学的教育和管理。但依唐制，下州或下都督府医学生招收一十人或十二人的规定，显然限制了官学培养医学人才的规模，与敦煌"不足二万户数"民众的医疗需求不符。作为代表唐政府的地方医疗机构，主要以地方官宦、世家大族作为服务对象。广大民众的医疗需要只能依靠民间师徒传承的医者和佛寺医者了。

唐政府为了收容乞丐，救治疾患，于开元年间在各州设置病坊。敦煌亦不例外。P. 2626v《唐玄宗天宝年代敦煌郡会计牒》记载了"病坊"材料，涉及病坊运行的费用，日常处置所需药品、杂物、病床、食堂灶具、患者日用品和临床制药工具等。学界就此文书进行研究：谭真认为是州医学校之"附属医院"；② 范新俊亦如是；③ 杜正乾则从 P. 2626 写本记载敦

---

① 天一阁博物馆、中国社会科学院历史研究所天圣令整理课题组校证《天一阁藏明钞本天圣令校证（附唐令复原研究）》下册，中华书局，2006，第565页。
② 谭真：《敦煌隋唐时期医事状况》，《1990年敦煌学国际研讨会文集·考古编》，辽宁美术出版社，1995，第406页。
③ 范新俊：《如病得医——敦煌医海拾零》，甘肃民族出版社，1999，第44~45页。

煌郡官署衙门各部门之物资等内容，断定该病坊为官署所属，并非为敦煌佛寺经办。① 此件文书明确记录时间为唐天宝年间，即公元 742~756 年。即便病坊为州府所属，是为州医学校的附属医院，在吐蕃占领敦煌后，官学停办，儒学教育由佛寺学校继续承担。由此推断，医学教育亦应由佛寺一并承担，病坊也应由佛寺经办。病坊是唐代贫民救助机构，唐政府将其设立在佛寺中，是因佛教以慈悲度世为主要思想，且佛寺中僧人习得一定的医学知识，方便为病患提供相应的救治。

总之，在敦煌被吐蕃占领期间，医学教育不因官学的停办而中断。敦煌的医学教育和医疗救助的持续，得益于佛寺医学教育。佛寺医学教育承担了官方医学校的教育职责，也担负着为敦煌民众救治病患的任务。归义军时期，官学虽然恢复，佛寺教育依旧保持盛况，佛寺医学教育应也有一定的发展。

（二）以民众为救治对象，注重疾病防治

敦煌佛寺教育培养了一批医者，但有限的医疗资源面对庞大的就医群体，还是捉襟见肘。因此防病于敦煌而言更为重要。

S.3417《救诸众生苦难经》中罗列了十种死病，"今年大熟，无人收割，有数种病死：第一，疟病死；第二，天行病死；第三，卒病死；第四，肿病死；第五，产生死；第六，患腹死；第七，血瘫死；第八，风黄病死；第九，水痢病死；第十，患眼病死"②。P.3036《劝善经》中罗列七种死病，"今年大熟，无人收割，有数种病死：第一，疟病死；第二，天行病死；第三，赤白痢死；第四，赤眼死；第五，人产生死；第六，水痢死；第七，风病死"③。此外，《新菩萨经》中亦有相类的死病罗列。这三种伪经均为唐人自撰，罗列的疾病名称略有不同。说明僧侣观察到了敦煌地区普遍存在的传染病，且致死率相对较高。排在前两位的疾病，各种版本经书相同，即疟病和天行病。《佛说诸德福田经》中宣扬佛"广施七法"，第三法为"常施医药疗救众病"。佛经中并未找到施救的药方，但在其他关于药方的

---

① 杜正乾：《唐病坊表微》，《敦煌研究》2001 年第 1 期，第 124 页。
② 丛春雨主编《敦煌中医药全书》，中医古籍出版社，1994，第 741 页。
③ 丛春雨主编《敦煌中医药全书》，第 738 页。

卷子中寻找到其医方。P. 2662《唐人选方》中记载治疗黄疸的方法："先灸中管穴……又灸两脚膝鼻上，下望当膝骨下宛宛凹处，灸七壮。……又灸脊中，灸之三壮。……"对针灸的位置、下针的轻重都有详细叙述，疗效显著。治疗眼病："中管穴在上管下一寸，主治头热目黄……宜灸三十壮。"① P. 3731《唐人选方》中讨论流行病及伤寒瘟疫，"皆为热病"。且进一步指出，若热病不及时治疗，或会产生并发症。这些唐人医方在敦煌出现绝非偶然，其间所列药方，除了诊治日常疾病，主要针对的就是佛经所列的瘟病。由此可见，此医方应是身处敦煌的医者为了应对瘟病，缓解疫病给敦煌民众带来的灾难，搜罗医方集成。

　　除了关注疫病，降低疫病的破坏力，佛医还注重日常生活中的疾病预防。这些情况在壁画中以"形象医学"的方式呈现。如忌吃生食，防止病从口入。61窟《佛传故事》的屏风画，从右至左，最右边一女正蹲在牛腹下挤奶，中间一女架锅煮奶，最左边一女双手捧钵为王子奉乳糜。

图4-7　61窟北壁《牧女献糜》线描稿

来源：敦煌研究院主编《敦煌石窟全集》第4卷《佛传故事画》，同济大学出版社，2016，第155页。

---

① 丛春雨主编《敦煌中医药全书》，第478～489页。据马继兴考证，P. 2565、P. 2662、P. 3731三个残卷为同一著作拆散者，重新缀合。分别命名为《唐人选方》甲、乙、丙。

隋代 302 窟北壁《福田经变》中，有两个裸体的人在浴池中洗浴。S.6107《佛家香浴方》中记录："所有恶星灾变，与初生时星属相连，疫病之苦，闻诤战阵，恶梦鬼神，蛊毒厌魅，咒术起尸。如是诸恶，为障难者，患令除灭，诸有智者，应作如是洗浴之法，当取香药三十二味……"①佛医注重洗浴，有疾病患者，可洗药浴，以期防病。

因此，佛医关心民众流行的疫病，积极防治。通过绘制壁画和佛经的方式，向人们普及日常生活中要养成防治疾病的卫生习惯的常识。

（三）注重心理疗法，拓宽了医学治疗的领域

敦煌佛经医方注重对病患心理的疗愈。P.3777《佛家语喻医方》，其中"五辛文书"，即"用医家制定治疗方剂规范喻以佛家养生之法"，即"佛教养心方"。此方针对的症状大致为昏沉懈怠、日渐消瘦、常觉身体不适。经用针灸也未可痊愈。所开方剂如下：

> 西域真阿梛梨一分，（取至心珍重者）息世缘一分，（取绝不关心者）离贪爱一分，（取如辟恶贼者）制情欲一分，（取了知虚幻者）亲善友一分，（取如鱼恩水者）怖生死一分，（取观如大宅者）乐正法一分，（取如渴思浆者）勤观察一分，（取动念皆知者）广慈悲一分，（取不损含灵者）普恭敬一分，（取观真者）深惭愧一分，（取决欲酬恩者）大欢喜一分，（取粉身无悔者）常精进一分，（取勇猛坚固者）摧人我一分，（取谦逊柔和者）顺轨仪一分，（取圆备无缺者）巧方便一分（取不失时机者）。②

服用方法如下：

> 上件一十六味，皆纯真上妙者，以分别智刀刮削，令净，拂乱想，尘埃勿容，甄污。然用大惠杵于净心臼中捣，令和合末，为一相，以观察罗细筛，取解脱香水以为丸，其丸大小如菩提子，欲服药

① 丛春雨主编《敦煌中医药全书》，第 696 页。
② 丛春雨主编《敦煌中医药全书》，第 699 页。

时，选无为吉日，入净戒堂中，先含阿拂利汤漱口，次以忏水遍身沐浴，然后面向光明，正念服之，仍用赞诵蜜浆，徐徐下药者。先禁五种薰辛，必须坚固，慎勿令触犯辛薰。尽此一剂，限一周时，昼夜三分为七服，相去如人行六，七里服此药者，先禁五种薰辛，必须坚固，勿令触犯五薰辛者。①

方剂所需十六味药剂，均来自不同情绪下人的行为意念。经文称此皆为"纯真上妙"之品，实则是告诫世人须遵守法度，常以此类妙品服用，即免受"湮沦之苦"，方能达到恬淡虚无、病愈安在的境地。制药用具有"智刀、拂乱想、勿容尘埃、大惠杵、净心臼、细罗（过筛）、解脱香水、丸如菩提"，无一不是佛家修习之法。服药时最为重要的禁忌是"禁五种薰辛"。之后对五种薰辛做出解释，其分为外五辛、中五辛和内五辛。简言之，外五辛为"大葱、草葱、慈葱、兰葱、兴渠"；中五辛为"眼、耳、鼻、舌、身"；内五辛为"贪爱毒恶、瞋恨迷惑、愚痴卒暴、淫欲妻妾、努□□□"。内五辛均为佛教戒条，最后告诫世人，五种薰辛是"内毒素"，若不忌五辛，纯真妙药也无法治愈疾病，恶贯满盈会永远沉入地狱。此药方为人的修行养生之方，是劝诫世人去恶行善、积善积德的一种手段。

此外，对于一些自愈性的疾病，佛家倡导诵读或抄写经文，以期达到疗愈的目的。这实际是一种安慰式的心理疗法。因此敦煌写本中可见民众抄经，题记中标明此经抄写的目的。如北冈字 084（BD04584）《观世音经》尾题："辛丑年七月廿八日学生童子唐文英为妹久患写毕功记"。唐文英其人，在敦煌遗书中多件《大乘无量寿经》写本中可见其名字，可知他应为吐蕃统治时期的写经生。只有此件写本为《观世音经》，是专为其妹祈祷疾病痊愈而写。

因此，敦煌佛寺医学教育对身心健康同样重视，并在医药佛典中施以心理治疗的处方；注重对民众的情绪疏导，自愈性疾病积极给予心理暗示。这些方法既节约了有限的医疗资源，又拓宽了医学治疗的领域。

---

① 丛春雨主编《敦煌中医药全书》，第 699~700 页。

总之，敦煌的佛教医学以其丰富的文献、壁画展示了唐代佛寺医学教育的生动案例。佛寺医学教育作为官方医学教育的补充力量，培养出了兼通中印医学知识的僧人，为唐代医者群体带来了新生力量。佛教的医学理论在民间疾病救治的同时得到了体现，使宗教思想和医学理论有机结合，形成独特的宗教医学体系。僧医医治病患，为广大民众提供治疗疾病和疗愈心理的服务，在守护敦煌民众健康的同时，扩大了佛教在民众中的影响力，间接推动了佛教世俗化。

第四节　敦煌佛寺经律论教学的世俗化

依据唐代寺院旧规，院内一般设有讲授佛教《经》《律》《论》的三学院。除了讲授佛教有关知识以外，三学院也讲授部分世俗文章。吐蕃统治时期，敦煌寺院内同样开设三学院。阴离缠就是任"沙州释门三学都法律"的著名僧人。"三学教授""释门义学都法师"之类的僧衔在这一时期都有出现。据竺沙雅章先生考，S.7995末尾题记曰："大蕃沙州释教授和尚洪辩修功德（记），大蕃国子监博士窦良骥（撰）"，此处的"教授和尚"是"都教授"和尚之略称。都教授是吐蕃在占领时期相当于以前僧官制度中最高职位的都僧统，这是吐蕃时期的特殊用法。另据高明士先生论述，此处的国子监冠以大蕃，显然不是指长安或洛阳的国子监，怀疑是吐蕃占领沙州以后将沙州都督府学改为大蕃国最高学府而曰国子监。由此推测，国子监的设置，是吐蕃王朝借取唐中央官制，适应汉族人民传统习惯而设立的专门负责教育事业的职能部门。其选任有影响力、文化水平较高的知识分子担任博士，而担负具体教学任务的则是佛教寺院。

归义军时期，佛教寺院中仍由三学院进行《经》《律》《论》的内典教育。张氏归义军初期，内典教育延续了吐蕃时期的繁盛。尤其是法成及其弟子的讲授，使这一时期的佛学义理继续存在于敦煌。但随着张氏归义军政权的内斗，佛教教团地位降低，佛学义理的学习也逐渐式微。虽然曹氏归义军时期佛教再度繁盛，但此时的繁盛却非彼时的繁盛。佛学的学术气氛所存无多，佛教义理的学习也日趋衰落，代之而起的是面向民众的庶民佛教，是以做功德、祈福、禳灾为主要内容的实用佛教。因此，归义军中后期，佛寺教育的重心转移到了儒学教育上，内典教育则转向世俗化。

一　从吐蕃统治时期到归义军时期敦煌的佛寺内典教学

唐代先后编撰的经录有道宣的《大唐内典录》、智昇的《续大唐内典录》和《开元释教录》、圆照的《大唐贞元续开元释教录》和《贞元新定释教目录》、静泰的《众经目录》等。这些经录记录了唐代及唐代以前陆续译出的佛教典籍和译者传记，对佛经从类别、内容、学术沿革等方面进行介绍。是佛教徒研习佛教的工具书，亦是佛教寺院收集、整理、保存经藏的目录。作为佛寺教育教材的组成部分，是不可或缺的。

（一）敦煌佛寺的经藏

敦煌写本中不乏各寺院的藏经录，首以龙兴寺为例。据方广锠研究，S.2079《龙兴寺藏经目录》存经名696部，P.3807《龙兴寺藏经目录》存经名485部。P.3807与S.2079所记目录"内容完全相同，不少标记也可以相符。P.3807号大体相当于S.2079号的前半部分。因此，两号实际是同目录的不同抄本"[①]。P.3432《龙兴寺器物历》首页首行记载"龙兴寺卿赵石老脚下依蕃籍所附佛像供养"，接着前半部分记录各种法器，后半部分是龙兴寺的经藏目录。P.3852《戊辰年九月七日点勘龙兴寺藏经历》背面题记载："戊辰年九月七日奉处分龙兴寺《大藏经》，准入藏录点勘经、律、论、集、传等，除见在，无者仅具数目如后：见欠经四百七十二卷；律共欠八十一卷；论共欠三百一卷；集共欠一十四卷；圣贤集传共欠二十一卷。经、律、论、集、传等都共计欠八百八十八卷。"[②]方广锠将P.3432和P.3852对比研究，推断两卷为吐蕃统治敦煌时期的龙兴寺藏经目录。并将其与道宣的《大唐内典录》进行对照，发现经录是根据《大唐内典录》编撰，且根据敦煌的实际情况或实际需要斟酌损益。[③]由于龙兴寺是吐蕃统治敦煌时期最高僧官都僧统的驻在地，因此敦煌僧团的主要佛

---

① 方广锠辑校《敦煌佛教经录辑校》，第445页。
② 郑炳林：《晚唐五代敦煌诸寺藏经与管理》，《敦煌归义军史专题研究三编》，甘肃文化出版社，2005，第6页。
③ 方广锠辑校《敦煌佛教经录辑校》，第445页。

教经典即存贮在此。P.3852v 题记中提及"奉处分龙兴寺《大藏经》"即为明证。所列点勘经录后记录了所缺经藏的卷数，说明当时僧团会定期地对经藏进行点勘，如果有缺失，即请求补全。如 P.2727《酉年三月十三日于普光寺点官〈大般若经〉录》①，"酉年"据考证为唐文宗大和三年（829）。《大般若经》被称为官经，说明敦煌佛教僧团有各寺院必需之经典。可以推断，各寺还应有本寺的佛典。② 此件从内容上分析，应是"普光寺《大般若经》因残缺向永康、龙兴、报恩三寺都维那等请求从龙兴寺官中取数补齐"③。

归义军时期，灵图寺是佛教僧团最高机构都司的驻在地，因此灵图寺收藏《大藏经》，敦煌遗书亦有写本提及。北新 0876（BD14676）号前后两件文献，前件为《灵图寺藏经目录》，记载灵图寺所藏《大藏经》经录。此经录亦是按照《大唐内典录》编写。④ 后件为《处分吴和尚经论录》（拟）。此处吴和尚即前所提到的法成。可能是因为吴和尚已死，故而将其原借于灵图寺的藏经归还。此经录标明时间为咸通六年（865），是张氏归义军时期，因此推断前件文献亦为张氏归义军时期。⑤

曹氏归义军时期，曹元深曾就读的三界寺亦有收藏《大藏经》的记录。三界寺藏经的收集和整理工作，道真功不可没。道真是曹氏归义军时期三界寺的僧人，本姓张。他在三界寺出家为僧，后受具足戒为比丘，以三界寺为本寺。S.5663《中论卷第二》题记载：

己亥年七月十五日写毕，三界寺律大德沙门惠海诵集。乙未年正月十五日三界寺大般若经兼内道场课念沙门道真，兼条修诸经十一部，兼写报恩经一部，兼写大佛名经一部。道真发心造大般若帙六十个，并是锦绯绵绫具全，造银番伍拾口，并施入三界寺。铜令（铃）

① 《法藏敦煌西域文献》第 17 册中将其定名为《分付永康、龙兴与报恩三寺〈大般若〉经帙卷录》，见第 381 页。
② 方广锠辑校《敦煌佛教经录辑校》，第 581 页。
③ 郑炳林：《晚唐五代敦煌诸寺藏经与管理》，《敦煌归义军史专题研究三编》，第 6 页。
④ 方广锠辑校《敦煌佛教经录辑校》，第 494 页。
⑤ 方广锠辑校《敦煌佛教经录辑校》，第 493 页。

香卢（炉）壹，香槔壹，施入三界寺。道真造刘萨诃和尚，施入番二七口，铜令香卢壹，香槔，花毡壹，以上施入，和尚永为供养。道真修大般若壹部，修诸经十三部，番二七口，铜令香卢壹，香槔壹，经案壹，经藏壹口，经布壹条，花毡壹，已上施入经藏供养。[1]

　　乙未年即为 935 年，此时的道真担任《大般若经》兼内道场讲课念。除此，他还负责管理、修复、抄写经藏，兼任内道场课念沙门。他主要修复的藏经为《大般若经》，卷帙繁多达六百卷。此外还有十一部佛经，题记中记录他抄写的佛经是《报恩经》和《大佛名经》。他还收藏、管理各种供奉佛经所需铜铃、香炉、香槔、经案、经藏、经布等物品。后道真又担任三界寺观音院院主。后汉乾祐三年（950），被任命为沙州僧政。道真在三界寺收集、整理、收藏大藏经，对曹氏归义军时期被破坏殆尽的三界寺重建起了积极作用，为了记录大藏经，他还为之编目，写成《见一切入藏经目录》。如北新 0329（BD14129），卷中有道真题记："长兴五年岁次甲午六月十五日，弟子三界寺比丘道真乃见当寺藏内经论部帙不全。遂乃启颡虔诚，誓发弘愿，谨于诸家函藏寻访古坏经文，收入寺中，修补头尾，流传于世，光饰玄门。"[2] 从题记中不难看出道真补经的缘由。据方广锠研究，此件并不是完整的《大藏经》经录，其间收入了一批疑伪经，因此只是道真补经的目录。[3] 道真补充经藏的来源主要通过三种渠道，抄经、供养经和收集诸寺古坏经文。[4]

　　敦煌地区其他各寺也都各有藏经。藏经的数量和内容始终处在动态的变化中。这种变化和中原佛教经录的内容、敦煌地区的政治形势以及佛寺与社会的关系有着密切的关系。

（二）从吐蕃统治时期到归义军时期内典教育的变化

　　内典教育离不开对佛典的学习。从吐蕃统治时期到归义军时期，佛教寺院始终重视经藏的整理、补充和管理。这是佛寺教育的基础。各寺的经

---

① 敦煌研究院主编《敦煌遗书总目索引新编》，第 176~177 页。
② 方广锠辑校《敦煌佛教经录辑校》，第 924~925 页。
③ 方广锠辑校《敦煌佛教经录辑校》，第 907~908 页。
④ 郑炳林：《晚唐五代敦煌三界寺藏经研究》，《敦煌归义军史专题研究三编》，第 31~36 页。

藏作为内典教育教材的变化，反映出主流价值观念和社会现实的变化。总结起来表现在以下几个方面。

首先，不同时期，敦煌佛寺收录经藏所依据的佛经目录不相同。这是佛典翻译、整理的不断完善，亦是中原王朝社会历史发展的缩影。

唐代通行于全国的经录，敦煌写本中都可寻其踪迹。如 S.2872、P.3747《众经别录》，P.4673《大唐内典录》，S.11962《大周刊定众经目录》，S.5594《开元释教录》。还有源于综合性经录的衍生经录，如 P.3877《大唐内典录钞》、P.3313《开元释教录简目》、P.3846《大唐大藏经数》。① 这些经录反映了不同时代佛教经典收藏的变化情况。从流行于南北朝时期的《众经别录》到晚唐时期的《贞元录》，敦煌写本尽数反映，说明敦煌的佛教与中原佛教发展的同向性，也是通过敦煌佛教文献研究佛教发展史的重要材料。通过前述龙兴寺、灵图寺藏经目录的研究，可见敦煌佛寺在吐蕃统治时期和归义军初期的经录是以《大唐内典录》及根据《大唐内典录》改制的当地目录。由此推断《开元释教录》或未传及敦煌，抑或虽已传入，但不如《大唐内典录》对敦煌的影响力。② 归义军后期的《沙州乞经状》（S.4640、S.2140、P.3851）中则是按照《开元释教录》罗列经藏的。③ 乞经的目的是补足沙州经藏中欠本。另有 S.5594 题记中记录可证明："左街相国寺精义大师赐紫沙门臣德神进《开元释教录大藏经目录》。"据方广锠考证其为北宋时期写本。④ 说明归义军后期，敦煌佛寺经藏的收藏和整理依据是《开元释教录》及其简本。这与中原在会昌禁佛之后，以《开元释教录》作为官寺经藏目录的情形是一致的。

其次，敦煌佛寺内典教育同中原发展相类，是佛教义学逐渐式微、世俗化佛教逐渐兴起的过程。

吐蕃统治时期，内典教学的内容由易而难，符合教学规律。表 2-1 中所列带有题记的写本中可见，吐蕃时期的佛典有入门教育类典籍，如

---

① 《大唐内典录钞》由《大唐内典录》衍化而来，《开元释教录简目》由《开元释教录》衍化而来，《大唐大藏经数》由《贞元录》衍化而来。

② 方广锠辑校《敦煌佛教经录辑校》，第494页。

③ 方广锠：《佛教大藏经史》，中国社会科学出版社，1991，第267页。

④ 方广锠：《佛教大藏经史》，第233页。

S.1520《法门名义集》、北月字091（BD00791）《三乘五性义（拟）》等佛教知识启蒙读物。且重视戒律教育，以《四分律》为主。有 S.2050v、北宿039（BD01139）《律部略抄本》，北冬字092（BD02092）《四分律抄》等《四分律》的节抄本或略抄本。从入门读物和阶段性戒律的写本看，吐蕃统治时期，三学院僧人是分阶段进行佛法的学习和戒律的学习的。归义军时期，鲜见有明确纪年的入门类佛典，且戒律类的佛典也未有几件。三界寺道真撰 S.4160《四分律略颂》是其中之一。

吐蕃统治时期，在佛教寺院设置抄经院，组织人力抄写佛经，以回向功德。客观上促进了佛寺教育教材的发展。此外，还组织僧人进行佛典的翻译，关于佛典的讲学也会定期举行。张氏归义军时期保留了关于佛典的讲学，这主要归功于吐蕃僧人法成。曹氏归义军时期，由于大德的离世，加之佛教世俗化渐进，少见关于佛典的讲学活动了，更多抄写佛经、转读佛经、供养佛经等祈愿性行为出现。

最后，吐蕃时期，疑伪经较少。归义军时期，疑伪经数量激增。如三界寺道真补录的《见一切入藏经目录》中显示出疑伪经数量明显增加，吐蕃时期敦煌已有疑伪经出现。归义军时期疑伪经数量大量增加。敦煌的疑伪经大多应为中土产生。随着东西方文化交流传入敦煌，也有部分或许是在敦煌本地产生的。尤其是曹氏归义军时期，中原历经政权的更迭，归义军政权俨然一个独立王国，加之甘州回鹘阻碍曹氏归义军政权和中原的交通往来，敦煌相对比较封闭。而归义军政权内，佛教在曹氏历任节度使的支持下，开窟造龛、抄写佛经、举办法会，呈现出一派欣欣向荣的景象。敦煌遗书中多个短小的疑伪经，反映出抄经人，即功德主的信仰和欲求。如表2-2中 S.1907《佛说父母恩重经》是为了迎合儒家孝的思想而编；P.2204《佛说楞伽经》、S.3054《观世音经》、S.1185《救诸众生苦难经》等是为了一定时期流行的佛教信仰而编；P.3115《佛说续命经》是为了治疗疾病，禳灾祈福而编；S.1931《佛说七阶佛名经》、S.3691《佛说佛名经》都是为了礼忏而编。其中《佛说父母恩重经》，在敦煌遗书中有诸多写本。洞窟中壁画也有以此为题材的，中土也有石刻本、印本等。这是因为在经文中极力褒扬佛传中割肉奉亲、目连救母等孝亲的故事，符合民众传统思想文化，所以流传广泛。

大德法成的逝去，使敦煌佛教失去了一位大德，也使敦煌佛寺教育损失了优秀的师资。法成之后，再无能开讲筵的大德了。归义军时期，佛教受到当权者的扶植，成为世人的精神寄托。敦煌佛教愈加表现出世俗化的倾向。

二　敦煌佛寺教育的世俗化倾向

吐蕃占领敦煌期间，"会昌禁佛"的各种禁令和措施并未波及敦煌。至吐蕃统治者被逐出敦煌之前，佛寺已有十七所。各寺藏经管理有序，佛寺师资、学生数量稳定，译经、讲经等教学活动正常进行。归义军时期，由于僧团与归义军政权之间关系的变化，佛寺教育开始具有世俗化倾向。究其原因，主要有以下三个方面。

（一）归义军政权与佛教僧团之间的关系决定了佛寺教育的世俗化程度

归义军政权与敦煌佛教僧团之间的关系取决于归义军政权与中原王朝之间的关系。

张氏归义军时期（848~890），佛教僧团领袖依靠强大的社会影响力成为归义军政权的幕僚。在与唐政府及周边少数民族政权沟通的过程中，佛教僧团的领袖人物曾有杰出的贡献，因此全盘接受，充分利用，加强监督。如大中四年（850）入长安的归义军使团中就有敦煌僧人唐悟真。P.3720《敕河西节度使牒》点明了悟真此次入京的任务是："入京奏事，为国赤心，对策龙庭，申论展效。"① 翌年，悟真又跟随以张义谭为首的使团入朝活动，获得了宣宗敕赐"京城内外临坛供奉大德"的称号。此外，宣宗诏许僧团特殊礼遇，允许悟真一行在京城中拜会高僧，并就佛法与其辩论。一方面作为探讨、研究，另一方面扩大了敦煌佛教的影响。敦煌佛教僧团首领的外交能力获得了认可，僧团首领自然得到归义军政府的信赖，一些僧侣在归义军政权中担任要职并积极参与世俗政务管理。归义军政权一方面依赖于僧团首领在民众心目和社会管理中的威望，欲以佛法对民众进行舆论引导，借以形成向心力，消除吐蕃统治时期的影响，重建敦

---

① 《法国国家图书馆藏敦煌西域文献》第 27 册，第 113 页。

煌的政治生态和社会环境；一方面又要控制佛教僧团的发展。曹氏归义军时期（914~1036），正值中原的五代时期，归义军政权虽遣使取得中原政权的认可，但在五代政权更迭、无暇西顾之时，成为独立的藩属政权。因此，曹氏归义军时期对僧团的管理不只是监督，而是严格管控。表现在对僧团领袖的任命、对僧尼受戒的管理和对僧团组织各种活动的控制等方面。敦煌僧团的僧官成为附属于归义军政权的执行者。佛寺教育要服务于归义军政权，以归义军政权利益为上。

法成之后，其弟子法镜在张氏归义军时期任僧政，曾讲《维摩经》。P.2079《净名经关中释抄卷上》末题："壬辰年正月一日，河西管内都僧政京城进论朝天赐紫曹和尚，就开元寺为城隍禳灾，讲维摩经，当寺弟子僧智惠并随听写此上批。至二月廿三日写毕。"① 法镜的讲经跟其老师法成讲经不同，不是纯粹的佛教学术讲论，其目的是为城隍禳灾。S.5972《维摩经疏》题记"河西管内京城进论临坛供奉大德赐紫都僧政香号法镜手记。前后三会，说此经百法九遍，接踵学徒"。此则题记中法镜讲《维摩经疏》，只此一经疏，反复讲授，并授徒。不似其师法成，就《瑜伽师地论》进行持续、长期的讲授。另一位法成的学生法海也有过讲经活动。虽然在写本中未找到详细记录，但可知他们的讲经从内容、规模和目的上都与法成不同。世俗的功利趋向逐渐显现出来。而在法镜、法海之后，关于佛寺讲经的记录再也不见，说明佛教的学术性讲学自此彻底终结。之后的讲经多指俗讲。面向民众，具有普世、娱乐的性质。佛寺内典教育面向僧人、研习佛教经义的教学不再占据主导地位。

（二）归义军时期多重民间信仰的兴起是佛寺教育加快世俗化进程的诱因

归义军时期，敦煌地区的民间信仰不再囿于佛教。五台山信仰、十王信仰、海龙王信仰、毗沙门天王信仰等流行于民众中。佛教寺院教育偏重向民众普及佛教经义的俗讲。佛寺教育世俗化进程加快。

五台山信仰即以文殊菩萨为中心的信仰。8-11世纪在中原盛极一时。敦煌也受其影响。吐蕃统治时期，统治者曾派人前往五台山求《五台山

---

① 敦煌研究院编《敦煌遗书总目索引新编》，第222页。

图》。《旧唐书·吐蕃传》记载"长庆四年（824），（吐蕃）遣使求《五台山图》"①。归义军时期，五台山在敦煌长盛不衰，这在敦煌文献和敦煌石窟的壁画与造像中都有表现。敦煌文献中有赞咏五台山的文学作品《五台山赞》《五台山曲子》等。如 S.4429《五台山赞》题记："戊辰年六月四日，莲台寺僧应祥□得智□智悟住持。"② 有前往五台山礼佛的僧人向归义军递交的申请，S.4504《三界寺僧福员上仆射牒》记载："今欲报君臣之恩德，巡礼台山，怀不退卑心，随伴顶谒，伏乞仆射台造，不阻福门，特赐允容，与满心愿。伏听处分。"③ 五台山路途遥远，能得到允准并前往巡礼的僧俗毕竟有限，因此多数民众就在敦煌本地以造窟、画像等方式进行信仰崇拜活动。敦煌壁画中有十二幅《五台山图》。④ 莫高窟第 61 窟是著名的文殊堂，是归义军节度使曹元忠及其夫人所开，以供奉文殊菩萨为主的窟室。其《五台山图》以画塑结合的方式，将五台山景色再现于敦煌石窟中，便于敦煌民众就近"巡礼"五台山，亦满足曹氏夫妇作为统治者祈福、保太平的心理需求。也不难看出，五台山信仰信众范围之广，甚至包括上层统治者。

十王信仰是中国传统民间信仰中灵魂不灭说与佛教地狱思想、因果轮回思想的结合。主要是指通过崇信和设斋供养十殿阎王，死后免受地狱之苦，往生极乐的信仰和修持活动。敦煌遗书中关于十王信仰的诸多记录，是敦煌流行十王信仰的明证。敦煌关于《十王经》的写本有图本和文本两种，数量较多。这反映出民众十王信仰的方式，以写经祈福为主，兼以造像供养和设斋荐福。此外，还有海龙王信仰和毗沙门天王信仰等。这些信仰基本是将佛教中的神灵或思想与中国传统民间思想相融合，流行于中土。其修持活动多以抄写经文为主。因此，佛寺教育顺应了这些民间信仰的需求，开办法会，供养相关佛经，冲淡了以探究佛义为主的佛教义理的学习和研究，使佛寺教育更具世俗倾向。

---

① （后晋）刘昫等撰《旧唐书》卷 196 下《吐蕃传》，第 5266 页。
② 敦煌研究院编《敦煌遗书总目索引新编》，第 137 页。
③ 《英藏敦煌文献》（汉文佛经以外部分）第 6 册，四川人民出版社，1992，第 117 页。
④ 党燕妮：《晚唐五代敦煌地区的五台山信仰》，《敦煌归义军史专题研究三编》，第 226 页。

（三）被改良的戒律和清规，是佛寺教育世俗化的又一原因

归义军时期，关于戒律的学习和经抄鲜见。这是佛教僧团戒律教育弱化的表现。但是为了管理僧团、维护佛教戒律，晚唐五代佛教僧团根据律法制定了戒律和清规，对佛寺及僧人进行管理。但众多的戒律和清规在实践的过程中却屡被突破，这是敦煌特殊的地理条件和政治环境导致的。

敦煌地处东西交通枢纽，居民成分较为复杂。有大批来自焉耆、龟兹、疏勒的移民，他们原本信奉小乘佛教，僧尼允许食肉及带有气味的蔬菜。P.3532《慧超往五天竺国传》记载疏勒"行小乘法，吃肉及葱、韭等"①，龟兹亦如是。这些移民虽在敦煌安居，并亦信奉佛教，但其小乘佛教的僧尼及制度影响了大乘佛教规定的戒律。加之吐蕃统治敦煌期间，吐蕃地区僧人的涌入带来了吐蕃的风俗；且处于统治地位的吐蕃人利用权力强力干预敦煌佛教教团事务，使"晚唐五代敦煌佛教教团寺规戒律不得不发生变化，吸收吐蕃地区的佛教僧尼的习俗"。饮酒之风悄然兴起。至归义军时期，"不但佛教教团僧尼可以饮酒，而且寺院可以出资酿酒，酒成了僧俗联谊加强关系的纽带"②。如 P.2271v《甲寅年（954）七月十五日就大乘寺纳设历》记载：

```
1  甲寅年七月十五日就大乘寺纳设历
2  龙                    乾  果食足酒一瓮
3  开  果食足酒一瓮      永  果食足
4  金  果食足酒一瓮      图  果食足酒一瓮
5  界  果食足酒半瓮      莲  果食足酒□□
6  土  果食足酒半瓮      恩  果食足
7  云  果食足酒半瓮      修  果食足
8  国          酒一瓮    乘  果食足
9  普  果食足            圣  果食足③
```

---

① 郑炳林：《敦煌地理文书汇辑校注》，第211页。
② 魏迎春：《晚唐五代敦煌佛教教团的戒律和清规》，《敦煌归义军史专题研究三编》，第91页。
③ 《法国国家图书馆藏敦煌西域文献》第10册，上海古籍出版社，1999，第304页。

七月十五日于大乘寺举办盂兰盆节的招待会。敦煌乾元寺、开元寺、金光明寺、三界寺、大云寺、莲台寺等均为其提供酒水。说明各寺都是酿酒的，且参会的僧俗均可饮酒。

此外，受到吐蕃僧尼习俗影响的还有僧人可以私置产业，并可以畜养奴婢。死后遗产作为私产可由近亲继承等。① 佛教戒律的淡化不仅体现在生活方面，在佛教戒律教育方面亦如此。首先，僧尼在寺修行时间有限。据学界研究，敦煌佛寺"僧尼平常不住寺院，只有法会和安居时期才居住寺院修习转诵佛经"②。其次每月朔日和十五日佛教教团念诵《四分律》进行忏悔的布萨活动，亦变为转诵《佛名经》燃灯礼忏活动。这是归义军对僧团教育活动的强力干涉。最后，对于诵读戒律只规定任务，不进行考核。③ 重过程不重结果的教育，导致的后果则是对戒律教育的淡化。

尽管敦煌佛教僧团努力地根据传统律法规定戒律和清规，但是破坏戒律和清规的行为屡屡发生。归义军政权对佛寺教育的强力干涉亦影响了僧侣的学习。僧侣的学习不再是在寺院里的安静修习，他们多数参与道场、法会等大型佛教社会活动。日常的生活与世俗家人交流频繁。僧官置产促使其追逐物质利益。凡此种种，加快了佛教世俗化的进程。

综上，敦煌佛教寺院教育与世俗社会相融合，世俗化倾向明显。

三　敦煌佛寺教育世俗化的社会功能

佛教世俗化，表现在佛寺教育上，就是敦煌佛寺的教育对象不再以僧尼为主，而是转向世俗子弟和广大敦煌民众。

首先，佛寺教育的世俗化有利于儒学文化普及。晚唐五代敦煌佛寺的内典教育衰落，儒学教育（主要是蒙学教育）兴盛，佛寺教育逐渐世俗化。这与敦煌的政治环境有关。

---

① 魏迎春：《晚唐五代敦煌佛教教团的戒律和清规》，《敦煌归义军史专题研究三编》，第 94~96 页。

② 魏迎春：《晚唐五代敦煌佛教教团的戒律和清规》，《敦煌归义军史专题研究三编》，第 80 页。

③ 魏迎春：《晚唐五代敦煌佛教教团的戒律和清规》，《敦煌归义军史专题研究三编》，第 81~82 页。

唐代文人有寄读佛寺的风尚。一是因为大多寺院环境幽静，适合读书；二是因为寺院僧人有贯通佛儒之人，寄读寺院如遇疑问，可与之探讨；三是因为当时寄读佛寺成为一种风尚。当然，一些家境贫寒的文士，为了参加科考，寄居佛寺是最经济的选择。而寄读之文人的目的多不是研习学术，而是以备科考。敦煌佛寺的情形则与之不同。吐蕃统治时期，官学废止，世家大族有不甘于做落蕃官的，遁入法门，专心教授学生；而吐蕃统治者因信仰佛教，同时为了拉拢世族，不致引起民众的彻底反抗，对佛寺教育采取了支持的态度。他们在佛寺中设置译经场，还将吐蕃子弟送入佛寺学习。吐蕃僧人也寓居敦煌佛寺进行学习和交流。因此，吐蕃统治时期，敦煌佛寺教育承担了官学的部分责任。内典教育和儒学教育并重，并且互相影响。归义军时期初期，官学恢复，佛寺教育不但未受影响，反而沿袭了吐蕃统治时期的教学。随着佛寺中几位有名的大德相继逝去，无人能担负起教授大部经典的内典教学任务。加之曹氏归义军的上层将崇佛的重点放在开窟建寺、抄写伪经、举行大型法会等活动上，佛寺的内典教育随之衰落。而儒学教育保持与官学齐头并进的状态，儒学教育不逊色于官学。如前述佛寺的儒学教育和蒙学教育，在对敦煌民众的文化普及过程中，发挥了巨大的作用。

其次，佛寺教育的世俗化有利于向民众宣传佛教经义，同时便于僧众学习佛法。俗讲兴起不仅是敦煌一地的风尚，自会昌元年（841）始，长安七寺也在皇帝敕令下频频举行俗讲。这是因为统治者看重俗讲的教化功能。敦煌偏居西北，又被吐蕃占领数年，但是俗讲的风气还是影响到了敦煌。其中一部分原因在于敦煌在佛教发展的过程中，处在中西文化的交流中心，东晋时释慧皎所说"唱导"在敦煌也已成型。因此，河西虽与长安阻断交通，但佛教发展却基本是同步的。当俗讲在敦煌兴起，也得到了统治者的支持。

俗讲的文本是把深奥的佛理借助通俗文学的形式，将佛教中的因果、轮回、报应等思想通过通俗易懂的故事，糅合中国传统儒道思想传递给民众；启发民众将佛教故事与脑中已有的思想意识产生碰撞，引起共鸣，使其接受引导教育。如《大目乾连冥间救母变文》作为佛教故事，掺入了儒家"孝道"思想；《李陵变文》描写李陵与匈奴艰苦卓绝的斗争及投降的无奈之举。其间李陵的矛盾选择突出了儒家的忠君思想。俗讲虽有文本，但在俗讲的过程中，作为讲唱的僧人不仅要谙熟佛法，还要对儒释道三家思想融会贯通，并利用善辩的口才和灵活的应变能力，将俗讲的故事表达出来。吸引民众、使民众在故事的曲折情节中受到教化。此外，佛寺的其他僧人亦有抄经的学习过程。抄写俗讲文本对其来说，亦是学习佛法，接受教育的过程。因此，俗讲不仅有利于向民众普及佛法、佛传故事，传播佛教思想，且有利于佛寺僧众对佛法的学习。

因此，俗讲是佛教走向世俗化的一种表现，也是佛寺教育世俗化的必然趋势。宣化佛教成为这一时期佛寺的首要任务。通过俗讲，佛教义理深入人心，佛教故事广为流传。人们用修窟抄经、布施佛寺、参加法会等活动表示对佛的崇敬。同时，把敬佛当作求得夙愿实现和脱离现实痛苦的手段。可以说，佛教的世俗化在相当程度上影响了敦煌民众的处事方式，渗透进了敦煌民众生活的方方面面。如 S. 6537v《慈父遗书样文》中规定的："吾若死后，不许相净。如若不听母言教，愿三十三天贤圣不与善道，春（眷）属不合当恶，坏增百却（劫），他生莫见佛面，长在地狱，兼受畜生。若不听知，于此为报。"① 遗书中清晰地写明，若不遵守遗嘱，将在轮回中进入畜生道。P. 3744《僧张月光张日兴兄弟析分契》曰："若是师兄违逆，世世堕于六趣。"② 析分家产亦不得悖逆，否则轮回转世中会"堕于六趣"。可见，佛教的因果、轮回等理论已不着痕迹地融入敦煌民众的日常生活中。

佛寺教育的世俗化还有助于归义军政权统治。曹氏归义军时期，几位节度使都热衷佛教，表现在开窟建寺、广度僧尼、抄写佛经、举行法会等方面。在佛寺教育上，一如既往地支持佛寺教育。曹氏子弟亦在佛寺就读，如 S. 707《孝经一卷》题记："同光三年乙酉岁十一月八日三界寺学仕郎曹元深写记。"此外，随着佛寺教育世俗化的加深，归义军政权借助世俗化的佛寺教育教化民众的情况亦不断出现。如 P. 2187《破魔变》，变文

---

① 沙知辑校《敦煌契约文书辑校》，江苏古籍出版社，1998，第 529 页。
② 沙知辑校《敦煌契约文书辑校》，第 437 页。

末尾讲唱僧人把对归义军节度使的赞颂写入其中：

> 自从仆射镇一方，继统经幢左（佐）大梁。致（至）孝仁慈超舜禹，文萌宣略迈殷汤。分茅烈（列）土忧三面，旰食临朝念一方。经上分明亲说着，观音菩萨作仁王。观音世□宰官身，府主唯为镇国君，玉塞南边消弥气，黄河西面静烟尘。封疆再政（整）还依旧，墙壁重修转更新。君圣臣贤菩萨化，生灵尽作太平人。圣德臣聪四海传，蛮夷向化静烽烟，邻封发使和三面，航海余深到九天。大治生灵垂雨露，广敷释教赞花偏，小僧愿讲经功德，更祝仆射万万年。[①]

此写本末尾题记有"天福九年甲辰"字样，是为944年。此处仆射应为时任节度使的曹议金。从最后一句"小僧愿讲经功德，更祝仆射万万年"可看出，讲唱经的僧人应邀前往进行俗讲，不仅是为佛寺积累功德，还对节度使进行祝福。虽为套语，但表现出佛教僧团对归义军政权的依附和功利性，亦表现出归义军政权借助僧人俗讲巩固统治的趋势。

总之，佛教世俗化是唐末五代宋初敦煌佛寺教育的趋势。它有利于儒学的普及，有利于向民众宣传佛教教义，更可以作为归义军政权教化民众的辅助手段。佛教的教理渗入敦煌民众的生活中，潜移默化地影响着敦煌的社会文化。

---

① 王重民、王庆菽、向达、周一良、启功、曾毅公编《敦煌变文集》，人民文学出版社，1957，第354~355页。

第五章　唐五代敦煌佛寺教育的意义

唐五代佛教寺院教育承袭前代，在教学内容、教学特点、教育功能等方面均取得了长足进步；对佛教的传播，佛教与传统文化的融合及唐五代社会、经济都产生了深远的影响。其中敦煌佛教寺院教育，因敦煌文书的出土，将敦煌一地的佛教寺院教育呈现在世人面前。一方面，它可以印证唐五代佛教政策下佛教寺院教育在地方施行的状况；另一方面，由于其特殊的地理位置，又体现出唐五代边地文化的特色。

第一节　唐五代佛寺教育的意义和影响

唐五代佛教的发展具有曲折的阶段性。它和政局的变化、统治者的态度、经济的发展、民众的认可等因素息息相关。不同时期佛教寺院教育的发展状况不同。总的说来，具有以下几方面的意义。

一　翻译、整理、保存经藏

佛教寺院作为佛教的空间物质载体，是进行佛教教育的场所。唐以来佛教寺院的译经活动方兴未艾，且唐代的译场具有前代无法比拟的特点：如前所述，国家大寺设置译场，译经经费充足；政府官员参与译经；译场分工细致；等等。因此，唐代译场成果频出。据统计，唐高祖武德元年（618）至德宗贞元十六年（800）期间，唐代译经共有四百三十五部、二千四百七十六卷。[①] 笔者根据相关资料分析整理，析出译经僧四十六人及

[①]　（唐）圆照撰《贞元新定释教目录》卷 11，《大正藏》第 55 册，第 852 页。

其译经数量。见表 5-1。

表 5-1　唐武德元年至德宗贞元十六年译经统计

译经人（西域）	译经数（部、卷）	译经人（中土）	译经数（部、卷）
波罗颇迦罗蜜多罗	3 部 38 卷经论	释法琳	3 部 13 卷集论
伽梵达摩	1 部 1 卷经	释玄奘	76 部 1347 卷经律论记传
阿地瞿多	1 部 12 卷经	道宣	8 部 81 卷谱录传集
那提	3 部 3 卷经	释玄应	1 部 25 卷经律音义
若那跋陀罗	1 部 3 卷经	释靖迈	1 部 4 卷图纪
地婆诃罗	18 部 34 卷经	释智通	4 部 5 卷经
佛陀多罗	1 部 1 卷经	释玄恽	1 部 20 卷经集
佛陀波利	1 部 1 卷经	释彦琮	1 部 6 卷集议
提云般若	6 部 7 卷经	释复礼	1 部 2 卷论
实叉难陀	19 部 107 卷经	释慧立	1 部 10 卷集传
弥陀山	1 部 1 卷经	释怀素	4 部 8 卷戒本羯磨
阿傀真那	7 部 9 卷经	释惠智	1 部 1 卷赞颂
菩提流志	53 部 110 卷经论	释明佺	1 部 15 卷目录
般刺蜜帝	1 部 10 卷经	释玄嶷	1 部 3 卷集论
输波迦罗	4 部 14 卷经	释义净	68 部 289 卷经律论传
跋日罗菩提	4 部 7 卷经	释爱同	1 部 1 卷羯磨
无能胜	3 部 4 卷经	释慧苑	1 部 2 卷经音义
法月	1 部 1 卷经	释智俨	4 部 6 卷经集
大广志不空	111 部 143 卷经律论	释怀迪	1 部 10 卷经
般若	6 部 70 卷经	释智昇	5 部 25 卷经录谶仪等
勿提提犀鱼	1 部 1 卷经	释灵邃	1 部经录（贞元释教录）
尸罗达摩	2 部 10 卷经	释圆照	2 部 33 卷经目录
李无谄（婆罗门）	1 部 1 卷经	杜行颛（清信士）	1 部 1 卷经
小计	248 部 587 卷（不计入李）		187 部 1896 卷（不计入杜）

说明：此表据《贞元新定释教目录》整理，主要内容见《大正藏》第 55 册，第 852~896 页。

从表 5-1 可见，唐代译经僧中，西域胡僧和中土僧人各占一半。译经数量从经录部数看，西域胡僧多于中土僧人。从总卷数上，却是中土僧人占优势。且西域胡僧基本上只是译经。中土僧人除了译经，还撰写经集、僧传和目录，并为佛经注音义。此外，还有婆罗门和清信士也参与译经。表中所列李无谄为北印度岚波国人，婆罗门教徒，通晓汉梵语言，曾在菩提流志译场译经，担任度语一职，译《不空羂索陀罗尼经》一部。清信士杜行颛时任朝散郎行鸿胪寺典客署令，通晓吐蕃语和天竺语，恰遇罽宾国僧人佛陀波利奉上梵经一部。高宗下诏令其译出，于是译经《佛顶尊胜陀罗尼经》一部一卷。

由唐代佛教发展史看，《贞元新定释教目录》中所统计的译经僧数量与实际略有不符，但可大致反映唐代前中期译经的情况。如有"开元三大士"之称的译经僧，表5-1中只列有不空法师，印度密教高僧善无畏和金刚智则无记录。而不空的译经成就应是三大士中最卓著的，所译经藏多为密教经典。如《金刚顶经》《大孔雀明王经》《如来藏经》《仁王经》《太虚空藏菩萨所问经》等。汉僧中则以玄奘和义净为代表。玄奘译经分为三个阶段。第一阶段为太宗贞观年间，其重要译著为《瑜伽师地论》。这是他创建法相宗（即唯识宗）的根本论书，此围绕法相宗支论，他还相继译出《大乘百法明门论》《大乘五蕴论》《摄大乘论本》《摄大乘论世亲释》《摄大乘论无性释》《大乘阿毗达摩杂集论》《唯识三十论》《辨中边论》等，被称为法相宗的"一本十支"。第二阶段为高宗年间，此间译著大多为说一切有部论典。如《阿毗达磨发智论》《阿毗达磨法蕴足论》《阿毗达磨识身足论》《阿毗达磨品类足论》《阿毗达磨界身足论》《阿毗达磨大毗婆沙论》《阿毗达磨俱舍论》等。这些经典属于印度佛学的毗昙科。第三阶段是玄奘生前最后四年，翻译《大般若经》，卷帙浩繁，共有六百卷。玄奘的译经不仅数量多，且涵盖印度佛学的毗昙、因明、戒律、瑜伽和中观五科。在翻译时，玄奘坚持自己的翻译原则，灵活运用补充、省略、变位、分合、译名假借、代词还原等法，使其译经的形式与内容统一，堪称译中精品。

唐代译场的译经，一经译出，由官方整理、传抄并向各地流转。贞观九年（635），智通奉敕抄《大藏经》，"大总持寺智通共使人秘书郎褚遂良等，附新译经，校订申奏，奉敕施行"，流转的经藏须经校订，方能奏请皇帝，下诏流转。唐高宗龙朔三年（663），诏大唐东京大敬爱寺写《大藏经》。此部经书包含"写旧经论七百四十一部，二千七百三十一卷；又写大唐三藏法师新译经论七十五部，一千三百三十五卷。合新旧八百一十六部，四千六十六卷入藏。其古来有目而无本者，合三百八十二部，七百二十五卷，随访随写"①。整理经藏，不仅有高僧参与，更有朝廷官员审核，制定了统一标准。"敕取履味沙门十人，惠概、明玉、神察、道英、昙邃等，并选翘楚，尤闲文义，参覆量挍首末。（麟德）三年，又置官寮是涂供给，敕使洛州长史银青光禄大夫南康郡开国公韩威、判官洛州司功参军李亮、台使郑州司士参军卢行讷、判官王屋县尉郑祖均等，精加捡覆。"②经过校订审核后的经藏，即可颁赐流通。如唐太宗贞观六年（632），沙门波颇译经毕，"敕各写十部散流海内"③。贞观二十二年（648），"敕有司写新译经论，颁赐九道总管（时分天下为九道），御制《大唐三藏圣教序》"④。太宗皇帝为玄奘新译经作序，并颁赐天下。

敦煌写本中的《妙法莲华经》，即显示来自门下省、弘文馆、秘书省等机构组织抄经生抄经流转的佛经。兹选取一部分列表5-2示下。

表5-2　敦煌写本《妙法莲华经》题记统计

写本卷号	部门	写经纪年	抄经生	校稿	审阅	监制
S.1456	秘书省	上元三年（676）	孙玄爽	1. 化度寺僧法界 2. 化度寺僧法界 3. 化度寺僧法界	1. 神苻 2. 嘉尚 3. 慧立 4. 道成	1. 李德 2. 阎玄道
S.2181	群书手	上元三年（676）	杨文泰	1. 会昌寺僧玄福 2. 会昌寺僧藏师 3. 会昌寺僧儒海	1. 神苻 2. 嘉尚 3. 慧立 4. 道成	1. 李德 2. 阎玄道
S.2573	门下省	咸亨四年（673）	封安昌	1. 大庄严寺僧怀福 2. 西明寺僧玄真 3. 西明寺僧玄真	1. 神苻 2. 嘉尚 3. 道成 4. 道成	1. 李德 2. 虞昶

① （唐）静泰撰《众经目录》，《大正藏》第55册，第181页。
② （唐）静泰撰《众经目录》，《大正藏》第55册，第181页。
③ （唐）智昇撰，富世平点校《开元释教录》卷8《总括群经录上之八》，第481页。
④ （宋）志磐撰，释道法校注《佛祖统纪校注》卷40《法运通塞志十七之六》，第919页。

写本卷号	部门	写经纪年	抄经生	校稿	审阅	监制
S.2637	弘文馆	上元三年 （676）	任道	1. 慈门寺僧无及 2. 宝刹寺僧道善 3. 宝刹寺僧道善	1. 神苻 2. 嘉尚 3. 慧立 4. 道成	1. 李德 2. 阎玄道
S.3079	经生	咸亨二年 （671）	郭德	1. 经生郭德 2. 西明寺僧法显 3. 西明寺僧思佩	1. 神苻 2. 嘉尚 3. 慧立 4. 道成	1. 向义感 2. 虞昶
S.3348	左春坊	上元元年 （674）	萧敬	1. 福林寺僧智彦 2. 西明寺僧苻轨 3. 西明寺僧怀璨	1. 神苻（后缺）	（缺）
S.3361	门下省	上元三年 （676）	袁元哲	1. 慧日寺义威 2. 慧日寺义威 3. 慧日寺义威	1. 神苻 2. 嘉尚 3. 慧立 4. 道成	1. 李德 2. 阎玄道
S.4168	群书手	上元三年 （676）	马元礼	1. 大庄严寺威表 2. 大庄严寺威表 3. 大庄严寺慧澄	1. 神苻 2. 嘉尚 3. 慧立 4. 道成	1. 李德 2. 阎玄道
S.4209	门下省	咸亨三年 （672）	赵文审	1. 书手赵文审 2. 福林寺僧智藏 3. 福林寺僧智兴	1. 神苻 2. 嘉尚 3. 慧立 4. 道成	1. 向义感 2. 虞昶
S.4353	弘文馆	上元三年 （676）	王智菀	1. 清禅寺僧凝成 2. 弘福寺僧惠伦 3. 弘福寺僧惠伦	1. 神苻 2. 嘉尚 3. 慧立 4. 道成	1. 李德 2. 阎玄道
S.4551	门下省	咸亨三年 （672）	刘大悲	1. 书手刘大悲 2. 胜光寺僧行礼 3. 胜光寺僧惠冲	1. 神苻 2. 嘉尚 3. 慧立 4. 道成	1. 向义感 2. 虞昶
S.5319	书手	咸亨二年 （671）	程君度	1. 经生程君度 2. 大总持寺僧大道 3. 大总持寺僧智安	1. 灵辩 2. 嘉尚 3. 玄则 4. 持世 5. 薄座 6. 德悉	1. 慧立 2. 道成 3. 向义感 4. 虞昶
P.2195	门下省	上元二年 （675）	袁元悊	1. 慧日寺义威 2. 慧日寺义威 3. 慧日寺义威	1. 神苻 2. 嘉尚 3. 慧立 4. 道成	1. 李德 2. 阎玄道

续表

写本卷号	部门	写经纪年	抄经生	校稿	审阅	监制
P. 2644	经生	咸亨三年（672）	王谦	1. 经生王谦 2. 经行寺僧仁敬 3. 经行寺僧思忠	1. 神符 2. 嘉尚 3. 慧立 4. 道成	1. 向义感 2. 虞昶

说明：根据敦煌研究院编《敦煌遗书总目索引新编》（中华书局，2000）中相关题记整理。

从表 5-2 所列可看出，《妙法莲华经》的抄写组织机构主要有秘书省、门下省、弘文馆和左春坊。当时弘文馆属门下省，左春坊位于东宫，制拟门下。因此，这三个机构实为一个机构。未注明抄经生所属部门的，从尾题的格式看，亦为官方抄经，表中注明"书手"或"经生"。政府组织抄经生所抄佛经，大多是发给各道府以供师法的样本。抄经完成后，要经过三次校稿，四次审阅，两道监修。程序严格，可以看作是形成了完整的制度。校稿人员有的初校即为抄经生，如 S. 3079、S. 4209、S. 5319、P. 2644。有的初校、二校、三校为同一人，如 S. 1456、S. 3361、P. 2195。大多校稿人均为寺院僧人，涉及寺院范围较广。审阅通常为四审，且人员相对固定，均属太原寺。唐初，于长安、洛阳、太原、荆州、扬州等地置五所太原寺。此处负责审阅的为长安太原寺。关于太原寺的记载有："崇福寺，林祥坊，本侍中杨恭仁宅。咸亨二年（671）九月二日，以武后外氏宅立太原寺，垂拱三年（687）十二月改为魏国寺，载初元年（690）五月六日改为崇福寺。"[1] 菩提流志与般若三藏分别于该寺译出《大宝积经》及《华严经》。智昇之《开元释教录》、怀素之《四分律宗记》亦成于此。其审阅之一惠立[2]是为太原寺之寺主，"立识敏才俊，神清道迈，习林远之高风，有肇融之识量。声誉闻彻，敕召充大慈恩寺翻经大德，次补西明寺都维那，后授太原寺主，皆降纶旨，令维寺任"[3]。另一审阅嘉尚曾跟随玄奘于玉华宫译场担任证义、缀文，译出《大般若经》。"及三藏有疾，命尚具录所翻经论合七十五部，总一千三百三十五卷"[4]；道成亦是与嘉尚同为

① （宋）王溥撰《唐会要》卷 48《寺》，第 991 页。
② 惠立本名子立，后改名为惠立，高宗敕名慧立，因此惠立即慧立。
③ （宋）赞宁撰，范祥雍点校《宋高僧传》卷 17《唐京兆魏国寺惠立传》，第 378 页。
④ （宋）赞宁撰，范祥雍点校《宋高僧传》卷 4《唐京兆大慈恩寺嘉尚传》，第 65 页。

玄奘译场证义，"垂拱中，日照三藏译《显识》等经，天后诏名德十员助其法化，成与明恂、嘉尚同预证义"①。从表中所列《妙法莲华经》抄写时间和参加审阅的大德所处的时间及其经历看，多集中在高宗时期，且由官方机构统一抄写、校勘、颁行。可知高宗时期唐廷建立了完整的宫廷抄经制度。佛经写成后颁赐各地，对各地佛教的传播和民间的信仰起到了引导作用。敦煌写本中，非官方抄本格式的《妙法莲华经》大量出现可以证明这一点。

由政府主导的译经、抄经、颁赐佛经的行为，使各个寺院建立起藏经体系。寺院注重收藏佛经，并编写入藏目录，方便了僧人的查阅和学习，为佛寺内典教育提供了基础保障。

二 传播佛教义理，促进佛寺教育学术化

汉晋以来，随着越来越多梵文经典的翻译，体现印度般若学不同教派的著作呈现在中土僧人面前。由于传入时梵文经典并未成体系而被带入中土，译经过程中会出现不同的理解，于是经义呈现出多元化趋势。部分僧人为了探求佛经真义，掀起第一次出国求经的热潮。他们历经艰辛，带回佛典翻译，希冀将其思想完整地呈现出来。可以说，这一时期的佛教，注重对印度佛学的训解与阐述。为了阐明经义，产生了不同学派。他们讲经、译经，并一脉相承，广为传布。

隋和唐初，大一统帝国的建立结束了南北分裂的局面，带来了经济发展和文化繁荣。中央政府对佛教的管理进入了政治层面。佛教从专注训解印度佛学转向构建本土化的理论体系，由学派到宗派的转化成为必然。

首先，大一统的封建政权结束了长期的分裂局面。政治上的统一势必会要求文化上的统一。南北朝时期的佛教，北方偏重迷信仪式和宗教实践，如佛图澄；南方侧重玄理清谈。受到国家统一的影响，佛教只有摒弃南北之分，重构完整体系，才能顺应大势。隋文帝时期，将众多高僧召入长安，设众讲经，大兴佛教义学。在京城先后设立五众、二十五众。其众主"名之可考见者，有讲律众主洪遵，十地众主慧迁、涅槃众主童真、法

---

① （宋）赞宁撰，范祥雍点校《宋高僧传》卷14《唐京兆恒济寺道成传》，第301页。

总、善胄，大论众主法彦、宝袭等。……各方名德，互相辩论，如智脱之与吉藏、吉藏之与僧粲，当惠启后学不少"①。随着长安各义学的建立，各方名德汇聚一堂，阐述义理。且各众主本就博通各派，专研一经。以此为起点，南北方僧人不断交流，互相影响，提倡理论与实践并重。于是佛教出现了"破斥南北，禅义均弘"的新气象。这样的交流非但没有使各派学说建立起森严的壁垒，相反他们分别吸收其他教派的教义，通过"判教"建立各自庞大的思想体系。站在建立统一佛教的立场上，各派的目的是相同的。因此，强调相对的统一性，表现彼此之间的差别，就成为这一时期佛教学派的发展内容。

其次，隋朝唐初寺院经济的快速发展，使僧尼需要用宗派的形式加强僧伽组织，维护既得的经济利益。虽然僧伽之间的继承是靠衣钵传承，但是宗派学说的承袭就像宗法制中的血缘一样，维系着同一宗派的传法继承关系。强大的寺院经济，是佛教宗派形成的必要条件。兴于唐朝的华严宗、法相宗、禅宗、律宗、密宗等，与其寺院经济强有力的支持不无关系。每个宗派都有自己的学术养成地——祖庭。这些宗派若形成自有的体系，需要精通佛理的法师、丰富的学术资料、浓厚的学术氛围和持久不绝的学术水平。如法相宗的创始人玄奘法师，即受到唐太宗的重视。太宗先后为之建立了大慈恩寺和西明寺作为译经场所。这两所大寺均为国有寺院，拥有大量的田产和为之耕作的寺户。玄奘一边译经，一边讲经、教授学生，同时深研佛教经义。若没有雄厚的经济实力，这些教育活动就没有保障，宗派理论也无从谈起。据统计，玄奘与其弟子共译出佛典七十五部，共一千三百三十五卷。此外，玄奘和其弟子窥基等人另有著作。这些译著和专著不仅需要深厚的佛学知识，还需要大量的人力支持。这恰是寺院经济强有力的一个侧写。

再次，隋唐时期的士族或官宦不仅在经济上为寺院提供强有力的保障，而且在精神上支持佛教的发展。追求学风仍是他们的兴趣所在。一些士族或官宦世家子弟选择佛门，或讲经，或注疏，为佛教宗派的形成助力。如《宋高僧传》卷四记录京兆崇福寺神楷：

---

① 汤用彤：《汤用彤全集二》，河北人民出版社，2000，第12页。

　　　释神楷，姓郭氏，太原人也，即汉末林宗之后。世袭冠裳，后随
　　父宦于秦，为京兆人也。昆弟六人，楷居其季。幼而聪敏，立志弗
　　群。不乐浮荣，誓求翦落，礼明恟法师为弟子，即大乘恟也。洎乎年
　　满受具，于经论义理，大小该通，耳闻口诵，譬鲜甐之易染。遂讲摄
　　大乘、俱舍等论，颖晤辈流罕有齐驾。后因讲净名经，见古师判处，
　　喟然叹曰："美则美矣，未尽善也！"乃于安陆白赵山撰疏。①

神楷本官宦世家，自幼则立志入佛门，跟随老师学习大乘之法，成年得
度。后因贯通经论义理，主要讲解《大乘》《俱舍论》《净名经》等。但
有感于经文未完整解读，故而为其注疏。

　　最后，佛教宗派的形成，是汉以来佛教理论发展的逻辑结果，也是佛
教本土化的成果。佛教自汉以来的传播过程中，形成众多的学派，且佛典
浩繁，义理分歧。要调和各类经典译意上的矛盾，形成各宗派的理论体
系，只有依靠"判教"。判教的过程既有冲突，更多的是融合。在分科组
织的判教过程中，各宗派加入了中国化的思想，求同存异，形成佛教的最
高理论。因此，这种判教不仅是为了各学派区分于其他学派的需要，也是
共同应对儒、道等其他宗教的手段。

　　总之，在隋唐时期形成的佛教宗派，标志着佛教脱离了由西来佛教经
典格义的阶段。它已经与当朝的政治势力结合，是佛教本土化的开始。不
同的宗派代表不同的僧团组织。他们为了维护自己在佛教中的地位，建立
自己的理论体系，并为证明其体系的合理性进行译经、注疏和讲经，阐述
佛教义理。这些活动为佛教学术上的繁荣提供了条件。加之唐前期，佛教
所宣扬的教义符合上层统治者对百姓的教化，故而得到来自统治者物质和
精神的支持。政府亦会派遣官员在一些译场承担不同的职责。如武则天时
期义净求"梵本经律论近四百部，合五十万颂，金刚座真容一铺、舍利三
百粒。天后亲迎于上东门外，诸寺缁伍具幡盖歌乐前导，敕于佛授记寺安
置焉"②。睿宗时，义净译场译出佛经二十余部。除了沙门，亦有朝廷官员

---

　　① （宋）赞宁撰，范祥雍点校《宋高僧传》卷4《京兆崇福寺神楷传》，第72页。
　　② （宋）赞宁撰，范祥雍点校《宋高僧传》卷1《唐京兆大荐福寺义净传》，第1页。

参与译经。

> ……修文馆大学士李峤、兵部尚书韦嗣立、中书侍郎赵彦昭、吏
> 部侍郎卢藏用、兵部侍郎张说、中书舍人李乂二十余人次文润色，左
> 仆射韦巨源、右仆射苏瑰监护，秘书大监嗣虢王邕同监护。景云二年
> 辛亥，复于大荐福寺译《称赞如来功德神咒》等经，太常卿薛崇嗣监
> 护。自天后久视迄睿宗景云，都翻出五十六部，二百三十卷。①

自武则天至睿宗，朝廷官员的参与不仅不减，反而大增，且所涉官职广
泛。这不仅表明了唐政府对佛教的支持，同时也反映出士人阶层对于佛教
的关注。此种关注恰恰是士人与高僧日后就义理进行探究和论辩的基础，
也推动了佛教以及寺院教育向学术化方向的发展。

三　佛寺教育促进佛教史籍的逐步完善以及史学、目录学等的发展

佛经的翻译、整理和保存，为佛寺内典教育教学提供了教材。反之，
佛寺教育的发展同样促进了佛教史籍的不断完善以及史学、目录学等的发
展。伴随译经的讲授和传播，一批为佛经所做的注疏、音义，记录佛教传
播过程中有所贡献僧人的传记，整理历代译经和注疏的佛经目录等相伴而
生。尤其在唐代佛教本土化基本完成的情况下，这些佛教史籍更具意义。

唐五代佛教目录在前代佛经目录的基础上，对唐及唐以前的佛经进行
了分类整理。唐代主要有玄琬之《众经目录》、道宣之《大唐内典录》、静
泰之《大敬爱寺一切经论目》、靖迈之《古今译经图纪》、明佺之《大周
刊定众经目录》、智昇之《开元释教录》及别录、毋煚之《开元内外经
录》、圆照之《大唐贞元续开元释教录》和《贞元新定释教目录》。五代
时期，南唐保大四年，右街报恩禅院取德禅大德恒安撰《大唐保大乙巳岁
续新译贞元释教录》（共载译经一百四十部，总四百一十三卷）。其中，
《众经目录》《大敬爱寺一切经论目》《大周刊定众经目录》《贞元续开元

---

① （宋）赞宁撰，范祥雍点校《宋高僧传》卷1《唐京兆大荐福寺义净传》，第2~3页。

释教录》《贞元新定释教目录》为官方敕修。唐代官方设置译场，组织高僧进行译经活动，成果卓著。因此对新译经非常重视，故而敕修佛经目录。如明佺，"天册万岁元年（695），敕令刊定经目，佺所专纂录，编次持疑，更与翻经大德二十余人同共参正，号曰《大周经录》焉"①。圆照于德宗建中元年（780）六月，奉敕修《贞元续开元释教录》。圆照自序"伏以开元十八年岁在庚午西，崇福寺沙门智昇修《开元释教录》二十卷，泊去年甲戌。又经六十五年。中间三藏翻经，藏内无凭收管。恐年代浸远，人疑伪经。先圣大历七年（772）许编入录。制文具如上卷，令宣示中外流行"②。圆照的自序将编订佛经目录的意图表述得非常清晰，即随着新译经的增加，及时编订目录将新译经入藏，以区别于伪经。

自东晋道安的《众经目录》始，佛教目录在编订的过程中，对佛经的译者、翻译地点的记录始终如一，对疑伪经的考证不断求证，对佛经的分类推陈出新。从佛教角度看，佛经目录记载了佛教在中土的发展历程，显示了佛教教义的演变过程；从目录学角度看，佛经目录为中国目录学的发展提供了可资借鉴的经验。如对佛经的辨伪，可疑之书详审考证，且别存其目，留待后之学僧探讨；同一佛经不同翻译，详为序列，并对比勘其异同得失；访遗采佚甚勤，虽为佚书，必存其目，以待后世采访，但记录其目，则为学者据时代知其亡佚年代；分类的逐渐细化，使佛教经藏的分类趋于合理化。这些都为目录学的发展提供了思路。

佛经注疏是伴随佛经翻译、讲解、传播而著的。在译经的过程中，由于佛教义理深奥难解，需要译主的讲解；在讲经的过程中，会有记录佛教义理解释的讲义，也就是佛教义疏，成为研习佛教义理的重要内容。这些讲经义疏，分为两类：一类为先撰疏，后讲授，类似现代教育中教师备课的教案；一类为边讲边注疏，类似于现代教育中编撰教材。唐以前为佛经注疏就较为成熟了，如僧导之《成实义疏》《三论义疏》，道融之《大品义疏》，昙影之《中论注》，竺道生之《小品经义疏》《二谛论》，僧肇之《物不迁论》《不真空论》《般若无知论》。

---

① （宋）赞宁撰，范祥雍点校《宋高僧传》卷2《周洛京佛授记寺慧智传明佺》，第31页。
② （唐）圆照撰《大唐贞元续开元释教录》，《大正藏》第55册，第770页。

唐代义学盛行，对于各种经论的疏释继续涌现。如释澄观，驻锡华严寺时，应寺主贤林邀请讲《华严经》。在讲经中，深感《华严》旧疏文繁义约，令人难解，发愿撰作新疏。从兴元元年（784）正月开始，到贞元三年（787）十二月，历时四年，撰成《华严经疏》二十卷，并在华严寺及崇福寺一再讲演。僧传记载，除此，"观尝于新创云花寺般若阁下画《华藏世界图相》，又著《随疏演义》四十卷，允齐相请述《华严经纲要》一卷、《法界玄鉴》一卷、《三圣圆融观》一卷、《华严》《法华》《楞伽》《中观论》等。别行《小钞疏》共三十卷"①。玄奘译《瑜伽师地论》百卷，其弟子窥基初随奘师翻译，后有意退出译场，意为此书作疏释，奘允准。后作《瑜伽师地论略纂》十六卷。对《瑜伽师地论》研究最精者，当数唐代遁伦集撰《瑜伽论记》四十八卷。再如《摄大乘论》（简称《摄论》），自南朝陈真谛译出后，研究者甚多。唐代玄奘重译《摄论》，文字、义理皆趋完备，其译本可与真谛所译媲美。随之对《摄论》研究的义疏渐多，有法常之《摄论义疏》十六卷及《摄论略章》四卷，智俨之《无性摄论释疏》四卷，窥基之《摄论钞》十卷，神泰《摄论疏》十卷等。释靖迈遍研佛经，除了撰佛经目录《古今译经图记》四卷，还著有各种佛经疏释。包括《般若心经疏》一卷、《能断金刚般若疏》二卷、《胜鬘经疏》一卷、《药师经疏》一卷、《菩萨藏经疏》十卷、《佛地论疏》六卷、《大请问经疏》一卷等。释道氤出身进士，却一心向佛，乞愿出家，研习佛理，精通瑜伽、唯识、因明等论，深受玄宗赏识。在洛京福先寺论场，登首座，"于瑜伽、唯识、因明、百法等论，竖立大义六科，敌论诸师茫然屈伏……后撰《大乘法宝五门名教》并《信法仪》各一卷，《唯识疏》六卷、《法华经疏》六卷、《御注金刚经疏》六卷"②。靖迈、道氤均是在讲经的实践过程中，将对经论的解释记录下来，集录成册。佛经注疏多为本土僧人所著，反映出佛教义理在传播过程中与中土文化的融合。

佛教传播过程中，无论是西域胡僧，抑或中土僧人，他们或倾注心血译经，或精研教义作疏，或弘扬教义护法，在传播佛教的过程中做出了贡

①　（宋）赞宁撰，范祥雍点校《宋高僧传》卷5《唐代五台山清凉寺澄观传》，第97页。
②　（宋）赞宁撰，范祥雍点校《宋高僧传》卷5《唐长安青龙寺道氤传》，第88~89页。

献。因此为他们立传，铭记其功勋亦为自然。自梁慧皎撰《高僧传》后，唐道宣著《续高僧传》。记述自梁天监元年（502）至贞观十九年（645）一百四十余年间高僧事迹。其体例基本承袭《高僧传》，略作改动，共计述四百八十五位僧人，附见二百一十九人。宋赞宁撰写《宋高僧传》，接续道宣的《续高僧传》，记述自唐初至宋初雍熙四年（987）三百七十年的高僧，唐代僧人居十之八九。这些僧传搜集资料广征博采，不仅有史传文集，而且博咨先达。因此记述史实较为可信，不仅可以补正史之所缺，或可与正史记述相印证，在文字和内容上具有校勘功用。如唐史馆撰《隋书》，对陈沙门释昙瑗记载有所遗漏；《续高僧传》为释昙瑗立传，且记叙详细，可补《隋书》缺漏。为记录前往西域求法的高僧，义净撰《大唐西域求法高僧传》，记述玄奘西行归国（645）后到691年义净著述止，不足五十年中土、朝鲜、越南及中亚共五十六位僧人西行求法的事迹。另有《南海寄归内法传》，记述印度、南海诸国戒律实践状况及寺院生活情况，为研究印度佛教保存了重要史料。还有专为高僧大德撰写传记的，如唐慧立撰、彦悰笺注《大慈恩寺三藏法师传》，唐彦悰撰《唐护法沙门法琳别传》，新罗僧崔致远撰《唐大荐福寺故寺主翻经大德法藏和尚传》等。塑造的德行高洁、尊戒明律、精研佛理的高僧形象为僧徒树立了楷模，也向世人昭示了高僧大德的品行和人格。僧人游历归来后的著作，如玄奘归国后，由本人口述、弟子辩机记撰的《大唐西域记》，日僧圆仁游历中土的《入唐求法巡礼行记》，新罗僧慧超巡礼印度诸国后撰写的《往五天竺国传》，真人元开撰的《唐大和上东征传》等作品，将高僧在异域的见闻如实记录，为了解异域政治、经济、社会、文化情况提供了一手资料。

唐代各宗派为了弘传本宗教理各有撰述。如禅宗的《楞伽师资记》《传法宝记》记载了禅宗北宗的传法世系，《历代法宝记》记载了南宗保唐寺禅派的传世法系，《双峰山曹侯溪宝林传》收录禅宗诸祖之传与付法因缘，密宗的《两部大法相承师资付法记》记录密教金刚结、胎藏界两部。还有高僧为维护佛法，与儒教、道教相调和的著作。如道宣撰《广弘明集》，其序言中便点明其写作宗旨"弘护法纲而开明有识"，收集史料多集中佛道之争，并阐述了关于佛教思想史的问题。为唐初在佛道论争中法琳所作的《破邪论》《辩证论》和智昇的《续集古今佛道论衡》等提供了宗教史的宝贵资料。宪宗时的高僧神清著《北山录》，汇集儒释道三教理论阐发佛法，促使三教打破藩篱，相互进行学习。

以上各种佛教史籍是在佛教弘传的过程中产生的。佛教寺院教育不仅学习经律论三藏，佛教史籍亦为僧人必读书目。这些佛教史籍吸收了传统史学家的编撰方法，在大量史料基础上陈述事实。如前所述，其史料来源丰富，包括正史、实录、笔记小说、地志碑铭等。使佛教史籍不仅具备了史学研究的价值，而且为寺院佛学教育提供了基础资料。

四 佛儒兼修的佛寺教育，促进了儒学的传播

佛教初传之时，以外来僧人为主，翻译佛经，教授僧徒。为了尽快适应中土的文化环境，也为了向世习礼法文业的士族宣扬佛理，须对以儒学为核心的传统文化精研。因此佛寺教育对初入法门的僧徒采取儒、佛并重的启蒙教育。

如东晋时彭城郡僧人释道融，"汲郡林虑人。十二出家。厥师爱其神彩，先令外学。往村借《论语》，竟不赍归。于彼已诵。师更借本覆之，不遗一字，既嗟而异之"①。外学，与佛学内典相对，指佛教以外的知识。道宣在《量处轻重仪》中记述了寺院的"轻重物"，对"内外典籍"进行了分类。明确指出应为"内法经部"和"外俗书纪"。其中"外俗书纪"即为"外典"，佛教之外的典籍，也就是"外学"。"外学"包括世间从治国到安家，从国家防务到阴阳五行的书籍，可称为"九流史籍和三古字书，所谓九流史籍即六经、纬候、诸子、史传、杂说文纪等"②。不难看出，外学是指除佛学以外的经、史、子、集四部书籍。从其后借阅书籍《论语》看，进一步印证了学习的内容即儒学知识。十二岁出家，老师欣赏他的天资，也须先习儒家经典，作为启蒙。又有荆州上明释昙徽"河内人，年十二投道安出家。安尚其神彩，且令读书，二三年中，学兼经史。十六方许剃发"③。

① （梁）释慧皎撰，汤用彤校注《高僧传》卷5《晋彭城郡释道融传》，第241页。
② 杜斗城、李艳：《试论唐代高僧的史学修养》，《甘肃社会科学》2011年第3期，第51~54页。
③ （梁）释慧皎撰，汤用彤校注《高僧传》卷5《晋荆州上明释昙徽传》，第202页。

十二岁出家，老师要求读书，以经史为主。学有所成，才许剃发，正式成为僧人。从十二岁至十六岁，四年的时间属于知识启蒙阶段。既要具备识文断字的能力，又要了解儒家文化的内容，还要具备了解历史的能力。

唐代的僧人依然保持佛儒兼修的传统。这不仅是对前代的传承，更重要的是佛教在唐代完成本土化的进程。与儒教、道教在思想领域内的斗争和融合亦达到白热化程度。武德四年（621），傅奕上疏高祖《请废佛发表》，指斥佛教不讲君臣父子之义，对君不忠，对父不孝；游手游食，不从事生产；剃发易服，逃避赋役；剥削百姓，割截国贮；讲妖书邪法，恐吓愚夫，骗取钱物。百姓通识者少，不察根由，信其诈语。乃追既往罪过，虚求将来的幸福。遂使人愚迷，妄求功德，不畏科禁，触犯法律。并以梁武帝佞佛的事实揭露佛教的危害。针对傅奕此表，法琳著《破邪论》，围绕忠孝伦理观、华夷之辨、因果报应等问题论述。阐述佛法之精妙，以此破邪见，立正见。尤其在忠孝观方面，法琳认为修习佛法以忠孝为必要前提，不忠不孝不能成佛；且佛法提倡的"孝"，层次更高于儒家伦理的"孝"。佛教形式上的剃发易服、割舍亲情、远离父母是为众生离苦得乐寻求出路，是着眼于兴世，度众生脱离苦海。而且法琳以佛门五戒不杀生、不偷盗、不邪淫、不妄语、不饮酒与儒家倡导的五常之义，即仁、义、礼、信、智相对应，指出佛儒伦理规范的同一性。

对于李唐皇室，道、儒、佛位次鲜明。作为自称道家之后的皇室，道家为首；儒家是唐制定文教政策的核心；佛教虽位列末次，却具有广泛的社会基础。因此，皇室组织三教论辩始终贯穿唐代。武德七年（624），唐高祖亲临国子学参加释奠礼，召三教代表分讲经典。儒士徐文远讲《孝经》，道士刘进喜讲《老子》，沙门惠乘讲《般若经》，并令当时的儒学博士陆德明"随端立义"，难此三人。① 载初元年（689）二月，武则天"御明堂，大开三教。内史邢文伟讲《孝经》，命侍臣及僧、道士等以次论议，日昃乃罢"②。唐德宗贞元十二年（796），德宗"召给事中徐岱、兵部郎中赵需、礼部郎中许孟容与渠牟及道士万参成、沙门谭延等十二人，讲论

---

① （后晋）刘昫等撰《旧唐书》卷 189《儒学上》，第 4945 页。
② （后晋）刘昫等撰《旧唐书》卷 22《礼仪》，第 864 页。

儒、道、释三教"①。高宗、玄宗、文宗、宣宗等朝也有类似的论辩。面对强大的儒学和土生土长、深受皇室青睐的道教，佛教论辩中的胜负关乎佛教的生存。因此，作为佛教的一员，研习儒学，找到儒佛之共同点成为必需，故唐代许多高僧都是精通儒学的大德。

但是对儒学精研有道的高僧，在儒学的修习方面却不拘于一格。有的僧人本身就出身于儒学世家，自幼深受儒学熏陶，如唯识宗的创始人玄奘法师即出身儒学世家，"祖康，北齐国子博士。父惠，早通经术"②；京师大庄严寺释慧因乃"晋太常宝之后胤。祖朴，梁散骑常侍，父元显，梁中书舍人，并硕学英才，世济其美"③；释法钦"门地儒雅，祖考皆达玄儒"，在家庭熏陶下，法钦"雅好高尚，服勤经史，便从乡举"，赴京师途中，遇鹤林素禅师，于是"登坛纳戒，炼行安禅"；④ 京师普光寺释道岳"家世儒学，专门守业。九岁读《诗》《易》《孝经》。聪敏强识，卓异伦伍"⑤。有些僧人儒学的启蒙教育是在地方学校习得，如京师崇义寺僧释慧頵，"昔在志学，早经庠塾，业贯儒宗，艺能多具"⑥；释宗密"家本豪盛，少通儒书，欲干世以活生灵，负俊才而随计史。元和二年，偶遇遂州圆禅师，圆未与语，密欣然而慕之，乃从其削染受教"⑦；唐邓州乌牙山圆震"少警寤而尚学，入庠序，研究五经"，后遇云游沙门寓宵，其父留僧供养，圆震听其谈道，不觉入神，于是"舍儒典，披释经"。⑧ 有些僧人是出家后在寺院学习儒学，如唐代护法僧释法琳，"少出家，游猎儒释，博综词义。金陵、楚郢，从道问津，自文苑才林，靡不寻造……昼则承诲佛经，夜则吟览俗典，故于内外词旨，经纬遗文，精会所归，咸肆其抱"⑨。唐代僧人不论是由于家学渊源自幼习得儒学，抑或出家后精研儒经，他们

① （后晋）刘昫等撰《旧唐书》卷135《韦渠牟传》，第3728页。
② （唐）道宣撰，郭绍林点校《续高僧传》卷4《唐京师大慈恩寺释玄奘传》，第95页。
③ （唐）道宣撰，郭绍林点校《续高僧传》卷13《唐京师大庄严寺释慧因传》，第431页。
④ （宋）赞宁撰，范祥雍点校《宋高僧传》卷9《唐杭州径山法钦传》，第192~193页。
⑤ （唐）道宣撰，郭绍林点校《续高僧传》卷13《唐京师普光寺释道岳传》，第452页。
⑥ （唐）道宣撰，郭绍林点校《续高僧传》卷14《唐京师崇义寺释慧頵传》，第484页。
⑦ （宋）赞宁撰，范祥雍点校《宋高僧传》卷6《唐圭峰草堂寺宗密传》，第113页。
⑧ （宋）赞宁撰，范祥雍点校《宋高僧传》卷20《唐邓州乌牙山圆震传》，第469页。
⑨ （唐）道宣撰，郭绍林点校《续高僧传》卷25《唐终南山龙田寺释法琳传》，第951~952页。

在研习佛经的同时，兼习儒学经典。这与唐代儒学占据意识形态领域的主导地位不无关系。

许多高僧在佛学取得建树的同时，儒学造诣不输时儒。如为玄奘撰写传记的彦悰，"于玄儒之业，颇见精微。辞笔之能，殊超流辈"①，太原寺主释惠立"博考儒释，雅著篇章，妙辩云飞，益思泉涌"②，唐代官抄《妙法莲华经》颁行全国，审阅人之一即为惠立；复礼"游心内典，兼博玄儒，尤工赋咏，善于著述，俗流名士皆慕仰之"③。当时儒士，尤其是士大夫与精通儒学的高僧交游成为一种风尚。他们谈儒论佛，有利于佛教在士大夫中的传播。很多士大夫崇奉佛教，从日常生活到思想，深受佛教经义影响。一些年轻的文人士子亦寄居山寺读书，以备科举。

佛儒兼修是唐代僧人的一种修业方式，这是加速佛教本土化的催化剂。同时，在佛儒兼修的过程中，他们找到了佛教经义与儒学思想的共通性，使佛教在弘传过程中趋于儒学化，更易于佛教的传播。

综上，唐五代佛教寺院教育已成体系。在教材、教学主客体、教学方式等方面都具有自身的特点，对唐五代佛寺教育产生了重大的影响。首先，唐代译经在规模和数量上达到顶峰，许多译场是由政府支持，且有政府官员参与的；译经巨匠频出，他们或西去天竺求取梵夹译经，如玄奘、义净，或西来常驻中土译经，如善无畏、金刚智和不空；随着唐初佛教宗派的形成，译经的宗派性显而易见，如玄奘译经多属唯识宗经典，金刚智、不空等所译佛经多属密宗；除了新译经，还有对前代译经的重译，如《华严经》最初是在东晋由佛陀跋陀罗译出，共六十卷三十四品，又称《六十华严》。唐代实叉难陀重译此经，共八十卷三十八品，又称《八十华严》。唐般若又译四十卷，被称为《四十华严》。这些经藏在唐代被统计入藏，由政府颁赐各地寺院。在寺院中整理、保存，成为各地寺院教育的内典教材。其次，唐代佛教的本土化发展促使佛教典籍多样化发展。僧传、佛经目录、佛经疏释、佛经集录等佛教典籍在前代的基础上更加完善。它

① （宋）赞宁撰，范祥雍点校《宋高僧传》卷4《唐京兆大慈恩寺彦悰传》，第67页。
② （宋）赞宁撰，范祥雍点校《宋高僧传》卷17《唐京兆魏国寺惠立传》，第378页。
③ （宋）赞宁撰，范祥雍点校《宋高僧传》卷17《唐京兆大兴善寺复礼传》，第377页。

们多为本土僧人所撰，是学习佛典重要的工具。可帮助学人理解佛教义理、树立向佛的坚定信念。最后，僧人佛儒兼修的特色，既为寺院提供了优质的师资，又为佛寺教育提供了一种习业方式，使寺院具备了佛儒兼授的能力，为儒学和佛学的融合提供了人才保障。从而形成独具特色的佛教文化，对中国传统文化产生了重大的影响，对于佛教寺院教育亦有着不容忽视的重要作用。

第二节　唐五代敦煌佛寺教育的意义和影响

敦煌由于特殊的地理位置，其佛寺教育既有和中原佛寺教育同样的特点，又具有边地文化的特色，发挥了东西方文化交流、融合的重要作用，并具有强大影响力。

一　佛教文化传播的桥梁

敦煌地处河西地区的最西端，是丝绸之路向西域延伸的起点和枢纽，是佛教西来传译和东向输出的必经之地。在佛教文化的交流中，敦煌佛教，尤其是敦煌的佛寺教育发挥了重要的作用。

（一）西来佛典传译的桥头堡

敦煌位于长安通往西域的交通要冲，是陆上佛教传播的必经之路。佛教自西汉传入中土，至东汉胡僧人数增加，且他们主要会集于当时的都城洛阳。敦煌作为进入中原门户的休憩地，佛教必然会在此留下痕迹。敦煌悬泉汉简中有一枚著名的浮屠简，"少酒薄乐，弟子谭堂再拜请，会月廿三日，小浮屠里七门西入"①，"浮屠"即"浮图""佛陀"，是梵语"佛"的汉语音译。这枚汉简中出现了"浮屠"一词，后加"里"字，似所指地名。说明公元1世纪下半叶，佛教已初传敦煌。但佛教是否在当地传播，没有更多的资料佐证。现有资料记载的敦煌第一佛僧当数竺法护。三国曹魏时期，世居敦煌的僧人竺法护拜印度僧人竺高座为师，后随师游历西域

---

① 郝树声、张德芳：《悬泉汉简研究》，第 186~188 页。

诸国。他通晓西域三十六种语言文字，并携带大量"梵本"佛经东归，这些成为他译经和传教的基础教材。在长安传教近二十年，西晋时期（284），竺法护回到敦煌，在故乡继续从事传播佛教的工作，形成了一个以他为中心的汉胡僧俗佛教译经场。竺法护的译经场颇具规模，有笔受、润色、手写等。著名的助手有聂承远、聂道真父子，竺法首，张仕明，折显元，陈士伦，孙伯虎，虞世雅等三十余人。"时有清信士聂承远，明解有才，笃志务法。护公出经，多参正文句。……承远有子道真，亦善梵学。此君父子，比辞雅便，无累于古。又有竺法首、陈士伦、孙伯虎、虞世雅等，皆共承护旨，执笔详校。"[①] 之后，竺法护又游走于长安、洛阳等地从事传教和译经工作。他一生所译经典，据《出三藏记集》记载，有一百五十九部，共三百零九卷；[②] 唐《开元释教录》记载，有一百七十五部，共三百五十四卷，刊定当时存九十一部二百零八卷。[③] 竺法护译经种类多且杂。凡当时西域之流行，诸如般若、华严、大集、涅槃、法华、宝髻、律部等大乘佛经，还有本生经类、西方撰述类均在其列，为大乘佛教在中土的传播打开了一扇大门。竺法护的高足竺法乘，幼年在长安随法护出家，后随师返回敦煌，在敦煌建立寺院，弘扬佛法。《高僧传》记载竺法乘在敦煌"立寺延学，忘身为道，诲而不倦。使夫豺狼革心，戎狄知礼，大化西行，乘之力也"[④]。这是敦煌建寺的最早记录。佛教于西晋在敦煌有了正规传习场所。

西晋亡后，进入十六国时期，河西地区相继有前凉、前秦、后凉、南凉、西凉、北凉等政权的迭起。但由于距中原政权中心较远，相对安定。加之统治者的支持，佛教在河西地区迅速发展。前凉张氏东奉晋室，西抚诸羌，内联大族，劝课农桑，河西地区稳定发展。其境内不仅有避难河西的中原士人，亦有来自西域各国的佛教信徒，在前凉政权的支持下，译经活动非常活跃。如月氏人支施崙，在前凉设置译场，参译人员较多，分工

---

① （梁）释慧皎撰，汤用彤校注《高僧传》卷1，《晋长安竺昙摩罗刹（竺法护）传》第24页。

② （梁）释僧祐撰，苏晋仁、萧炼子点校《出三藏记集》，第43页。

③ （唐）智昇撰，富世平点校《开元释教录》，第117页。

④ （梁）释慧皎撰，汤用彤校注《高僧传》卷4《晋敦煌竺法乘》，第155页。

明确。龟兹王世子帛延任传语，沙门慧常、释进行会证，前凉政权的常侍西海赵潚、会水令马亦、内侍来恭政三人担任笔受。译出《须赖经》《首楞严经》《如幻三昧经》《上金光首经》等。智昇之《开元释教录》详录一人四部六卷经，唐时只存《须赖经》一卷，同与曹魏沙门白延所译《须赖经》一卷收入《大正藏》，但支施崙本文字较白延本多近三分之一。《法句经》亦为当时译本，由现藏于甘肃省博物馆的敦煌写本《法句经》题记可推断出其为前凉遗物，且译出的《法句经》当时在敦煌地区是有僧人抄写和诵习的。[①]

前秦时，出身凉州的僧人竺佛念，"洞晓方语，华戎音义，莫不兼解"[②]，在西域高僧僧伽跋澄、昙摩难提的译场中担任传译一职。经由他传译的佛典，《出三藏记集》以来的经录均有记载，数目略有不同。主要有《十诵比丘戒本》一卷、《比丘尼大戒》一卷、《教授比丘尼二岁坛文》一卷、《四阿含暮抄解》二卷、《尊婆须蜜菩萨所集论》十卷、《毗婆沙论》十四卷、《僧伽罗刹所集经》三卷、《摩诃般若波罗蜜钞经》五卷、《阿毗昙八犍度论》三十卷、《阿毗昙心》十六卷、《中阿含经》五十九卷、《增一阿含经》五十卷、《三法度论》二卷、《阿育王息坏目因缘经》二卷。[③]前秦亡，姚秦代之，竺佛念继续在长安主持译经，共译佛经十二部七十四卷。如《十住断结经》十卷、《菩萨璎络经》十二卷、《中阴经》二卷、《出曜经》二十卷、《鼻奈耶律》十卷、《十诵比丘尼戒所出本末》一卷等。竺佛念担任"传译"和自译的佛经，种类涉及经、律、论三藏，因此被称为继安世高、支谦后前秦、后赵的"译人之宗"。

后凉吕光父子不信奉佛教，将俘获的西域名僧鸠摩罗什当作术士，留居河西十六年，并强迫其娶妻。但由于崇奉鸠摩罗什，此一时期东来西往的佛教僧侣因拜会他而驻足河西，如僧肇，"罗什至姑藏，肇自远从之，什嗟赏无极"[④]。后凉亡，后秦国主姚兴迎罗什入长安，拜罗什为国师。不仅令其讲经，还设置译场译经。罗什离开姑藏后，罽宾高僧佛陀耶舍追寻

---

① 杜斗城：《河西佛教史》，第29页。
② （梁）释慧皎撰，汤用彤校注《高僧传》卷1《晋长安竺佛念》，第40页。
③ （唐）智昇撰，富世平点校《开元释教录》卷3，第214~219页。
④ （梁）释慧皎撰，汤用彤校注《高僧传》卷6《晋长安释僧肇》，第249页。

其足迹至姑臧。罗什听闻后，向姚兴推荐佛陀耶舍。"什闻其（佛陀耶舍）至姑臧，劝兴迎之，兴未纳。顷之，命什译出经藏，什曰：'夫弘宣法教，宜令文义圆通。贫道虽诵其文，未善其理，唯佛陀耶舍深达经致，今在姑臧，愿下诏征之。一言三详，然后著笔，使微言不坠，取信千载也。'兴从之，即遣使招迎。"①

译经成果最丰富的当数北凉时期。《开元释教录》中详细记录如下：

缁素九人，所出经、律、论等并新旧集失译诸经，总八十二部合三百一十一卷。

北凉沙门释道龚，二部一十二卷经。

沙门释法众，一部四卷经。

沙门僧伽陀，一部二卷经。

沙门昙无谶，一十九部一百三十一卷经、律、集。

安阳侯沮渠京声，一部二卷集。

沙门浮陀跋摩，一部六十卷论。

沙门释智猛，一部二十卷经。

沙门释道泰，二部四卷论。

沙门释法盛，一部一卷经。

新旧诸失译经。五十三部七十五卷，五部一十八卷旧集，四十八部五十七卷新附。②

北凉统治者尊崇佛教，支持佛教发展，在姑臧设"闲豫宫"译场。译场由昙无谶主持，并吸收高僧智嵩、道朗等三百余人参与译经工作。因此，昙无谶译经成果在众多僧人中最为丰富。其中昙无谶译场译出大乘佛教经律集十九部。如《大般涅槃经》四十卷、《大方等大集经》三十卷、《悲华经》十卷、《金光明经》四卷、《优婆塞戒经》七卷、《菩萨戒本》一卷、《楞伽经》四卷等。昙无谶无论译场内外，都不忘记弘传佛教，对译场众

---

① （唐）智昇撰，富世平点校《开元释教录》卷4，第251页。
② （唐）智昇撰，富世平点校《开元释教录》卷4，第264页。

僧进行佛学教育。如北凉国主从弟安阳侯沮渠京声，"因谶入河西，弘阐佛法，安阳乃阅意内典，奉持五禁，所读众经，即能讽诵，常以为务学多闻，大士之盛业"①，昙无谶至姑臧后，沮渠京声皈依佛法，礼佛受戒。并在昙无谶的授业下，对佛法感悟，独立译出佛经。昙无谶佛学上的造诣，深深吸引了一众高僧进入译场，并与之探讨佛理。"时沙门慧嵩、道朗独步河西，值其（昙无谶）宣出经藏，深相推重，转易梵文，嵩公笔受。道俗数百人，疑难纵横，谶临机释滞，清辩若流。"② 深受昙无谶影响的道进法师，积极传教，以至于"从进受者千有余人，传授此法，迄至于今，皆谶之余则"③。北凉亡后，众多僧人随北凉被俘民众被掠往北魏都城平城。这些僧人在平城继续传法，北魏佛教逐渐兴盛。

五凉时期，河西地区佛教兴盛。释道安所著的《凉土异经录》即收入了此一时期河西僧人所译经典和西域胡僧在河西所译经典。之后的佛经目录对此中经典继续做考证、辨真伪，在《开元释教录》等目录中可见。敦煌作为竺法护弘传佛教、竺法乘立寺延教的地区，佛教氛围浓厚。十六国时期，不断有高僧涌出。如前所述于道邃、单道开、竺昙猷等。他们出身于敦煌，幼时即诵经习佛，具有佛学修养；年长南下巡游，弘传佛教。还有些僧人，因向往敦煌，慕名前往敦煌，在敦煌潜心佛法，如乐僔、法良。据唐武周圣历元年（698）李怀让《重修莫高窟佛龛碑》记载："莫高窟者，厥初秦建元二年（366），有沙门乐僔，戒行清虚，执心恬静，尝杖锡林野，行至此山，忽见金光，状有千佛，遂架空凿□，造窟一龛。次有法良禅师，从东届此，又于僔师龛侧，更即营建。伽蓝之起，滥觞于二僧。"④ 自两僧开窟起，莫高窟开启了佛教石窟的千年营建。敦煌佛教之盛可见一斑。

官方支持译场，官员参与译经，其风尚始于五凉时期；译经种类多、数量大，从道安《凉土异经录》所列佛经看，其对后世佛经翻译起到了奠基的作用。其中昙无谶所译《大般涅槃经》，主张一切众生及一阐提人都

①　（梁）释慧皎撰，汤用彤校注《高僧传》卷2《沮渠安阳侯传》，第80页。
②　（梁）释慧皎撰，汤用彤校注《高僧传》卷2《晋河西沙门昙无谶传》，第77页。
③　（梁）释慧皎撰，汤用彤校注《高僧传》卷2《晋河西沙门道进传》，第79页。
④　李永宁：《敦煌莫高窟碑文录及有关问题（一）》，《敦煌研究》1982年第1期，第58页。

具有佛性或都可成佛。它解决了当时佛教界关于"佛性"问题的辩论，占据了重要的地位。河西地区的僧人，在北魏继续弘传佛教，有些甚至被卷入上层集团的斗争中，对北魏政治、经济和文化有直接的影响。这些都说明，作为西晋至十六国时期佛经西来传译的桥头堡，敦煌乃至河西的作用不容小觑。

（二）东传佛典的中转站

五凉时期是敦煌乃至河西佛教发展的黄金时期。在中原政局不稳、政权更迭频繁的比照下，河西地区发展则相对安定。加之各个政权上层对佛教的支持，凉土名僧辈出。许多域外僧人慕名前来，在此驻锡译经，修建石窟、建造石塔。佛教呈现一派繁荣景象。北凉永和七年（439）九月，北凉降于北魏，"城拔，牧犍与左右文武面缚请罪，诏释其缚。徙凉州民三万余家于京师"[1]。在数万名被掳掠的北凉人口中，包括很多僧侣。北魏佛教逐渐繁盛。

此后，由于受到自然环境、经济条件、人口密度、交通条件等客观因素和政治斗争需求、文化生活需求等主观因素的影响，中原及江南成为佛教发展的中心。及至隋唐，隋代唐初佛教义学盛行，佛教宗派逐渐形成。各派为阐述佛教义理，除了译经，亦随经典作注疏；对于前代弘传佛法有一定贡献的僧人，有僧人为之立传加以宣扬；还有高僧或自发，或受诏整理佛经，著述佛经目录，对阶段性佛教典籍进行辨伪、统计。丰富的经藏为佛教寺院教育提供了基础教材。各个寺院为了补充经藏使之完整，经常进行院际交流，甚至有跨区域的交流。如敦煌张氏归义军初期，大中五年（851），虽然河西还有部分地区受控在吐蕃手中，但张议潮遣兄长张议潭奉河西十一州旧图入长安进献皇帝，以示归心。支持张议潮起义、被任命为归义军首任都僧统的洪辩此次派出以弟子悟真为首的五人僧使团随同前往，面奏河西复归的喜讯。唐宣宗敕赐洪辩都僧统，称"京城内外临坛供奉大德"；敕赐悟真为沙州释门义学都法师，称"京城临坛大德"，并赐紫。此外，宣宗诏许僧团特殊礼遇，允许悟真一行在京城中拜会高僧，并就佛法与其辩论。《大宋僧史略》在"赐僧紫衣"条中记录，"次有沙州

① （北齐）魏收撰《魏书》卷99《卢水胡沮渠蒙逊传附沮渠牧犍传》，第2208页。

巡礼僧悟真至京，及大德玄畅勾当藏经，各赐紫。……懿宗咸通四年（863），有西凉府僧法信，进《百法论疏抄》，勘实赐紫"①。这不仅记录了悟真受宣宗赐紫，并与释玄畅②讨论经藏；还记录了懿宗时期僧人西凉府③法信进献《百法论疏抄》。这都是敦煌及河西僧人与长安佛教界的交流。

唐政府为了借佛教教义宣扬治国思想，由官方组织人手抄经。所抄经书由皇帝诏令颁行各郡县。唐太宗时期，于贞观六年（632）、贞观九年（635）、贞观二十二年（648）先后三次将所译佛经颁赐各地寺院。唐高宗时期，武则天为父母做功德所抄《金刚经》《法华经》亦颁行全国。这些官方写经，选取优良的佛经做底本，专业写经生书写工整、美观，还有专业审校与装潢手，文字准确性高。敦煌遗书中保留了以上所列较为完整的官方写经，如前述章节中的《妙法莲华经》（即《法华经》）。

曹氏归义军时期，曹元忠时期修造了第61窟，又名为文殊堂，反映出曹元忠时代敦煌佛教与中原佛教的沟通和交往，是五台山文殊信仰传入敦煌的表现。张承奉时期，随着佛教教团地位的下降，经卷缺失。曹氏归义军时期，曾多次向中原乞经，但是此时中原王朝早已不复盛唐的情势。因此，乞经的对象就转向当时盛行文殊信仰的五台山，五台山的文殊信仰随着西来东往的僧人在敦煌传播并发展。如S.5981《同光二年智严五台山巡礼圣迹后记》记录：

> 大唐同光二年三月九日时来巡礼圣迹，故留后记。州开元寺观音院主临坛持律大德智严，誓求无上普愿，救拔四生九类，故往西天来

---

① （宋）赞宁撰《大宋僧史略》，《大正藏》第54册，第249页。

② 释玄畅，历唐武宗、宣宗、懿宗三朝高僧，会昌灭佛时，"两街僧录灵宴、辩章，同推畅为首，上表论谏，遂著《历代帝王录》，奏而弗听"，宣宗时，与悟真同赐紫衣，"充内外临坛大德"，懿宗时，"乃奏修《加忏悔一万五千佛名经》，又奏请《本生心地观经》一部八卷，皆入藏"。"畅讲律六十座，度法者数千人，撰《显正记》一十卷，科《六帖名义图》三卷，《三宝五运》三卷"，懿宗因其论论经律"义出意表，文济时须"，特赐师号曰"法宝"。（见《宋高僧传》卷十七《唐京兆福寿寺玄畅传》，第394页）

③ 唐广德二年（764）凉州被吐蕃占领，至五代、宋初时，当地豪酋自置牧守，称为西凉府。

请我佛遗法回东夏，然愿我今皇帝万岁，当府曹司空千秋，合境文武崇班，总愿归依三宝，一切士庶人民，悉发无上菩提之心。智严回日，誓愿将此凡身于五台山供养大圣文殊师利菩萨，焚烧此身，用酬往来道途护卫之恩。所将有为之事，回向无为之理。法界有情，同证正觉。①

由于敦煌本就有文殊信仰的基础，加之此时中原地区文殊信仰的流行，敦煌地区民众的文殊信仰急剧升温。曹元忠建立文殊堂，即用来满足敦煌地区信众巡礼五台山的愿望。

而敦煌石窟壁画作为佛教艺术的一部分，受到了中原艺术的影响。段文杰认为，"中原寺院的壁画样稿不断传到敦煌"，"这一时期敦煌经变画中，有水上的亭台楼阁，有热带植物芭蕉、棕榈，还有各式各样的船只以及南方衣冠的船工形象，这些都足以证明南北统一以后，中原文化所产生的巨大影响"。②

以上例证不难看出，五凉之后，从北魏及至唐五代，佛教逐渐本土化，佛教经义已非梵本原义。这些受儒家思想影响的佛经、佛传史籍等由东向西，传播至敦煌，并继续向西传播，影响西域国家的宗教信仰。如2018年中国社会科学院和吐鲁番学研究院共同开展的吐峪沟石窟寺第八次发掘中，在东区北部下层区域新发现一座塔庙窟、一座佛殿窟及窟前平台和寺院北侧墙垣遗迹。此次出土的文书中，有一部玄奘奉诏译的《大般若波罗蜜多经》，这应是玄奘回到长安译经后传入西州的。参与发掘工作的夏立栋说："我们此次共发现一百五十多件佛经残片，全为写本，没有一件是刻本。这些佛经书写都很规正，每行二十字左右，字体很漂亮，基本上都是行书体。"③

书写工整，每行字数固定，应为抄经坊所抄。从长安传往西州，敦煌是必经之地。不难看出，佛教在经过几个世纪的输入、传译后，与中土传

---

① 敦煌研究院编《敦煌遗书总目索引新编》，第187页。
② 段文杰：《唐代前期的莫高窟艺术》，《中国石窟·敦煌莫高窟》（三），文物出版社，1987，第172页。
③ 《玄奘翻译的〈大般若波罗蜜多经〉首次被发掘》，见 http://m.zxart.cn/Detail.aspx? ID=111736 澎湃新闻 2018 年 2 月 27 日。

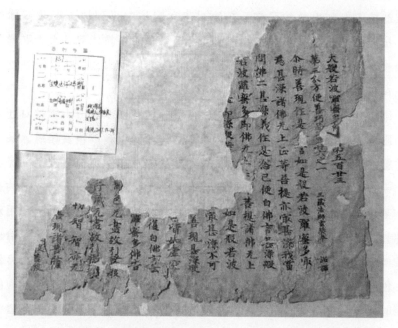

图 5-1　吐峪沟东区北部出土《大般若波罗蜜多经》

来源：http://m.zxart.cn/Detail.aspx? ID＝111736。

统文化融合。本土化的佛经再经由丝绸之路西传，进行输出。在这个过程中，作为中原与西域交通枢纽的敦煌起到了重要作用。

二　儒学文化的传承发展

敦煌佛教寺院教育兴起于吐蕃时期，兴盛于归义军时期。相较于中原的佛寺教育，步调有些迟缓。这是因为敦煌偏居西北，且又被吐蕃占领，与中原交通不便，是一个相对封闭的空间。因此中原消息的传入具有迟滞性。其佛寺教育也经历了由学术化向世俗化演进的过程，发展趋向与中原佛寺教育相类。但是敦煌的佛寺教育又具有边地文化的特点，和中原的佛寺教育有所不同。

（一）民族融合中儒学文化的坚定继承者

贞元二年（786），吐蕃以和平的方式占领敦煌。① 吐蕃一改先前对占

---

① 关于敦煌陷蕃时间，由于依据不同，学术界有不同说法。包括大历十二年、建中二年、贞元元年、贞元二年、贞元三年、贞元四年六种。此处选择贞元二年说法。

领区劫掠人口和财物的风格，在沙州建立起从中央到地方军政一体的制度，拉拢沙州大族进行统治。还利用沙州原有的宗教优势，大力弘佛，利用佛教作为统治社会各阶层的思想政治武器。对于佛教，吐蕃的举措主要表现在以下三个方面。

第一，建立以都僧统（都教授）为首的僧官体系。由于佛教对吐蕃政治的影响，吐蕃本土专门建立了僧官制度管理佛事。占领敦煌后，采用恩威并施的策略。一方面吐蕃以武力镇压为手段，在沙州推行政治、经济政策；一方面，采用怀柔政策，取得当地世家大族的信任并扩大统治的影响力。基于此需求，佛教成为连接吐蕃统治者和沙州民众的桥梁，利用双方对佛教的共同信仰，取得认知上的一致，为其推行政令、进行社会治理创造条件。因此，吐蕃统治者移植吐蕃本土僧官体系，结合唐代的佛教管理，创建了蕃占时期的沙州僧官制度。如前所述，吐蕃僧官制度分为前后两个时期。吐蕃占领前期，设置沙州僧官的首脑机构——都司。都僧统是沙州的最高僧官，并由吐蕃赞普任命。都僧统以下是都教授与僧统、教授。他们指挥和过问沙州教团中的一切事务，有权任免寺院三纲和下层管事僧，约束僧徒和寺户，根据内律进行赏罚，支配僧团所属各产业和财物。吐蕃统治后期，即9世纪初叶，都教授、教授、副教授、寺院教授取代了前者。沙州寺院中还出现了僧官都法律、法律等职。这些僧官不但管理僧团，还参与日常政务的管理中。

第二，扩建、兴建佛寺，给寺院以经济支持，重视佛寺教育。吐蕃占领敦煌后，在经济上积极支持寺院，划拨土地，配给寺户。都司作为管理僧人的最高机构，统领沙州各寺，占有各寺田产。寺户不专属于某一所寺院，统属于敦煌僧团，由都司进行管辖。寺户有少量家产，被编制为"团"，设有"团头"，接受寺卿的管理。寺户身份世袭，并受内律统辖。身份世袭而受内律统辖的寺户，在"分种地"上实行个体经营，同时又在"都司"自营地、各寺自营地及其他各级劳务部门上役。一些上层僧人拥有大量田产、牲畜，甚至还有奴婢。① 世俗官员节儿配合都司的最高首领都僧统管理寺院。都司负责在教团内行使司法、经济管理权力。在吐蕃统

---

① 王尧、陈践译注《敦煌吐蕃文献选》，第46~48页。

治者的大力兴佛策略下，敦煌的寺院有了数量上的增加和规模上的拓展。吐蕃占领沙州初期，敦煌有十三所寺院，其中僧寺九所、尼寺四所。在吐蕃统治的七十年中，增加僧寺七所，尼寺二所。吐蕃贵族和汉族世族布施给寺院的资金、田产一般比较丰厚，甚至有的可以布施一座寺院。吐蕃兴佛策略的推行，使敦煌寺院和僧尼数量激增。

第三，开窟造像、设立抄经坊，准许佛教寺院开设学堂。吐蕃统治者开窟造像，将带有吐蕃民族文化及吐蕃佛教特色的元素带入敦煌，融入石窟造像和壁画中。这一时期"敦煌石窟的营建不仅没有衰退，而是大大发展了，新开凿洞窟四十多所，加上重修和完成盛唐未完工洞窟二十多所洞窟，数目惊人；同时各种经变画的大量出现和流行，以及各种新题材不断涌现"①。此外，吐蕃还设立抄经坊，组织人员进行佛经的抄写。这些抄经坊是抄经的最基本的单位，一般设在寺院里，由僧团统一管理。吐蕃时期敦煌的抄经坊完成的经文不仅篇幅长，且数量多，便于更广泛地传播。如《无量寿宗要经》就有数千部；《大般若经》多达六百卷，亦抄写了七部以上。吐蕃赞普对抄经非常重视，还从吐蕃本土派遣大臣及吐蕃王妃至沙州组织并参加佛经抄写。同时吐蕃还派出佛教宗师，前往沙州，进行巡视。对沙州精通佛法的僧人，吐蕃统治者不吝封其为"大德"称号，并请其前往吐蕃本土，进行佛法交流。这一时期，佛事兴盛，译经、写经、讲经活动频繁，涌现出昙旷、摩诃衍、法成等一批汉藏高僧。

吐蕃统治者意欲将佛教作为与敦煌世家大族、民众的交流媒介，并借抄写佛经推行吐蕃语言和文化，配合胡服、辫发等民族压迫政策实行对敦煌民众的统治。元和十四年（819），"州人皆胡服臣虏，每岁时祀父祖，衣中国之服，号恸而藏之"②，每年只有祭祀父祖时才能着汉服，余时均须着胡服。大中三年（849）七月，即归义军收复沙州次年，"河、陇耆老率长幼千余人赴阙，上御延喜楼观之，莫不欢喜忭舞，更相解辫，争冠带于康衢，然后命善地以处之，观者咸称万岁"③，从千余人"更相解辫"的行

①　郑炳林、沙武田：《敦煌石窟艺术概论》，第264页。
②　（宋）欧阳修、宋祁撰《新唐书》卷216《吐蕃下》，第6101页。
③　（后晋）刘昫等撰《旧唐书》卷196《吐蕃下》，第5266页。

为可知，吐蕃统治者曾令沙州民众辫发。但是它对佛教寺院提供的经济支持和各种佛事活动的频繁进行，却为敦煌佛教寺院教育打开了一扇大门。

吐蕃占领沙州之初，设置了教育管理机构以及官员。吐蕃当时设置了太学，并以宰相兼任太学博士。但吐蕃并未仿照唐制再建官学系统。民间的义学、社学、坊学亦相继停办，只有佛寺被允准办学。佛教寺院不仅拥有强大的经济实力，而且很多高僧和避世的儒士齐聚其间，研习、教授并传播佛教经典和儒学经典。一时间敦煌的佛教寺院成为佛学、儒学等学术文化的交汇点。寺院成为真正意义上的官学，承担起敦煌一地的教育义务。且随着佛教寺院的增加，僧尼和信众人数激增，佛教文化和儒学文化也在佛寺教育中平分秋色，成为敦煌佛寺教育的一大特色。直到归义军时期，虽恢复了唐代的官学体系，但佛寺教育依旧占有一席之地，且长盛不衰。

敦煌写本中带有吐蕃时期寺名或人名题记的儒学资料较少。这反映出吐蕃统治时期上层统治者以强有力的手段推行吐蕃语言文字、压制儒学传统文化的现象，但并不代表这一时期敦煌佛寺教育中儒学文化的缺失。相反，敦煌民众为了反抗吐蕃统治者的民族歧视政策，将儒学教育转入佛教寺院，儒学教育在敦煌佛寺教育中得以延续。因教育具有延续性，可从归义军时期带有佛寺名称或人名题记的写本中寻其踪迹。从表2-3敦煌写本看，唐五代时期敦煌佛寺儒学教育的主要内容包括蒙学教育和儒家经典教育。其中蒙学教育也体现了儒家传统思想。

蒙学教育中，首以识字教育为主。识字教育的对象不仅有世俗子弟，亦有僧人。S.6329《字书》题记载："戌年七月十日比丘潜均书记。"《字书》内容以韵系字，一行一韵，每字标注释义，便于孩童在识字的过程中同时掌握释义和声韵。但此类《字书》没有关联性，对于蒙学者较为枯燥，故而南北朝以来盛行的《千字文》《开蒙要训》也成为敦煌佛寺蒙学教育的教材。不但有识字之效，更涉及包括天文、地理、物产、昆虫、鸟兽、气象等自然知识和社会知识。使孩童了解社会和自然名物，对所处的自然环境和人文环境有所了解。还有对孩童的德育教育。德育教育亦使用中原流行的童蒙教材，如《百行章》《太公家教》《辩才家教》《崔氏夫人训女文》等。这些德育教材均是围绕"忠孝节义、清廉宽信"展开，教育孩童如何为人处世、修身立德以及为国、为家应具有的品质。其中《崔氏夫人训女文》则针对出嫁女子，教育其在婆家作为家庭一员该如何处理与尊长（公婆）、丈夫及其他成员的关系，行事应有的态度、方法。单独将对女子出嫁的要求作为蒙学教材，亦是敦煌蒙学教育的特色。蒙学的德育教育完全是以儒家"忠孝"思想为核心展开。为了示以生动的事例，佛寺儒学教育中还有文学类作品《王梵志诗》《燕子赋》《李陵苏武书》等。用寓言故事、历史典故诠释儒家思想，使孩童更深刻地体会社会生活中的善恶美丑、人际关系、家国选择。

　　唐代官学规定的专修课"九经"，其中大经《左传》《礼记》，中经《毛诗》《周礼》《仪礼》，小经《周易》《公羊》《穀梁》《尚书》，在敦煌写本中都可寻踪迹，但是未见其标注带有佛寺名称或人名的题记；必修课《论语》《孝经》在带有学郎题记的写本中可见，且数量不少。究其原因，一则因为《论语》《孝经》作为必修课，是儒家思想的核心体现，抓住核心教材，就能保有儒学教育的本质；二则《论语》《孝经》相对专修课"九经"，内容简单，与童蒙教育衔接自然，更易被孩童理解。如前述《辩才家教》，以问答的形式宣扬儒家立身处世之道，其间多引用《论语》《孝经》《礼记》等儒家经典的语句。而"九经"虽未见学郎题记的写本，也不意味着佛教寺院教育不涉猎其内容。吐蕃统治敦煌六十余年，此间写本有佛寺名称及人名题记的多见于佛经。这应是吐蕃强制推行吐蕃语言文化、限制儒学文化的结果。六十余年官学教育的断层，佛寺儒学教育填补了官学教育的空缺。这一时期，佛寺"九经"传授应是存在的，且具有一定的隐蔽性。

　　佛寺教育还在内典教育中融入了儒学教育思想，这本就是佛教本土化的特点之一。而敦煌在吐蕃统治时期，借佛经宣传儒家思想亦成为佛寺儒学教育的一种方法。如P.2285《佛说父母恩重经》，题记中标明"丁卯年（847）十一月廿九日，比丘智照为亡姊写奉"。通过佛经表达子女孝顺父母、回报父母恩情的感情。其他虽未有佛寺名称或人名题记的佛经，也体现了儒家"孝"的思想，如《盂兰盆经》《佛说大乘报恩经》等。

　　总之，唐五代敦煌的佛寺教育中，承担了儒学教育的责任。避难于佛寺的世家大族或大儒，作为优秀的师资，向世俗子弟及僧人教授儒学知识，普及童蒙教育，使儒家文化得以传承，儒家思想得以延续。

（二）中土文化辐射周边地区的坚强核心

敦煌佛寺的儒学教育在吐蕃统治时期代替官学，不仅起到了普及儒家文化的作用，且为归义军时期儒学的繁荣奠定了基础。儒学文化和与之相融合的佛教文化构成了敦煌文化的特色。加之敦煌特殊的地理位置，它既是西来文化的接收站，又是东来文化的输出地。在和西域各地的交往中，敦煌逐渐成为辐射周边地区的核心地区。

《新唐书》中记载："西域府十六，州七十二"。注云："龙朔元年（661），以陇州南由今王名远为吐火罗道置州县使，自于阗以西，波斯以东，凡十六国，其王都为都督府，以其属部为州县。"① 但唐代各个时期，对西域的统辖有所不同，"西域"的地理概念亦有广义和狭义之分。"唐代广义的西域与北魏董婉的看法差不多，范围是很大的，敦煌以西，天山南北、中亚、西亚地区都可以称为'西域'。……唐代狭义的'西域'并不是指汉代西域都护所管辖的新疆南疆地区，而是指葱岭以西到波斯的这一部分中亚地区。"② 这里所说西域指广义上的"西域"。

唐立国前，敦煌以西的高昌地区就有高昌国。高昌国许多臣民为汉朝屯戍西北的佚民，历经三个独立政权——阚氏高昌、张氏高昌、马氏高昌，至唐时为麹氏高昌。唐贞观十四年（640），唐太宗灭麹氏高昌，以其地置西昌州，旋即改名为西州。天宝、至德时改名交河郡，领高昌、柳中、交河、蒲昌、天山五县，治高昌（今新疆吐鲁番东南高昌故城）。乾元元年（758）复名西州。唐德宗贞元年间（785～805），吐蕃占领西州。唐懿宗咸通年间（860～874），回鹘攻破吐蕃，西州为回鹘所占领。西州在唐治下一百五十余年，唐代官学曾在此建立。德宗贞元后，西州不复为唐统辖，但与敦煌一直保持着往来。尤其是归义军时期，西州回鹘与曹氏归义军在政治、经济和文化方面联系密切。

高昌王国时期（442～640），高昌国诸王崇尚儒家文化为主的汉文化。

---

① （宋）欧阳修、宋祁撰《新唐书》卷43《地理志七下》，第1135页。
② 杨建新：《"西域"辩正》，《新疆大学学报》1981年第1期，第27页。

尤其麴氏高昌为金城郡麴氏所建，正光元年（520），"（嘉）又遣使奉表，自以边遐，不习典诰，求借五经、诸史，并请国子助教刘变以为博士，肃宗许之"①。麴嘉是麴氏高昌国第一任国王，曾向北魏求取五经和历代史书。且高昌国"文字亦同华夏，兼用胡书。有《毛诗》《论语》《孝经》，置学官弟子，以相教授。虽习读之，而皆为胡语"②。文字以汉字为主，兼用胡书，并为《诗》《论语》《孝经》立学官。这均是仿中原王朝体制所建。吐鲁番出土的墓志资料中，多有高昌国人研习儒学的记录。

高昌国灭，唐以其地设西州，在西州设置官学，推行儒学文化。1972年阿斯塔纳203号墓出土的墓志首行题为"□州学生张安吉墓志并序"，"州学生"表明张安吉乃为西州州学生。363号墓在1967年出土的《唐景龙四年（710）卜天寿抄孔氏本郑氏注〈论语〉》末行题记为"景龙四年三月一日私学生卜天寿□"③，表明卜天寿为私学生。同时出土的文书《唐景龙四年卜天寿抄〈十二月新三台词〉及诸五言诗》题记："西州 高昌县 宁昌乡 厚风里 义学生 卜天寿年十二 状具［后残］"，文书背面一行字"景龙四年崇贤馆义学生［后缺］"。④ 唐代与官学并存的，还有民间的义学、坊学，被统称为私学。因此可知，卜天寿为就读于崇贤馆的义学生，即私学生。卜天寿年十二，不足官学规定入学的十四岁，正是西州执行唐代文教政策的表现。可见，与敦煌相类，唐代西州官学与私学并存。《唐景龙四年卜天寿抄〈十二月新三台词〉及诸五言诗》内容多为学生所写杂诗，此处仅录17-19行：

17	他道侧书易	我道侧书□	
18	侧书还侧读	还须侧眼□	
19	学开觉寺学	景龙四年五月	

---

① （北齐）魏收撰《魏史》卷101《高昌传》，第2245页。
② （唐）令狐德棻等撰《周书》卷50《异域传下》，中华书局，1971，第915页。
③ 国家文物局古文献研究室、新疆维吾尔自治区博物馆、武汉大学历史系编《吐鲁番出土文书》第7册，文物出版社，1986，第548页。
④ 国家文物局古文献研究室、新疆维吾尔自治区博物馆、武汉大学历史系编《吐鲁番出土文书》第7册，第551页。

第 19 行出现"开觉寺",郭沫若据此推断义学崇贤馆设在开觉寺内。荣新江看法相类。① 意即卜天寿被称为义学生、私学生,其在读义学设在开觉寺内,是寺院学校。虽未像敦煌佛寺学校一样被称为"学仕郎""学郎"等,但寺院教授儒学与敦煌佛寺却如出一辙。敦煌佛寺教育对西州影响可见一斑。

唐灭高昌,在高昌故地设置西州,将西州纳入唐的行政体制。这使唐的西部疆域从沙州扩展到西州,唐意欲以西州为据点进一步统摄西域。但安史之乱的爆发,使唐廷无暇西顾,吐蕃趁机侵占河西诸地。贞元六至七年(790~791),连续攻陷于阗、西州,西州被吐蕃统辖。但势力扩展到北庭地区的回鹘亦把目光投向西州。为争夺西州,唐、回鹘、吐蕃、葛逻禄等各方势力竞相登场。贞元十一年(795),漠北回鹘汗国从吐蕃手中夺回北庭地区,并占领龟兹一带,回鹘维持对北庭、安西等地的控制权。直至840 年回鹘西迁,西州终为回鹘占领。咸通七年(866),仆固俊创建西州回鹘,即高昌回鹘。此时正值敦煌归义军时期。大中二年(848),沙州张议潮率众起义。大中五年(851)八月,"沙州刺史张义(议)潮遣兄义泽以瓜、沙、肃等十一州户口来献,自河、陇陷蕃百余年,至是悉复陇右故地。以义(议)潮为瓜、沙、伊等州节度使"②。唐廷允准张议潮为首任节度使,管理瓜、沙、甘、肃、伊、西、鄯、河、兰、岷、廓等十一州。归义军得到唐中央政府的认可,自然有维护十一州安定之责。敦煌作为唐通往西域的门户,处于多民族活动与聚居的地理位置,与周边政权及民族的关系,是归义军时期一直面临的问题。张淮深主政时期(867~890),沙州受到"破残回鹘"侵扰,张淮深在西桐将其击败。据杨富学先生考证,"破残回鹘"当属西州回鹘中居于伊州附近的纳职回鹘。③ 西州回鹘与敦煌一直保持着使节往来和商业贸易,从敦煌写本中不难寻其踪迹。如 P.3569v《光启三年(887)四月为官酒户马三娘、龙粉堆支酒本和算会牒》中记录:"西州回鹘使上下三十五人,每一日供酒八斗六升,从三月廿二日到

---

① 荣新江:《摩尼教在高昌的初传》,《中国学术》2000 年第 1 辑,第 161 页。
② (后晋)刘昫等撰《旧唐书》卷 18 下《宣宗本纪》,第 629 页。
③ 杨富学:《回鹘与敦煌》,甘肃教育出版社,2013,第 124~129 页。

四月廿三日，中间计三十二日，计供酒四十五瓮五斗二胜（升）。"① 西州回鹘使节人数较多，应属使团；且出使时间相对较长，达三十二天；且每日供酒食，说明双方关系较为友好。曹氏归义军时期，沙州与西州之间的来往更为密切，不仅有西州、伊州的来使，沙州亦派使节出访西州、伊州。如北殷字041（BD09520v）《癸未年（923）四月十五日张修造雇驼契》记载张修造出使西州前雇骆驼准备充作脚力。除了世俗间的往来，僧人作为使者也在两个政权间频繁往来。如P.2049v《长兴二年（931）正月沙州净土寺直岁愿达手下诸色入破历算会牒》中明确记载："油二升，纳官供志明及西州僧食用。……面七斗，纳官供志明及西州僧食用。"② S.5937《庚子年（940）十二月廿二日都师愿通沿常住破历》记载："索僧正西州去时，麸四斗马吃用。（签字）。"③ 双方使节的互相往来涉及经济、宗教等领域。这一时期，两地佛教的交流却可从现存的莫高窟与柏孜克里克石窟的回鹘供养人像上看出。

西域的另一个政权于阗国与中原的友谊可追溯到汉朝。汉之后的数百年间，于阗与中原王朝始终保持着朝贡关系。至唐朝，这种友谊更是牢不可破。唐太宗贞观年间，于阗王尉迟屋密遣子入侍唐廷。高宗显庆三年（658），于阗成为蕃卫唐的安西四镇之一，是丝路南道重要的军政中心。在唐蕃长达二百余年的战争中，于阗始终站在唐的一边。安史之乱时，于阗率五千兵骑驰援唐廷。于阗被吐蕃占领后，一直伺机复国。当沙州张议潮率军起义之时，于阗人也奋起反抗吐蕃，成功赶走吐蕃，重建故国。曹氏归义军时期，于阗国王李圣天，是一位崇尚汉文化并深受汉文化影响的君主。他仿效唐制，制定行政、职官等一系列制度，且坚持对中原王朝的臣属关系，并和沙州曹氏互联姻亲，结成密不可分的关系。曹议金女嫁于李圣天为妻，莫高窟第98和220窟都有李圣天的画像，且被称为"大朝大宝于阗国大圣大明天子"。李圣天的曹氏夫人被供养在第61窟，题名为"姊大朝大于阗国大政大明天册金封至孝皇帝天皇后"。李圣天的第三女回

---

① 唐耕耦、陆宏基编《敦煌社会经济文献真迹释录》第3辑，第623页。
② 唐耕耦、陆宏基编《敦煌社会经济文献真迹释录》第3辑，第382、385页。
③ 唐耕耦、陆宏基编《敦煌社会经济文献真迹释录》第3辑，第207页。

嫁给曹议金孙曹延禄。北宋大平兴国五年（980）宋太宗册封曹延禄妻李圣天第三女为"陇西郡夫人"，敦煌石窟 61 窟东壁北侧第七身即为其像，题名为"大朝于阗国天册皇帝第三女天公主李氏为新受大傅曹延禄姬供奉"。敦煌写本中，有部分于阗语文献，内容涉及佛教典籍、使臣报告、地理文书、来往账簿、文学作品、医药文献、语言书籍等。11 世纪末，于阗国被黑韩王朝灭，于阗语渐渐湮没不闻。而保留在敦煌的于阗语文献就成为研究于阗国历史、政治、经济、风俗、文化的唯一证据。经荣新江先生考证，认为"敦煌发现的于阗写本一部分是在于阗写好后带到沙州的，另一部分则出自来到沙州的于阗使臣或僧俗民众"[1]。以佛经为例，于阗语本的佛经，虽用于阗语抄写，但依据的原本有些不是梵本。如 P.3513 贝叶本第 59-75 叶《金光明经》，所据原本可能是唐代义净汉文译本《金光明最胜王经》或法成藏文译本。P.3513 贝叶本第 13-42 叶《般若心经疏》，所据原本当译自唯识学派的《般若心经》。义净汉文译本应是由长安西传至敦煌，敦煌再传入于阗所得。法成则是吐蕃统治时期，在沙州从事译经的吐蕃僧人。无论是哪种版本作为原本，都是敦煌佛教向西域传播的明证。

汉晋以来，不断有中原避祸的世家落户敦煌，研习儒学。敦煌虽为河西最西端，但儒学不落于中原，渐有深厚的积淀；佛教经过五凉政权，尤其是北凉的弘传，为敦煌培养了一批具有佛学素养的僧侣。敦煌既是西来佛经传译的首站，亦是东来本土化佛教的输入地。沙州在归义军时期，作为中原王朝认可的政权，在周边民族政权中，当处于核心地位，因此在与周边各政权进行政治、经济交往时，具有辐射的作用。

三 丝绸路上东西方宗教、文化交流融汇的典型

敦煌地处中原王朝通向西域的交通枢纽，既是中原王朝统治下的边陲重镇，又是毗邻西域各政权的佛教名城。敦煌佛教寺院的教育既具有中原佛寺教育的共性，又具有边地文化的特殊性。可以说，它是来自西域佛教文化的输入和来自中原儒学文化和佛教文化输出的中继站，同时承担着内引、外联的双重职责。总的来说，作为边地文化的组成部分，敦煌佛教寺

---

① 荣新江、朱丽双：《于阗与敦煌》，甘肃教育出版社，2013，第 347 页。

院教育发挥了重要的示范作用。

（一）客观上促进边地安定

汉晋以来，包括敦煌在内的河西地区虽历经多个政权的统治，但佛教始终保持稳定的发展，佛教寺院教育在其中发挥着重大的作用。

西晋时，敦煌地区就有竺高座教授门徒。被誉为"敦煌菩萨"的竺法护即出自其门下。竺法护在敦煌设立译场，传译佛经。其译场规模较大，分工细致，有聂承远、聂道真父子，竺法首，张仕明，折显元，陈士伦，孙伯虎，虞世雅等三十余人襄助。其译经种类繁多，"包括般若、华严、宝髻、大集、涅槃、法华、律部等诸类大乘经律，又有本生经类、西方撰述等，几乎网罗了西域流行的要籍，为大乘佛教在中国传播打开了广阔的局面"①。后世《光赞般若经》《正法华经》《弥勒成佛经》《普曜经》等受竺法护译经影响较大。当时的译经场不仅译经，且在译经过程中探讨经义、讨论译意，传播教义，是佛教寺院教育的雏形。竺法护之高足竺法乘后"西到敦煌，立寺延学，忘身为道，诲而不倦。使夫豺狼革心，戎狄知礼，大化西行，乘之力也"②。竺法乘在敦煌建立寺院，并推行佛寺教育。在他的努力下，佛教教义得以传播，敦煌周边之少数民族因学佛而知礼。可见佛教寺院的教育对于当时敦煌各民族有教化之功能。

东晋时期，释道安曾告诫徒众"不依国主，则法事难立"③。这不仅是佛教在中土传播的原则，亦为佛教在今后的发展指明了方向。五凉时期，包括敦煌在内的河西地区，佛寺教育主要以译经为主，讲译结合。驻锡此处译经的高僧，其译经思路与释道安的训诫不谋而合。如北凉昙无谶翻译的《金光明经》，共四卷，十九品，历代经录有记载。之后南朝梁真谛、隋阇那崛多、唐义净均有翻译。昙无谶在《金光明经》中强调护世护法，其思想主要表现在《四天王品》中。四天王被赋予佛教的护法神和传播《金光明经》使者的身份，能说正法，修持正法，以法治世，是现实中统治者的捍卫者。凡遇人间国土灾荒蔓延，流布此经，便能使灾难消除。国

---

① 杜斗城：《河西佛教史》，第4页。
② （梁）释慧皎撰，汤用彤校注《高僧传》卷4《晋敦煌竺法乘传》，第155页。
③ （梁）释慧皎撰，汤用彤校注《高僧传》卷5《晋长安五级寺释道安》，第178页。

主若能听受此经，四天王便能拥护国主，并护佑国中人民，令国家安稳。但是四天王的护持要以国主崇佛护法、供养僧众为条件。国主奉持此经，要做到恭敬，即可跨越生死之难，甚至来世可封受转轮王之位。《金光明经》契合了现实中帝王的心理，以四天王护持国家换取统治者护持佛法，以此获得统治者对佛教的支持。昙无谶译《大般涅槃经》共四十卷。此前有东汉支娄迦谶《梵般泥洹经》二卷、三国魏安法贤译《大般涅槃经》、三国吴支谦译《大般泥洹经》、西晋竺法护译《佛说方等泥洹经》二卷。后有东晋法显译《佛说大乘泥洹经》六卷。以上大乘涅槃经除法护、法显所译之外，其他均亡佚。流传于世的三部涅槃经典，以昙无谶译本的影响力最大，主要是出于其主张一切众生皆有佛性或都可成佛的原因。对于深受苦难的普通民众来说，这无异于一张通往天国的门票。但要成佛，须"六度"。即用六种修行方法，包括布施、持戒、忍辱、精进、禅定、智慧。其中持戒要求人们降低物质生活标准，忍辱要求人们忍受一切痛苦和侮辱。这符合统治阶级对民众的要求及其治国理想。且统治阶级在享受了物质奢华、巧取豪夺甚至伤人杀人后，再来布施、禅定，最后成佛，符合统治阶层的心态。因此，北凉统治者积极支持佛教。流传至后世，昙无谶译本表述的思想广为传播，影响超过其他译本。有了昙无谶译本的示范作用，又有道安"不依国主，则法事难立"思想的指导，佛经在传译过程中注重与中土传统文化的融合，并尽可能符合统治阶层的精神需求和治理要求，以期得到统治者对佛教的支持。而佛教"护法护国"的思想又可以给统治者以治国的启示。

唐代前期，李姓诸帝皆以道教为佛教之先，但仍建官寺，设置译场，由政府出资支持译经，在佛寺进行佛事活动。这是因为佛教信众多，在民众中有巨大的影响力。武则天和唐后期诸帝，除玄宗和武宗外，大部分崇尚佛教。敦煌由于汉晋以来浓厚的佛教文化氛围影响，佛教发展较为平稳，各政权对佛教均采取支持态度。加之民众对佛教的信仰，故而佛教基础较好。吐蕃占领敦煌后，废除官学，推行辫发胡服、黥面纹身、使用蕃语等一系列民族压迫政策，势必会引起敦煌民众的消极抵抗。为了缓和民族矛盾，吐蕃统治者利用世家大族和佛教，对民众进行管理，佛教成为蕃汉文化的共同点。吐蕃统治者对僧尼进行双重管理。僧尼在被编入僧籍时也被编入户籍，并和世俗百姓一样，交纳基于人身的突税。僧尼不但没有因为入僧籍逃避了政府的税收，反而会参加生产劳作，并向政府纳税。故而吐蕃统治时期，敦煌的佛教继续发展，并且未受到会昌法难的影响。不仅僧尼数量增加，还增建永康寺、兴善寺、永寿寺、安国寺、圣光寺等寺院。其中，圣光寺是吐蕃宰相尚绮心儿捐资修建的；开窟造像活动亦如火如荼，吐蕃统治时期修造的洞窟达四十余个。随着对佛教的政策支持，佛教寺院教育也发挥了积极的作用。它既是吐蕃统治者推广吐蕃文字和传播藏传佛教思想的平台，亦是承担汉地内典教育与儒学教育的双重教育责任场所。它缓解了吐蕃统治者因民族压迫政策与各族人民激化的矛盾，也成为当时世家大族寻求心理安慰和保存儒家文化的最后防线。对稳定社会、调解矛盾、促进文化发展等起到了不可替代的作用。

大中二年（848），张议潮趁吐蕃赞普朗达玛遇刺身亡导致吐蕃内乱的机会，广泛联合地方各阶层力量，尤其是以洪辩为首的佛教僧团，领导敦煌民众赶走吐蕃统治者，敦煌进入归义军时期。

佛寺教育的发展取决于归义军政权上层对佛教的态度。初期，由于佛教僧团在对蕃起义中贡献巨大，因此地位较高。作为首任都僧统的洪辩，其职掌不仅仅在于对佛教僧团的管理，还积极参与归义军政权的事务，如前往唐朝与唐中央的交涉事宜等。大中五年（851），张议潮遣兄长张议潭奉河西十一州旧图入长安进献皇帝，以示归心；而洪辩此次派出以弟子悟真为首的五人僧使团随同前往，面奏河西复归的喜讯。唐宣宗敕赐洪辩都僧统，称"京城内外临坛供奉大德"；敕赐悟真为沙州释门义学都法师，称"京城临坛大德"，并赐紫。唐中央在册封张议潮的同时，认可并敕赐都僧统名号的举动，表明其意欲掌握敦煌僧官任命的主动权，彰显皇权对敦煌寺院的绝对权威。对归义军上层统治的冷落与对敦煌僧官的热情，可看出唐中央政府对待归义军政权的复杂心态。这种态度的不同引起了归义军政权上层的警惕。因此，张议潮政权一方面依赖于僧团首领在民众心目和社会管理中的威望，欲以佛法对民众进行舆论引导，借以形成向心力，消除吐蕃统治时期的影响，重建敦煌的政治生态和社会环境；一方面又要控制佛教僧团的发展，尤其是佛寺在经济方面的发展潜力。故而，归义军初期对佛教的态度是全盘接受，充分利用，加强监督。

金山国期间，敦煌僧团发生了变化。僧团在归义军政权中地位下降，由原来参政、为上层统治者提供智囊服务的角色转变为仅听令于归义军政权的附属角色。曹氏归义军时期，曹氏历任节度使都热衷佛教，并表现在开窟建寺、广度僧尼、抄写佛经、举行法会等方面。曹氏崇佛，意欲借佛教凝聚民众，治理一方。如曹议金修建第 98 窟，是为曹议金自 914 年取代张承奉成为归义军首领后，历经艰辛与中原后梁政权取得联系，并最终于 918 年得到后梁认可，为表庆贺而修建的功德窟。P. 3262《河西节度使尚书开窟佛会祈愿文》便是佐证。为表其体恤民众生活疾苦，为民众祈愿，曹议金还写经。P. 2312《佛名经》（卷第十三）题记中即写明了写经人、写经时间与写经目的。

> 敬写《大佛名经》二百八十八卷。惟愿城隍安泰，百姓康宁，府主尚书曹公，已躬永寿，继绍长年。合宇枝罗，常然庆，于时大梁贞明六年（920）庚辰岁五月十五日记。[①]

同样的题记还见于 S. 3691《佛名经》（卷第十五）尾题，[②] S. 4240《佛名经》（卷第四）尾题。[③] P. 2312 和 S. 3691、S. 4240 题记中二百八十八卷的《大佛名经》未必是曹议金亲手所写，可借抄经生之手完成，如这三部《佛名经》分别为第十三卷、第十五卷和第四卷，写毕时间都是同一天，说明多人抄经，按照既定时间交抄本。但是题记中的目的"惟愿城隍安泰，百姓康宁"是一致的。这或许是统一要求，但足以表达曹议金安定一方的治政之心。曹议金之后的历任节度使受其影响，也都表现出对佛教的

---

① 《法国国家图书馆藏敦煌西域文献》第 11 册，上海古籍出版社，2000，第 248 页。
② 敦煌研究院主编《敦煌遗书总目索引新编》，第 111 页。
③ 敦煌研究院主编《敦煌遗书总目索引新编》，第 130 页。

热忱。因此曹氏归义军时期，佛教兴盛一时，营造佛窟、广度僧尼、举行法会的活动不曾间断。历任节度使都或营造佛窟，或修缮佛堂，以彰显其功德。如曹元德营造第 100 窟；曹元深营造第 454 窟；曹元忠时期修造了第 55 窟，还有第 61 窟，即文殊堂。总的来看，曹氏归义军时期，无论是营造佛窟，还是举办法会，抑或抄写佛经，其目的都是安世利乐，具有很强的功利性，也与曹氏归义军祈望社会安定的治政之心相符。在统治者崇佛风气的熏染下，敦煌民众更是一心向佛，但碍于经济实力限制，民众中流行抄写经文，且抄写经文的目的或是祈求病体痊愈，或为父母增寿，或四邻安康。即便是僧尼，也会发愿抄写经文。可以说，佛教已渗透到敦煌社会的各个方面，由此促进了边地的安宁。

（二）各民族文化交流、融合的平台

敦煌佛教的发展，还为敦煌及周边各民族提供了文化交流、融合的平台。

吐蕃统治敦煌时期，上层统治者支持佛教发展。不仅邀请内地高僧前来敦煌讲经，还组织汉地僧人前往吐蕃进行佛法辩论，藏地僧人也到敦煌进行佛教的交流。吐蕃统治时期，赞普曾邀高僧昙旷前往藏地。昙旷因病未能成行，对赞普就佛法提出的疑问撰写为《大乘廿二问》作答。另一僧人摩诃衍应邀入藏，在藏地参加了僧净大会，与藏地僧人辩论。虽然摩诃衍在辩论中失利，但在吐蕃传播了禅宗教义。蕃僧法成来到沙州，久居甘、沙二州，翻译佛经。不仅将汉文佛经译为吐蕃文，如《金光明最胜王经》《解深密经疏》《大宝积经被甲庄严会第七》《大宝积经佛为阿难说处胎会第十三》等；亦将密教经典译为汉文，如《般若波罗蜜多心经》《诸星母陀罗尼经》《萨婆多宗十五论》《大乘无量寿宗要经》等；还有由梵本译为汉文的，如《八转声颂》；将梵本译为藏文的，如《善恶因果经》《贤愚因缘经》《大宝积经四十九会》等。另外还有汉文集录，如《大乘四法经论及广释开决记》《大乘稻芉经随听手镜记》等。法成除了译经，后期开始讲经，内容主要是《瑜伽师地论》。①

---

① 王尧：《藏族翻译家管·法成对民族文化交流的贡献》，《文物》1980 年第 7 期，第 52～57 页。

为了推行吐蕃语言和藏传佛教思想，吐蕃统治者在佛寺中组织译场、设抄经坊，并不断派人赴中原求经，补充敦煌佛寺的佛教经典。吐蕃的抄经坊较有特色。抄经生从部落中挑，不仅有汉族、藏族，还有在敦煌定居的粟特人等。从选经、抄经到入藏，有一系列严格的流程，抄写较多的佛经是《大乘无量寿宗要经》。

吐蕃统治者也积极学习汉文化。在敦煌写本中发现部分蒙学、儒学经典的吐蕃译本。如 P.3419《汉蕃双语千字文》是将蒙学教材《千字文》编成蕃汉两种文字对译形式；《开蒙要训》、乘法口诀表《九九歌》也有蕃文抄本。蒙学教材的蕃译本应为吐蕃子弟学习所用。历史类典籍诸如《尚书》《战国策》亦有蕃译本，P.T.986《尚书》、P.T.1291《战国策》。虽然现存译本均不是《尚书》《战国策》的全译本，仅存其中部分内容，但是从现存藏译本的内容与汉文原本进行对比，藏译本的翻译原则为意译，译文自由、流畅，不拘泥于原文艰涩的语法和词汇。如《尚书·牧誓》中一句汉文俗语"牝鸡无晨；牝鸡之晨，惟家之索"，藏译本为"母鸡司晨，家要遭殃；妇夺夫权，政权必失"，将"牝鸡"直译为"母鸡"，"惟家之索"的倒装结构也被"家要遭殃"替代，"妇夺夫权，政权必失"则将"牝鸡之晨"影射的结果道明，引领后文"纣王唯妲己之言是从"的事实陈述。通俗易懂，表达流畅。此种翻译风格，旨在教授吐蕃子弟学习中土历史，像是为吐蕃子弟准备的专用教材。为了汉蕃双方语言的学习，还编写了语言工具书，如 P.3531《汉蕃对译佛词汇集》、《蕃汉对照词语表》和 P.3301《蕃汉对译词汇集》。其中《汉蕃对译佛词汇集》针对佛教用语进行了汉蕃双译，而《蕃汉对照词语表》《蕃汉对译词汇集》则是针对生活用语、自然名物等的汉蕃语言对译，方便汉家子弟学习蕃语，吐蕃儿童修习汉语。以上写本均未发现带有吐蕃纪年和佛寺名或僧尼名的题记。但是吐蕃一经占领敦煌，即废除官学，学习唯一的平台即为寺院。因此无论吐蕃子弟学习汉文知识，抑或汉家子弟修习吐蕃文化，可充作学校的只有佛教寺院。在佛寺学习的不仅有僧尼，还有世俗子弟，他们被称为"学郎"或"学仕郎"，以区别于官学的学生。学习内容有佛经，也有儒家经典。敦煌带有吐蕃统治时期学郎题记的写本较少，可能是为避免与吐蕃民族文化政策的冲突。

除了吐蕃，回鹘民族在敦煌的历史活动可谓丰富。敦煌写本中保留了许多回鹘语佛教文献，回鹘与敦煌的佛教文化交流可见一斑。敦煌出土的回鹘文写本主要有《阿含经》《阿毗达磨俱舍论》《阿毗达磨俱舍论安慧实义疏》《天地八阳神咒经》《观音经相应譬喻谭》《善恶两王子的故事》等十余种。①其中《天地八阳神咒经》系伪经，敦煌汉语写本中多见。在回鹘文佛经残卷中，此经所占比例也较高，专家考证多认为此经译为回鹘文约在9世纪中叶回鹘西迁后，但现发现的印本刊刻时间应在元代。《金刚经》的回鹘文本可能是在9-10世纪于敦煌译成。②据茨默研究，回鹘本《父母恩重经》与汉文《父母恩重经》有关，而该经曾流行于唐五代时期的敦煌。回鹘本《圆觉经》写本也在敦煌发现。现存于敦煌研究院陈列中心的回鹘文《圆觉经》有一叶注释本残片，经研究认定其翻译年代应在唐宋之间。它与斯德哥尔摩民族学博物馆所藏四叶残片、中国文化遗产研究院所藏一叶残片属于同一文献，不同抄本。③回鹘人的翻译不限于佛教典籍。对于传法高僧传记，也有翻译。如记载历尽艰辛，求取梵经并设置译场译经多部的玄奘法师传记《大慈恩寺三藏法师传》亦有回鹘文写本。其出土地点虽在南疆，但此传记成书于唐代，且表现玄奘护法、传法的事迹，备受唐代汉僧推崇，因此亦为佛寺教育的教材之一。回鹘译师传译此传记，也体现出回鹘人对护持佛法高僧的崇敬和肯定。回鹘人自创的文学作品中，也深受佛教影响。如 P.3509《善恶两王子的故事》，"其内容与汉文本《大方便佛报恩经》卷四《恶友品》最为接近，其中一些词句又与汉文本《贤愚经》卷九《善事太子入海》、卷八《大施抒海》和《根本说一切有部毗奈耶破僧事》卷一一中的故事相当"④。总之，沙州回鹘除了信仰摩尼教外，大多数回鹘人信奉佛教。他们翻译了部分汉文佛典，学习佛教经义，在生活中、文学创作中也有佛教因素的体现。

---

① 杨富学：《回鹘与敦煌》，第 348 页。

② 杨富学：《西域敦煌回鹘佛教文献研究百年回顾》，《敦煌研究》2001 年第 3 期，第 163 页。

③ 张铁山、皮特·茨默：《敦煌研究院藏回鹘文〈圆觉经〉注释本残片研究》，《敦煌研究》2015 年第 2 期，第 101 页。

④ 杨富学：《回鹘与敦煌》，第 361 页。

于阗地处塔里木盆地南沿，是丝绸之路西域南道的要冲。公元前 1 世纪以来，被匈奴、汉朝、贵霜、曹魏、西晋、柔然、西突厥、唐等不同政权统治。文化呈现出多元化、复杂化的特点。在唐朝，于阗作为安西都护府下设的四镇之一，是唐朝征战西域的重要据点，其军事地位仅次于作为安西都护府首府的龟兹。唐朝对于阗实行羁縻制度，于阗王同时兼任毗沙都督府都督。胡汉双治行政制度的推行，使于阗在文化上也表现出胡汉文化糅合的特点。安史之乱后，吐蕃侵占河西地区。公元 8 世纪末，于阗被吐蕃占领。吐蕃在于阗亦模仿唐朝进行羁縻性质的统治。吐蕃在统治于阗期间，重视通使于阗。P. T. 1256《于阗使者名单》记录了猪年秋季七月十六日吐蕃前往于阗的使臣名单，① 双方文化交往较为密切。敦煌写本中医药文献《悉昙娑罗》，自序记载此文献是由藏文译为于阗文；藏文《大藏经》或敦煌藏文本《于阗国授记》《于阗阿罗汉授记》《于阗教法史》等，则是由于阗文译为藏文的。于阗与吐蕃的文化交流恰恰证明了敦煌是各族人民文化交流的平台。

846 年，随着赞普朗达玛的遇害，吐蕃对河西和西域的统治迅速崩溃。于阗重获独立。独立后的于阗与唐关系友好，与距离最近的唐朝边镇敦煌的交往也非常密切。张氏归义军时期，于阗王曾送礼物于张淮深，以示友好。P. 2826《于阗王赐张淮深札》记载："白玉壹团。赐沙州节度使男令公，汝宜收领，勿怪轻鲜，候大般次，别有信物，汝知。其木匠杨君子千万发遣西来，所要不昔也。凡书信去，请看二印。一大玉印，一小玉印，更无别印也。"② 曹氏归义军时期，于阗王李圣天派遣于阗使者出使敦煌。P. 4640v《己未至辛酉年（899~901）归义军军资库司布纸破用历》第 256 行"朔方麻大夫细纸壹帖。十一日支与于阗使押衙张良真画纸"，张良真是管理接待于阗使者的押衙。第 259 行"衙罗通达传□□，支与于阗使梁明明等一行细纸壹束捌帖"③，梁明明是归义军时期最早所见的于阗使臣，而归义军政府也派使臣前往于阗。P. 2161p1《庚辰年（920）绢契》中记

---

① 郑炳林、郑怡楠辑释《敦煌碑铭赞辑释》增订本，第 985 页。
② 郑炳林、郑怡楠辑释《敦煌碑铭赞辑释》增订本，第 986 页。
③ 唐耕耦、陆宏基编《敦煌社会经济文献真迹释录》第 3 辑，第 268 页。

载了出使于阗的使者张幸端借绢事宜。① 之后于阗与曹氏归义军政权往来频繁。P. 3718（2）《释门僧政范海印和尚写真赞并序》记载范海因出使于阗。② S. 6452《某年（981~982）净土寺诸色斛斗破历》记载："十六日，于阗大师来，早饭面叁升。十七日，又造饭面壹斗。麸贰斗，于阗大师马吃用。"③ 于阗大师应是于阗高僧，僧使亦是使团成员。敦煌写本中，关于于阗僧使来往吃用记录还有很多，此处不再一一列举。大部分使团是出使中原路过沙州的，也同样受到归义军政权的热情接待。因此，于阗与沙州关系密切、往来频繁。曹氏归义军时期，于阗国与归义军政权间通过联姻保持友好的关系。于阗王李圣天曾娶归义军节度使曹议金女为皇后，于阗王尉迟达磨也曾娶敦煌汉族女子，归义军节度使曹延禄娶尉迟达磨女儿为妻。于阗国王族与敦煌大族之间也保持着姻亲关系。以姻亲为基础的外交关系在使臣的往来中一步步稳固，双方的文化交流在此基础上迅速发展。

与敦煌遗书中回鹘语写本一样，于阗语写本一部分出自阗本土，写成后由使臣或于阗人带到沙州。还有一部分则是由来到沙州的于阗使臣或僧俗民众书写，"内容包括佛教典籍、医药文献、文学作品、使臣报告、地理文书、公私账历、双语词表、习字或字母表以及于阗人写的梵语、汉语、藏语文献"④。其中于阗语的佛经写本有《金刚般若经》（Ch. 00275）、《维摩诘书》（Ch. 00266）、《金光明经》（P. 3513）、《般若波罗蜜多心经》（P. 3510）、《般若心经疏》（P. 3513）、《妙法莲华经纲要》（P. 2782、P. 2029、Or. 8212）、《贤劫经》（Ch. c. 001）、《普贤行愿赞》（P. 3513）、《无量寿宗要经》（S. 2471、Ch. xlvi. 0015）、《佛顶尊胜陀罗尼经》（Ch. c. 001）等。而《金光明经》原本可能是义净的汉文本《金光明最胜王经》或法成的藏文译本；《梁朝傅大士颂金刚经》于阗文音译本（Ch. 00210、P. 5597）是于阗人学习汉地佛教的产物，是研究古于阗语和汉语音韵学的重要资料。于阗

---

① 沙知：《敦煌契约文书辑校》，第 177 页。
② 关于范海印出使于阗，荣新江先生认为是在 931 年。见荣新江、朱丽双《于阗与敦煌》，第 41 页；郑炳林先生则认为是 935 年（见郑炳林、郑怡楠辑释《敦煌碑铭赞辑释》增订本，第 985 页）。
③ 唐耕耦、陆宏基编《敦煌社会经济文献真迹释录》第 3 辑，第 222~223 页。
④ 荣新江、朱丽双：《于阗与敦煌》，第 347 页。

较中土更早接触到佛教，佛教是于阗的主要宗教。汉晋时期，西来胡僧向中土传播佛教的僧人亦有于阗僧人。见于记载的，三国魏的僧人朱士行是汉地第一位僧人，也是西行求取佛法的第一人。他西去的国家即于阗。在于阗，朱士行得到《大品般若经》梵本，并请弟子弗如檀等将抄本送回洛阳。自己滞留于阗，直至圆寂。上述敦煌遗书中的于阗语佛经写本，大多原本为梵语，少数为汉译本或蕃译本。这些写本是研究于阗语言和佛教的重要资料，也反映出于阗与沙州佛教文化上的交流情况。归义军时期的敦煌石窟中，于阗人物形象频繁出现。这是于阗国与沙州政权政治联姻的结果，也是双方以佛教为信仰的表现。

除了回鹘语、于阗语佛教写本，敦煌写本不乏记录中印佛学交流的资料。敦煌是中土僧人前往印度巡礼佛教遗迹、求取佛经、访师求学的必经之路。东晋法显、唐初玄奘等都是通过敦煌前往印度的。敦煌遗书中有僧人往来印度的资料。BD01904v《奉宣往西天取经僧道猷牒稿》记载："奉宣往西天取经僧道猷等：右道猷等谨诣衙祇候起居贺。伏听处分。牒件状如前，谨牒。至道元年（995）十一月二十四日灵图寺寄住。"[1] 道猷等人在去天竺的路上，在沙州灵图寺借住。BD02062v《大周广顺八年岁次七月十一日西川善兴寺法宗西天取经记（拟）》记载："大周广顺八年岁次七月十一日西川善兴大寺西院法匡大师、法宗往于西天取经，流乃郡主大传。"[2] 来自西川善兴寺的法师法匡、法宗前往印度的事迹亦被记录。此外，归义军时期，许多印度僧人也在敦煌活动。P.3005《破酒历》记载："二斗沽酒，看婆罗门用。"对印僧，敦煌是热情招待的。

综上，在与沙州周边各少数民族的交流中，佛教成为文化交流的主体。佛教寺院接待来往僧使，就佛教义理进行辩论、探讨。不仅促进了佛教文化的发展，更推动了双方语言、文字的学习，使沙州成为各民族文化交流的中心。

---

① 郑炳林、郑怡楠辑释《敦煌碑铭赞辑释》增订本，第985页。
② 郑炳林、郑怡楠辑释《敦煌碑铭赞辑释》增订本，第985页。

结　语

综上，唐五代佛寺教育在历史背景、教育内容、教育要素、教育种类及其社会功能、历史意义等方面都有着独特的表现。现再作一梳理和总结。

一　唐五代佛寺教育具有良好的发展基础和背景

汉魏至隋的佛寺教育，教学活动场所从精舍到寺院，教育者从外来胡僧到本土僧人，教材从零星的东来梵经到中土僧人前往天竺求取系统化的佛经，其发展过程是艰难和缓慢的。这一时期的佛寺教育主要在以下三个方面有所发展，从而为唐五代时期佛寺教育的发展奠定了良好的基础。

第一，教学以译经为主。东汉中叶，佛寺初建，外来僧人集中在洛阳翻译佛经。这一时期译经规模并不大，翻译佛经也偏于个人专长。有可信记载者，多在桓、灵二帝时，主要有安清（世高）、支娄迦谶（支谶）、竺佛朔、支曜等。佛教教育的初兴也始于此。在传译的过程中讲习教义，所译的佛教典籍反映了佛教思想。这不仅成为日后佛寺教育的教材，更在佛经中规定了学习方法及礼佛的仪轨。在译经的过程中，有中国僧人参与汉译工作，不仅是佛教教义传播的必要途径，也是佛教寺院教育的初创阶段。三国时期，佛教寺院教育开始有了固定的教育场所，大多僧人驻寺译经，收徒授学，并讲经辩经。此时译经大师仍以西域僧人为主，汉僧虽少，但不乏深入研究佛理且有成就者。此时以凉州（姑臧）、长安、洛阳、建邺、襄阳等为中心，形成佛教传播中心和译经中心。

第二，注重佛教经义与儒家思想的契合。在佛教教义传播的过程中，是否迎合被儒家文化占据先导的中土人群的需求成为佛教能否被接受的重要条件。表现在佛寺教育上，就是僧人们在对佛经的传译和讲习中，注重将佛教经义与儒家思想结合起来。在此方面，有突出成就的当属康僧会、释道安和慧远。康僧会翻译的《六度集》从佛教的"悲悯众生"出发，力图把孟子的"仁道"作为"三界上宝"。要求"王治以仁，化民以恕"，把佛教中的消极因素改造成为可以容纳儒家治世安民的精神。东晋的释道安用玄学的观点剪裁佛教义理，由他解释的佛教义理，都基于《老》《庄》和贵无派玄学的哲学基础上，使佛教蒙上玄学的色彩，又使玄学融入了佛教的思想，使外来佛教最终通过玄学进入中国上层思想领域。道安的学生慧远更是解决了佛教和传统文化及世俗王权的冲突问题。慧远在其《沙门不敬王者论》一文中，对僧侣剃发、着装（着袈裟、袒露手臂）、见王者不跪等引发时人抨击佛教的问题一一作答。对儒佛关系，他认为如来与周公、孔子虽出发点和所致力于眼前的目标不同，但彼此互相影响，最终拯救世界的期望是一样的，所以是殊途同归。关于"神不灭"理论，他细致论述了神与情、识的关系，把中国传统思想和外来思想结合起来，形成中国佛教特有的神学理论的重要创造。

第三，戒律引入后，佛寺教育逐步规范化。三国时昙柯迦罗译出《僧祇戒心》；昙谛译出《昙无德羯磨》；两晋时竺法护译《比丘尼戒》一卷；前秦昙摩持、竺佛念译的《十诵比丘戒本》一卷、《比丘尼大戒》一卷和《教授比丘尼二岁坛文》一卷。这些戒律都不是完整的戒本，只是某种戒本的一部分，无法适应佛教教育的进一步发展。后赵佛图澄时，以佛图澄为首领形成了全国性的僧团。佛图澄虽对当时流行的戒律进行修正，但仍不完备。佛图澄死后，其弟子道安游学至河北恒山建寺传教，形成自己的僧团。面对庞大的僧团，道安感到建立完备的戒律是紧要之事。于是他参照当时已有的不完备的戒律，为自己的僧团制定了"僧尼规范"。包括行香定座上讲上经之法、日常六时行道饮食唱时法和布萨差使悔过之法，范围涉及日常修行及食住、讲经说法仪式等方面。道安所制僧尼轨范，影响较大，时称"天下寺舍，遂则而从之"。道安的戒规之设立，受到朝野称赞。佛教寺院教育由戒律的确立，开始走向正规化。道安之后，鸠摩罗什受后秦国主姚兴之请，和弗若多罗合译《十诵律》。刘宋时期又有了《五分律》的翻译。经过多名僧人的努力，佛教五大戒律经典逐渐完备。佛教寺院教育从受戒到僧侣的生活、修习、寺院的各种仪轨都有了严格的规定。这不仅使佛教寺院教育在具体实施的过程中有了详细的规定，而且有利于整肃佛教教育团体内部的关系。可以说，系统化戒律的引入从制度上促进了佛寺教育的发展及正规化进程。

讲译结合的教学、佛教思想与儒家思想的融合、系统化戒律的形成，都促成佛寺教育从无到有、从式微到规模发展的进程。虽显得缓慢，但为今后佛寺教育的发展奠定了坚实的基础。

二　唐五代敦煌佛寺教育内容及教材的多样化

唐政府对佛教的一系列管理措施，引导佛教寺院教育的发展方向。唐初佛教各宗派的形成是隋以来兴起佛教义学成熟的表现。佛寺教育重佛义的学术化探讨，僧侣译经、注疏之风盛行，僧人之间、僧人与士人之间探讨佛教义理成为一种风尚。为应科举，唐代士人寺读山林之风兴起，加之佛寺启蒙之教亦有儒学，因此佛寺教育中亦有儒学教育之成分。安史之乱的战火造成的社会动荡使僧侣和上层士人放弃了对佛义的学术探讨，转向了以习禅和持律为主的实践性佛教活动。这一现象一直持续到五代。佛寺教育因之而趋于世俗化，面向民众的佛义宣传成为主流。

作为佛寺教育基础条件之一的教材在唐代形成了较为完整的系统。除了外来经典的译著，还有佛典注疏、僧传、史传、佛典目录、疑伪经等。这一时期敦煌遗书中关于佛寺教育的典籍经过梳理，包括以下三类。

第一，与中原佛寺教育同步的内典教育教材。内典教育是佛教寺院的主要教育内容，从入门类的佛教知识到对佛理的探究，所用的教材种类较多。有入门教育类的经典，相当于佛典中的蒙学教材，如《法门名义集》《三乘五性义》等，主要是教授僧徒关于佛教的知识。《法门名义集》从众多佛典中集中解释重要的名相，且按照身心、过患、功德、理教、贤圣、因果、世果七品顺序，是初入佛门之人的必读书，也是世人了解佛教的启蒙书籍。有传统经典类的，如《维摩诘经》《瑜伽师地论》《佛说药师经》

等；有戒律教育类的，如《四分律删补随机羯磨经》《四分律抄》《式叉摩那尼六法文》等，这是僧尼修习必须遵循的规则，也是佛寺教育的根本；有疏释类的，如《维摩诘经疏释》《四分节本疏》《净明经集解关中疏》等，对重要佛典进行注疏。其他没有纪年和题记的，或纪年明确隋或唐前期的佛经写本内容更为丰富。从题写内容看，这一时期敦煌佛寺使用的教材与中原佛寺教育的教材基本相当，如《大般涅槃经》《华严经》《妙法莲华经》《大般若波罗蜜多经》等。

第二，儒家经典。敦煌佛寺的儒学教育围绕唐政府规定的必修经典而设，以《论语》《孝经》写本最多。一方面是因为佛寺的儒学教育以世俗子弟为重要教育对象，教学内容应与官学教育内容同步；另一方面是因为佛教思想与儒家思想融合的过程中，"忠孝"成为两者共识。佛典中关于"孝"的内容并不鲜见，如《佛说盂兰盆经》，叙述的就是大目乾连冥间救母的故事，之后又有《大目乾连变文》，将佛经的故事以文学作品的样式呈现在学童和世人面前。为学童更好地理解《孝经》，杨满山（川）以咏诗的方式，将《孝经》内容进行了概括、简化处理，将经典的孝行故事编入其中。易于理解，便于记忆。敦煌写本中，关于《毛诗》《尚书》《易经》《左传》均在数十件，只有《礼记》写本相对较少。

第三，丰富多样的蒙学教材。敦煌写本中，童蒙教材主要包括识字类、基本社会知识类、道德人伦类、应用类等几个主要方面。如识字类蒙书《千字文》《开蒙要训》《新合六字千字文》《百家姓》《俗务要名林》《杂集时用要字》《碎金》《白家碎金》等；知识类蒙书《杂抄》《孔子备问书》《蒙求》《古贤集》《兔园策府》；德行类蒙书《百行章》《新集文词九经抄》《文词教林》《武王家教》《辩才家教》《新集严父教》《太公家教》《崔氏夫人训女文》等。这些蒙学教材有承袭了秦汉以来广为流传的内容，有隋唐流行的课本，有表现敦煌乃至西北地区特色的教本。

总体来说，敦煌佛寺教育以内典教育为主，注重僧伽的知识习得和学术探讨。唐前期及吐蕃统治时期，敦煌高僧频出。他们是敦煌佛寺教育的优秀师资，亦是敦煌内典教育的标志。而敦煌以蒙学教育见长的儒学教育，则是敦煌特殊政治生态下寺院教育承担的一项特殊的教学任务。佛寺办学的优厚条件又使佛寺的儒学教育成为敦煌佛寺教育的亮点。

三 唐五代佛寺教育基本教育要素齐备且富有特色

唐五代佛寺教育的教育要素，诸如教育者、受教育者和教学方式等方面表现出时代的特点。

据敦煌资料分析，唐五代佛寺教育的师生构成，师和生都有僧、俗两方面的来源。由于寺院的教育对象主要是寺院僧伽和前来寺院求学的世俗弟子，教育内容除了内典教学，诸如读经、禅修、义理研究等，还有儒学教育。寺院里学养深厚的僧侣自然是佛寺教育的师资。而中土佛教在传播的过程中，僧人的识字亦从儒家的蒙学起步，通过蒙学教育识字、名物、明人伦等，在此基础上进一步学习佛法。但是由于僧人出家受戒情况不同，有些是在出家前，已经完成了蒙学教育；有些是自幼出家，在寺中学习蒙学知识。但不论何种，都是佛儒兼修的。因此得道高僧不仅是内典教育的优秀师资，也是儒学教育的大家。来自世家大族入寺避祸的士人，自身儒学涵养就高，而唐朝士大夫又好与僧人交往，并就佛教义理展开讨论。这种风尚培养了一批佛学知识不输于高僧的士人。他们充任佛寺教育的教师，无论是内典教育，抑或儒学教育，都是优秀的师资。学生的构成更加丰富，除了寺院僧伽、世俗弟子之外，还有留学僧。留学僧是中土佛教发展由输入型转向输出型的表现之一。

教学方式形式多样。佛寺教育的教学方式与佛寺教育的内容有关。内典教育的教材大部分来自译经。受汉魏以来佛寺教育的影响，唐五代佛寺教育的主要方式之一仍然是讲译结合，在译中讲、在译中学。唐代译场受政府支持，资金充足、规模大、人数多、分工精细，因此译场也是课堂。如义净法师，"译缀之暇，曲授学徒"。方式之二是将单独授徒与聚众讲经结合。汉魏以来，按照佛律，僧人出家到受戒，要经过剃度、受沙弥戒、受比丘戒的过程。此过程中有三和尚、五阇梨作为其教师。实际上与僧人关系紧密，教授知识的只有亲教师和依止师。亲教师教授佛经教义，依止师是为其生活起居之师，教授寺院中生活、学习行为举止规范。除了亲教师以一对一形式分散授课之外，寺院亦采用聚众讲经的方式进行佛教经义的宣讲和研习。汉魏时期主要实行都讲制。讲课的时候，除了讲师讲解佛经，还有覆讲。是对讲师讲习过的内容复述，并进行更加详细的解经。唐五代，讲经仪式正规化、程序化。升高座、开题、论义、讲经、覆讲等步骤，按部就班。教师的教还有一种方式，强调学生的主观能动性，那就是诵经。老师布置经典，学生大声念诵。在诵中思，在诵中领悟佛理。此外，学生还可通过游学的方式向更多的老师求教，丰富自己的见识。佛寺教育注重师承门派。多种教学方式交替使用，有助于佛教知识的传授与习得。

四 佛寺教育种类多，且具有多种社会功能

唐五代敦煌佛寺教育的种类较多，主要包括儒学教育、蒙学教育、医学教育及世俗化的经律论教育。其所体现的社会功能也具有多样性，主要表现如下。

第一，中唐至五代，敦煌佛寺的儒学教育始终执行唐代官学的经学教育内容。即使在吐蕃统治时期，儒学教育核心思想——"忠孝"在敦煌文化中一直占据主导地位。儒学教育在非常时期由佛寺教育得以延续。吐蕃统治时期，佛寺儒学教育成为蕃汉双方文化交流的介质，客观上促进了汉藏文化的融合。

第二，敦煌佛寺的蒙学教育亦属于儒学教育，教育对象以十四岁以下孩童为主。佛寺的蒙学教育，面向敦煌世俗民众。其教学内容以中原蒙学教育内容为主，夹以具有地方特色和佛学色彩的蒙学教材，如《辩才家教》《王梵志诗》等。从识字、名物、人伦教化等方面进行编排。不仅有启智、普及知识的功能，更可通过佛教故事，将儒家思想中的"忠孝"思想渗透进课本，对孩童乃至民众施行教化。

第三，敦煌佛寺的医学教育属于实科教育。佛教寺院中有擅长医术的大德，并由专人负责药物的管理，且由师徒相授的方式对僧徒进行医学知识教育。吐蕃统治时期，官学停办，州医学连续数十年没有培养医学生。但是敦煌地区的医事活动仍在进行。佛教寺院的医学教育活动可说是起了至关重要的作用。另外，僧医以医术医治病患，扩大了佛教在民众中的影

响力，间接推动了佛教世俗化进程。

第四，敦煌佛寺世俗化的经律论教学，是立足佛寺教育之本，向民众弘传佛教的重要手段。敦煌佛寺教育中有众多的变文、俗讲文，就是将佛经教义以佛教故事的形式呈现在民众眼前。使他们以通俗的方式了解佛教教义，且俗讲的过程本身也是一种民众喜闻乐见的艺术表演形式。因此佛教寺院世俗化的经律论教学既培养佛学人才，又弘传教义，扩大了佛教的社会影响力。

五　唐五代佛寺教育及敦煌的佛寺教育的积极意义和影响

唐五代佛寺教育的规范化、规模化的教学带来积极的意义。第一，翻译、整理、保存了经藏。每个寺院都有藏经，藏经有亡佚时，会及时通过向其他寺院索求或者以抄写的方式及时补充。定期检查经藏，有利于佛教典籍的保存。第二，唐前期佛寺教育凸显学术化。佛教宗派的形成，标志着中土佛教脱离了由西来佛教经典格义的阶段。它已经与当朝的政治势力结合，是佛教本土化的开始。不同的宗派代表不同的僧团组织，他们为了维护自己在佛教中的地位，建立自己的理论体系，并为证明其体系的合理性进行译经、注疏和讲经，阐述佛教义理。这些活动为佛教学术上的繁荣提供了条件。第三，佛教史籍的逐步完善，促进了史学、目录学等发展。第四，佛儒兼修的佛寺教育，使佛教寺院教育在传承佛教义理的同时，亦传播中国传统的儒家文化。

唐五代敦煌佛寺教育既具有前述的积极意义，还具有自身的特色。第一，它是佛教文化交流的桥梁。敦煌地处东西交通要地，为丝绸之路上的咽喉重镇，西来的佛典首先经过敦煌才能东传。而东来的僧人和佛典进入西域前，敦煌是其在中土停留的最后一站。汉魏至十六国时期，包括敦煌在内的河西地区佛寺教育比较发达。从竺法护设置译场，到竺法乘立寺延学，在译经、传播教义方面，敦煌佛寺教育发展的脚步是持续向前的。隋和唐前期，政府干预下的佛寺教育走上正轨，国家译场的译经、抄经按照统一的规定传入敦煌。从敦煌写本中不难寻其踪迹。第二，敦煌的佛寺教育为儒学文化的传承和坚持提供了坚实有力的保障。同样，敦煌佛寺的儒学教育为蕃汉文化交流提供了平台，敦煌的儒学文化向外辐射影响了周边各少数民族政权。

综上，从敦煌的实例及其他有关史料来看，中国唐五代佛寺教育不仅历史基础和背景深厚，而且在教育内容、教育基本要素、教育种类及其社会功能、教育意义等方面，均获得长足发展，表现出成熟且有系统性、社会影响显著等特点。其中一些教学方法甚至影响到世俗儒学的传授。源于唐代、在宋代教育中占有一席之地的书院教育即受此影响。敦煌资料中，关于佛教寺院教育的内容即可印证中原佛教寺院教育，同时又体现出敦煌及其佛教寺院的独特性。生动地反映了丝绸路上东西方宗教、文化交流融汇的交光互影。

参考文献

一 敦煌文献（以首字音序排序）

敦煌研究院编《敦煌遗书总目索引新编》，中华书局，2000年。

敦煌研究院主编《敦煌石窟全集：07·法华经画卷》，商务印书馆（香港）有限公司，1999年。

俄罗斯科学院东方研究所圣彼得堡分所、俄罗斯科学出版社东方文学部、上海古籍出版社编《俄藏敦煌文献》（1~17册），上海古籍出版社，1992~2005年。

方广锠主编《中国国家图书馆藏敦煌遗书总目录·新旧编号对照卷》，中国人民大学出版社，2013年。

方广锠、〔英〕吴芳思主编《英国国家图书馆藏敦煌遗书》（1~50册），广西师范大学出版社，2011~2017年。

甘肃藏敦煌文献编委会、甘肃人民出版社、甘肃省文物局编《甘肃藏敦煌文献》，甘肃人民出版社，1999年。

国家文物局古文献研究室，新疆维吾尔自治区博物馆，武汉大学历史系编《吐鲁番出土文献》（1-10册），文物出版社，1981年。

郝春文编《英藏敦煌社会历史文献真迹释录》（第4卷），社会科学文献出版社，2006年。

黄永武主编《敦煌宝藏》（1~140册），台北：新文丰出版公司印行，1982~1986年。

任继愈主编《国家图书馆藏敦煌遗书》（1~146册），北京图书馆出版社，

2005～2012 年。

上海古籍出版社、法国国家图书馆编《法藏敦煌西域文献》（1～34 册），
上海古籍出版社，1994～2003 年。

上海古籍出版社、上海博物馆编《上海博物馆敦煌吐鲁番文献》，上海古
籍出版社，1993 年。

上海图书馆、上海古籍出版社编《上海图书馆藏敦煌吐鲁番文献》，上海
古籍出版社，1999 年。

唐耕耦、陆宏基编《敦煌社会经济文献真迹释录》（第 1 辑），书目文献出
版中心，1986 年。

唐耕耦、陆宏基编《敦煌社会经济文献真迹释录》（第 2～5 辑），全国图
书馆文献缩微复制中心，1990 年。

张玉范编《北京大学图书馆藏敦煌文献》，上海古籍出版社，1995 年。

《敦煌秘笈影印册》（1～9），武田科学振兴财团杏雨书屋，2009 年。

中国社会科学院历史研究所、中国敦煌吐鲁番学会敦煌古文献编辑委员
会、英国国家图书馆、伦敦大学亚非学院合编《英藏敦煌文献》（汉
文佛经以外部分）（1～14 册），四川人民出版社，1990～1995 年。

二　古代典籍（以编著者时代排序）

（魏）杨衒之撰《洛阳伽蓝记》，成文出版社有限公司，1970 年。

（晋）陈寿撰，（宋）裴松之注《三国志》，中华书局，1959 年。

（宋）范晔撰《后汉书》，中华书局，1965 年。

（北齐）魏收撰《魏书》，中华书局，1974 年。

（唐）长孙无忌撰《唐律疏议》，《丛书集成初编》，商务印书馆，1937 年。

（唐）魏徵、令狐德棻撰《隋书》，中华书局，1973 年。

（唐）房玄龄等撰《晋书》，中华书局，1974 年。

（唐）杜佑撰《通典》，中华书局，1984 年。

（唐）李林甫等修，广池千九郎训点，内田智雄补订《唐六典》，广池学园
事业部，1973 年。

（后晋）刘昫等撰《旧唐书》，中华书局，1975 年。

（宋）司马光编著，（元）胡三省音注《资治通鉴》，中华书局，1956 年。

（宋）欧阳修、宋祁撰《新唐书》，中华书局，1975 年。

（宋）薛居正撰《旧五代史》，中华书局，1976 年。

（宋）王溥撰《唐会要》，上海古籍出版社，2006 年。

（宋）宋敏求撰《唐大诏令集》，中华书局，2008 年。

（南宋）梁克家撰《三山志》，海风出版社，2000 年。

（清）董诰等编《全唐文》，中华书局，1983 年。

（清）黄任撰《鼓山志》，江苏广陵古籍刻印社，1996 年。

三　佛教典籍（以编著者时代排序）

（梁）释慧皎撰，汤用彤校注《高僧传》，中华书局，1992 年。

（梁）释僧祐撰，苏晋仁、萧炼子点校《出三藏记集》，中华书局，1995 年。

（唐）释道世撰，周叔迦、苏晋仁校注《法苑珠林校注》，中华书局，2003 年。

（唐）道宣撰，郭绍林点校《续高僧传》，中华书局，2014 年。

（唐）智昇撰，富世平点校《开元释教录》，中华书局，2018 年。

（宋）释道诚撰，富世平校注《释氏要览校注》，中华书局，2014 年。

（宋）赞宁撰，范祥雍点校《宋高僧传》，上海古籍出版社，2017 年。

（宋）志磐撰，释道法校注《佛祖统记校注》，上海古籍出版社，2012 年。

〔日〕圆仁撰，顾承甫、何泉达点校《入唐求法巡礼行记》，上海古籍出版
　　社，1986 年。

《大正藏》第 12、45、49、50、52、54、55 册。

《大日本佛教全书》第 102 册，《本朝高僧传》卷 4，佛书刊行会，大正二
　　年六月。

《国史大系·日本书纪》卷二十二，经济杂志社，明治三十年。

四　学者论著（以编著者姓氏音序排序）

丛春雨主编《敦煌中医药全书》，中医古籍出版社，1994 年。

慈怡主编《佛光大辞典》，北京图书馆出版社，2004 年。

陈明：《敦煌的医疗与社会》，中国大百科全书出版社，2018 年。

陈祚龙:《敦煌学要签》,台北:新文丰出版公司,1982 年。

〔日〕池田温编《中国古代写本识语集录》,东京大学东洋文化研究所,
　　1990 年。

丁钢:《中国佛教教育——儒佛道教育比较研究》,四川教育出版社,
　　1988 年。

杜斗城:《敦煌五台山文献校录研究》,山西人民出版社,1991 年。

杜斗城主编《正史佛教资料汇编》,甘肃文化出版社,2006 年。

杜斗城等:《河西佛教史》,中国社会科学出版社,2009 年。

杜继文:《佛教史》,江苏人民出版社,2008 年。

敦煌学会编印《敦煌学》(1-2 辑),香港新亚研究所敦煌学会,1974 ~
　　1975 年。

伏俊琏校注《敦煌赋校注》,甘肃人民出版社,1994 年。

方广锠编《佛教大藏经史》,中国社会科学出版社,1991 年。

方广锠编《藏外佛教文献》(第 1 辑),宗教文化出版社,1995 年。

方广锠辑校《敦煌佛教经录辑校》,江苏古籍出版社,1997 年。

范新俊编《如病得医——敦煌医海拾零》,甘肃民族出版社,1999 年。

郭绍林:《唐代士大夫与佛教》,河南大学出版社,1987 年。

郝春文:《唐后期五代宋初僧尼的社会生活》,中国社会科学出版社,
　　1998 年。

郝春文、陈大为:《敦煌的佛教与社会》,甘肃教育出版社,2013 年。

黄征、吴伟编校《敦煌愿文集》,岳麓书社,1995 年。

黄征、张涌泉校注《敦煌变文校注》,中华书局,1997 年。

季羡林主编《敦煌学大辞典》,上海辞书出版社,1998 年。

姜伯勤:《唐五代敦煌寺户制度》增订版,中华书局,1987 年。

姜汉椿校注《唐摭言校注》,上海社会科学出版社,2002 年。

屈直敏:《敦煌文献与中古教育》,甘肃教育出版社,2011 年。

赖鹏举:《敦煌石窟造像思想研究》,文物出版社,2009 年。

林冠群编《唐代吐蕃史论集》,中国藏学出版社,2006 年。

林冠群编《唐代吐蕃史研究》,联经出版事业股份有限公司,2011 年。

陆离：《吐蕃统治河陇西域时期制度研究》，中华书局，2011 年。

卢向前：《敦煌吐鲁番文书论稿》，江西人民出版社，1992 年。

吕澂：《中国佛学源流略讲》，中华书局，1979 年。

马德主编《甘肃藏敦煌藏文文献叙录》，甘肃民族出版社，2011 年。

马继兴、王淑民等辑校《敦煌医药文献辑校》，江苏古籍出版社，1998 年。

〔日〕木宫泰彦：《日中文化交流史》，商务印书馆，1980 年。

宁强：《敦煌石窟寺研究》，甘肃人民美术出版社，2012 年。

任继愈：《汉唐佛教思想论集》，人民出版社，1973 年。

任继愈：《中国佛教史》，中国社会科学出版社，1988 年。

任宜敏：《中国佛教史（元代）》，人民出版社，2005 年。

荣新江：《归义军史研究——唐宋时代敦煌历史考索》，上海古籍出版社，
    1996 年。

荣新江、朱丽双：《于阗与敦煌》，甘肃教育出版社，2013 年。

申国美、李德范编《英藏法藏敦煌遗书研究按号索引》，国家图书馆出版
    社，2009 年。

史念海主编《唐史论丛》第四辑，三秦出版社，1988 年。

〔美〕斯坦利·威斯坦因：《唐代佛教》，张煜译，上海古籍出版社，
    2010 年。

宋大川：《唐代教育体制研究》，山西教育出版社，1998 年。

孙培青：《中国教育史》，华东师范大学出版社，2009 年。

苏莹辉：《敦煌论集》，台湾学生书局，1968 年。

苏莹辉：《敦煌论集续编》，台湾学生书局，1983 年。

汤用彤：《汉魏两晋南北朝佛教》，中华书局，1955 年。

汤用彤：《汤用彤全集二》，河北人民出版社，2000 年。

天一阁博物馆、中国社会科学院历史研究所天圣令整理课题组校证《天一阁
    藏明钞本天圣令校证（附唐令复原研究）》下册，中华书局，2006 年。

汪泛舟编著《敦煌古代儿童课本》，甘肃人民出版社，2000 年。

王惠民：《敦煌佛教与石窟营建》，甘肃教育出版社，2010 年。

王铁钧：《中国佛典翻译史稿》，中央编译出版社，2006 年。

王尧主编《法藏敦煌藏文文献解题目录》，民族出版社，1999 年。

王尧、陈践译注《敦煌本吐蕃历史文书》，民族出版社，1980 年。

王尧、陈践编《敦煌吐蕃文献选》，四川民族出版社，1983 年。

王尧、陈践译注《敦煌古藏文文献探索集》，上海古籍出版社，2008 年。

王重民编著《敦煌古籍叙录》，商务印书馆，1958 年。

王重民原编、黄永武新编《敦煌古籍叙录新编》（集部三），台北：新文丰出
    版公司印行，1986 年。

王重民、王庆菽、向达、周一良、启功、曾毅公编《敦煌变文集》（上、
    下），人民文学出版社，1957 年。

韦立新、任萍编著《日本佛教源流》，世界图书出版广东有限公司，2013 年。

吴宗国：《唐代科举制度研究》，辽宁大学出版社，1992 年。

向达：《唐代长安与西域文明》，生活·读书·新知三联书店，1957 年。

〔日〕小野胜年编《中国隋唐长安寺院史料集成》，法藏馆，1989 年。

许凌云编《中国儒学史·隋唐卷》，广东教育出版社，1998 年。

薛克翘：《佛教与中国文化》，中国华侨出版社，1994 年。

严耕望：《严耕望史学论文集》，上海古籍出版社，2009 年。

杨富学：《回鹘与敦煌》，甘肃教育出版社，2010 年。

杨富学、李吉和辑校《敦煌汉文吐蕃史料辑校》第一辑，甘肃人民出版
    社，1999 年。

杨曾文：《隋唐佛教史》，中国社会科学出版社，2014 年。

姚明达：《中国目录学史》，上海古籍出版社，2011 年。

殷光明：《北凉石塔研究》，财团法人觉风佛教文化基金会，2000 年。

殷光明主编《敦煌石窟全集》（9），上海人民出版社，2001 年。

于赓哲：《唐代疾病、医疗史初探》，中国社会科学出版社，2011 年。

张弓：《汉唐佛教寺文化史》，中国社会科学出版社，1997 年。

张弓主编《敦煌典籍与唐五代历史文化》，中国社会科学出版社，2006 年。

张国刚：《佛学与隋唐社会》，河北人民出版社，2002 年。

张曼涛：《日韩佛教研究》，大乘文化出版社，1978 年。

张锡厚辑校《王梵志诗校辑》，中华书局，1983 年。

张延清:《吐蕃敦煌抄经研究》,民族出版社,2016年。

郑阿财:《敦煌佛教文献与文学研究》,上海古籍出版社,2011年。

郑阿财:《敦煌佛教文学》,甘肃教育出版社,2013年。

郑阿财、颜廷亮、伏俊连主编《中国敦煌学百年文库·文学卷》,甘肃文化出版社,2000年。

郑阿财、朱凤玉:《敦煌蒙书研究》,甘肃教育出版社,2002年。

郑阿财、朱凤玉:《开蒙养正——敦煌的学校教育》,甘肃教育出版社,2007年。

郑炳林、沙武田编著《敦煌石窟艺术概论》,甘肃文化出版社,2005年。

郑炳林、郑怡楠辑释《敦煌碑铭赞辑释》增订本,上海古籍出版社,2019年。

郑炳林主编《敦煌归义军史专题研究续编》,兰州大学出版社,2003年。

郑炳林主编《敦煌归义军史专题研究三编》,甘肃文化出版社,2005年。

中国科学院历史研究所资料室编《敦煌资料》第一辑,中华书局,1961年。

中国唐代学会编《唐代研究论集》第二辑,台北:新文丰出版有限公司,1992年。

〔美〕芮沃寿:《中国历史中的佛教》,常蕾译,北京大学出版社,2017年。

〔英〕F.W 托马斯编著《敦煌西域古藏文社会历史文献》,刘忠译注,民族出版社,2003年。

五 期刊论文（以作者姓氏音序排序）

陈大为:《敦煌净土寺对归义军政权承担的世俗义务》(二),《敦煌研究》2006年第5期。

陈大为:《晚唐五代宋初敦煌试经考略》,《兰州学刊》2009年第4期。

杜斗城、李艳:《试论唐代高僧的史学修养》,《甘肃社会科学》2011年第3期。

高启安:《敦煌蒙书饮食知识系统与敦煌饮食的特殊性——以食物品名为中心》,《童蒙文化研究》(第二卷),人民出版社,2017年。

高启安:《唐宋时期敦煌学校建筑样式及学生课业方式初探——以敦煌壁

画为主》，《童蒙文化研究》（第四卷），人民出版社，2019 年。

高明士：《唐代敦煌的教育》，《汉学研究》1986 年第 4 卷第 2 期。

郭丽：《比较学视域下的唐代教育研究——以唐中原与敦煌地区童蒙教育
　　为考察对象》，《求索》2011 年第 3 期。

郭绍林：《说隋唐佛教教育》，《洛阳师范学院学报》2000 年第 3 期。

黄金东：《唐五代敦煌地区童蒙教育体制刍议》，《吉林师范大学学报》
　　（人文社会科学版）2010 年第 5 期。

介永强：《隋唐长安佛教义林与义学风尚》，《陕西师范大学学报》（哲学
　　社会科学版）2007 年第 2 期。

贾发义：《唐代寺学析论》，《教育学报》2015 年第 4 期。

金滢坤：《唐五代科举制度对童蒙教育的影响》，《浙江师范大学学报》
　　（社会科学版）2012 年第 1 期。

金滢坤：《唐五代敦煌蒙书编撰与孝道启蒙教育——以〈孝经〉为中心》，
　　《首都师范大学学报》（社会科学版）2019 年第 5 期。

巨虹：《敦煌学郎诗内容考略》，《晋中学院学报》2013 年第 1 期。

雷学华：《唐代敦煌的寺院经济》，《中南民族学院学报（哲学社会科学
　　版）》1989 年第 1 期。

李永宁：《敦煌莫高窟碑文录及有关问题》（一），《敦煌研究》1981 年第
　　1 期。

李正宇：《唐宋时代的敦煌学校》，《敦煌研究》1986 年第 1 期。

李正宇：《敦煌学郎题记辑注》，《敦煌学辑刊》1987 年第 1 期。

李正宇：《唐宋敦煌世俗佛教的经典及其功用》，《兰州教育学院学报》
　　1999 年第 1 期。

楼劲：《魏晋至隋唐的寺院之学及其教学活动》，《许昌学院学报》2017 年
　　第 4 期。

〔日〕那波利贞：《唐钞本杂抄考——唐代庶民教育史研究》，《唐代社会
　　文化史研究第二编》，创文社，1974 年。

祁晓庆：《晚唐五代敦煌三界寺寺学教育与佛教传播》，《青海社会科学》
　　2009 年第 2 期。

荣新江：《敦煌历史上的曹元忠时代》，《敦煌研究》2006 年第 6 期。

荣新江、余欣：《敦煌写本辨伪示例——以法成讲〈瑜伽师地论〉学生笔记为中心》，《敦煌学·日本学：石塚晴通教授退职纪念论文集》，上海辞书出版社，2005 年。

宋大川：《略论唐代士人的隐居读书》，《史学月刊》1989 年第 2 期。

宋大川：《唐代教材研究》，《河北学刊》1990 年第 2 期。

〔日〕藤枝晃：《吐蕃统治时期的敦煌》（下），《长江文明》第十一辑。

田卫卫：《〈秦妇吟〉之敦煌传播新探——学仕郎、学校与诗学教育》，《文献》2015 年第 5 期。

汪泛舟：《敦煌儒学及其特点》，《孔子研究》1989 年第 4 期。

王金娥：《敦煌训蒙文献研究述论》，《敦煌学辑刊》2012 年第 2 期。

王于飞：《舍经入寺与敦煌变文的文学性》，《文学评论》2008 年第 2 期。

〔日〕小川贯弌：《敦煌佛寺的学士郎》，《龙骨大学论集》400、401 合并号。

颜廷亮：《关于敦煌文化中的教育》，《兰州教育学院学报》1999 年第 1 期。

杨发鹏：《敦煌寺学与敦煌佛教入门读物之关系探析》，《宗教学研究》2010 年第 1 期。

杨秀清：《浅谈唐、宋时期敦煌地区的学生生活——以学郎诗和学郎题记为中心》，《敦煌研究》1999 年第 4 期。

姚崇新：《唐代西州的医学教育与医疗实践》，《文史》2010 年第 4 期。

姚崇新：《唐代西州的私学与教材》，《西域研究》2005 年第 1 期。

殷光明：《敦煌的疑伪经与图像》（上），《敦煌研究》2006 年第 4 期。

殷光明：《敦煌的疑伪经与图像》（下），《敦煌研究》2006 年第 5 期。

袁德领：《敦煌遗书中佛教文书简介》，《敦煌研究》1988 年第 1 期。

赵楠：《从敦煌遗书看唐代庶民教育》，《社会科学评论》2008 年第 4 期。

张晓林：《佛教义学的若干基本问题》，《西南民族大学学报》（人文社科版）2015 年第 12 期。

赵青山：《吐蕃统治敦煌时期的写经制度》，《西藏研究》2009 年第 3 期。

郑炳林、高伟：《从敦煌文书看唐五代敦煌地区的医事状况》，《西北民族
　　学院学报》1997 年第 1 期。

郑炳林、屈直敏：《归义军时期敦煌佛教教团的道德观念初探》，《敦煌学
　　辑刊》2006 年第 2 期。

周谷平：《敦煌出土文书与唐代教育的研究》《华东师范大学学报》（教育
　　科学版）1995 年第 3 期。

六　博士论文（以编著者姓氏音序排序）

陈大为：《唐后期五代宋初敦煌僧寺研究》，上海师范大学博士学位论文，
　　2008 年。

戴军：《唐代寺院教育与文学》，中国社会科学院博士学位论文，2003 年。

杜钢：《中国佛教净土宗教育研究》，华东师范大学博士后研究工作报告，
　　2007 年。

祁晓庆：《敦煌归义军社会教育研究》，兰州大学博士学位论文，2011 年。

孔令梅：《敦煌大族与佛教》，兰州大学博士学位论文，2011 年。

滕志妍：《世俗时代的宗教与学校教育关系问题研究——政策解读与案例
　　透视》，西北师范大学博士学位论文，2009 年。

王金娥：《敦煌蒙书及蒙学研究》，兰州大学博士学位论文，2009 年。

周亮涛：《唐代寺院教育初探》，山东师范大学硕士学位论文，2015 年。

图书在版编目（CIP）数据

唐五代敦煌佛寺教育研究 / 张永萍著 . --北京：
社会科学文献出版社，2025.7. --ISBN 978-7-5228
-4002-4

Ⅰ.B947.2

中国国家版本馆 CIP 数据核字第 20248UZ632 号

唐五代敦煌佛寺教育研究

著　　者／张永萍

出 版 人／冀祥德
组稿编辑／袁清湘
责任编辑／杨　雪
责任印制／岳　阳

出　　版／社会科学文献出版社·人文分社（010）59367215
　　　　　　地址：北京市北三环中路甲 29 号院华龙大厦　邮编：100029
　　　　　　网址：www.ssap.com.cn
发　　行／社会科学文献出版社（010）59367028
印　　装／三河市龙林印务有限公司

规　　格／开　本：787mm×1092mm　1/16
　　　　　　印　张：19.5　字　数：297 千字
版　　次／2025 年 7 月第 1 版　2025 年 7 月第 1 次印刷
书　　号／ISBN 978-7-5228-4002-4
定　　价／98.00 元

读者服务电话：4008918866